교과서와 함께!
코드위즈 로 만나는
엔트리
인공지능
• AI 교과연계 편

심민정 김대철 양은지
우인숙 최동일 지음

코드위즈로 만나는 엔트리 인공지능 AI 교과연계 편

초판발행 2022년 5월 5일
지은이 심민정, 김대철, 양은지, 우인숙, 최동일
펴낸이 김기만
펴낸곳 상상충전소
주소 서울특별시 금천구 가산디지털2로 53, 305호
전화 1670-8767
팩스 02-6003-0099
ISBN 979-11-974287-2-2

총괄 김기범
진행 김륜옥
기획 김수연, 강유진
디자인 장문경
인쇄 유그래픽스

홈페이지 www.codable.co.kr
이메일 kgb612@codable.co.kr

상상충전소는 (주)코더블의 출판 전문 브랜드입니다.

Published by CODABLE, Inc. Printed in Korea.
Copyright ⓒ 2022 (주)코더블 & CODABLE, Inc.
이 책의 저작권은 (주)코더블에 있습니다.
저작권법에 의해 보호를 받는 저작물이므로 무단 복제 및 무단 전재를 금합니다.

❖ 본 도서는 코드위즈 스타터 키트를 기준으로 집필되었습니다.

머리말

 지능정보사회를 맞아 가전제품이나 교통수단에도 인공지능이 포함되는 등 인공지능은 우리 삶의 여러 분야에서 다양하게 활용되고 있으며, 특히 교육 분야에서의 수요가 증가하고 있습니다.

 이러한 시대적 흐름에 발맞춰 교육부는 2020~2024 정보교육 종합계획에서 '모두의 AI 역량을 기르는 정보교육'을 목표로 국가 AI 인재 양성을 위해 미래 역량 교육을 강화하고 있으며, 2022 개정 교육과정에서도 디지털·인공지능 소양 함양 교육 강화 등 인공지능 교육에 관한 관심은 더욱 커지고 있습니다.

 이렇듯 인공지능은 더는 우리 생활에서 낯설지 않은 단어입니다. 그렇지만 '인공지능이 무엇인가?'라는 질문에는 선뜻 대답하기 어렵게 느껴집니다.

과연 인공지능은 무엇일까요?
그리고 인공지능을 어떻게 가르쳐야 할까요?

 본 교재는 현직 교사들의 실제 학교 현장에서 인공지능 교육에 관한 관심과 고민에서 출발하였습니다. 2022 개정 교육과정과의 연계성을 강화하여 여러 학년을 대상으로 다양한 교과 및 창의적 체험활동 시간을 활용하여 엔트리와 코드위즈를 활용한 인공지능 프로그래밍을 체험할 수 있도록 구성되었습니다.

 또한 교과와 연계한 예제 속에 다양한 인공지능 요소를 반영하여 자연스럽게 인공지능의 개념과 원리(데이터 활용, 기계학습 등)를 익힐 수 있습니다.

뿐만 아니라 단순한 AI 블록 사용을 넘어 AI를 통해 창의력, 상상력, 문제해결력을 기를 수 있습니다.

 본 교재가 교과와 연계된 인공지능교육 수업을 하고 싶은 교사와 강사, 인공지능 프로그래밍을 하고 싶은 학생, 자녀가 인공지능 소양 역량을 갖추도록 돕고 싶은 학부모 모두에게 마중물이 되길 소망합니다.

집필진 일동

검정교과서 활용 안내

주제순	주제명	교과학습	주제별 해당 검정 교과서 관련 단원
3장	영어로 무지개를 만들어요. [교과학습] 3-1 영어(천재교육) 6. What Color Is It? [관련 교과] 4-1 영어(천재교육) 5. Where Is My Cap?	3-1 영어	3-1 영어(천재교육) 6. What Color Is It? 3-2 영어(YBM-김혜리) 8. What Color Is It? 3-2 영어(YBM-최희경) 10. What Color Is It? 3-2 영어(동아출판) 11. What Color Is It? 3-2 영어(대교) 9. What Color Is It?
6장	AI와 함께 나만의 미니북 만들기 [교과학습] 4-1 영어(YBM-김혜리) Review4 [관련 교과] 5-2 영어(대교) Story Time 2	4-1 영어	4-1 영어(YBM-김혜리) Review4
7장	올바른 분리배출 방법 알기 [교과학습] 5-2 실과(동아출판) 4. 생활 속 자원 관리 [관련 교과] 창의적체험활동/ 환경교육	5-2 실과	5-2 실과(동아출판) 4. 생활 속 자원 관리 5-1 실과(교학사) 3. 자원 관리와 자립 5-1 실과(금성출판사) 3. 생활 자원의 관리 5-1 실과(천재교과서) 셋째 마당. 똑소리 나는, 나의 생활 자원 관리 5-2 실과(미래엔) 5. 나의 생활 관리 5-2 실과(비상교육) 5. 나의 자립적인 생활 관리
8장	감정을 표현하는 말 배우기 [교과학습] 4-1 영어(천재교육) 3. I am Happy [관련 교과] 5-1 도덕 2.내안의 소중한 친구	4-1 영어	4-1 영어(천재교육) 3. I am Happy 4-1 영어(YBM-김혜리) 2. Are you Happy? 6-2 영어(YBM-최희경) 13. Why Are you Happy? 6-2 영어(대교) 11. Why Are You Happy? 3-2 영어(동아출판) 9. I am Happy
9장	우리 반이 좋아하는 음식을 알아보아요! [교과학습] 6-1 수학 5. 여러 가지 그래프 [관련 교과] 4-1 수학(아이스크림미디어) 5. 막대 그래프	6-1 수학	
10장	공기 상태를 알려주는 미세먼지 안내판 [교과학습] 5-2 과학 3.날씨와 우리 생활 [관련 교과] 4-1 수학(아이스크림미디어) 2.각도	5-2 과학	
11장	얼굴인식 도어락 만들기 [교과학습] 6-1 실과(미래엔) 3. 생활과 소프트웨어 [관련교과] 6-2 과학 1.전기의 이용	6-1 실과	6-1 실과(미래엔) 3. 생활과 소프트웨어 6-1 실과(교학사) 4. 생활 속 소프트웨어 6-1 실과(금성출판사) 3. 소프트웨어와 생활 6-1 실과(동아출판) 4. 프로그래밍과 소통 6-1 실과(비상교육) 4. 소통하는 소프트웨어 6-1 실과(천재교과서) 5. 쉽게 배우는 소프트웨어와 프로그래밍
12장	영양소 알아보기 [교과학습] 5-1 실과(동아출판) 3. 가정생활과 안전 [관련 교과] 창의적체험활동/ 영양교육	5-1 실과	5-1 실과(동아출판) 3. 가정생활과 안전 5-1 실과(미래엔) 3. 가정생활과 안전 5-1 실과(비상교육) 3. 나의 안전한 생활 문화 5-2 실과(금성출판사) 5. 가정생활과 생활 안전 5-1 실과(교학사) 2. 가정생활과 안전 5-2 실과(천재교과서) 다섯째 마당. 나는야 생활 속 건강과 안전 지킴이

본 교재에 구성된 20가지 코딩 주제는 교육과정과 연계되어 구성되었으며, 주제별로 해당 학년, 교과(출판사) 및 단원을 제시하고 있습니다. 주제별 제시된 교과(출판사)와 단원은 국정 교과서와 집필진 소속교에서 선정된 출판사의 검정 교과서를 기준으로 작성되었습니다. 해당 주제에 대한 집필진 소속교의 검정 교과서 외에도 타 출판사의 검정 교과서(단원)을 제공하여, 어느 교과서에서든 해당 주제로 수업을 진행할 수 있습니다.

관련 교과	주제별 해당 검정 교과서 관련 단원
4-1 영어	4-1 영어(천재교육) 5. Where Is My Cap? 4-1 영어(YBM-김혜리) 7. It's Under the Table 4-1 영어(YBM-최희경) 3. Where Is My Watch? 4-1 영어(동아출판) 6. It's on te Desk 4-2 영어(대교) 8. It's on te Desk
5-2 영어	5-2 영어(대교) Story Time 2
창의적체험활동	
5-1 도덕	
4-1 수학	4-1 수학(아이스크림미디어) 5. 막대그래프 4-1 수학(비상교육) 5. 막대그래프 4-1 수학(천재교과서-한대희) 5. 자료와 막대그래프 4-1 수학(천재교과서-박만구) 5. 막대그래프 4-1 수학(YBM) 5. 막대그래프 4-1 수학(대교) 5. 막대그래프 4-1 수학(금성출판사) 5. 막대그래프 4-1수학(동아출판) 5. 막대그래프 4-1 수학(미래엔) 5. 막대그래프
4-1 수학	4-1 수학(아이스크림미디어) 2. 각도 4-1 수학(비상교육) 2. 각도 4-1 수학(YBM) 2. 각도 4-1 수학(대교) 2. 각도 4-1 수학(금성출판사) 2. 각도 4-1수학(동아출판) 2. 각도 4-1 수학(미래엔) 2. 각도
6-2 과학	
창의적체험활동	

주제순	주제명	교과학습	주제별 해당 검정 교과서 관련 단원
13장	회전판으로 공정한 놀이하기 [교과학습] 5-2 수학 6.평균과 가능성 [관련 교과] 6-2 영어(천재교육) 9. What Do You Think?	5-2 수학	
14장	감정 판별기 만들기 [교과학습] 4-1 국어 3. 느낌을 살려 말해요 [관련 교과] 4-1 영어(대교) 1. How Are You?	4-1 국어	
15장	달, 달 무슨 달? 달의 이름을 알아봐요. [관련학습] 6-1 과학 2. 지구와 달의 운동 [관련 교과] 3-1 과학(아이스크림 미디어) 4. 지구의 모습	6-1 과학	
16장	반짝반짝 뮤직램프 [관련학습] 6-2 음악(금성출판사) 4. 추억을 담아 음악 편지를 만들어 보아요! [관련 교과] 5-2 미술(천재교육) 2-2. 빛의 세상	6-2 음악	6-2 음악(금성출판사) 4. 추억을 담아 음악 편지를 만들어 보아요! 6-2 음악(천재교육) 4. 함께하는 희망 음악회 6-2 음악(천재교과서) 4. 졸업을 준비하며 6-2 음악(지학사) 4-4. 교실 밖 작은 음악회 6-2 음악(미래엔) 3. 학교 행사에 모두 함께 6-2 음악(비상교육) 6. 음악 졸업식 6-2 음악(동아판판) 4. 음악과 행사 6-2 음악(YBM) 6. 추억 영상 만들기
17장	나만의 스마트 홈비서 만들기 [관련학습] 6-2 실과(동아출판) 4. 프로그래밍과 소통 [관련 교과] 6-2 실과(동아출판) 5. 발명과 로봇	6-2 실과	6-1 실과(미래엔) 3. 생활과 소프트웨어 6-1 실과(교학사) 4. 생활 속 소프트웨어 6-1 실과(금성출판사) 3. 소프트웨어와 생활 6-1 실과(동아출판) 4. 프로그래밍과 소통 6-1 실과(비상교육) 4. 소통하는 소프트웨어 6-1 실과(천재교과서) 5. 쉽게 배우는 소프트웨어와 프로그래밍
18장	영어로 길 찾기 게임 한 판 [관련학습] 6-1 영어(천재교육) 4. Where Is the Post Office? [관련 교과] 4-2 수학(아이스크림 미디어)	6-1 영어	6-1 영어(천재교육) 4. Where Is the Post Office? 6-1 영어(YBM-김혜리) 5. Go Straight and Turn Left 6-2 영어(대교) 8. How Can I Get to the Museum? 6-2 영어(YBM-최희경) 11. How Can I Get to the Museum? 6-2 영어(동아출판) 7. It's Next to the Post Office
19장	나만의 어깨춤 만보기 만들기 [관련학습] 6-1 체육(금성출판사) 1. 건강 - 01 여가와 운동 체력(14~15쪽) [관련 교과] 6-2 실과(동아출판) 4.프로그래밍과 소통	6-1 체육	6-1 체육(천재교육) 1. 건강 - 01 여가와 운동 체력 6-1 체육(금성출판사) 1. 건강 - 01 여가 활동을 즐겨요 6-1 체육(비상교육) 1. 건강 - 01 여가와 운동 체력 6-1 체육(동아출판) 1. 건강 - 02. 건강한 여가 활동 즐기기 6-1 체육(교학사) 1. 건강 - 01 여가와 운동 체력
20장	시각장애인을 위한 신호등 [관련학습] 5-1 사회 2.인권 존중와 정의로운 사회 [관련 교과] 4-2 사회 3.사회 변화와 문화의 다양성	5-1 사회	
21장	스마트 팜 만들기 [관련학습] 6-2 실과(미래엔) 6. 친환경 농업과 미래 [관련 교과] 창의적체험활동	6-2 실과	6-2 실과(미래엔) 6. 친환경 농업과 미래 6-1 실과(금성출판사) 2. 지속 가능한 미래 농업 6-1 실과(천재교과서) 2. 나와 우리, 미래를 위한 친환경 농업 6-1 실과(비상교육) 2. 지속 가능한 생활 6-1 실과(동아출판) 2. 생활 속 친환경 농업 6-1 실과(교학사) 6. 지속 가능한 미래 농업

관련 교과	주제별 해당 검정 교과서 관련 단원
6-2 영어	6-2 영어(천재교육) 9. What Do You Think? 6-2 영어(YBM-최희경) 12. What Do You Think?
4-1 영어	4-1 영어(대교) 1. How Are You? 4-1 영어(YBM-김혜리) 2. Are You Happy? 4-1 영어(YBM-최희경) 1. How Are You? 4-1 영어(동아출판) 2. How Are You?
3-1 과학	3-1 과학(김영사) 5. 지구의 모습 3-1 과학(금성출판사) 5. 지구의 모습 3-1 과학(동아출판) 5. 지구의 모습 3-1 과학(비상교육) 5. 지구의 모습 3-1 과학(지학사) 5. 지구의 모습 3-1 과학(아이스크림 미디어) 4. 지구의 모습 3-1 과학(천재교과서) 5. 지구의 모습
5-2 미술	5-2 미술(천재교육) 2-2. 빛의 세상 5-1 미술(금성출판사) 2. 색다른 느낌 5-1 미술(천재교과서) 03. 색과 함께하는 세상 5-1 미술(동아출판) 02. 우리를 둘러싼 색 5-1 미술(지학사) 4. 아름다움의 비밀, 조형 원리 5-2 미술(비상교육) 3. 조형 원리와 놀기
6-2 실과	6-2 실과(동아출판) 5. 발명과 로봇 6-2 실과(천재교과서) 6. 재미있는 발명과 로봇의 세계 6-2 실과(미래엔) 4. 발명과 로봇 6-2 실과(교학사) 5. 발명과 로봇 6-2 실과(금성출판사) 4. 발명과 로봇 6-2 실과 (비상교육) 5. 생활과 혁신
4-2 수학	4-2 수학(아이스크림미디어) 6. 다각형 4-2 수학(비상교육) 6. 다각형 4-2 수학(천재교과서-한대희) 6. 다각형 4-2 수학(천재교과서-박만구) 6. 다각형 4-2 수학(YBM) 6. 다각형 4-2 수학(대교) 6. 다각형 4-2 수학(금성출판사) 6. 다각형 4-2 수학(동아출판) 6. 다각형 4-2 수학(미래엔) 6. 다각형
6-2 실과	6-1 실과(미래엔) 3. 생활과 소프트웨어 6-1 실과(교학사) 4. 생활 속 소프트웨어 6-1 실과(금성출판사) 3. 소프트웨어와 생활 6-1 실과(동아출판) 4. 프로그래밍과 소통 6-1 실과(비상교육) 4. 소통하는 소프트웨어 6-1 실과(천재교과서) 5. 쉽게 배우는 소프트웨어와 프로그래밍
4-2 사회	4-2 사회(아이스크림미디어) 3. 사회 변화와 문화 다양성 4-2 사회(비상교육-설규주) 3. 사회 변화와 문화 다양성 4-2 사회(미래엔) 3. 사회 변화와 문화 다양성
창의적체험활동	

목 차

01 코드위즈와 엔트리를 살펴봐요! — 14
- 01 코드위즈 살펴보기 — 14
- 02 엔트리와 코드위즈 연결하기 — 15
- 03 코드위즈에 연결하는 외부 센서 살펴보기 — 19

02 우리나라 온도 예측하기 — 20
인공지능 영역: 머신러닝(기계학습)
- 엔트리 AI: 지도학습(예측:숫자)
- 코드위즈: OLED

교과학습 사회
관련 교과 과학

- 01 지구 온난화 알아보기 — 21
- 02 (코드위즈)우리나라 온도 예측하기 — 21
- 03 지구 온난화를 해결할 수 있는 방법 알아보기 — 30
- ▶ 전체 코드 & 완성 작품 확인하기 — 31

03 영어로 무지개를 만들어요. — 32
인공지능 영역: 음성인식
- 엔트리 AI: 음성인식(오디오 감지), 음성합성(읽어주기)
- 코드위즈: 네오 RGB LED, OLED, 버튼

교과학습 영어
관련 교과 영어

- 01 색깔 표현 익히기 — 33
- 02 (코드위즈)색깔을 맞춰봐! — 33
- 03 (코드위즈)영어로 무지개 만들기 — 38
- ▶ 전체 코드 & 완성 작품 확인하기 — 44

04 전기절약 현관 등 만들기 — 46
인공지능 영역: 비디오 인식
- 엔트리 AI: 비디오 감지
- 코드위즈: OLED, 원형 네오픽셀

교과학습 과학
관련 교과 과학

- 01 전기를 안전하게 사용하는 방법 알아보기 — 47
- 02 전기를 절약하는 방법 알아보기 — 47
- 03 (코드위즈)전기절약 현관 등 만들기 — 48
- ▶ 전체 코드 & 완성 작품 확인하기 — 53

05 악플 NO! 선플 YES! — 54

교과학습 관련 교과: 국어, 도덕

- 인공지능 영역: 머신러닝(기계학습), 음성인식
- 엔트리 AI: 지도학습(분류:텍스트), 음성합성(읽어주기)
- 코드위즈: OLED, 네오 RGB LED, 스피커

01 누리 소통망 대화 알아보기 — 55
02 (코드위즈)악플 판별 챗봇 만들기 — 55
▶ 전체 코드 & 완성 작품 확인하기 — 65

06 AI와 함께 나만의 미니북 만들기 — 66

교과학습 관련 교과: 영어, 영어

- 인공지능 영역: 음성인식, 번역
- 엔트리 AI: 음성인식(오디오 감지), 음성합성(읽어주기), 번역(텍스트 변환)
- 코드위즈: OLED, 버튼, 네오 RGB LED

01 배운 표현 이해하고 말하기 — 67
02 (코드위즈)AI와 함께 나만의 미니북 만들기 — 67
▶ 전체 코드 & 완성 작품 확인하기 — 77

07 올바른 분리배출 방법 알기 — 78

교과학습 관련 교과: 실과, 창체

- 인공지능 영역: 머신러닝(기계학습), 음성인식
- 엔트리 AI: 지도학습(분류:텍스트), 음성합성(읽어주기)
- 코드위즈: OLED, 네오 RGB LED

01 쓰레기를 분리 배출해야 하는 이유 알기 — 79
02 쓰레기 종류 알기 — 79
03 (코드위즈)올바른 분리배출 방법 알기 — 80
▶ 전체 코드 & 완성 작품 확인하기 — 92

08 감정을 표현하는 말 배우기 — 94

교과학습 관련 교과: 영어, 도덕

- 인공지능 영역: 음성인식, 번역
- 엔트리 AI: 음성인식(오디오 감지), 음성합성(읽어주기), 번역(텍스트 변환)
- 코드위즈: OLED, 도트매트릭스

01 감정이나 상태를 묻고 답하기 — 95
02 (코드위즈)감정을 표현하는 얼굴 만들기 — 95
03 감정이나 상태를 나타내는 문장 읽고 쓰기 — 102
▶ 전체 코드 & 완성 작품 확인하기 — 103

09 우리 반이 좋아하는 음식을 알아보아요! 104

교과학습 수학
관련 교과 수학

인공지능 영역: 데이터 분석, 음성인식

- 엔트리 AI: 데이터 분석, 음성합성(읽어주기)
- 코드위즈: 네오 RGB LED, OLED

01 우리 반 친구들이 좋아하는 음식 조사하기 105
02 (코드위즈)좋아하는 음식을 원그래프로 분석하기 105
03 분석한 내용을 바탕으로 원그래프 해석하기 114
▶ 전체 코드 & 완성 작품 확인하기 115

10 공기 상태를 알려주는 미세먼지 안내판 116

교과학습 과학
관련 교과 수학

인공지능 영역: 음성인식

- 엔트리 AI: 음성인식(오디오 감지), 음성합성(읽어주기), 날씨 공공 데이터
- 코드위즈: 서보모터

01 날씨가 우리 생활에 미치는 영향 알아보기 117
02 (코드위즈)미세먼지를 알려주는 안내판 만들기 117
03 미세먼지 데이터 수집하기 127
▶ 전체 코드 & 완성 작품 확인하기 128

11 얼굴인식 도어락 만들기 130

교과학습 실과
관련 교과 과학

인공지능 영역: 머신러닝(기계학습)

- 엔트리 AI: 지도학습(분류: 이미지)
- 코드위즈: 버튼, OLED, 네오 RGB LED, 서보모터

01 전자 잠금장치의 장점 알아보기 131
02 (코드위즈)얼굴인식 도어락 만들기 131
▶ 전체 코드 & 완성 작품 확인하기 139

12 영양소 알아보기 — 140

교과학습 실과
관련 교과 창체

인공지능 영역: 데이터 분석, 음성인식
- 엔트리 AI: 데이터 분석, 음성인식(오디오 감지), 음성합성(읽어주기)
- 코드위즈: OLED, 원형 네오픽셀

- 01 6대 영양소의 종류와 역할 알아보기 — 141
- 02 균형잡힌 식사의 중요성 알기 — 141
- 03 (코드위즈)영양소 퀴즈 맞히기 프로그램 만들기 — 142
- ▶ 전체 코드 & 완성 작품 확인하기 — 151

13 회전판으로 공정한 놀이하기 — 152

교과학습 수학
관련 교과 영어

인공지능 영역: 음성인식
- 엔트리 AI: 음성합성(읽어주기)
- 코드위즈: 네오 RGB LED, OLED, 버튼, 서보모터

- 01 공정한 회전판 놀이 구상하기 — 153
- 02 (코드위즈)공정한 놀이를 위한 회전판 만들기 — 153
- 03 점수를 얻을 가능성이 같은 공정한 놀이하기 — 160
- ▶ 전체 코드 & 완성 작품 확인하기 — 161

14 감정 판별기 만들기 — 162

교과학습 국어
관련 교과 영어

인공지능 영역: 비디오 인식, 음성인식
- 엔트리 AI: 비디오 감지(감정 인식), 음성합성(읽어주기)
- 코드위즈: 버튼, 스피커, 도트매트릭스

- 01 다양한 감정의 종류 알아보기 — 163
- 02 (코드위즈)감정 판별기 만들기 — 163
- 03 상대방의 감정을 읽어보기 — 171
- ▶ 전체 코드 & 완성 작품 확인하기 — 172

15

교과학습 **과학**
관련 교과 **과학**

달, 달 무슨달? 달의 이름을 알아봐요. 174

🧩 인공지능 영역: 머신러닝(기계학습), 음성인식

엔트리 AI 지도학습(분류:이미지), 음성인식(오디오 감지), 음성합성(읽어주기)
코드위즈 OLED, 도트 매트릭스

- 01 여러 날 동안 달의 모양 변화 알아보기 175
- 02 달 모양을 인식하는 AI 모델 만들기 175
- 03 (코드위즈)인식 결과에 따라 달 모양 표현하기 178
- ▶ 전체 코드 & 완성 작품 확인하기 188

16

교과학습 **음악**
관련 교과 **미술**

반짝반짝 뮤직 램프 190

🧩 인공지능 영역: 머신러닝(기계학습), 음성인식

엔트리 AI 지도학습(분류:음성), 음성합성(읽어주기)
코드위즈 OLED, 네오 RGB LED, 심플램프

- 01 뮤직 램프 구상하기 191
- 02 (코드위즈)뮤직 램프 만들기 191
- ▶ 전체 코드 & 완성 작품 확인하기 202

17

교과학습 **실과**
관련 교과 **실과**

나만의 스마트 홈비서 만들기 204

🧩 인공지능 영역: 머신러닝(기계학습), 음성인식

엔트리 AI 지도학습(분류:텍스트), 음성인식(오디오 감지), 음성합성(읽어주기)
코드위즈 OLED, 네오 RGB LED, 스피커

- 01 생활을 편리하게 해주는 다양한 기술 205
- 02 (코드위즈)나만의 스마트 홈비서 만들기 205
- ▶ 전체 코드 & 완성 작품 확인하기 216

18

교과학습 **영어**
관련 교과 **수학**

영어로 길 찾기 게임 한 판 218

🧩 인공지능 영역: 음성인식

엔트리 AI 음성인식(오디오 감지), 음성합성(읽어주기)
코드위즈 OLED, 도트매트릭스

- 01 길을 묻고 답하는 말 익히기 219
- 02 (코드위즈)길 찾기 게임 한 판 219
- ▶ 전체 코드 & 완성 작품 확인하기 229

19

교과학습 체육
관련 교과 실과

나만의 어깨춤 만보기 만들기   230

🧩 인공지능 영역: 비디오 인식, 음성인식

엔트리 AI   비디오 감지(동작 인식), 음성합성(읽어주기)
코드위즈   버튼, 스피커, 원형 네오픽셀

01 여가 활동의 종류 알아보기   231
02 (코드위즈)나만의 어깨춤 만보기 만들기   231
▶ 전체 코드 & 완성 작품 확인하기   241

20

교과학습 사회
관련 교과 사회

시각장애인을 위한 신호등   242

🧩 인공지능 영역: 비디오 인식, 음성인식

엔트리 AI   비디오 감지(사람 인식), 음성합성(읽어주기)
코드위즈   네오 RGB LED, OLED, 도트매트릭스

01 시각장애인의 생활 중 힘든 점 알아보기   243
02 (코드위즈)시각장애인을 위한 신호등 만들기   243
▶ 전체 코드 & 완성 작품 확인하기   251

21

교과학습 실과
관련 교과 창체

스마트 팜 만들기   252

🧩 인공지능 영역: 머신러닝(기계학습), 음성인식

엔트리 AI   지도학습(분류:이미지), 음성합성(읽어주기)
코드위즈   OLED, 온도센서, 원형 네오픽셀

01 스마트 팜이란?   253
02 (코드위즈)온도를 조정하는 스마트 팜 만들기   253
03 (코드위즈)빛 색깔을 조절하는 스마트 팜 만들기   258
▶ 전체 코드 & 완성 작품 확인하기   265

부록

01 미세먼지 알림판   267
02 공정놀이 회전판   267
03 얼굴인식 도어락   269
04 달, 달 무슨달?   271
05 스마트 팜   271

01 코드위즈와 엔트리를 살펴봐요!
코드위즈 센서와 엔트리 연결 방법 알아보기

01 코드위즈 살펴보기

코드위즈는 코드위즈는 주변의 밝기나 거리 측정 뿐만 아니라 블루투스, 와이파이까지 지원하는 보드입니다. 또한 코드위즈 후면부의 SCON 커넥터를 이용하면 간단히 서보모터나 원형 네오픽셀, 도트 매트릭스와 같은 외부 센서를 연결할 수 있습니다.

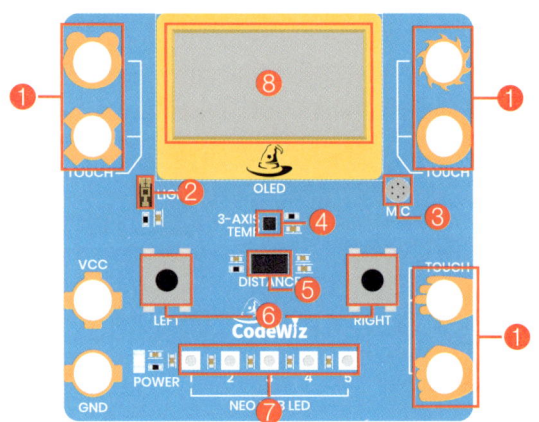
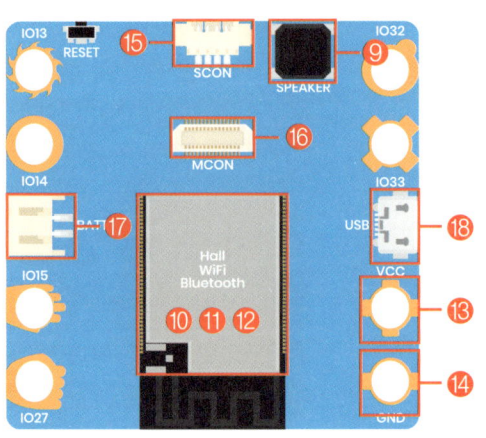

① 터치 센서 : 센서의 터치 유무를 감지합니다. 센서를 터치한 경우 TRUE(1), 터치하지 않은 경우 FALSE(0) 값을 반환합니다. 터치 센서를 디지털 출력 센서로도 사용 가능합니다.(LED 등 아두이노 출력 센서 지원)

② 빛 센서 : 센서 주변의 빛 밝기를 0~1023까지의 값으로 알려줍니다. 밝을수록 값이 커집니다.

③ 마이크 센서 : 센서 주변의 소리의 크기를 0~1023 사이의 값으로 표현합니다. 마이크 센서 주변이 시끄러울수록 값이 커집니다.

④ 3축 센서 : X축, Y축, Z축의 기울기를 측정하여 -90~90 사이의 값으로 표현합니다.

⑤ 거리 센서 : 물체와의 거리를 측정하여 mm 단위로 알려줍니다. 최대 2M까지 거리 측정이 가능합니다.

⑥ 버튼 센서 : 버튼이 눌렸는지를 감지합니다. 버튼이 눌리면 TRUE(1), 눌리지 않으면 FALSE(0) 값을 반환합니다.

⑦ 네오 RGB LED : RGB 값을 이용하여 다양한 색상을 출력할 수 있는 LED입니다.

⑧ OLED : 영문과 한글, 숫자 및 사각형, 원, 삼각형과 같은 도형 그리고 이미지 등을 출력합니다.

⑨ 스피커 : 옥타브와 음표의 길이가 다른 여러 가지 음을 출력합니다.

⑩ 홀 센서 : 자기장을 감지하는 센서로 자석이나 전자석이 센서에 가까워지면 자기장을 감지합니다.

⑪ 블루투스 : 가까운 거리의 무선 통신인 블루투스 통신 기능을 제공합니다.

⑫ 와이파이 : 와이파이(WiFi) 통신 기능을 제공합니다.

⑬ 3V : 외부 센서 연결 시 활용되는 전원을 제공합니다.
⑭ GND : 외부 센서 연결 시 활용되는 GROUND(그라운드)입니다.
⑮ SCON : 4핀 커넥터로 3핀 또는 4핀으로 구성된 외부 센서를 연결합니다.
⑯ MCON : 키트 확장용인 익스텐션 커넥터로 다양한 익스텐션 보드를 연결하여 외부 센서를 동시에 여러 개 연결할 수 있습니다.
⑰ 배터리 커넥터 : 배터리 홀더를 연결합니다.
⑱ USB 케이블 연결 커넥터 : 컴퓨터와 코드위즈 보드를 연결합니다.

02 엔트리와 코드위즈 연결하기

엔트리에서 코드위즈를 연결하여 활용하려면 [하드웨어 연결 프로그램]을 설치한 후 [펌웨어]를 업로드해야 합니다.

① 크롬 브라우저를 실행합니다. [엔트리]를 검색한 후 [엔트리] 사이트에 접속합니다. [로그인]을 클릭한 후 아이디와 비밀번호를 입력하여 로그인을 완료합니다.

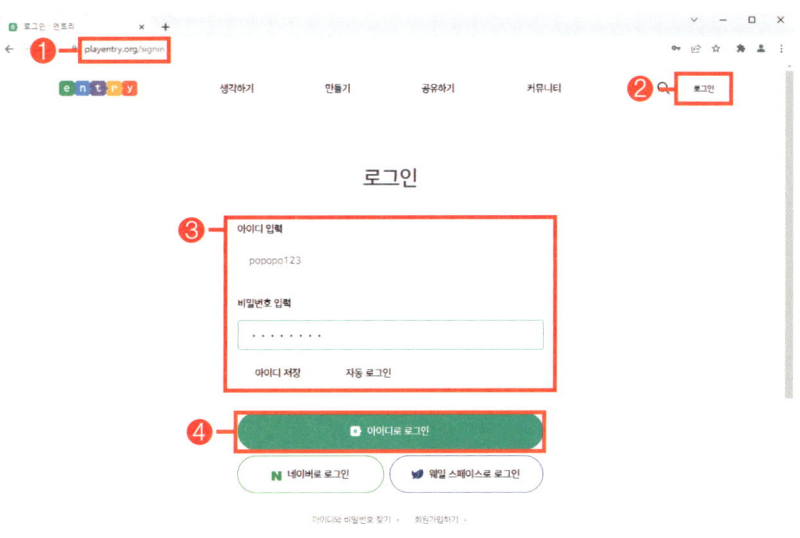

> **더 알아보기**
> 엔트리에서 제공하는 다양한 인공지능 기능을 활용하려면 회원 가입 후 [로그인] 해야 합니다. 만약 네이버나 웨일 스페이스 계정이 있다면 [네이버 로그인]/[웨일 스페이스로 로그인]을 눌러 로그인합니다.

② 로그인이 완료되었다면 [만들기]-[작품 만들기]를 클릭합니다. ([작품 복구] 창이 표시되면 [취소]를 클릭합니다.)

❸ 최신 버전의 하드웨어 연결 프로그램을 다운로드하기 위해 {하드웨어}의 [연결 프로그램 다운로드]를 클릭합니다.

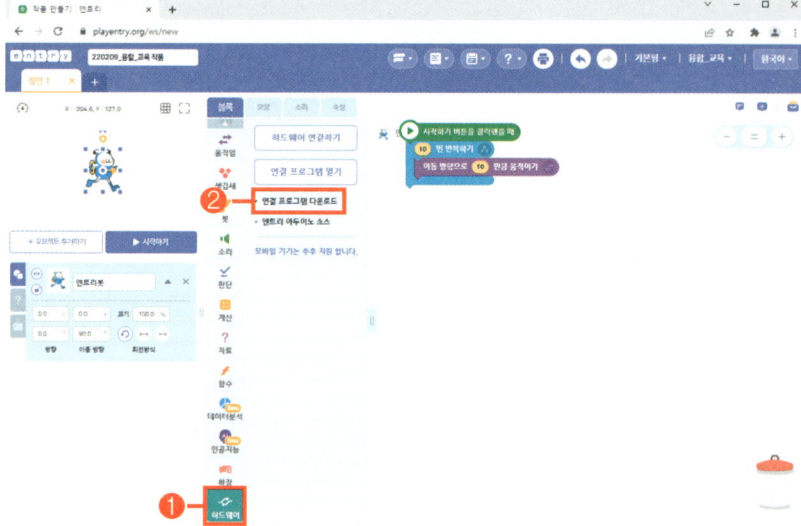

💡 더 알아보기

하드웨어 연결 프로그램이 최신 버전으로 설치되어 있다면 17페이지로 이동합니다.

❹ 다운로드 페이지가 표시되면 [최신 버전 다운로드] 항목에서 [Windows]의 ⬇ 을 클릭합니다. 다운로드가 완료되면 ∨을 클릭하여 [열기]를 클릭합니다. [엔트리 하드웨어 설치] 창이 표시되면 [다음]을 클릭합니다.

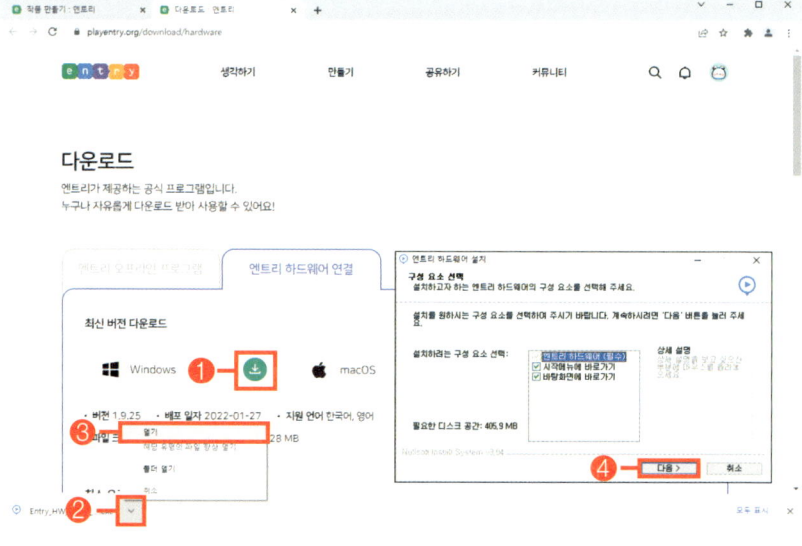

💡 더 알아보기

이전 버전의 하드웨어 연결 프로그램이 설치되어 있다면 [제거] 창에 표시됩니다. 이 경우 [제거] 버튼을 클릭한 후 설치를 진행합니다.

❺ 설치 폴더를 확인한 후 [설치]를 클릭합니다. 설치가 완료되면 [다음] 버튼을 클릭합니다.

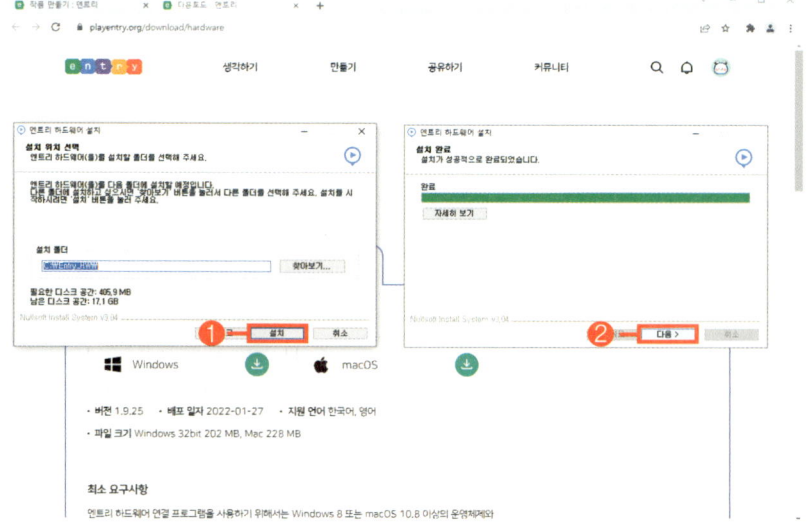

❻ 설치가 완료되면 [엔트리 하드웨어 실행하기] 항목의 ☑을 클릭하여 선택을 해제한 후 [마침]을 클릭합니다. [다운로드: 엔트리] 창을 닫습니다.

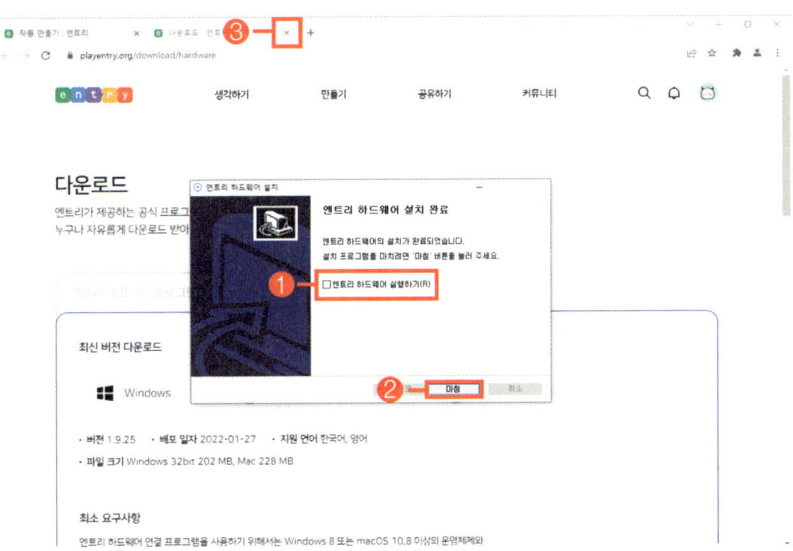

❼ 엔트리 창에서 {하드웨어}의 [연결 프로그램 열기]를 클릭합니다. [엔트리 하드웨어] 창이 표시되면 검색어 입력란에 '코드위즈'를 입력합니다. 검색된 코드위즈를 클릭하여 선택합니다.

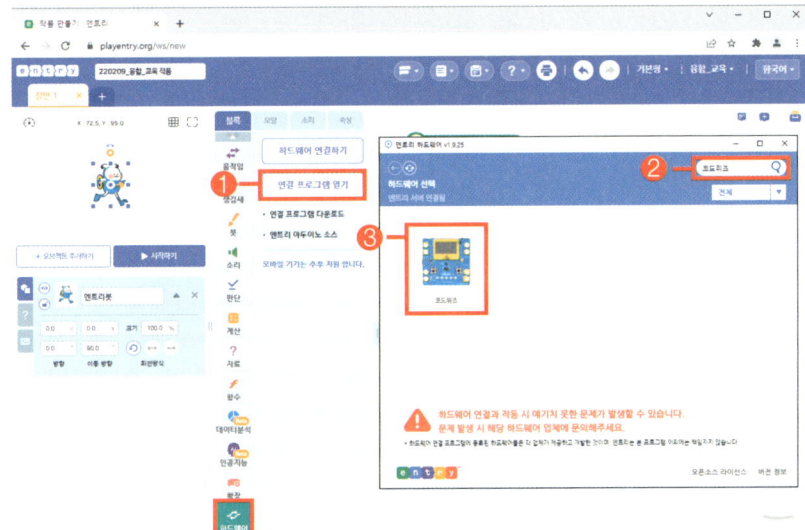

❽ 컴퓨터와 코드위즈를 USB 케이블을 이용하여 연결합니다. 연결 포트를 선택하는 창이 표시되면 연결 포트를 선택한 후 [연결]을 클릭합니다.

> **더 알아보기**
>
> **연결 포트가 여러 개 표시되는데 어떻게 해야 하나요?**
>
> 연결 포트가 여러 개 표시된다면 코드위즈에 연결된 UBS 케이블 연결을 해제한 후 다시 연결해봅니다. 이때 새로 추가되어 표시되는 포트가 코드위즈와 연결된 포트이므로 새로 추가된 포트 번호를 선택한 후 [연결] 버튼을 누릅니다.

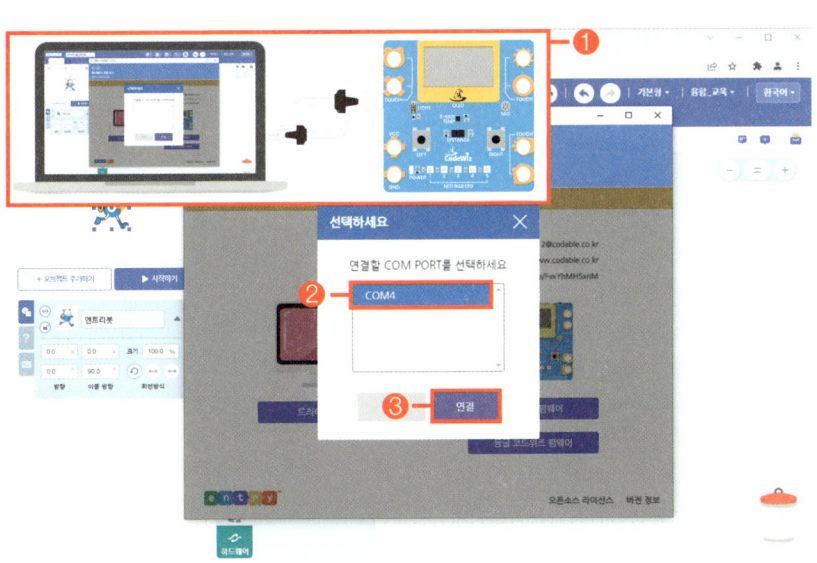

⑨ '연결 성공' 메시지가 표시되면 펌웨어를 업로드하기 위해 [코드위즈 펌웨어]를 클릭합니다.

> **더 알아보기**
>
> **포트가 표시되지 않는데 어떻게 해야 하나요?**
>
> 포트가 표시되지 않는다면 [드라이버 설치]를 누른 후 설치 창이 표시될 때 [INSTALL]을 눌러 드라이버를 먼저 설치합니다.
>
>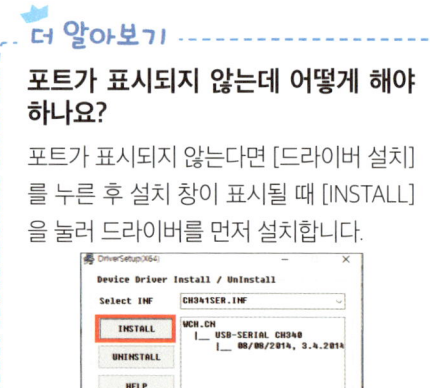

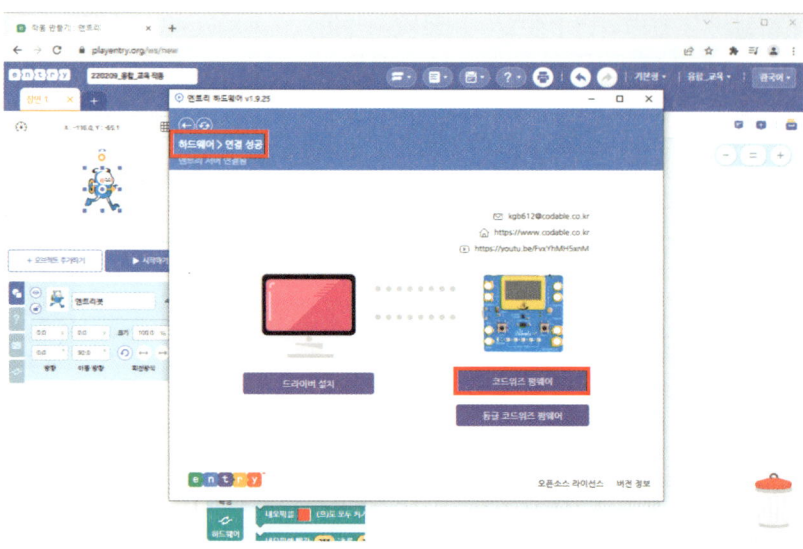

⑩ 펌웨어 업로드가 완료될 때까지 기다립니다. 펌웨어 업로드가 시작되면 코드위즈 OLED에 펌웨어 업로드를 알리는 영문 메시지가 표시됩니다. 업로드가 완료되면 코드위즈 기본 이미지와 영문 Entry가 스크롤 되며 표시됩니다. [엔트리 하드웨어] 창을 최소화합니다.

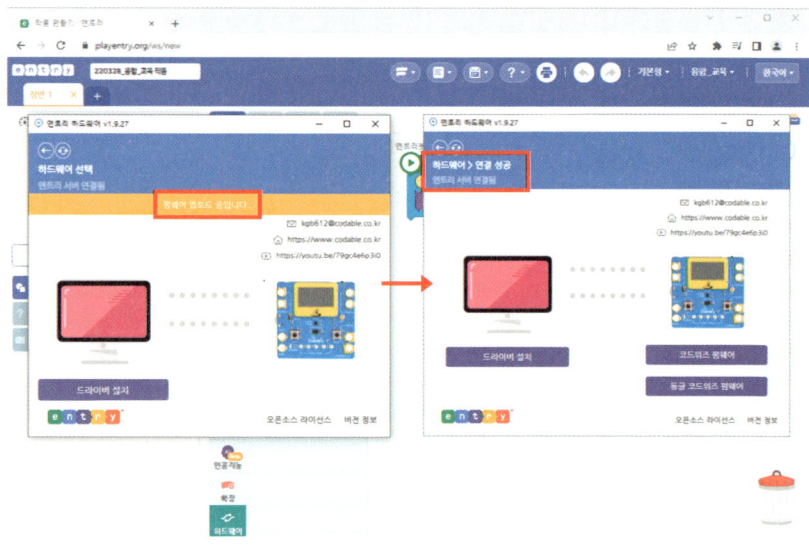

> **더 알아보기**
>
> 펌웨어 설치는 처음 한번 만 진행하면 됩니다.

⑪ {하드웨어}에 코드위즈 센서들을 제어할 수 있는 명령 블록이 추가된 것을 확인합니다.

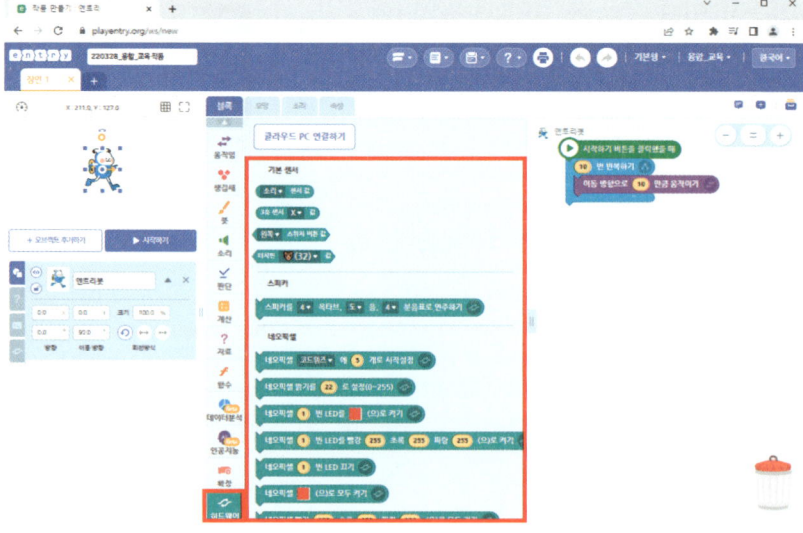

18

03 코드위즈에 연결하는 외부 센서 살펴보기

코드위즈에 기본으로 장착되어 있는 센서 외에 원형 네오픽셀, 서보모터, 도트매트릭스등의 외부 센서를 SCON에 연결하는 4핀 케이블과 악어케이블을 이용하여 간단히 연결할 수 있습니다.

• 원형 네오픽셀

네오픽셀은 한 가지 색만 가지고 있는 일반 LED와 달리 다채롭게 색을 발광할 수 있는 LED의 한 종류입니다. 빛의 색, 밝기 그리고 켜지고 꺼지는 순서까지 제어가 가능하며 형태 역시 다양하여 주로 인테리어나 조형물로 이용됩니다. 그중 원형 네오픽셀은 네오픽셀 여러 개가 원형으로 나열된 형태입니다. 4핀 케이블(암)을 이용하여 아래와 같이 연결합니다. 이때 노란색 선과 위쪽 핀은 연결하지 않습니다.

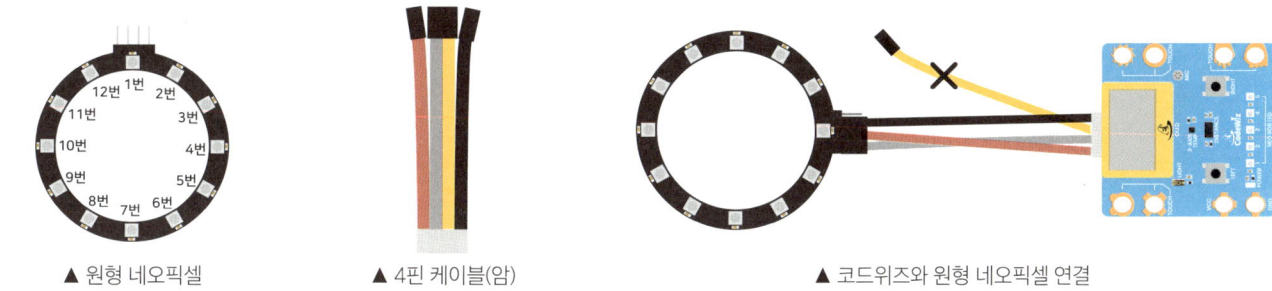

▲ 원형 네오픽셀　　▲ 4핀 케이블(암)　　▲ 코드위즈와 원형 네오픽셀 연결

• 180도 서보모터

0~180도 사이를 회전시킬 수 있는 모터입니다. 각도 조절이 가능해서 정교한 조작이 가능합니다. 4핀 케이블(수)을 이용하여 아래와 같이 연결합니다. 이때 노란색 선은 연결하지 않습니다.

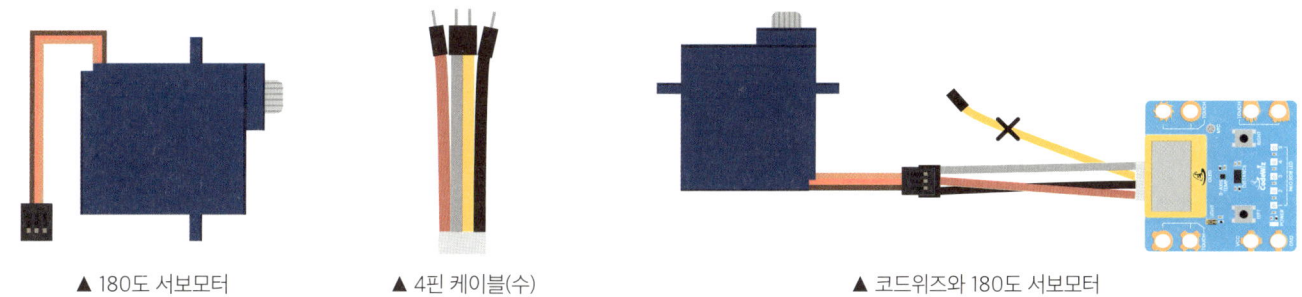

▲ 180도 서보모터　　▲ 4핀 케이블(수)　　▲ 코드위즈와 180도 서보모터

• 도트 매트릭스

도트매트릭스는 8*8개의 LED를 매트릭스 형태로 배열하여 원하는 문자나 도형을 표현할 수 있게 해주는 출력장치입니다. 각각의 LED를 행 또는 열을 기준으로 제어할 수 있습니다. 4핀 케이블(암)과 악어케이블을 이용하여 아래와 같이 연결합니다.

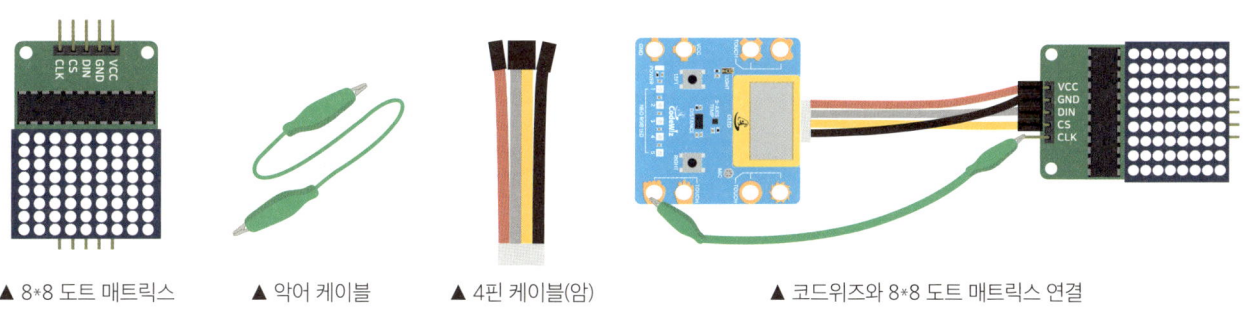

▲ 8*8 도트 매트릭스　　▲ 악어 케이블　　▲ 4핀 케이블(암)　　▲ 코드위즈와 8*8 도트 매트릭스 연결

02 우리나라 온도 예측하기
10년, 50년, 100년 뒤의 우리나라 온도는?

 난이도 ★★★☆☆

01 인공지능 영역 : 머신러닝(기계학습)

엔트리 AI 지도학습(예측:숫자)
코드위즈 OLED

⇨ 엔트리와 코드위즈를 활용하여 사회교과와 관련한 우리나라의 계절별 기온을 살펴보고 우리나라의 연평균 기온과 계절별 평균 기온을 이용하여 앞으로 100년 동안의 연평균 온도 변화를 예측할 수 있습니다.

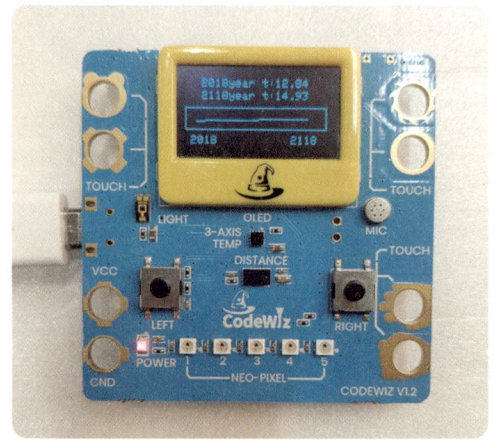

02 준비물

PC(데스크톱 또는 노트북), 코드위즈

03 교과학습

- 6학년 2학기 사회
- 단원: 2. 통일 한국의 미래와 지구촌의 평화(138-141쪽)
- 학습활동
활동 1   지구 온난화 알아보기
활동 2   (코드위즈) 우리나라의 온도 예측하기
활동 3   지구 온난화를 해결할 수 있는 방법 알아보기

04 관련 교과

- 5학년 2학기 과학 / 3. 날씨와 우리 생활
- 날씨는 우리 생활에 어떤 영향을 미칠까요? (9/12)

05 관련 작품

- 작품 파일
(코드위즈) 우리나라 온도 예측하기_완성.ent
- 작품 주소
http://naver.me/FQ5gzcqB
- 작품 영상

01 지구 온난화 알아보기

지구 온난화는 무엇이고, 무엇이 문제인지 알아봅시다.
Q: 지구 온난화의 의미는 무엇일까요?
A: 지구의 온도가 점점 올라가는 것입니다.
Q: 지구 온난화의 문제는 무엇일까요?
A: 가뭄이나 홍수가 일어납니다.

02 (코드위즈)우리나라 온도 예측하기

코드위즈 엔트리를 실행하면 OLED 화면에 2018년 온도, 예측하고자 하는 연도의 온도, 그래프 나타나기
엔트리 AI "향후 100년의 연평균 온도를 예측해 봅시다." 읽어주기
학생 예측된 온도와 그래프를 확인하기

① 우리나라 연평균 온도를 예측하기 위한 데이터를 불러오기 위해 {데이터 분석}의 [테이블 불러오기]를 선택합니다. [테이블 불러오기] 창에서 [테이블 추가하기]를 클릭합니다.

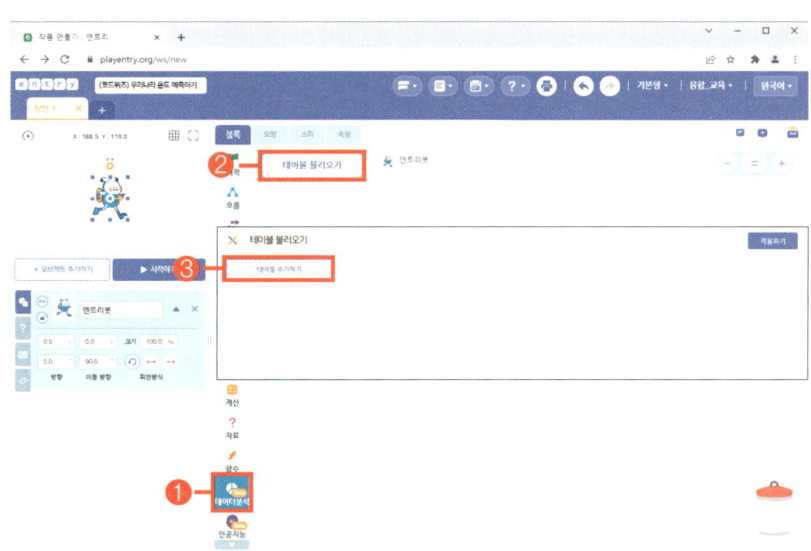

❷ 미리 입력되어있는 계절별 기온 데이터를 활용하기 위해 [테이블 선택] 항목이 선택된 상태에서 [계절별 기온]을 선택하고 [추가하기]를 클릭합니다.

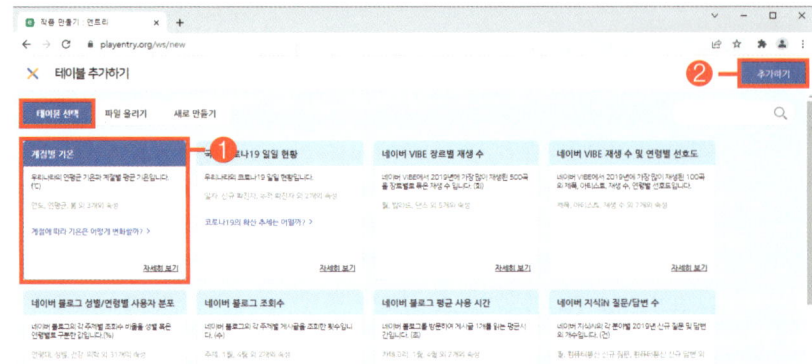

더 알아보기
- [테이블 선택] : 여러 공공 데이터를 다양하게 활용할 수 있도록 미리 만들어 놓은 표를 선택할 수 있습니다.
- [파일 올리기] : 직접 작성해 놓은 데이터 파일을 업로드하여 활용할 수 있습니다.
- [새로 만들기] : 직접 데이터를 입력하여 활용할 수 있습니다.

❸ [테이블]에 1973년부터 2018년까지의 연평균, 봄, 여름, 가을, 겨울의 온도 데이터가 표시됩니다. 데이터를 활용하기 위해 [적용하기]를 클릭합니다.

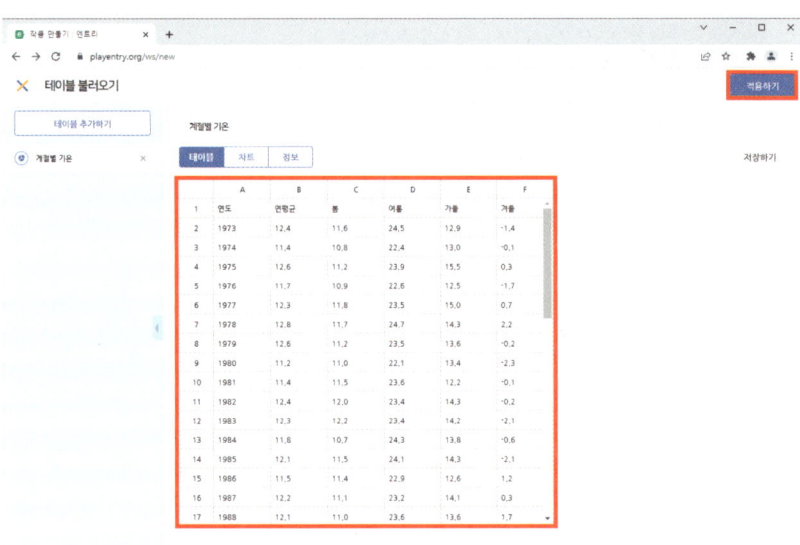

더 알아보기
- [차트] : [테이블] 데이터로 간단한 차트(그래프)를 그릴 수 있습니다.
- [정보] : [테이블] 데이터의 평균, 표준 편차, 최댓값, 중간값, 최솟값 등의 요약 정보를 확인할 수 있습니다.

❹ 적용한 계절별 기온 데이터를 이용하여 숫자 모델을 학습시키기 위해 {인공지능}의 [인공지능 모델 학습하기]를 클릭합니다.

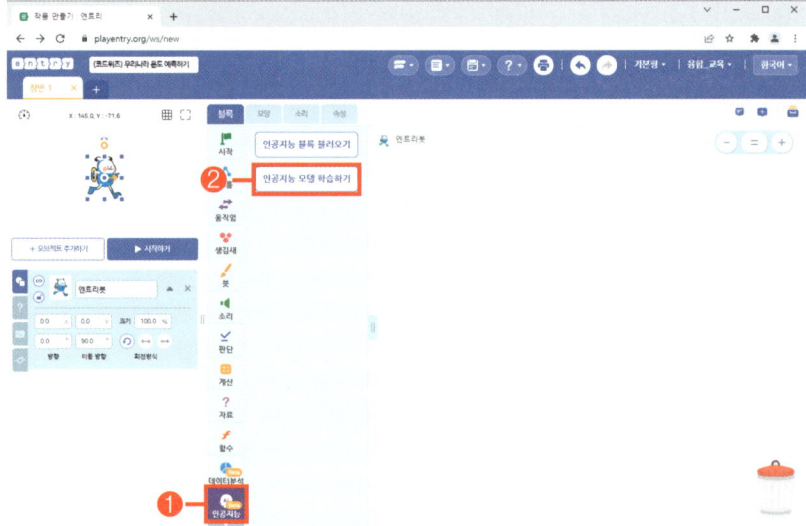

❺ [학습할 모델 선택하기] 창에서 [예측: 숫자]를 선택한 후 [학습하기]를 클릭합니다.

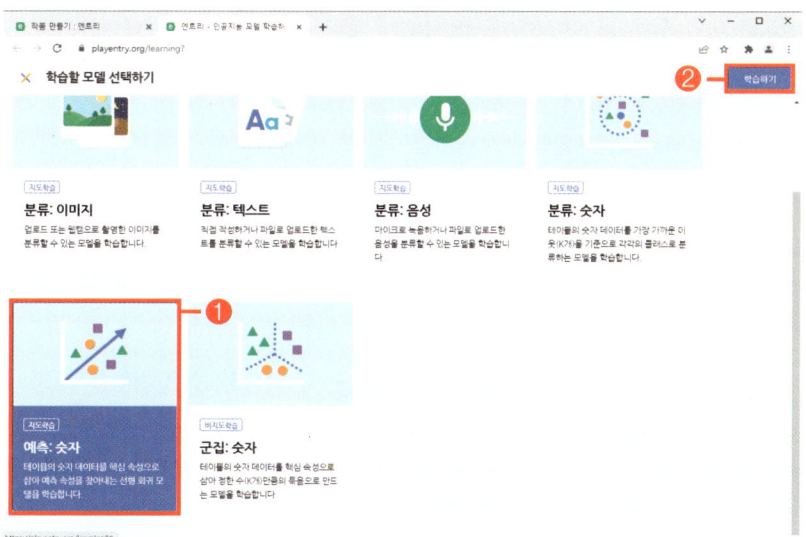

❻ 모델 이름 입력란에 '우리나라 온도 예측하기'를 입력합니다. [테이블을 선택해 주세요.▼]의 ▼을 클릭하여 '계절별 기온'을 선택합니다.

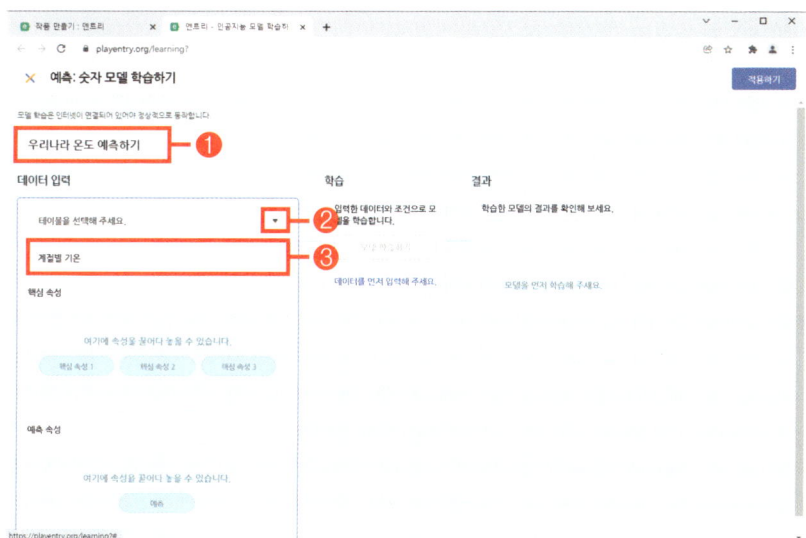

> **더 알아보기**
>
> [테이블을 선택해 주세요.▼]의 ▼을 클릭했을 때 '계절별 기온'이 표시되지 않는다면 '계절별 기온' 테이블이 적용되지 않았다는 의미입니다. 만약 표시되지 않는다면 다시 한번 '계절별 기온' 테이블을 가져옵니다.

❼ 속성이 추가되어 표시되면 '연도' 속성을 [핵심 속성] 항목으로 드래그합니다. '연평균' 속성은 [예측 속성] 항목에 드래그하여 추가합니다.

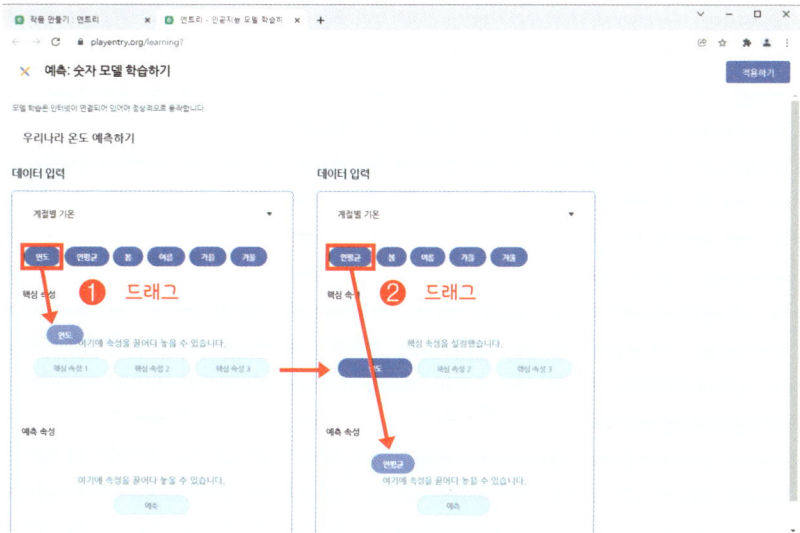

> **더 알아보기**
>
> 데이터 항목을 [핵심 속성] 또는 [예측 속성] 항목으로 드래그하면 데이터 항목에 표시되지 않습니다.

❽ 선택한 속성을 이용하여 모델을 학습시키기 위해 [모델 학습하기]를 클릭합니다. 학습한 모델의 결과가 표시되면 [적용하기]를 클릭합니다.

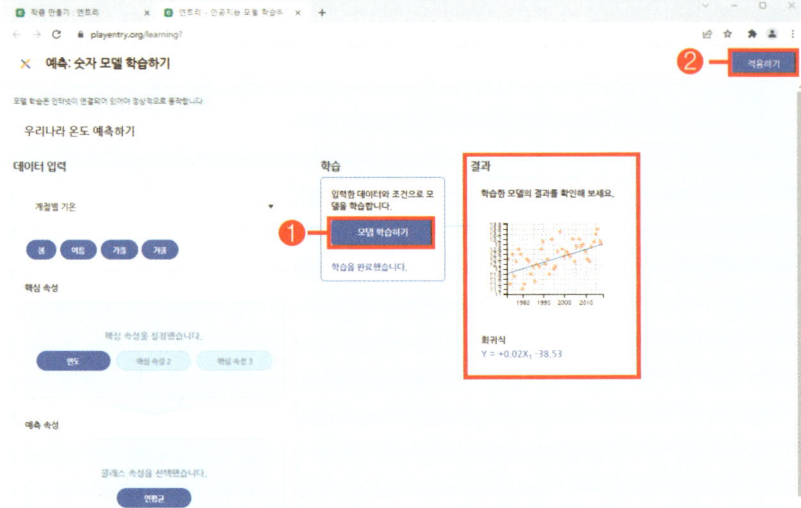

> **더 알아보기**
> 모델이 학습된 결과는 엔트리 AI의 학습 값에 따라 회귀식이 달라질 수 있습니다.

❾ 엔트리 코드 편집창으로 돌아오면 {인공지능}에 숫자 모델로 예측하여 생성한 명령 블록이 표시되는지 확인합니다.

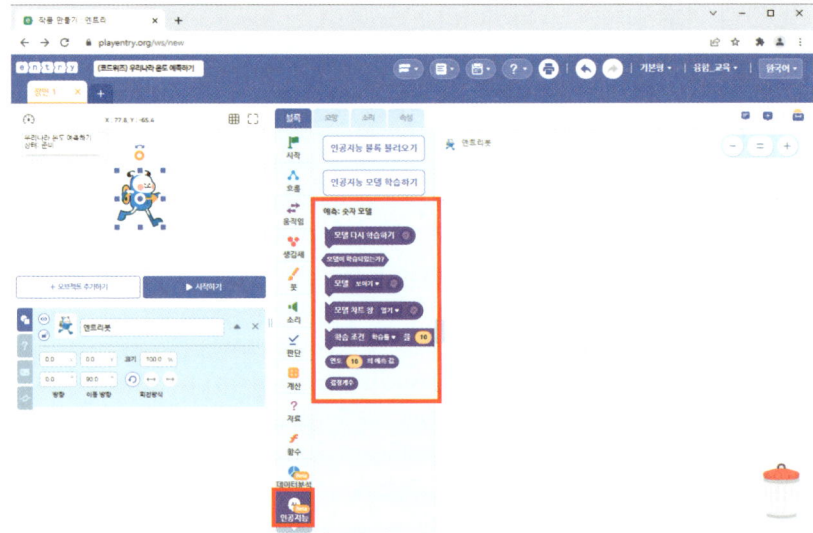

❿ {시작}의 [시작하기 버튼을 클릭했을 때]를 넣습니다. 안내 문구를 말하도록 지정하기 위해 {생김새}의 [(안녕!)을(를) (4)초 동안 말하기▼]를 넣습니다. '향후 100년의 연평균 온도를 예측해 봅시다.'를 입력합니다.

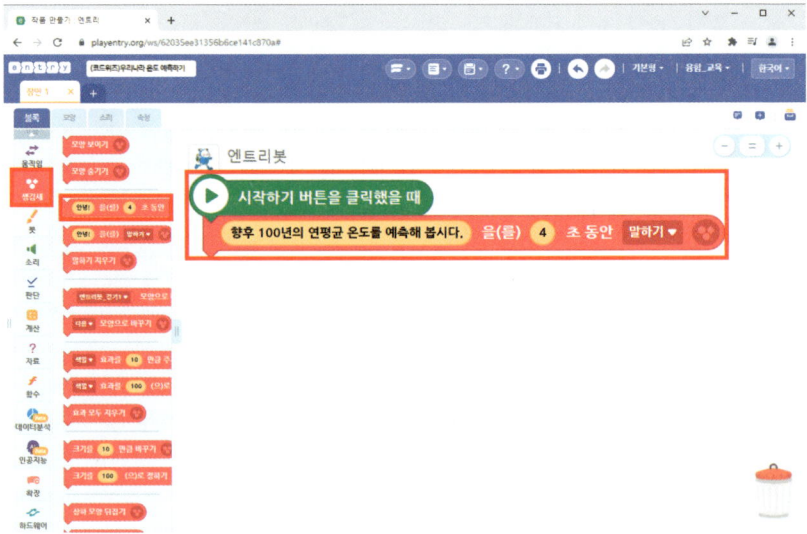

> **더 알아보기**
> '4'초로 지정된 시간은 시스템 상황에 따라 짧게 느껴질 수도 있으므로 상황에 따라 변경합니다.

⑪ OLED에 표시되는 내용을 지우고 온도 값 출력을 위한 위치를 지정하기 위해 {하드웨어}의 [OLED 지우기]와 [OLED 커서위치(0,0)(으)로 지정]을 넣은 후 '15'와 '5'를 입력합니다. 글자를 출력하기 위해 {하드웨어}의 [OLED에 (Hello,World!!) 출력]을 넣습니다.

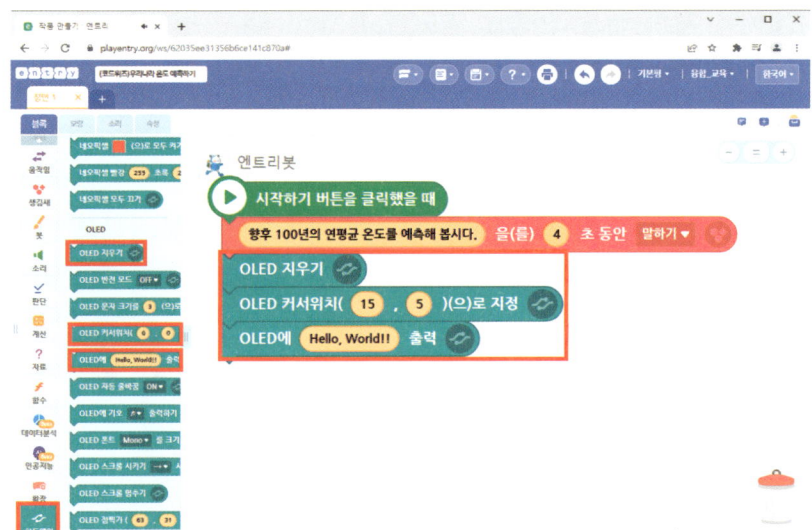

> 더 알아보기
>
> `OLED 지우기` 을 넣지 않으면 OLED에 표시되는 Codewiz 로고 이미지와 겹쳐 표시됩니다.

> 더 알아보기
>
> 코드위즈의 OLED는 가로 128 세로 64 픽셀의 크기를 가집니다. 도형을 그리거나 글자를 표시(출력)하고자 할 때 어느 위치에 출력할지 좌표를 지정해야 합니다. X좌표 값은 0~127, Y좌표 값은 0~63 사이 값을 가집니다.

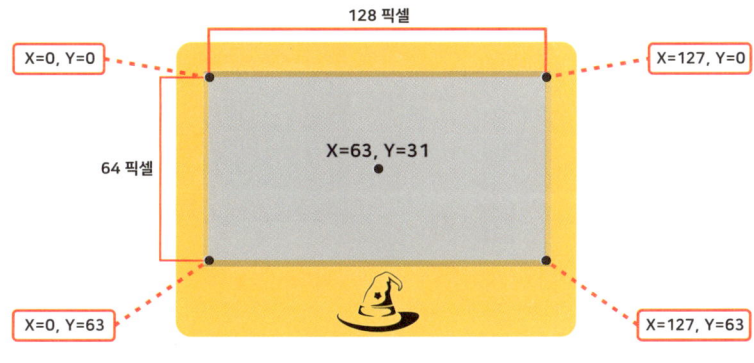

⑫ {계산}의 [(안녕!)과(와) (엔트리)를 합치기]를 넣고 (안녕!) 값에 '2018year t:'를 입력합니다. (엔트리) 값에 {인공지능}의 [연도 (10)의 예측 값]을 넣어주고 '2018'을 입력합니다.

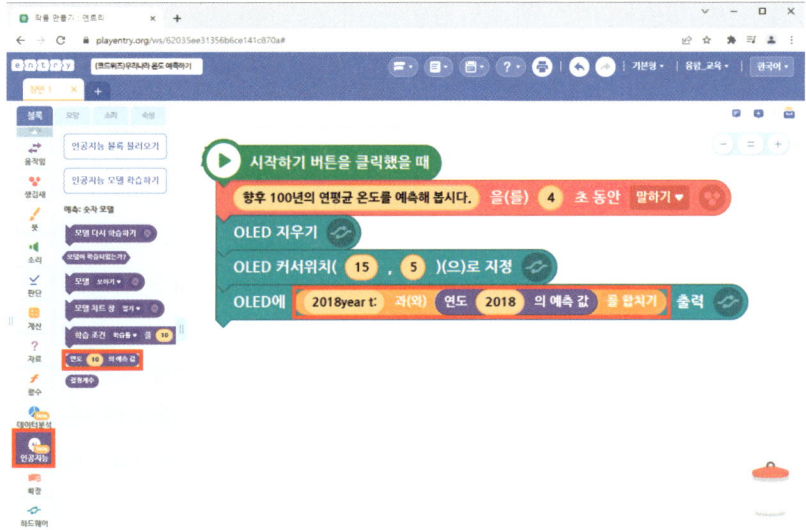

> 더 알아보기
>
> `OLED에 Hello, World!! 출력` 블록을 이용하여 글자를 출력할 때 `OLED 커서위치( 0 , 0 )(으)로 지정` 블록으로 커서 위치를 지정하지 않으면 OLED 화면 왼쪽 상단인 0,0 위치에 글자가 출력됩니다.

25

⑬ 예측 시작 연도와 종료 연도를 표시할 위치를 지정하기 위해 {하드웨어}의 [OLED 커서위치(0,0)(으)로 지정]을 넣은 후 '5'와 '55'를 입력합니다. {하드웨어}의 [OLED에 (Hello,World!!) 출력]을 넣고 '2018   2118'을 입력합니다. '2018'과 '2118' 사이는 Space 9번 또는 10번을 눌러 간격을 지정합니다.

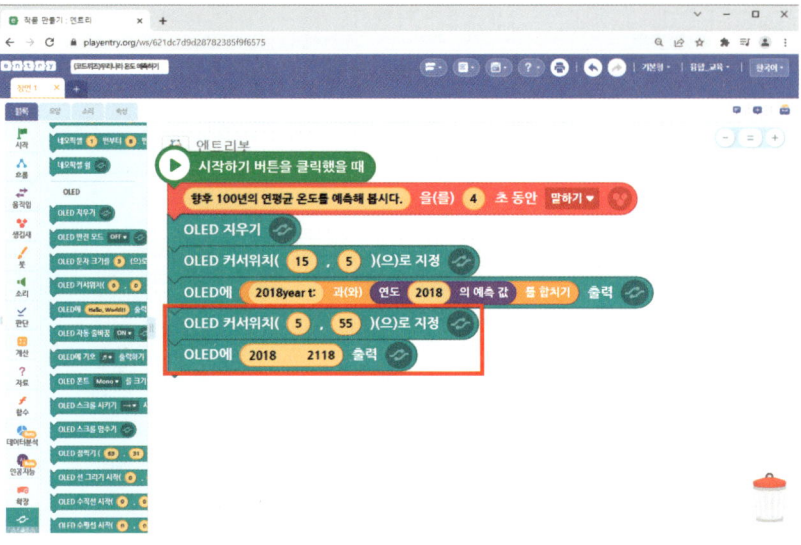

⑭ 실제 그래프의 x좌표 값과 연도 값을 저장할 변수를 선언하기 위해 {자료}의 [변수 만들기]를 클릭합니다.

> **더 알아보기**
>
> **변수란?**
>
> 변수란 데이터 값을 임시로 저장하는 기억 공간을 의미합니다. 프로그램이 실행되는 동안 변경되어야 하는 값을 임시로 저장하기 위해 변수를 활용합니다.

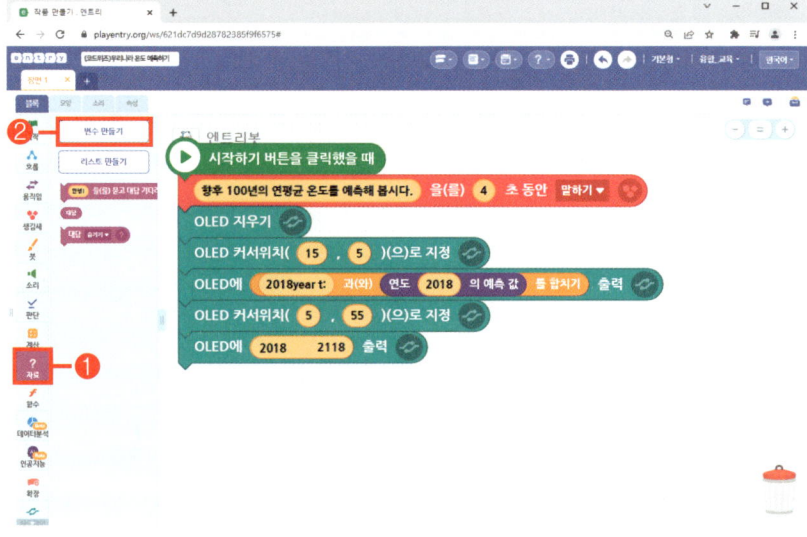

⑮ [변수 이름] 입력란에 'x좌표'를 입력한 후 [확인]을 클릭합니다.

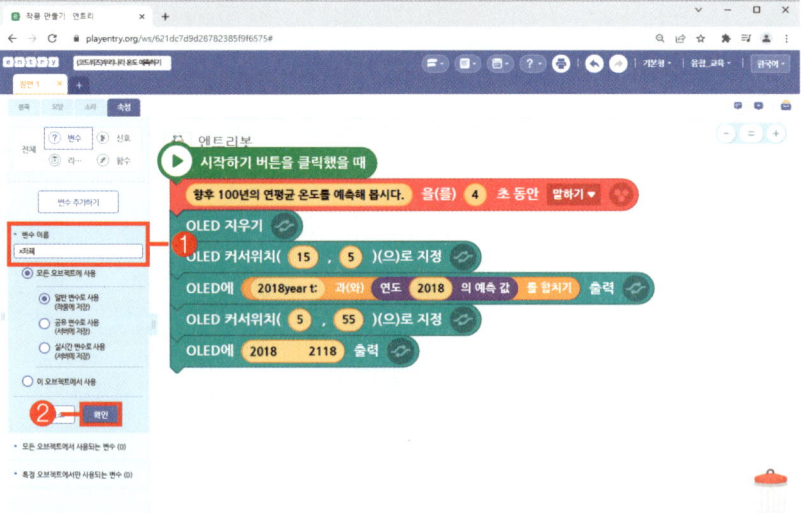

26

⓰ [변수 추가하기]를 클릭합니다. '연도'를 입력한 후 [확인]을 클릭합니다. [블록] 탭을 클릭합니다.

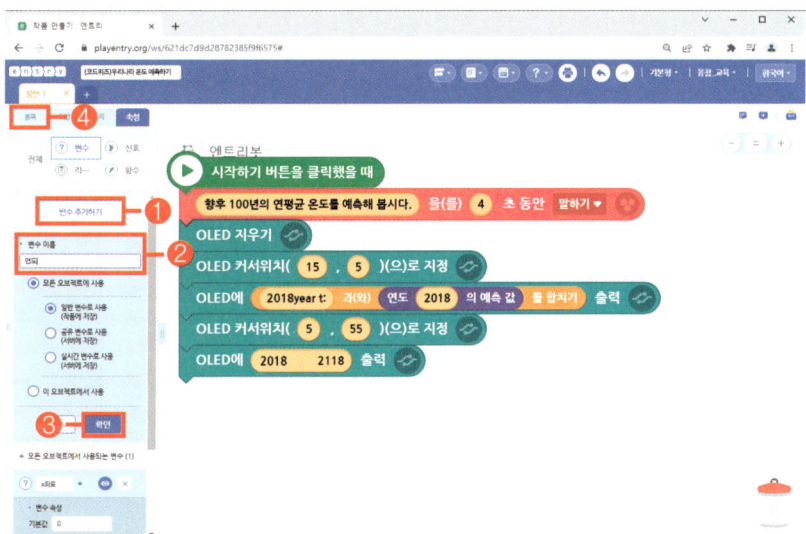

⓱ 예측을 시작할 시작 연도를 지정하기 위해 {자료}의 [연도▼를 (10)(으)로 정하기]를 넣고 '2018'을 입력합니다. 그래프의 시작 x좌표 값을 지정하기 위해 {자료}의 [연도▼를 (10)(으)로 정하기]를 넣고 ▼을 눌러 'x좌표'를 선택하고 '10'을 입력합니다.

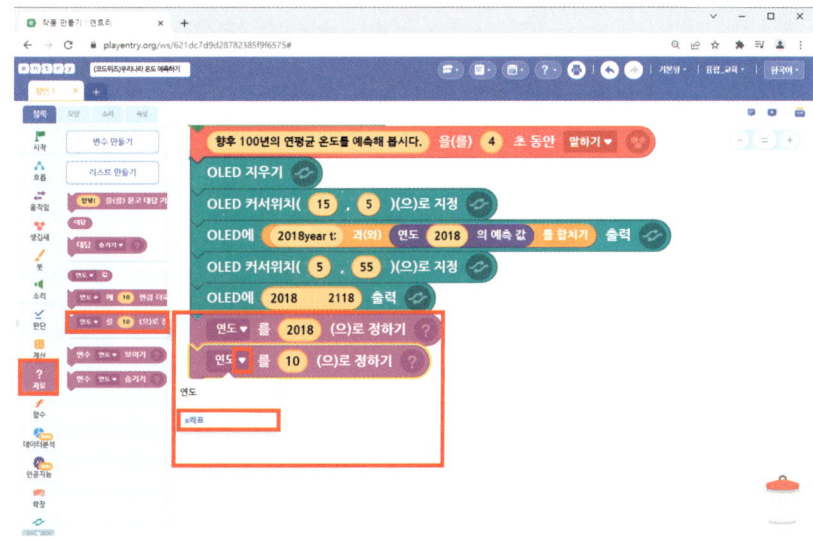

⓲ 그래프가 그려지는 영역에 사각 테두리를 그리기 위해 {하드웨어}의 [OLED 직사각형 시작(0,0) 가로(10) 세로(10) 비움▼ 흰색▼]을 넣은 후 시작에 '0','30', 가로에 '127', 세로에 '20'을 입력합니다.

⑲ 100년 동안의 온도 변화를 확인하기 위해 {흐름}의 [(10)번 반복하기]를 넣고 '101'을 입력합니다. 2018년부터 변화되는 연도와 평균 온도를 표시하기 위해 {하드웨어}의 [OLED 커서위치(0,0)(으)로 지정]을 넣은 후 '15'와 '16'을 입력합니다.

> **더 알아보기**
>
> 100년 동안의 온도 값을 출력하기 위해 2018년도 온도 값 출력 후 연도에 1을 더하고 해당 연도의 온도 값을 출력하므로 [(10)번 반복하기]에 '101'을 입력합니다. '100'을 입력하면 실제 2118년도 온도 값을 출력하기 전에 반복문 실행이 완료되어 2117년도의 온도 값까지만 출력됩니다.

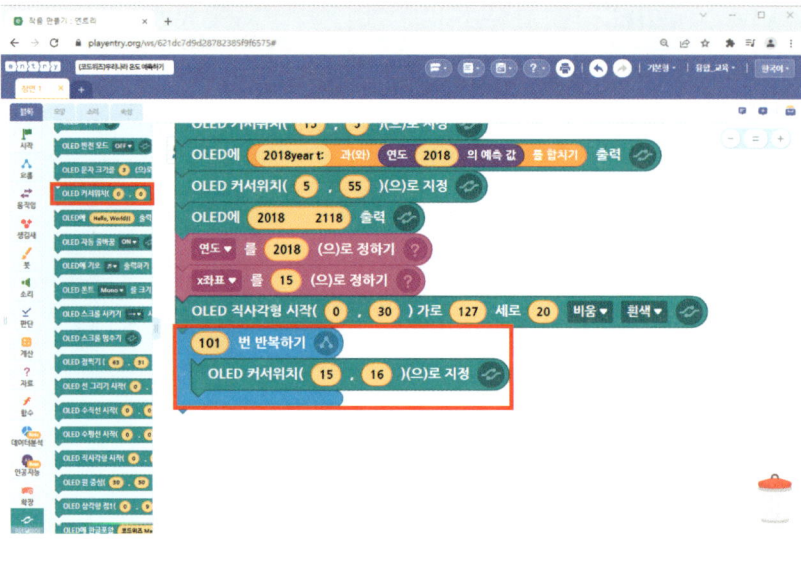

⑳ {하드웨어}의 [OLED에 (Hello,World!!) 출력]을 넣은 후 {계산}의 [(안녕!)과(와) (엔트리)를 합치기]를 넣습니다. (안녕!) 값에 다시 한번 [(안녕!)과(와) (엔트리)를 합치기]를 넣습니다. 왼쪽 값에는 {자료}의 [연도▼값], 가운데 값에는 'year t:'를 입력합니다.

㉑ 해당 연도의 예측 값을 출력하기 위해 오른쪽 값에 {인공지능}의 [연도 (10)의 예측 값]을 넣어주고 {자료}의 [연도▼값]을 넣습니다.

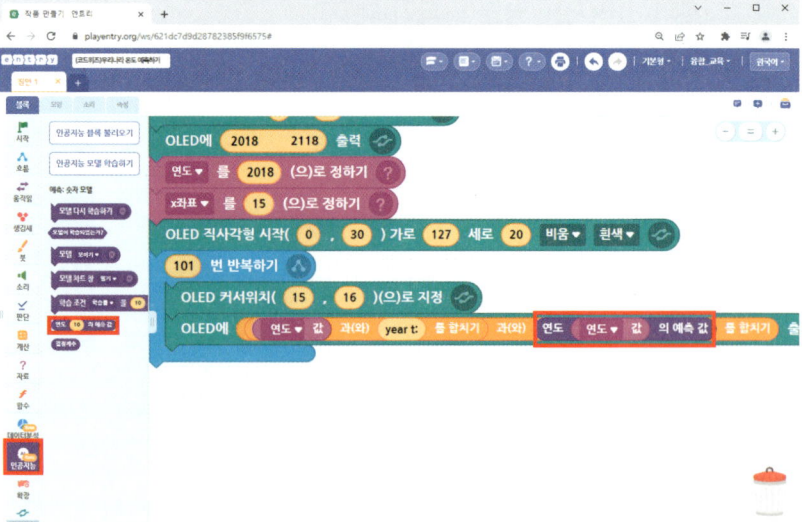

28

㉒ 예측된 온도 값을 OLED에 그래프로 그리기 위해 {하드웨어}의 [OLED 점찍기 (63,31) 흰색▼]을 넣습니다. 출력되는 점의 x 위치 값을 지정하기 위해 왼쪽 값에 {자료}의 [연도▼값]을 넣고 ▼을 눌러 'x좌표'를 선택합니다.

> **더 알아보기**
>
> `OLED 점찍기 ( 63 , 31 ) 흰색▼` 은 지정된 좌표에 하얀색 점을 찍어줍니다. 왼쪽 값에 x좌표 값, 오른쪽 값에는 y좌표 값을 지정합니다.

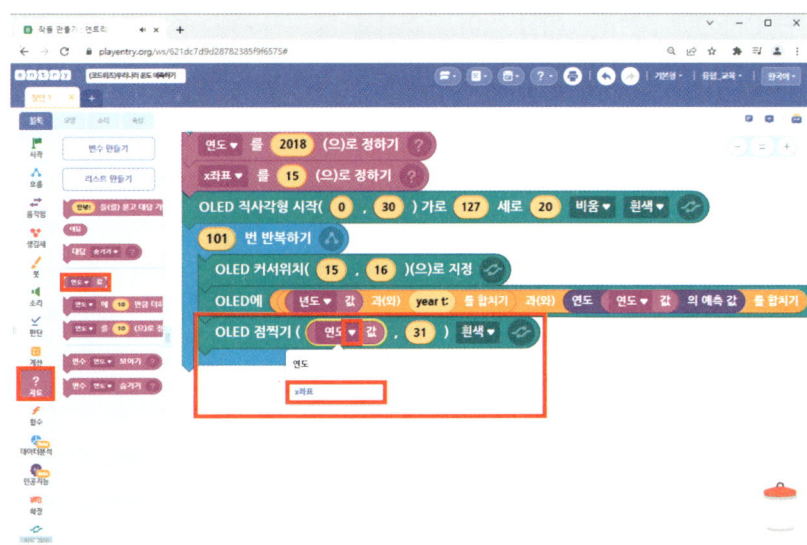

㉓ 예측된 온도 값의 소수점 이하 값을 버리기 위해 오른쪽 값에 {계산}의 [(10)의 제곱▼]을 넣고 ▼을 눌러 '소수점 버림값'을 선택합니다.

> **더 알아보기**
>
> OLED의 좌표값으로 13.56과 같은 소수점이 포함된 값을 지정하면 반올림되어 14로 지정됩니다. 이를 방지하기 위해 소수점 버림값 블록을 활용합니다.

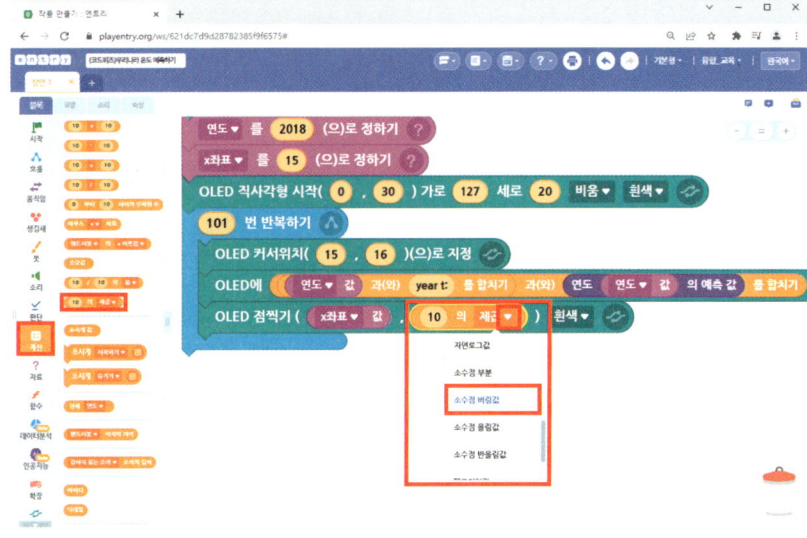

㉔ 측정된 온도 값이 높을수록 점은 OLED의 위쪽에 찍혀야 하므로 y좌표 값이 작아져야 합니다. 이에 기준점 '55'에서 예측된 온도 값을 빼서 y좌표 값으로 지정하기 위해 (10)에 {계산}의 [(10)-(10)]을 넣고 왼쪽 값에 '55'를 입력합니다. 오른쪽 값에는 {인공지능}의 [연도 (10)의 예측 값]을 넣고 (10)에 {자료}의 [연도▼값]을 넣어줍니다.

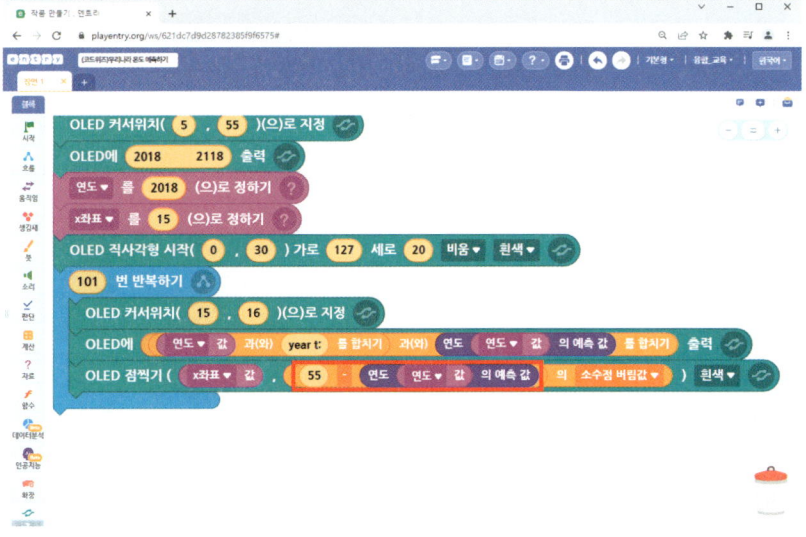

㉕ OLED에 2018년 점을 찍어 그래프를 표시한 이후 연속적으로 다음 연도의 온도 값을 표시하고 점을 찍기 위해 연도와 x좌표를 1씩 증가시켜야 합니다. {자료}의 [연도▼에 (10)만큼 더하기]를 넣고 '1'을 입력합니다. [연도▼에 (10)만큼 더하기]를 넣고 ▼을 눌러 'x좌표'를 선택하고 '1'을 입력합니다.

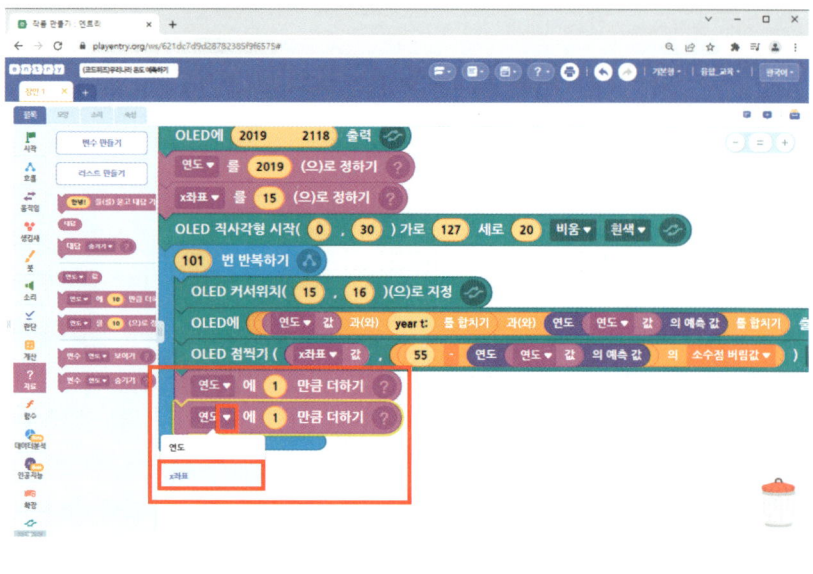

더 알아보기

2018년의 온도 출력 후 연도 값을 1 증가시키고 다시 온도를 출력하기 때문에 반복 횟수를 100으로 지정하면 실제로 연도 값이 2118이 된 후 온도를 출력하기 전에 반복이 종료됩니다.

㉖ 코드 작성이 완료되었다면 코드를 실행하기 위해 [▶ 시작하기]를 클릭합니다. OLED에 2018년부터 2118년까지의 온도 값과 그래프가 출력되는지 확인해봅니다.

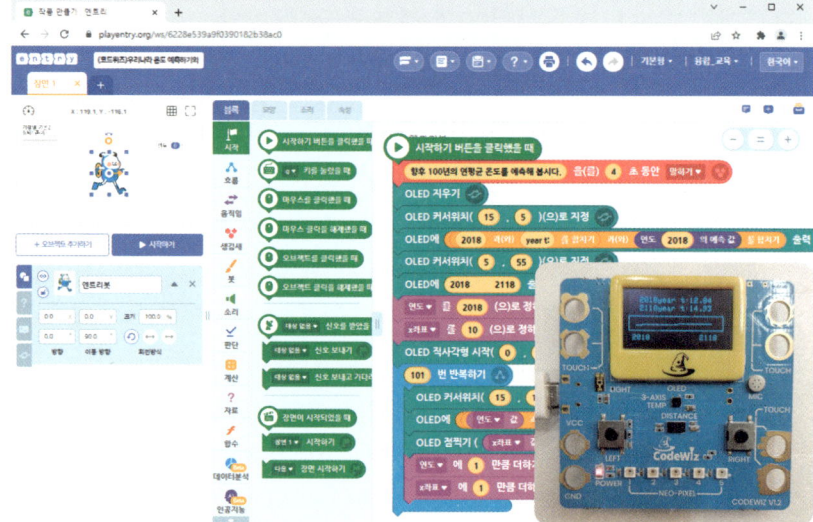

03   지구 온난화를 해결 할 수 있는 방법 알아보기

지구 온난화를 해결할 수 있는 방법을 알아봅시다.
Q: 지구 온난화를 해결할 수 있는 방법은 무엇이 있을까요?
A: 안 쓰는 콘센트 뽑기, 전등 소등하기, 일회용품 줄이기 등이 있습니다.

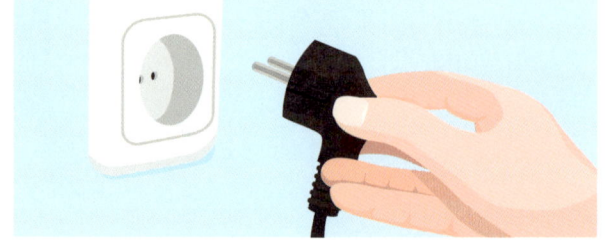

전체 코드 & 완성 작품 확인하기
활동2: (코드위즈)우리나라의 온도 예측하기

▲ [엔트리봇] 오브젝트

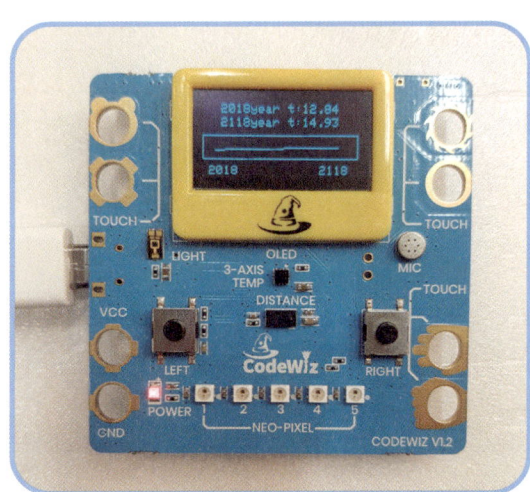

03 영어로 무지개를 만들어요!
여러 가지 색깔 묻고 답하기

난이도 ★★★☆☆

01 인공지능 영역 : 음성인식

엔트리 AI 음성인식(오디오 감지), 음성합성(읽어주기)
코드위즈 네오 RGB LED, OLED, 버튼

⇨ 엔트리와 코드위즈를 활용하여 영어교과 속에서 인공지능의 음성인식 기술을 이해하고 영어로 무지개를 만들 수 있습니다.

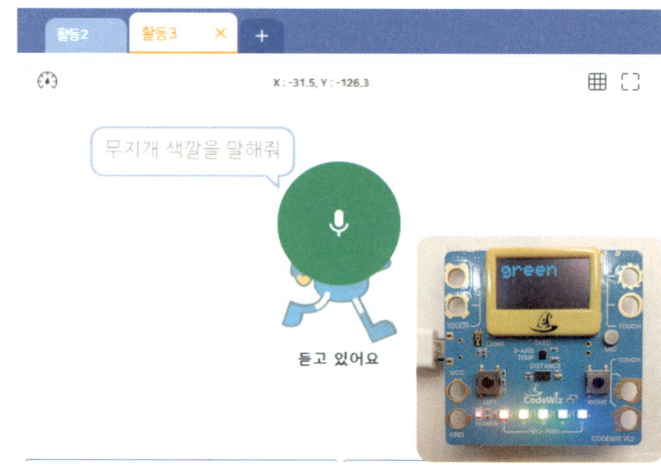

02 준비물

PC(데스크톱 또는 노트북), 코드위즈

03 교과학습

- 3학년 1학기 영어(천재교육)
- 단원: 6. What Color Is It? (100-101쪽)
- 학습활동
  활동 1   색깔 표현 익히기
  활동 2   (코드위즈)색깔을 맞춰봐!
  활동 3   (코드위즈)영어로 무지개 만들기

04 관련 교과

- 4학년 1학기 영어(천재교육) / 5. Where Is My Cap?
- 물건의 색깔과 함께 위치를 묻고 답하기 (1-2/4)

05 관련 작품

- 작품 파일
  (코드위즈)영어로 무지개를 만들어요_완성.ent
- 작품 주소
  http://naver.me/GB0oXPv2
- 작품 영상

01 색깔 표현 익히기

Q: What color is it?
A: It's (red).

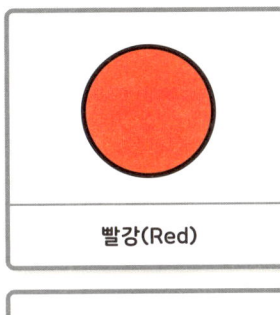
빨강(Red)

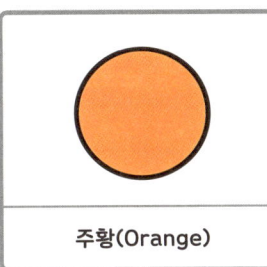
주황(Orange)

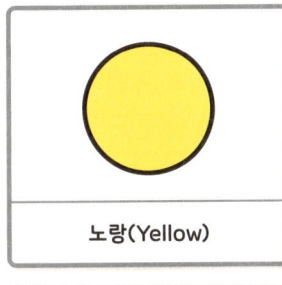
노랑(Yellow)

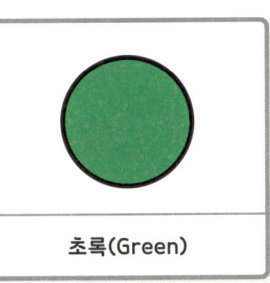
초록(Green)

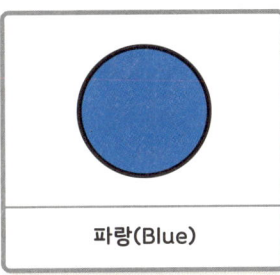
파랑(Blue)

보라(Purple)

검정(Black)

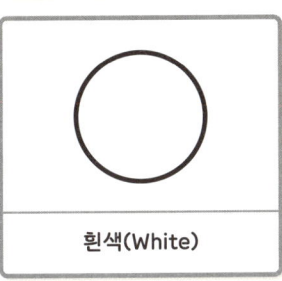
흰색(White)

02 (코드위즈)색깔을 맞춰봐!

코드위즈 버튼을 누르면 무작위로 네오 RGB LED 색깔 나타나기 (예> 빨간색)
엔트리 AI "What color is it?" 읽어주기
학생 코드위즈에 나타난 색깔을 대답하기 (예> It's red)

1. [장면1] 제목을 클릭한 후 '활동2'를 입력하고 Enter 를 누릅니다.

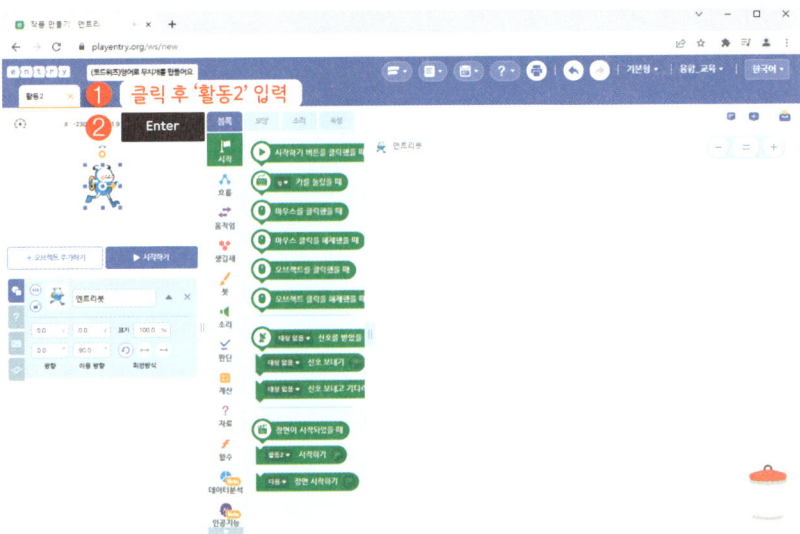

33

② 안내 문구를 읽어주기 위해 {인공지능}의 [인공지능 블록 불러오기]를 클릭합니다. [읽어주기]를 클릭한 후 [불러오기]를 선택합니다.

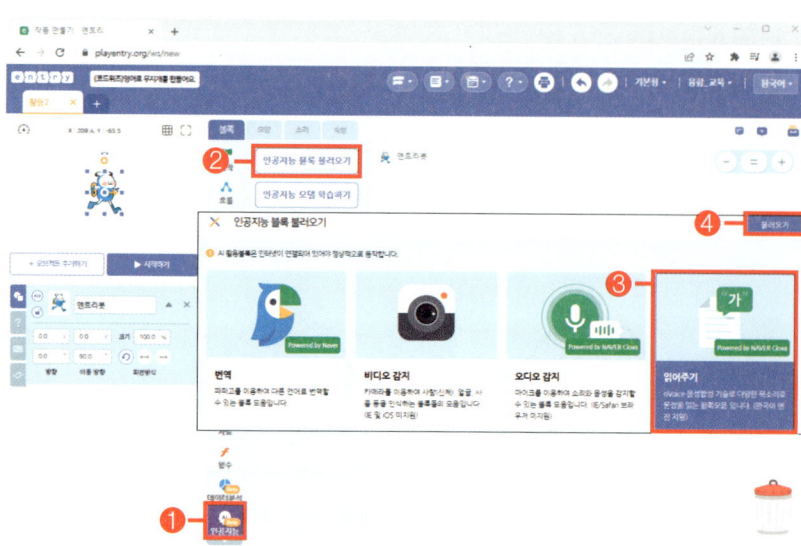

> **더 알아보기**
>
> [번역] : 입력된 단어(문장)을 지정한 언어로 번역합니다.
> [비디오 감지] : 카메라에 인식된 사람, 사물 등을 감지합니다.
> [오디오 감지] : 마이크를 통해 소리와 음성 등을 감지합니다.

③ {인공지능}의 [읽어주기] 항목에 읽어주기와 관련된 명령 블록이 추가된 것을 확인합니다.

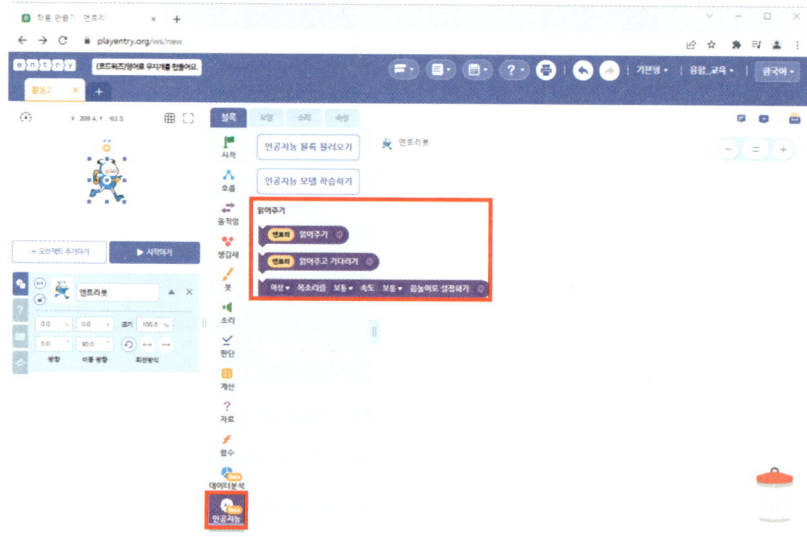

④ {시작}의 [시작하기 버튼을 클릭했을 때]를 넣습니다. 네오 RGB LED 5개 사용 설정을 위해 {하드웨어}의 [네오픽셀 코드위즈▼에 (5)개로 시작설정]을 넣습니다.

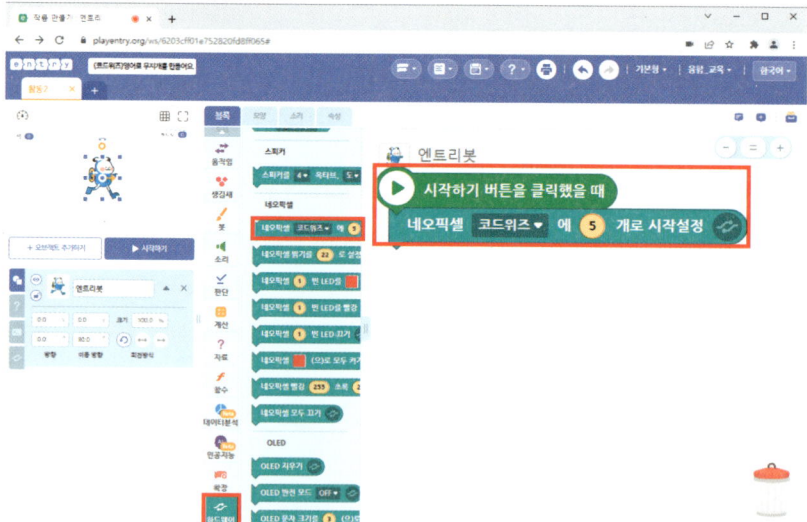

> **더 알아보기**
>
> 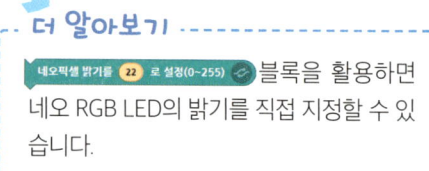 블록을 활용하면 네오 RGB LED의 밝기를 직접 지정할 수 있습니다.

❺ 문구 말하고 읽어주도록 지정하기 위해 {생김새}의 [(안녕!)을(를) 말하기▼]와 {인공지능}의 [(엔트리) 읽어주고 기다리기]를 넣습니다. '왼쪽 또는 오른쪽 버튼을 눌러주세요.'를 입력합니다.

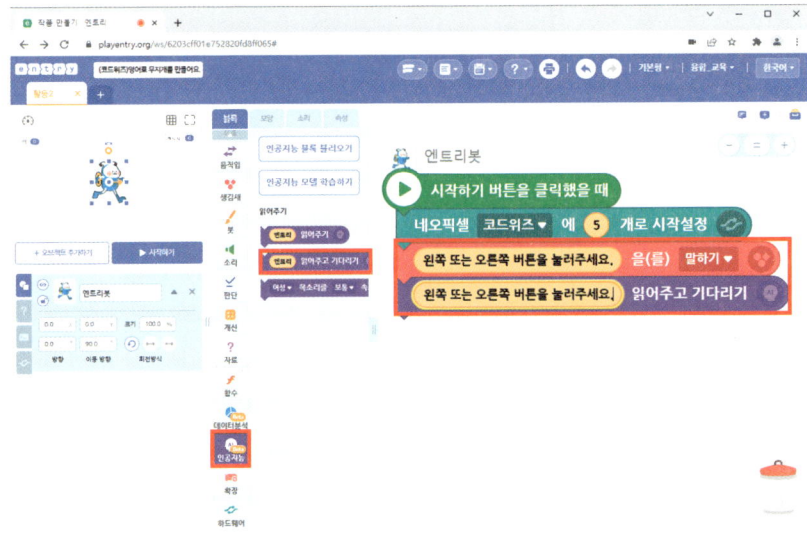

❻ 왼쪽 버튼이 눌렸는지 판단하기 위해 {흐름}의 [계속 반복하기]와 [만일 <참> (이)라면]을 넣고 {하드웨어}의 [왼쪽▼ 스위치 버튼 값]을 넣습니다.

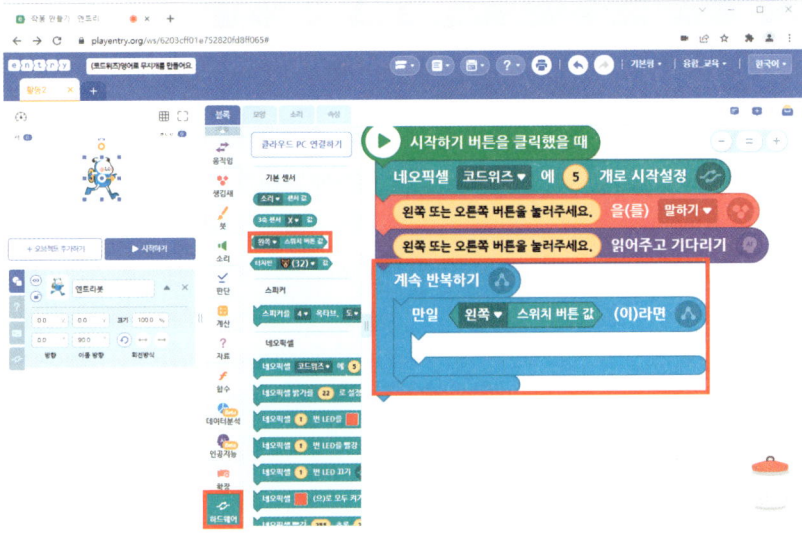

❼ 색상 선택을 위한 변수를 선언하기 위해 [속성] 탭을 클릭한 후 [변수]를 선택합니다. [변수 추가하기]를 클릭한 후 '색'을 입력하고 [확인] 버튼을 클릭합니다. [블록] 탭을 선택합니다.

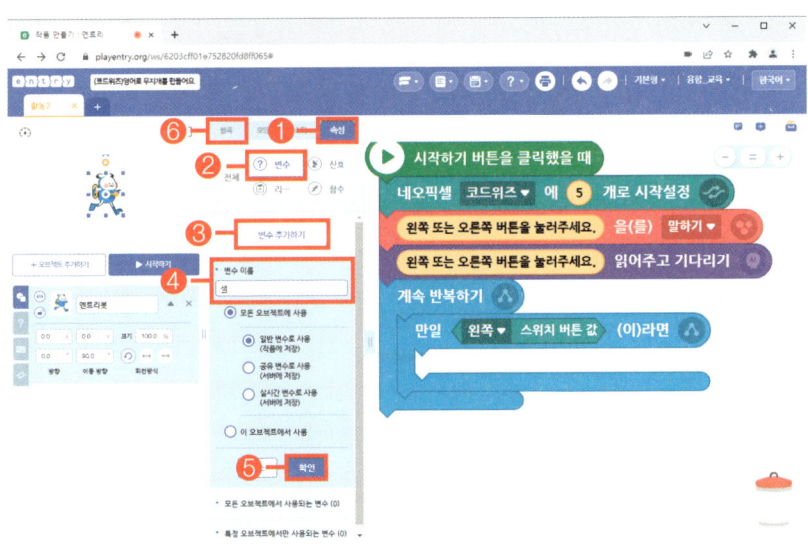

> 더 알아보기
> {자료}의 [변수 만들기]를 클릭해도 됩니다.

❽ 코드위즈의 왼쪽 버튼을 눌렀을 때 1 또는 2의 값 중 무작위로 값이 선택되어 '색' 변수에 저장되도록 지정하기 위해 {자료}의 [색▼를 (10)(으)로 정하기]를 넣고 (10)에 {계산}의 [(0)부터 (10) 사이의 무작위 수]를 넣습니다. '1'과 '2'를 입력합니다.

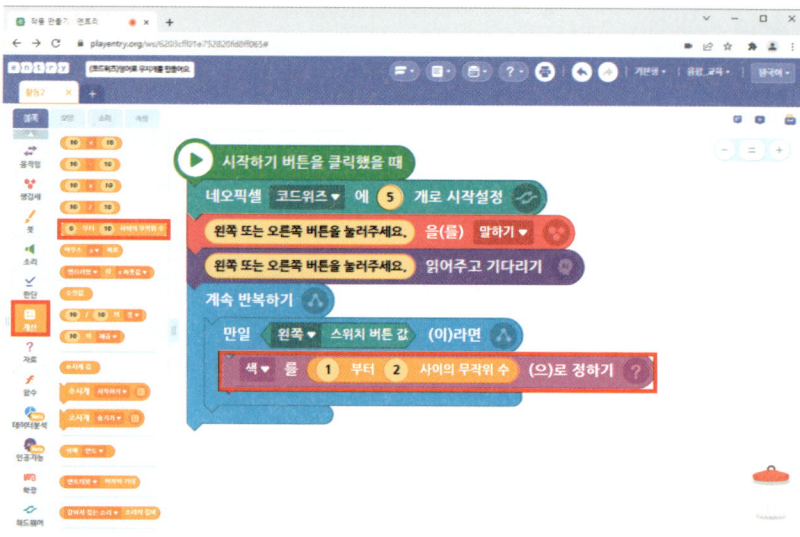

❾ 지정된 색 값에 따라 켜지는 네오 RGB LED의 색을 다르게 지정하기 위해 {흐름}의 [만일 <참> (이)라면 아니면]과 {판단}의 [(10)=(10)]을 넣습니다. 왼쪽 값에 {자료}의 [색▼값]을 넣고 오른쪽 값에 '1'을 입력합니다.

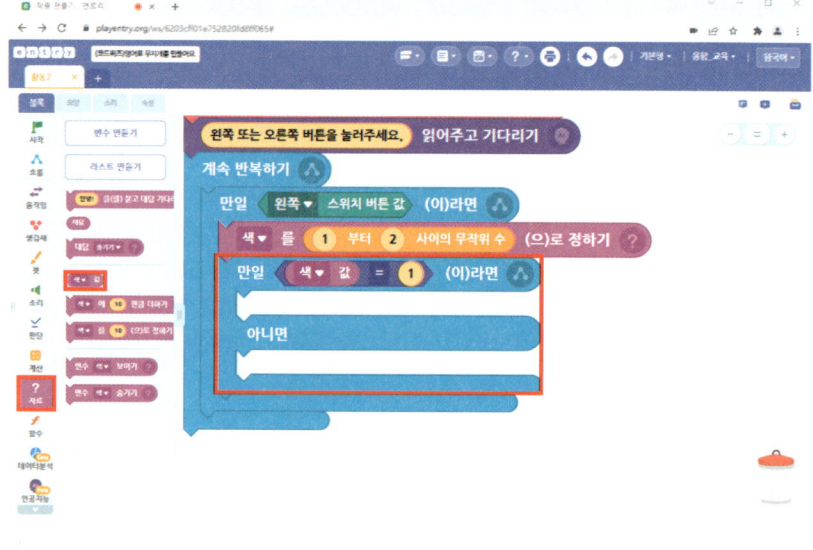

❿ [색▼값]이 '1'이면 빨간색, '2'이면 노란색이 켜지도록 지정하기 위해 {하드웨어}의 [네오픽셀 ■ (으)로 모두 켜기]를 [(이)라면]과 [아니면] 내부에 넣습니다. [아니면] 내부의 ■을 클릭한 후 ■을 선택합니다.

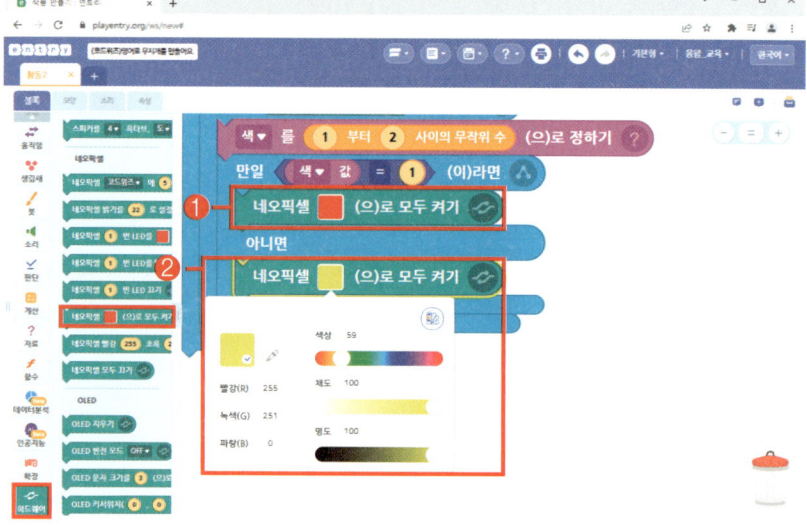

⑪ 네오 RGB LED가 켜진 후 'What color is it?'을 읽어주고 말하도록 {인공지능}의 [(엔트리) 읽어주기]와 {생김새}의 [(안녕!)을(를) (4)초 동안 말하기▼] 넣고 'What color is it?'을 입력합니다. (4)에 '5'를 입력하고 {하드웨어}의 [네오픽셀 모두 끄기]를 넣습니다.

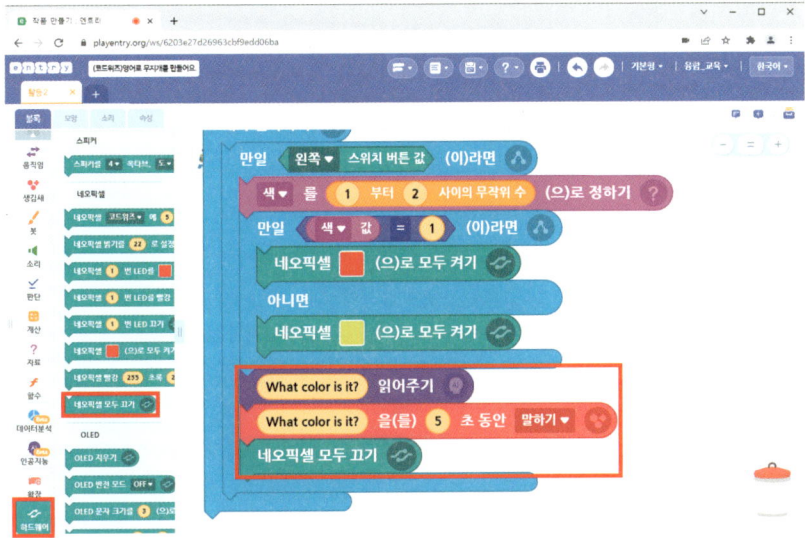

⑫ 오른쪽 버튼을 눌렀을 때 초록색 또는 파란색이 켜지도록 지정하기 위해 [만일 왼쪽▼스위치 버튼값 (이)라면] 블록을 마우스 오른쪽 버튼으로 클릭합니다. [코드 복사 & 붙여넣기] 메뉴를 클릭합니다.

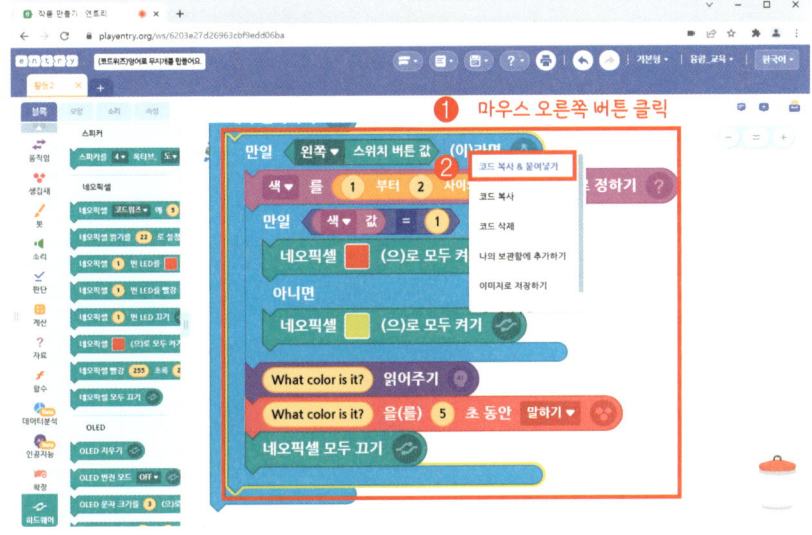

⑬ 복사된 코드를 아래에 연결한 후 [왼쪽▼ 스위치 버튼값]의 ▼을 눌러 '오른쪽'을 선택합니다. ■을 클릭한 후 ■를 선택합니다. 아래 블록의 ■을 클릭한 후 ■을 선택합니다.

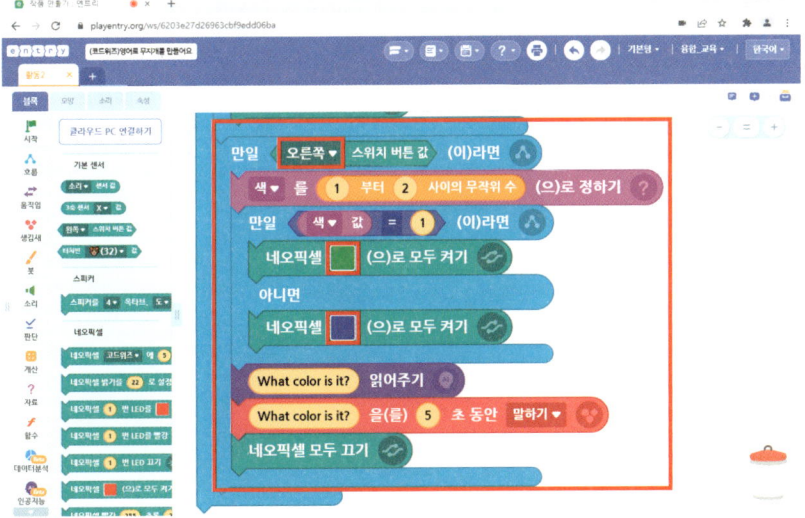

37

⑭ 코드를 실행하기 위해 [▶ 시작하기]를 클릭합니다. 코드위즈의 왼쪽 또는 오른쪽 버튼을 누릅니다. 코드위즈의 네오 RGB LED에 색이 표시되는지 확인합니다.

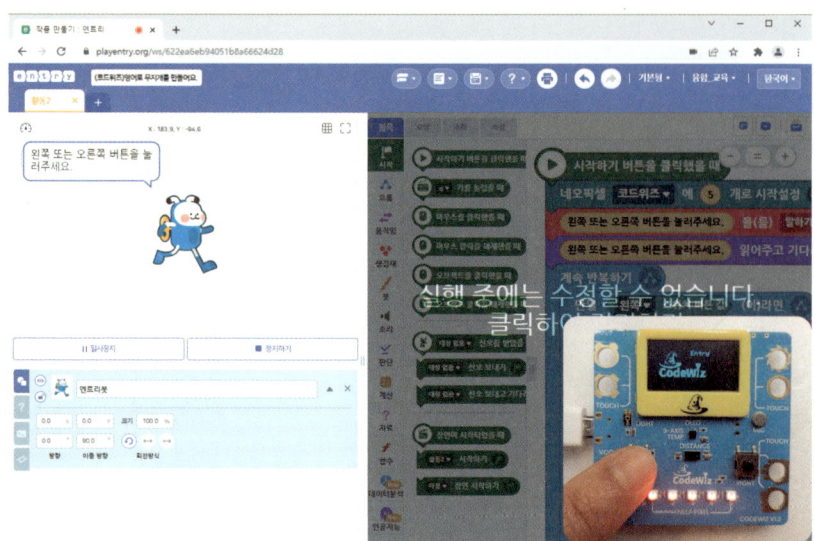

03 (코드위즈)영어로 무지개 만들기

학생 생각나는 색깔을 영어로 말하기 (red, orange, yellow, green, blue)
엔트리 AI 음성 인식
코드위즈
• OLED: 학생이 말한 색깔을 영어 단어로 표시
• 네오 RGB LED : 해당 색깔 켜기
  ⇨ 하나씩 LED가 켜지며 영어 무지개 완성

❶ [활동2] 장면에서 [+]버튼을 눌러 장면을 추가합니다. 추가한 장면의 제목을 클릭한 후 '활동3'을 입력하여 이름을 변경합니다. [+ 오브젝트 추가하기]를 클릭한 후 '(1)엔트리봇'을 선택하고 [추가하기]를 클릭합니다.

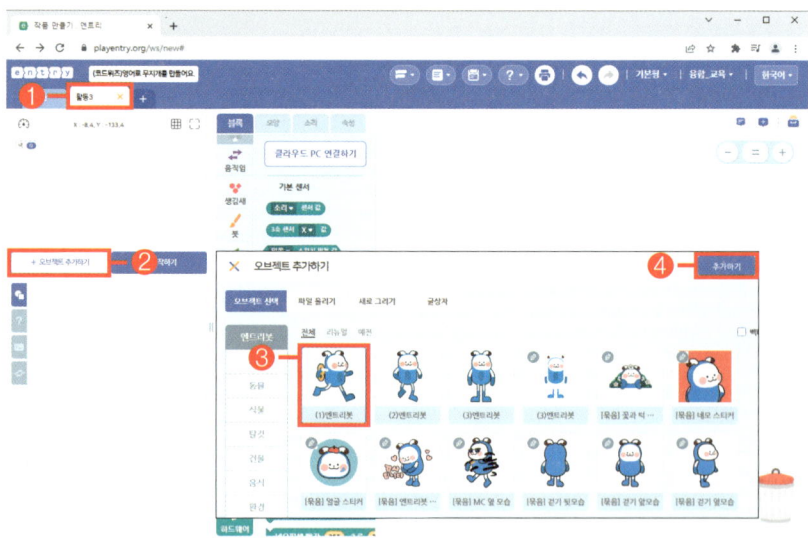

38

❷ 마이크를 이용하여 소리를 인식시키기 위해 {인공지능}의 [인공지능 블록 불러오기]를 클릭합니다. [오디오 감지]를 추가로 선택한 후 [불러오기]를 클릭합니다.

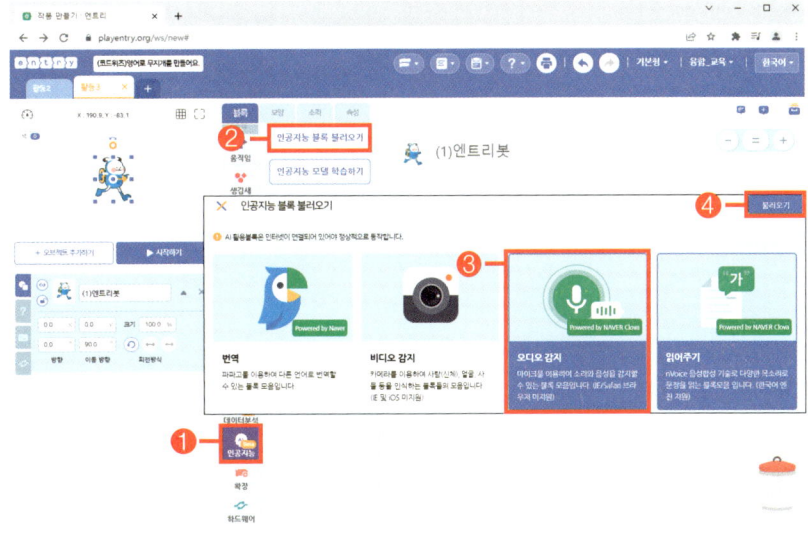

❸ {인공지능}의 [오디오 감지] 항목에 마이크와 음성인식에 관련된 명령 블록이 추가된 것을 확인합니다. {시작}의 [시작하기 버튼을 클릭했을 때]를 넣습니다.

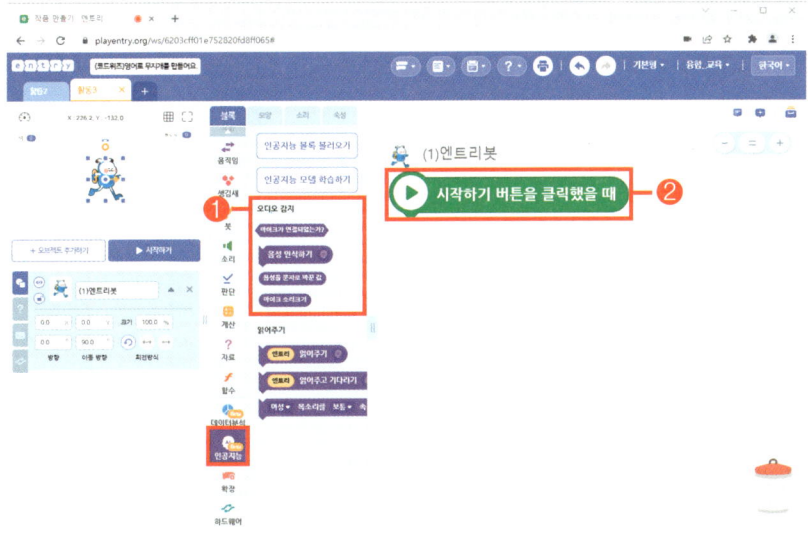

❹ OLED의 이미지를 지우고 글자 크기를 지정하기 위해 {하드웨어}의 [OLED 지우기]와 [OLED 문자 크기를 (3)으로 설정]을 넣습니다. 네오 RGB LED 5개 사용 및 밝기 지정을 위해 [네오픽셀 코드위즈▼에 (5)개로 시작설정]과 [네오픽셀 밝기를 (22)로 설정(0~255)]을 넣고 '50'을 입력합니다.

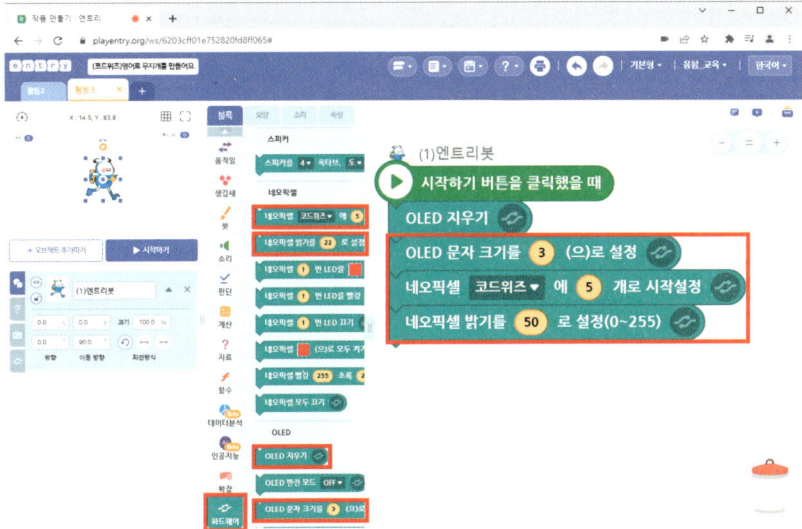

39

❺ 안내 문구를 말하고 읽어주도록 지정하기 위해 {생김새}의 [(안녕!)을(를) 말하기▼]와 {인공지능}의 [(엔트리) 읽어주고 기다리기]를 2개씩 번갈아 넣습니다. '영어로 무지개를 만들어보자.'와 '무지개 색깔을 말해줘'를 입력합니다.

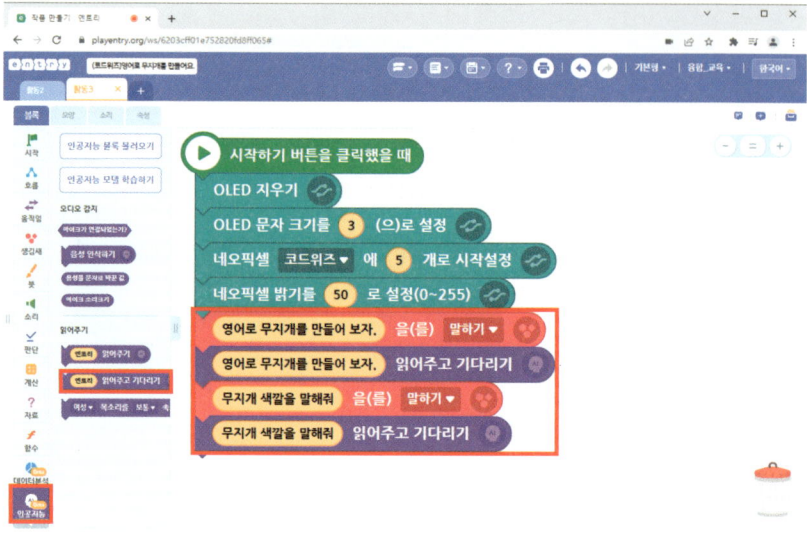

❻ 마이크로 입력되는 음성을 인식하기 위해 {흐름}의 [계속 반복하기]와 [2초 기다리기]를 넣고 '1'을 입력합니다. {인공지능}의 [음성 인식하기]를 넣습니다.

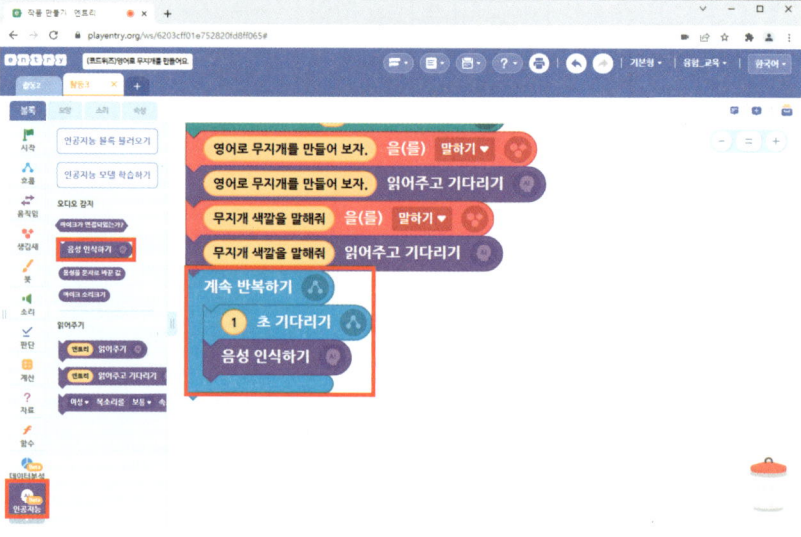

> **더 알아보기**
> 음성인식 시작 전 잠깐의 지연 시간을 두기 위해 [1초 기다리기]를 삽입합니다. 만약 지연 시간을 지정하고 싶지 않다면 [1초 기다리기]를 삭제해도 됩니다.

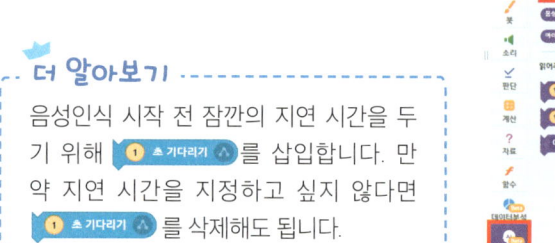

❼ 인식한 음성의 문자값이 'red' 또는 '레드'인지 판단하기 위해 {흐름}의 [만일 <참>(이)라면]과 {판단}의 [<참> 또는 <거짓>]을 넣습니다. <참>, <거짓>에 {판단}의 [(10)=(10)]을 넣고 {인공지능}의 [음성을 문자로 바꾼 값]과 'red', '레드'를 입력합니다.

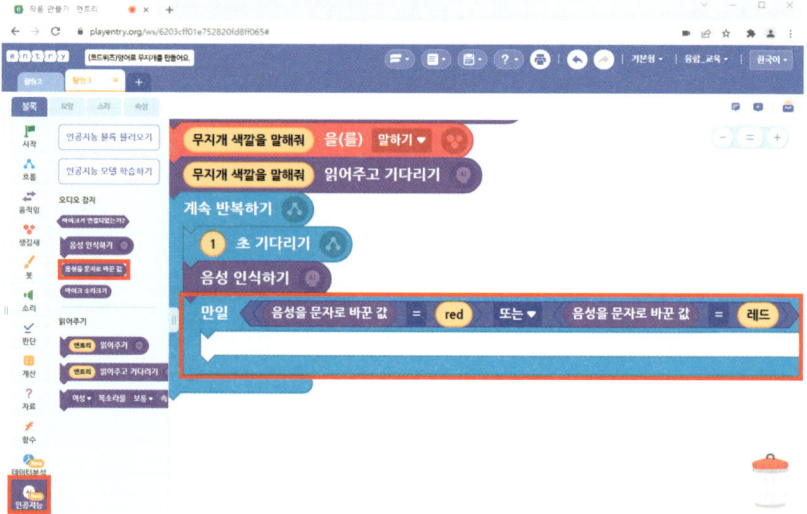

⑧ 인식한 음성의 문자값이 'red' 또는 '레드'로 인식되면 1번 네오 RGB LED를 빨간색으로 켜고 OLED에 표시하기 위해 [네오픽셀 (1)번 LED를 ■ (으)로 켜기]와 [OLED 지우기], [OLED에 (Hello,World!!) 출력]을 넣습니다. 'red'를 입력합니다.

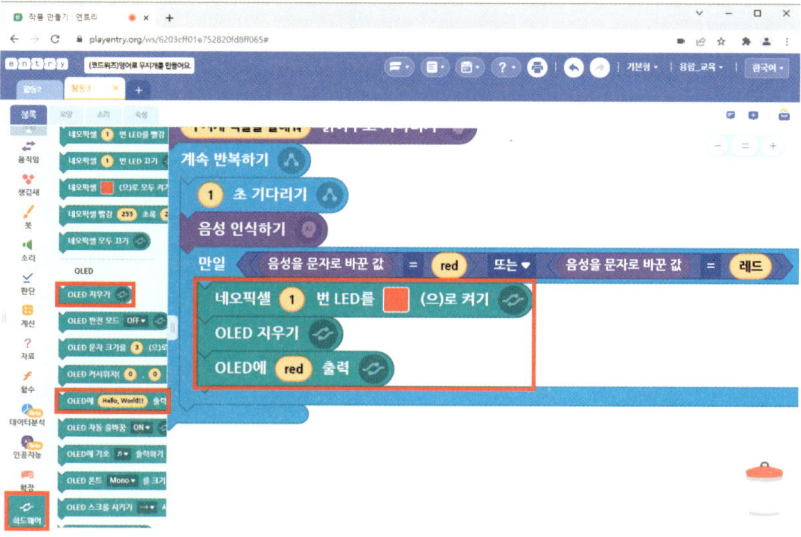

⑨ 인식된 음성의 문자 값에 따라 추가적으로 네오 RGB LED와 OLED를 제어하기 위해 [(이)라면] 블록을 마우스 오른쪽 버튼으로 클릭합니다. [코드 복사] 메뉴를 클릭합니다.

> **더 알아보기**
>
> [코드 복사] 메뉴를 클릭하면 선택한 블록이 클립보드로 복사되기 때문에 다른 코드를 복사하기 전까지 계속 코드를 붙여넣기 할 수 있습니다. [코드 복사 & 붙여넣기] 메뉴는 코드를 복사한 후 바로 복사된 코드를 1번만 붙여넣기 하기 때문에 동일한 코드를 여러 번 붙여넣기 하는 경우는 [코드 복사] 메뉴를 활용합니다.

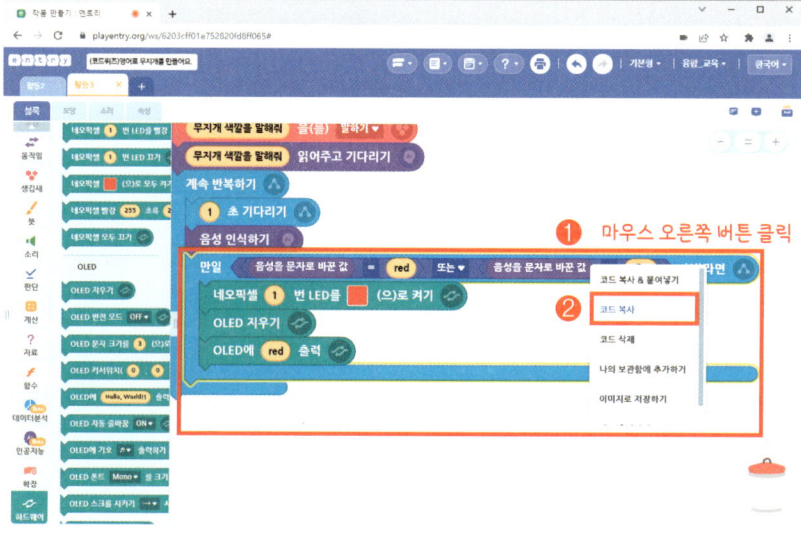

⑩ 코드 입력창 빈 영역에서 마우스 오른쪽 버튼을 클릭한 후 [붙여 넣기]를 클릭합니다. 붙여넣기 된 블록을 [(이)라면] 아래에 연결합니다.

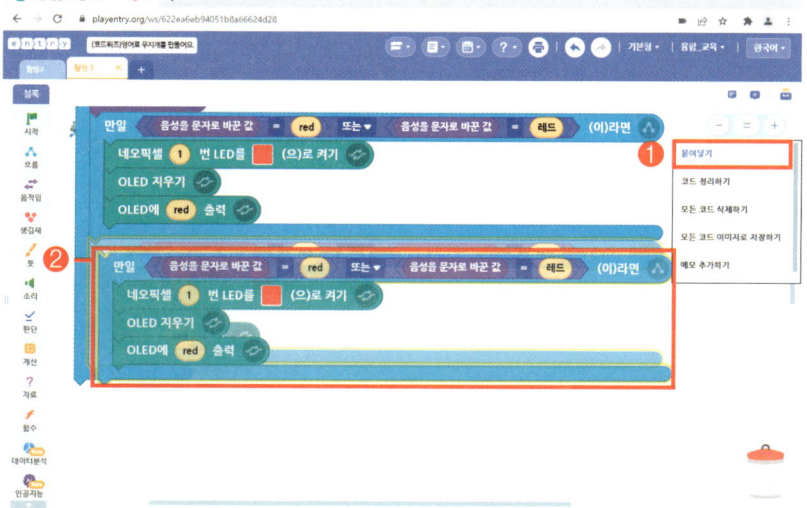

41

⑪ 판단 블록과 출력 블록에 'orange'와 '오렌지'를 입력합니다. 네오 RGB LED 번호는 '2', 색은 ■을 클릭하여 ■로 지정합니다.

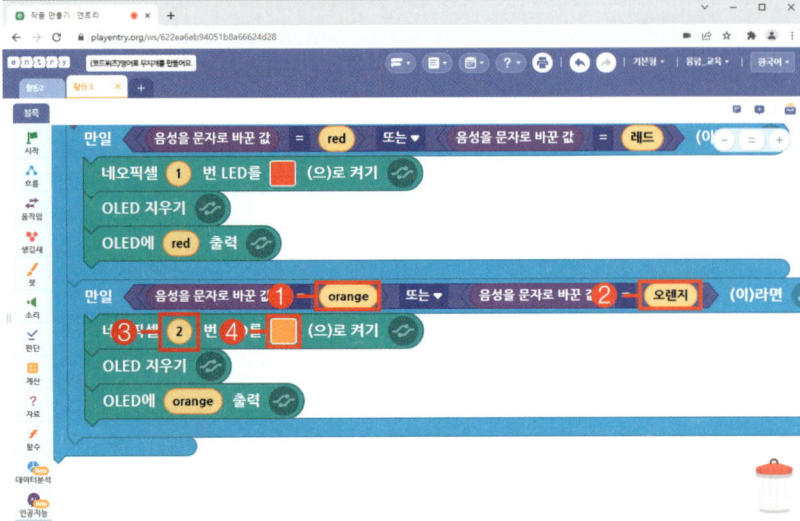

- 더 알아보기

[붙여넣기] 메뉴 대신 <Ctrl> + <V>를 눌러도 됩니다.

⑫ 마우스 오른쪽 버튼 클릭 후 [붙여넣기]를 클릭합니다. 2번 더 붙여넣기 한 후 붙여넣기 된 블록을 아래에 연결합니다.

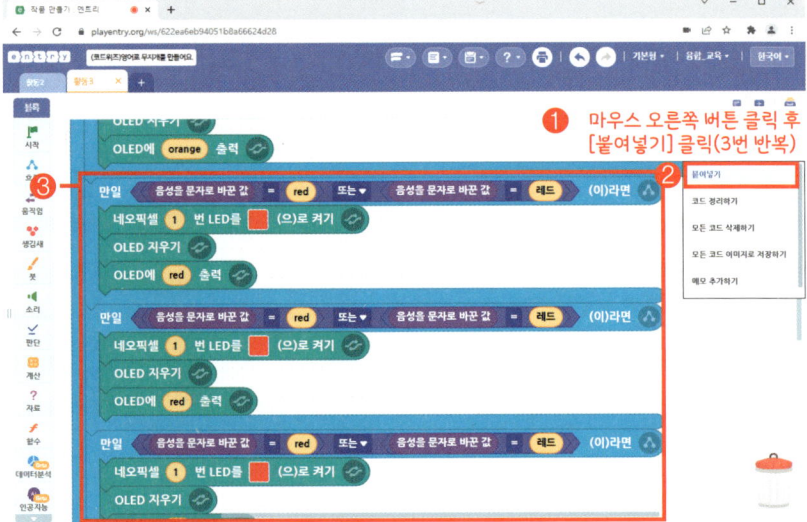

⑬ 인식된 음성 문자값을 'yellow' 또는 '옐로우', 'green' 또는 '그린', 'blue' 또는 '블루'로 변경 입력합니다.

⑭ 네오 RGB LED 번호로 '3', '4', '5'를 입력하고 ■을 클릭하여 ■, ■, ■을 순서대로 지정합니다. OLED 출력 블록에 'yellow', 'green', 'blue'를 순서대로 입력합니다.

⑮ 코드를 실행하기 위해 [▶ 시작하기]를 클릭합니다. "영어로 무지개를 만들어보자. 무지개 색깔을 말해줘"라고 말하면서 실행화면에 🎤 와 함께 "듣고 있어요"가 표시되는지 확인합니다.

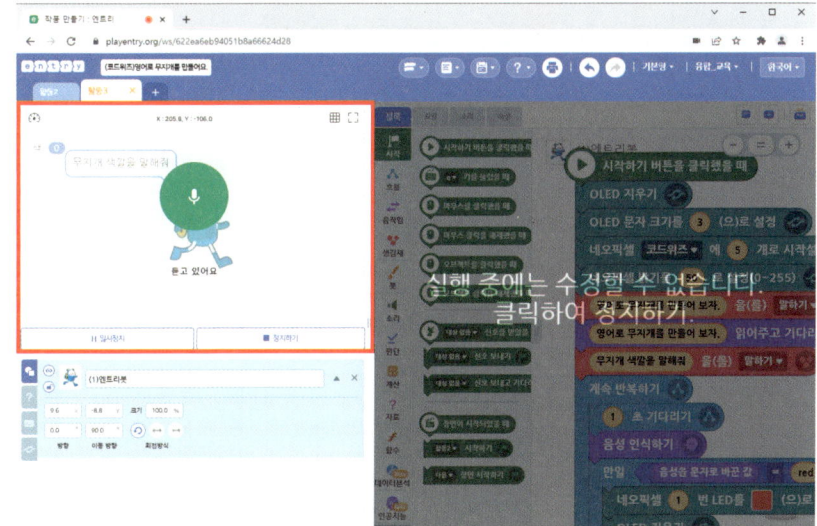

⑯ 🎤 표시되면 무지개 색 중 하나를 마이크에 대고 말해봅니다. 코드위즈의 OLED에 색명이 출력되고 해당 색으로 네오 RGB LED가 켜지는지 확인합니다. 다른 색도 출력되도록 마이크에 대고 말해봅니다.

43

전체 코드 & 완성 작품 확인하기
활동2: (코드위즈)색깔을 맞춰봐!

▲ [엔트리봇] 오브젝트

전체 코드 & 완성 작품 확인하기
활동3: (코드위즈)영어로 무지개 만들기

▲ [엔트리봇] 오브젝트

04 전기절약 현관 등 만들기
사람을 인식하는 인공지능 현관 등을 만들어요!

난이도 ★★☆☆☆

01 인공지능 영역 : 비디오 인식

엔트리 AI 비디오 감지
코드위즈 OLED, 원형 네오픽셀
⇨ 과학교과 속에서 인공지능이 사람을 인식하는 전기절약 현관 등을 만들 수 있습니다.

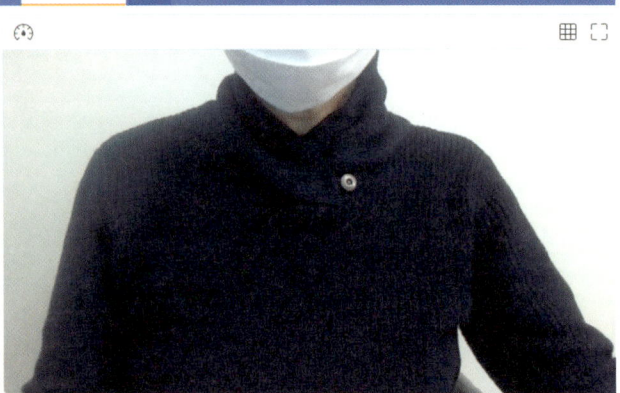

02 준비물
PC(데스크톱 또는 노트북), 코드위즈, 원형 네오픽셀, 4핀 케이블(암)

04 관련 교과
- 6학년 2학기 과학 / 5. 에너지와 생활
- 우리 학교의 에너지 이용 실태 취재하기 (7/9)

03 교과학습
- 6학년 2학기 과학
- 단원: 1. 전기의 이용 (24-25쪽)
- 학습활동
  활동 1 전기를 안전하게 사용하는 방법 알아보기
  활동 2 전기를 절약하는 방법 알아보기
  활동 3 (코드위즈)전기절약 현관 등 만들기

05 관련 작품
- 작품 파일
  (코드위즈)전기절약 현관 등 만들기.ent
  (코드위즈)전기절약 현광 등 만들기_완성.ent
- 작품 주소
  http://naver.me/xnv4gvcR
  http://naver.me/FWvd2vPf
- 작품 영상

01 전기를 안전하게 사용하는 방법 알아보기

전기 안전의 필요성을 인식하고 전기를 안전하게 사용하는 방법을 알아봅시다.
Q: 전기를 위험하게 사용하고 있는 모습을 찾아봅시다.
A: 플러그의 머리 부분을 잡지 않고 플러그를 뽑고 있습니다.
A: 콘센트 한 개에 플러그 여러 개를 꽂아 놓았습니다.
A: 전선이 어지럽게 꼬여 있습니다.

  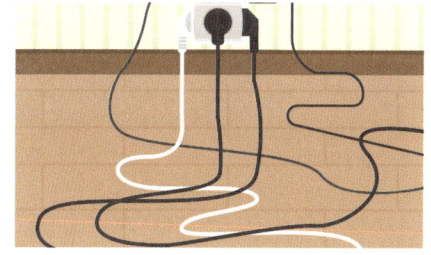

Q: 전기를 안전하게 사용하는 방법을 토의해 봅시다.
A: 플러그를 뽑을 때는 전선을 잡아당기지 않는다.
A: 사용하지 않는 전기 제품은 플러그를 뽑아 놓는다.
A: 콘센트 한 개에 플러그 여러 개를 한꺼번에 꽂아서 사용하지 않는다.

02 전기를 절약하는 방법 알아보기

전기 절약의 필요성을 인식하고 전기를 절약하는 방법을 알아봅시다.
Q: 전기를 낭비하고 있는 모습을 찾아봅시다.
A: 문을 열어 놓고 냉방 기구를 틀어 놓았습니다.
A: 낮에 전등을 켜 놓았습니다.
A: 사용하지 않는 전기제품의 플러그를 콘센트에 꽂아 놓았습니다.

Q: 전기를 안전하게 사용하는 방법을 토의해 봅시다.
A: 전기 절약 등을 사용한다.
A: 에어컨을 켤 때는 문을 닫는다.
A: 사용하지 않는 전기 제품을 끈다.

03 (코드위즈)전기절약 현관 등 만들기

코드위즈 엔트리를 실행하고 OLED 화면과 원형 네오픽셀 작동시키기
엔트리 AI 얼굴 인식 후 "반갑습니다." 읽어주기, 원형 네오픽셀 전등 작동하기
학생 전기절약 현관 등 만들기

① 4핀 케이블(암)을 이용하여 코드위즈와 원형 네오픽셀을 연결합니다. 코드위즈의 중앙에 위치한 거리센서의 위치도 확인합니다. 원형 네오픽셀을 코드위즈에 연결하였다면 엔트리와 코드위즈를 연결합니다.

② '(코드위즈)전기절약 현관 등 만들기.ent' 파일을 실행합니다. {시작}의 [시작하기 버튼을 클릭했을 때]를 넣고 코드위즈에 연결할 원형 네오픽셀의 핀 번호와 개수를 지정하기 위해 {하드웨어}의 [네오픽셀 코드위즈▼에 (5)개로 시작설정]을 넣습니다. ▼을 클릭하여 '18'을 선택하고 '12'를 입력합니다.

③ 원형 네오픽셀 밝기를 설정하기 위해 {하드웨어}의 [네오픽셀 밝기를 (22)로 설정(0~255)]를 넣고 '60'을 입력합니다. OLED에 표시되는 내용을 지우기 위해 [OLED 지우기]를 넣습니다.

④ 카메라를 이용하여 사람을 인식하는 비디오 감지 기능을 활용하기 위해 {인공지능}의 [인공지능 블록 불러오기]를 클릭합니다. [비디오 감지]를 선택하고 [불러오기]를 클릭합니다.

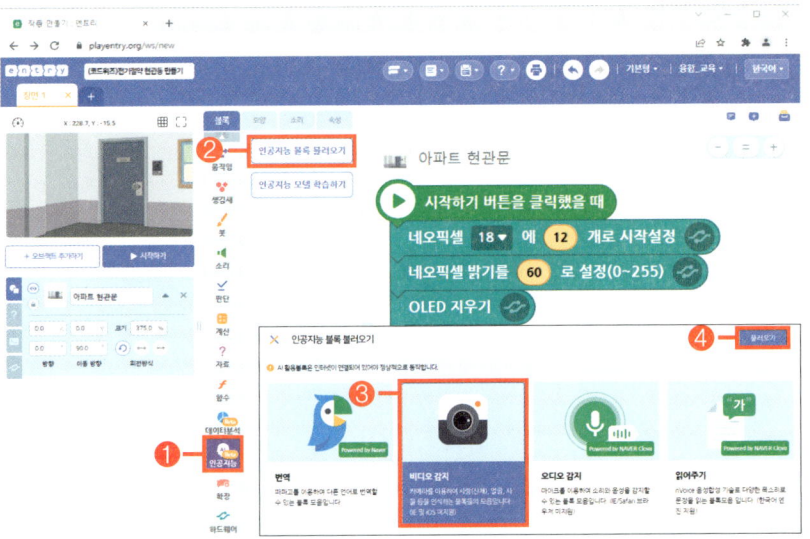

⑤ {인공지능}의 [비디오 감지] 항목에 비디오와 카메라 그리고 사람 인식에 관련된 명령 블록이 추가된 것을 확인합니다.

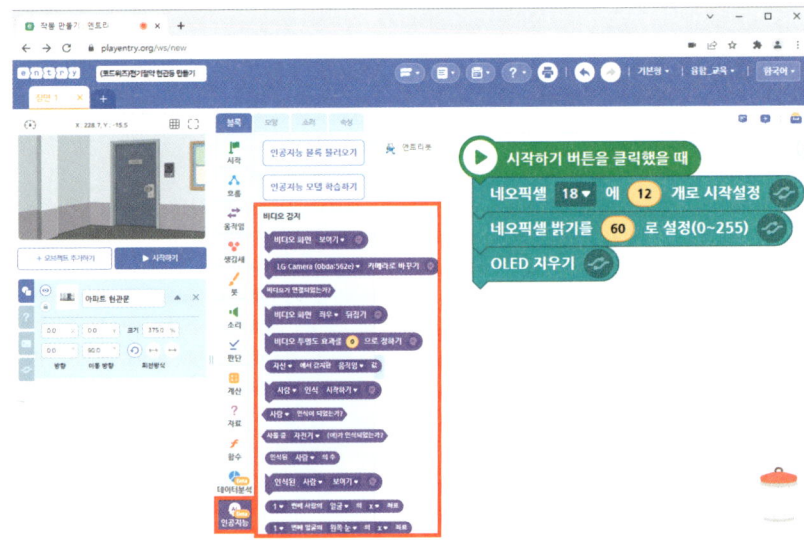

⑥ 카메라를 켜고 사람 인식을 시작하도록 {인공지능}의 [비디오 화면 보이기▼]와 [사람▼인식 시작하기▼]를 넣습니다. 무대에 켜지는 비디오의 투명도를 지정하기 위해 {인공지능}의 [비디오 투명도 효과를 (0)으로 정하기]를 넣습니다.

> **더 알아보기**
>
> 비디오 투명도는 카메라로 촬영되는 화면의 투명도를 의미하며 0~100 사이 값으로 지정 가능합니다. 투명도를 따로 지정하지 않으면 중간값인 50 정도의 투명도가 지정됩니다.

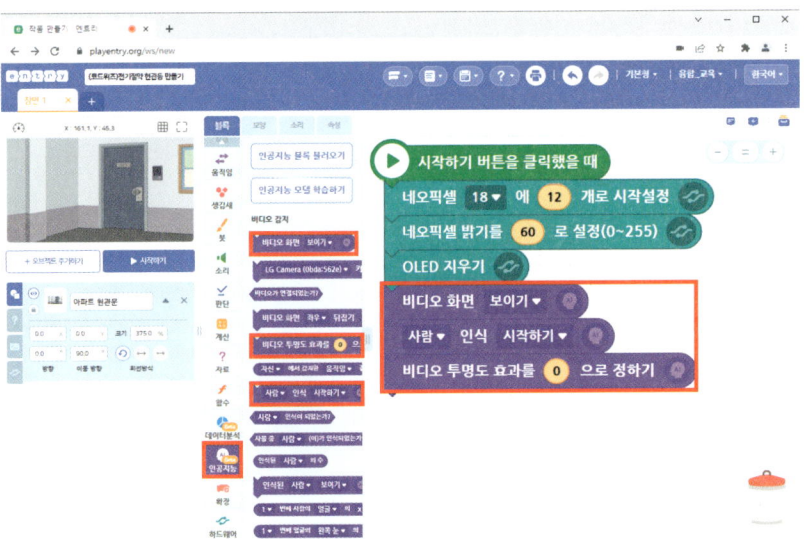

7 현관 등은 사람이 인식되었을 때 작동해야 합니다. 사람이 인식될 때까지 기다리도록 지정하기 위해 {흐름}의 [계속 반복하기]와 [<참> 이(가) 될 때까지 기다리기]를 넣고 {인공지능}의 [사람▼인식이 되었는가?]를 넣습니다.

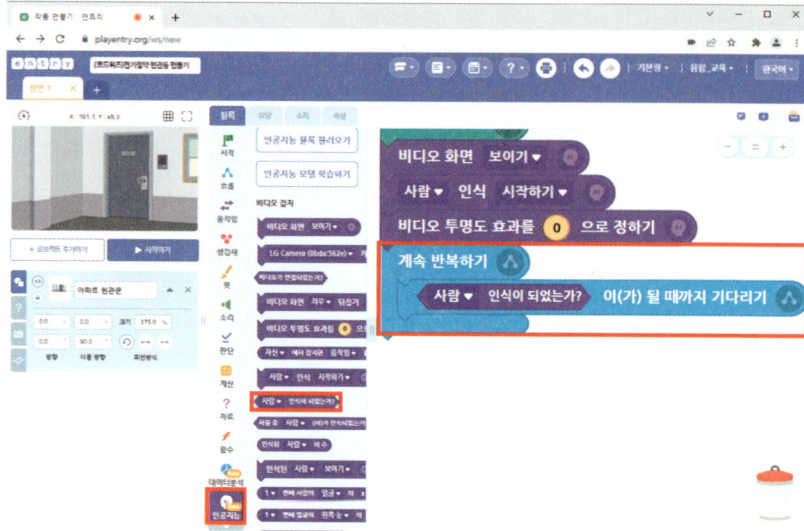

8 사람과의 거리가 가까워질 때까지 기다리도록 지정하기 위해 {흐름}의 [<참> 이(가) 될 때까지 기다리기]를 넣고 {판단}의 [(10)<(10)]를 넣습니다. 왼쪽 값에는 {하드웨어}의 [소리▼ 센서 값]을 넣고 ▼을 눌러 '거리'를 선택합니다. 오른쪽 값에 '100'을 입력합니다.

> **더 알아보기**
> 코드위즈에 내장되어 있는 거리 센서는 거리를 mm 단위로 측정해 줍니다. 비교하는 거리 값은 주변 상황에 따라 적당히 변경합니다.

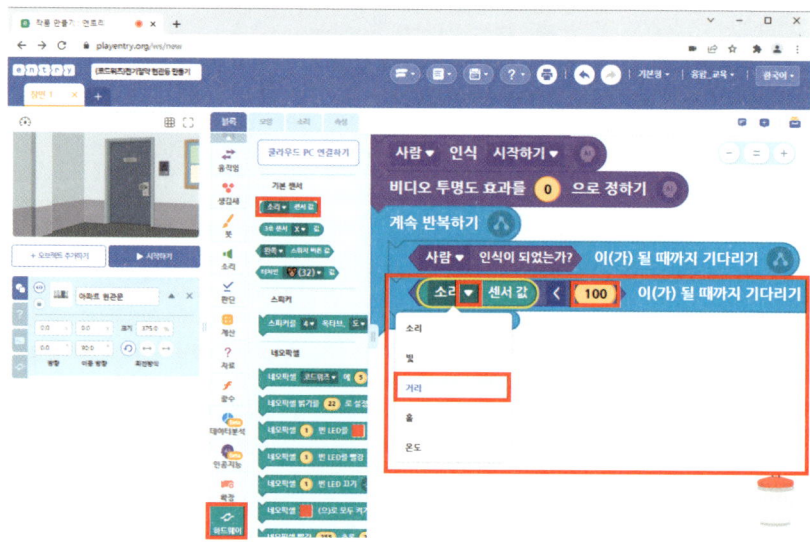

9 현관 카메라에 사람이 인식되고 거리가 가깝다면 현관 등을 켜기 위해 {생김새}의 [색깔▼ 효과를 (100)(으)로 정하기]를 넣고 ▼을 눌러 '투명도'를 선택합니다. {하드웨어}의 [네오픽셀 ■ (으)로 모두 켜기]를 넣고 ■을 클릭한 후 ■을 선택합니다.

> **더 알아보기**
>  은 '아파트현관문' 오브젝트의 투명도를 지정해줍니다. 주변 상황에 따라 투명도 적당히 변경해도 됩니다.

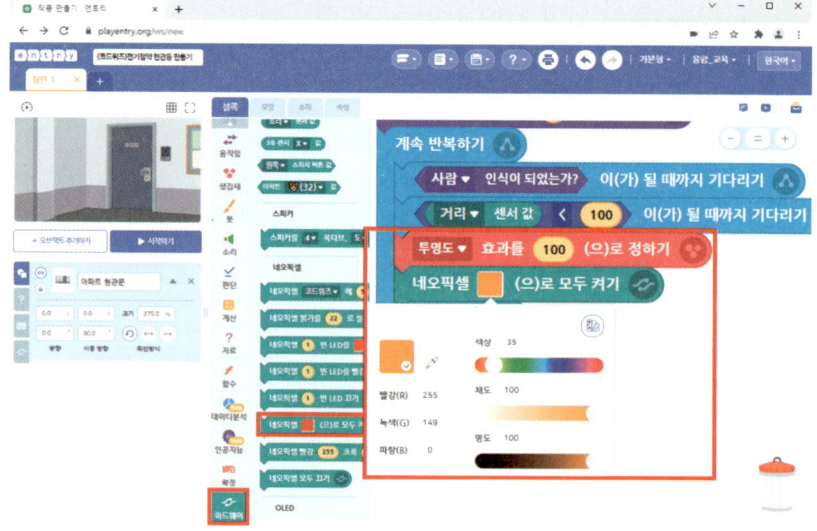

❿ 인사말을 OLED에 출력하기 위해 {하드웨어}의 [OLED 커서위치(0,0)(으)로 지정]을 넣고 오른쪽 값에 '30'을 입력합니다. [OLED에 한글포함 (코드위즈 Magic!!) 출력, 줄바꿈○▼]를 넣고 '반갑습니다.'를 입력합니다.

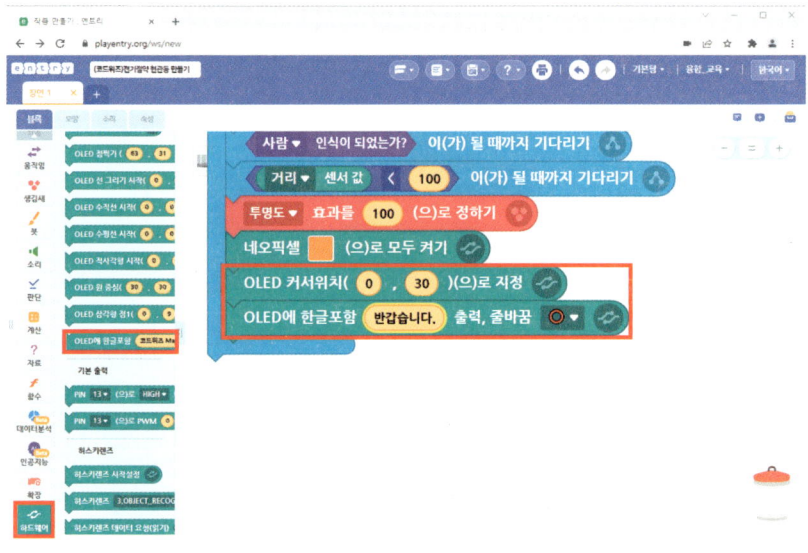

⓫ 입력된 인사말이 왼쪽에서 오른쪽으로 이동되도록 지정하기 위해 {하드웨어}의 [OLED 스크롤 시키기 →▼ 시작(0)~종료(0)(0~7)]를 넣고 시작 값에 '2', 종료 값에 '5'를 입력합니다.

> **더 알아보기**
> 스크롤 방향은 → 외에 3개 방향을 추가로 선택할 수 있습니다.
> OLED 스크롤 시키기 →▼ 시작 0 ~종료 0 (0~7)

⓬ 사람이 현관에서 멀어지면 현관 등이 꺼지고 인사말도 지워져야 하므로 {흐름}의 [<참> 이(가) 될 때까지 기다리기]를 넣고 {판단}의 [(10)>(10)]를 넣습니다. 왼쪽 값에는 {하드웨어}의 [소리▼ 센서 값]을 넣고 ▼을 눌러 '거리'를 선택하고 오른쪽 값에 '100'을 입력합니다.

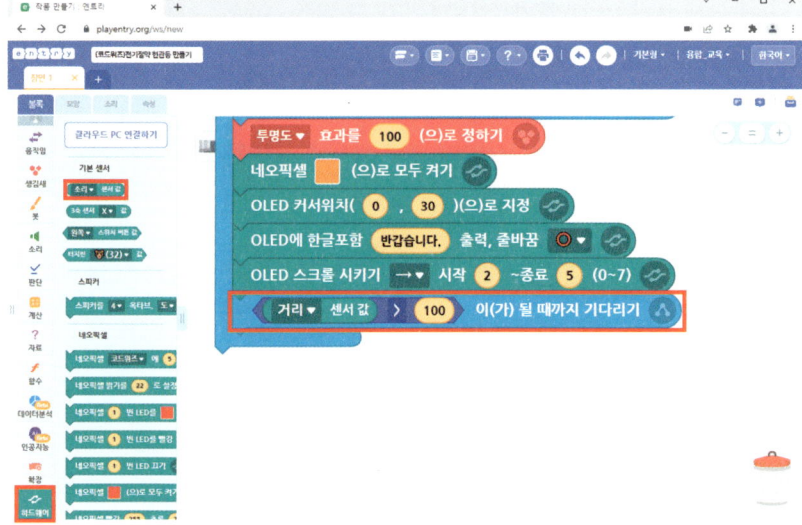

51

⑬ {생김새}의 [효과 모두 지우기]를 넣고 {하드웨어}의 [OLED 스크롤 멈추기]와 [OLED 지우기], [네오픽셀 모두 끄기]를 넣습니다.

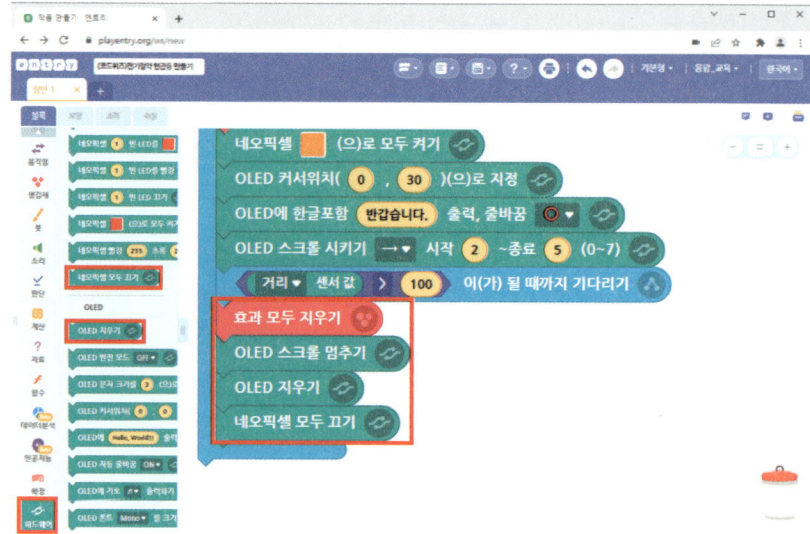

더 알아보기

128 * 64 OLED

페이지0 0~7
페이지1 8~15
페이지2 16~23
페이지3 24~31
페이지4 32~39
페이지5 40~47
페이지6 48~55
페이지7 56~63

OLED의 페이지에 대해 알아보아요.

OLED는 64픽셀로 구성된 세로(Y픽셀)를 8개의 픽셀로 나눠 0~7까지의 페이지로 정의하고 있습니다. OLED 화면 전체가 아니라 특정 페이지(위치)에 출력되는 글자만 움직이도록 하려면 글자가 입력되어 있는 페이지를 시작 페이지와 종료 페이지로 지정하면 됩니다.

⑭ 코드 작성이 완료되었다면 코드를 실행하기 위해 [▶ 시작하기]를 클릭합니다. 컴퓨터 카메라와 코드위즈 보드의 거리 센서에 가까이 다가가 봅니다. 코드위즈의 OLED에 인사말이 출력되면서 원형 네오픽셀이 켜지는 것을 확인할 수 있습니다.

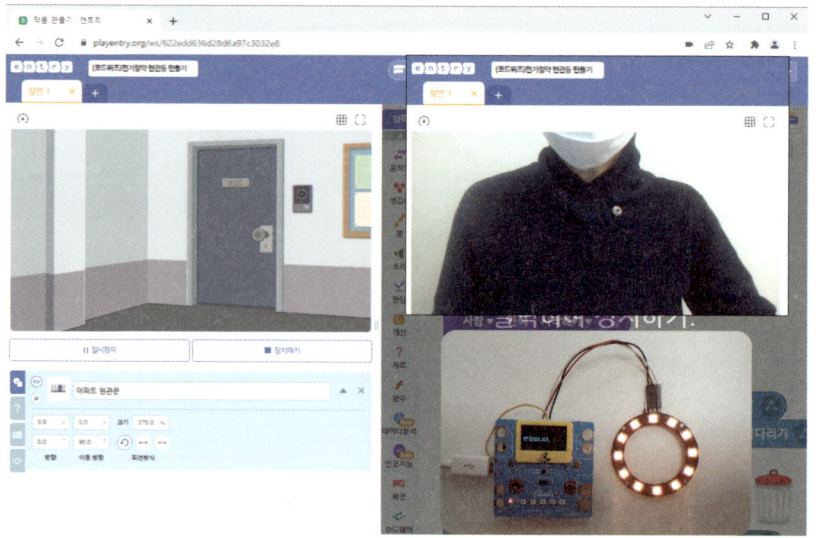

전체 코드 & 완성 작품 확인하기
활동3: (코드위즈)전기절약 현관등 만들기

- 시작하기 버튼을 클릭했을 때
- 네오픽셀 18▼ 에 12 개로 시작설정
- 네오픽셀 밝기를 60 로 설정(0~255)
- OLED 지우기
- 비디오 화면 보이기▼
- 사람▼ 인식 시작하기▼
- 비디오 투명도 효과를 0 으로 정하기
- 계속 반복하기
  - 사람▼ 인식이 되었는가? 이(가) 될 때까지 기다리기
  - 거리▼ 센서 값 < 100 이(가) 될 때까지 기다리기
  - 투명도▼ 효과를 100 (으)로 정하기
  - 네오픽셀 ■ (으)로 모두 켜기
  - OLED 커서위치(0 , 30)(으)로 지정
  - OLED에 한글포함 반갑습니다. 출력, 줄바꿈 ◯▼
  - OLED 스크롤 시키기 →▼ 시작 2 ~종료 5 (0~7)
  - 거리▼ 센서 값 > 100 이(가) 될 때까지 기다리기
  - 효과 모두 지우기
  - OLED 스크롤 멈추기
  - OLED 지우기
  - 네오픽셀 모두 끄기

▲ [엔트리봇] 오브젝트

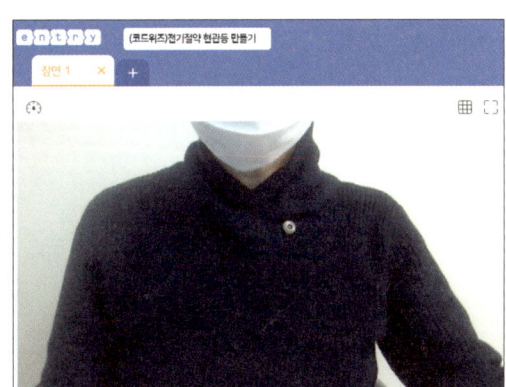

05 악플 NO! 선플 YES!
악플 판별 챗봇 만들기

난이도 ★★☆☆☆

01 인공지능 영역 : 머신러닝(기계학습), 음성인식

엔트리 AI 지도학습(분류:텍스트), 음성합성(읽어주기)
코드위즈 OLED, 네오 RGB LED, 스피키

⇨ 엔트리와 코드위즈를 활용하여 국어교과 속에서 인공지능의 텍스트 인식 기술을 이해하고 악플 판별 챗봇을 코딩/체험해봄으로써 누리 소통망에서 예절 지키기와 선플 달기의 중요성을 알아볼 수 있습니다.

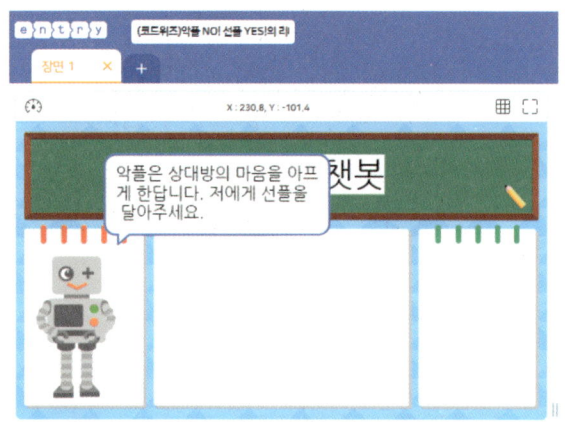
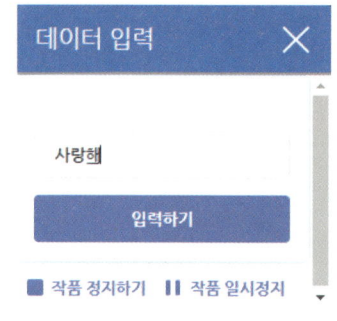

02 준비물

PC(데스크톱 또는 노트북), 코드위즈

03 교과학습

- 5학년 2학기 국어
- 단원: 1. 마음을 나누며 대화해요(6/8, 40~45쪽)
- 학습활동
  활동 1 누리 소통망 대화 알아보기
  활동 2 (코드위즈)악플 판별 챗봇 만들기

04 관련 교과

- 5학년 2학기 도덕 / 4. 밝고 건전한 사이버 생활
- 사이버 공간에서 지켜야 할 예절을 알고 생활 속에서 실천하기(2/4)

05 관련 작품

- 작품 파일
  (코드위즈)악플 NO! 선플 YES!.ent
  (코드위즈)악플 NO! 선플 YES!_완성.ent
- 작품 주소
  http://naver.me/GNBNYBl8
  http://naver.me/5YvRIvbg
- 작품 영상

54

01 누리 소통망 대화 알아보기

누리 소통망에서 대화한 경험을 떠올리며 누리 소통망 대화가 우리 생활에 미치는 영향을 PMI 기법으로 정리해봅시다.

P (장점)	M (단점)	I (개선 방안)
• 직접 만나지 않아도 대화할 수 있습니다. • 아무 시간에나 대화할 수 있습니다.	• 얼굴을 직접 볼 수 없어서 상대방의 표정을 알 수 없습니다. • 예절을 지키지 않고 대화하는 사람도 있습니다.	• 누리 소통망에 글을 올리기 전에 소리내어 읽어보고 올립니다. • 상대방의 입장을 생각하며 누리 소통망 대화 예절을 지킵니다.

02 (코드위즈)악플 판별 챗봇 만들기

엔트리 AI	'선플/악플/모름'으로 나누어 인공지능 텍스트 모델 학습하기
학생	텍스트 입력하기
엔트리 AI	입력된 텍스트를 '선플/악플/모름'으로 분류하기
코드위즈	'선플/악플/모름' 판별하기

구분	OLED	네오 RGB LED	스피커
'선플'인 경우	문구("악플/선플 달아주세요.") 출력	빨간색 켜기	경보음(솔도) 3번 반복
'악플'인 경우	문구("선플/기분이 좋아요^^") 출력	파란색 켜기	정답 효과음(도미솔도)
'모름'인 경우	문구("모름/선플 달아주세요.") 출력	노란색 켜기	없음

❶ '(코드위즈)악플 NO! 선플 YES!.ent' 파일을 실행합니다. 텍스트를 학습시키기 위해 {인공지능}의 [인공지능 모델 학습하기]를 클릭합니다. [새로 만들기]의 [분류·텍스트]를 선택하고 [학습하기]를 클릭합니다.

> **더 알아보기**
> 이미 학습하여 모델을 생성하였다면 [나의 모델]을 클릭하여 가져옵니다.

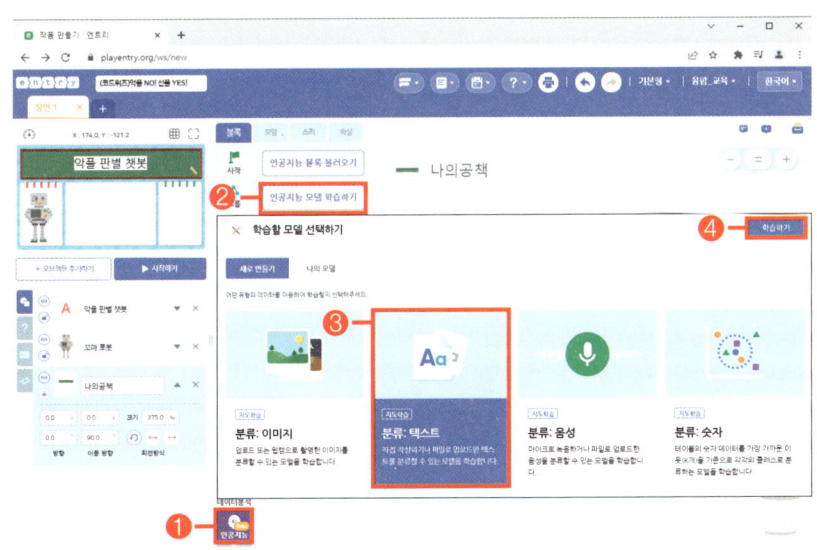

❷ 모델 이름 입력란을 클릭한 후 학습모델의 제목으로 '악플판별'을 입력합니다. '클래스 1' 입력란을 클릭한 후 '악플'을 입력합니다. '클래스 2'를 클릭한 후 '선플'을 입력합니다.

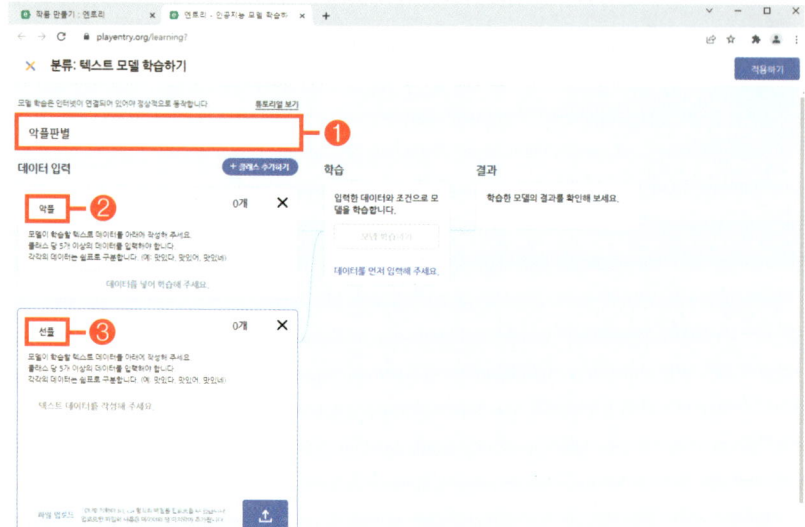

❸ [+클래스 추가하기]를 눌러 클래스를 추가합니다. 추가된 '클래스 3'을 클릭한 후 '모름'을 입력합니다.

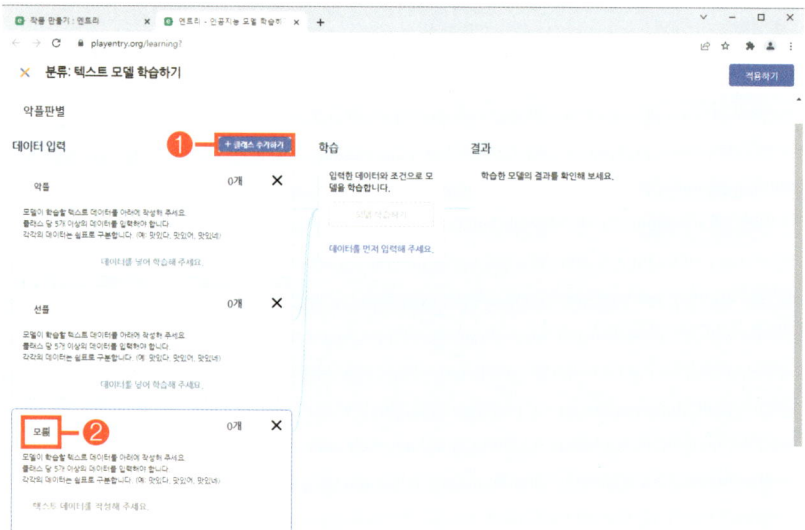

❹ '악플' 클래스의 [데이터를 넣어 학습해 주세요.]를 클릭합니다. 입력창에 '바보, 메롱, 멍청이, 조용히해, 너나잘해, 못생겼다, 못한다, 맛없다'와 같은 텍스트 데이터를 5개 이상 입력합니다.

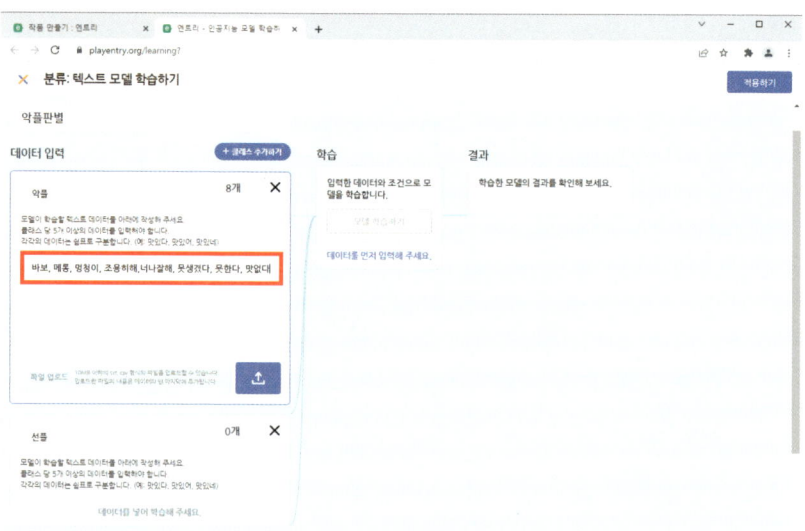

> 🐦 더 알아보기
>
> 입력창에 텍스트 데이터는 각각 5개 이상 입력해야 하며 반드시 각 단어나 문장은 ,(콤마) 로 구분해야 합니다. 입력한 데이터의 수가 많을수록 분류 정확도가 높아집니다.

❺ '선플' 클래스의 [데이터를 넣어 학습해 주세요.]를 클릭합니다. 입력창에 '사랑해, 고마워, 멋있어, 최고야, 예쁘다, 잘했다, 미안해, 맛있다.'와 같은 텍스트 데이터를 5개 이상 입력합니다.

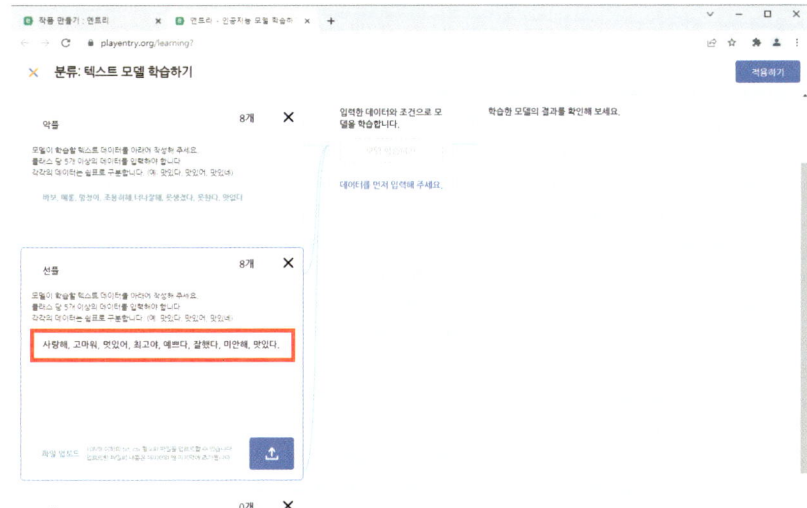

❻ '모름' 클래스의 [데이터를 넣어 학습해 주세요.]를 클릭한 후 악플과 선플이 아닌 단어나 문장을 5개 이상 입력합니다.

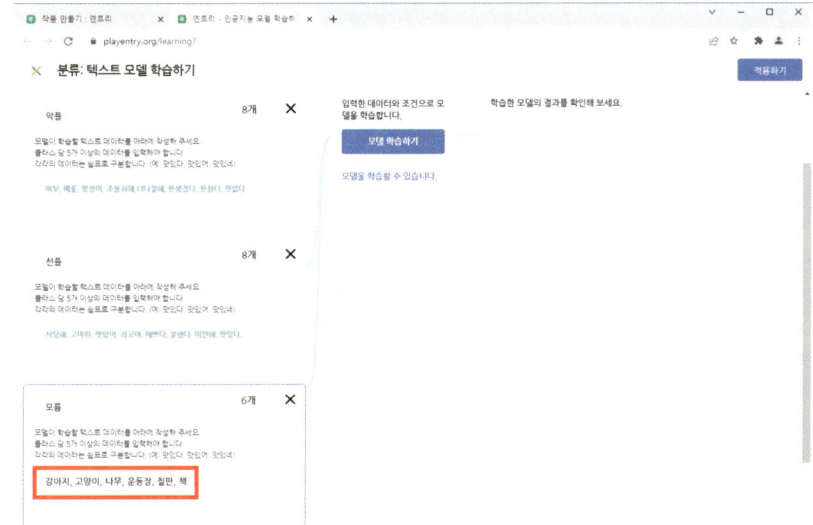

❼ 데이터 입력이 완료되었다면 [모델 학습하기]를 클릭합니다.

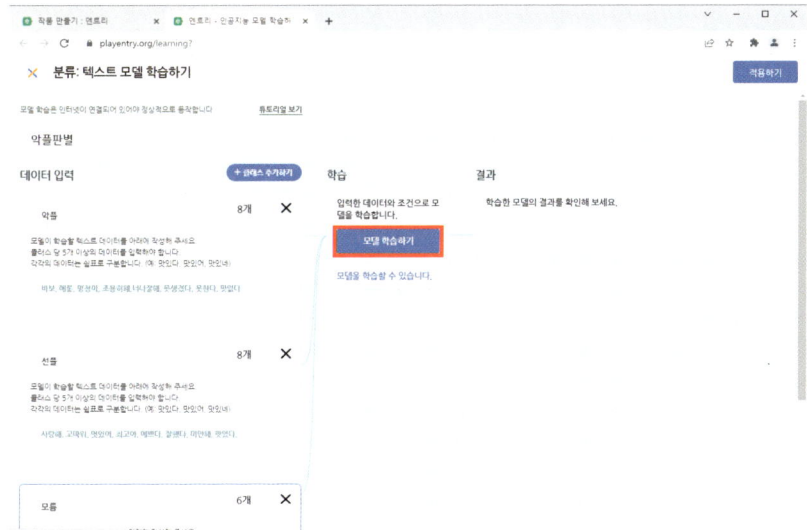

⑧ 모델 학습이 완료되면 학습한 모델의 결과를 확인하기 위해 직접 단어나 문장을 입력하고 [입력하기] 버튼을 클릭합니다. 결과를 확인한 후 정확하게 분류되어 표시된다면 [적용하기]를 클릭하여 악플판별 모델 학습을 완료합니다.

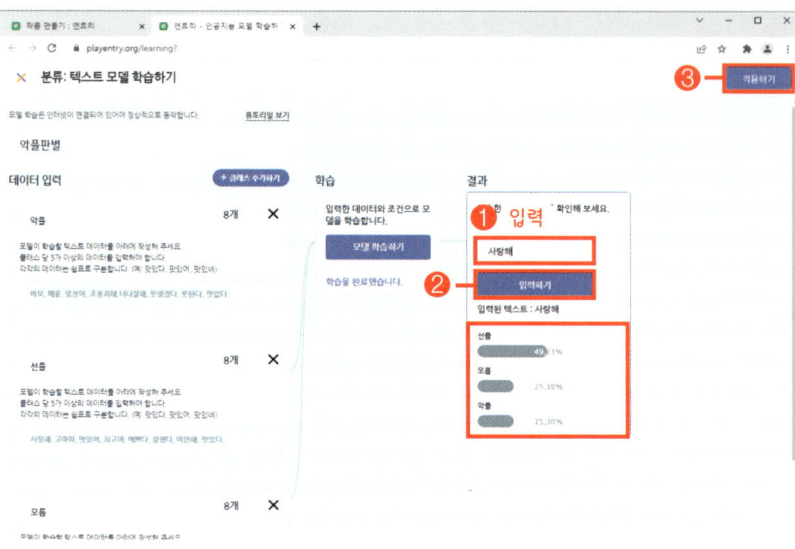

더 알아보기
결과 확인 시 정확도가 떨어진다면 정확도가 떨어지는 클래스에 단어나 문장을 더 추가하고 모델을 다시 학습시킵니다.

⑨ {인공지능}의 [분류: 텍스트 모델] 항목에 학습한 모델을 분류하고 결과를 알려주는 블록이 추가된 것을 확인합니다. 인공지능 음성인식을 사용하기 위해 {인공지능}에서 [인공지능 블록 불러오기]를 클릭한 후 [읽어주기]를 선택하고 [불러오기]를 누릅니다.

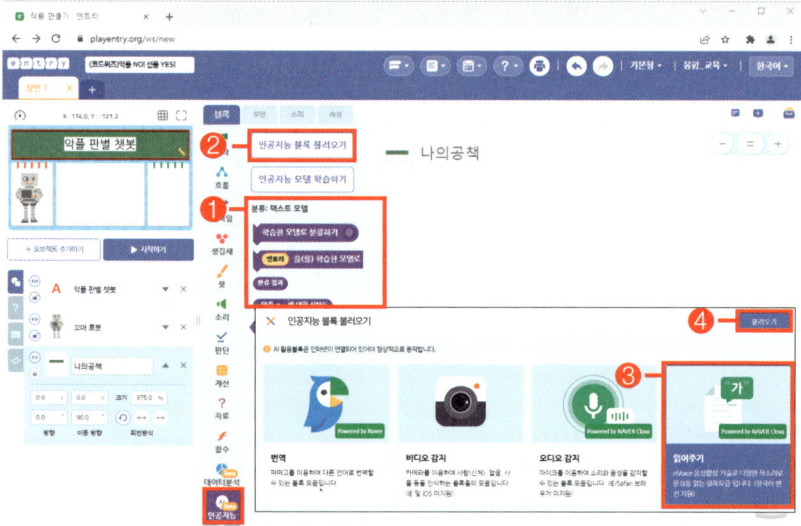

⑩ '꼬마 로봇' 오브젝트를 선택하고 {시작}의 [시작하기 버튼을 클릭했을 때]를 넣습니다. 네오 RGB LED를 제어하기 위해 {하드웨어}의 [네오픽셀 코드위즈▼에 (5)개로 시작설정]과 [네오픽셀 밝기를 (22)로 설정(0~255)]을 넣고 밝기로 '60'을 입력합니다.

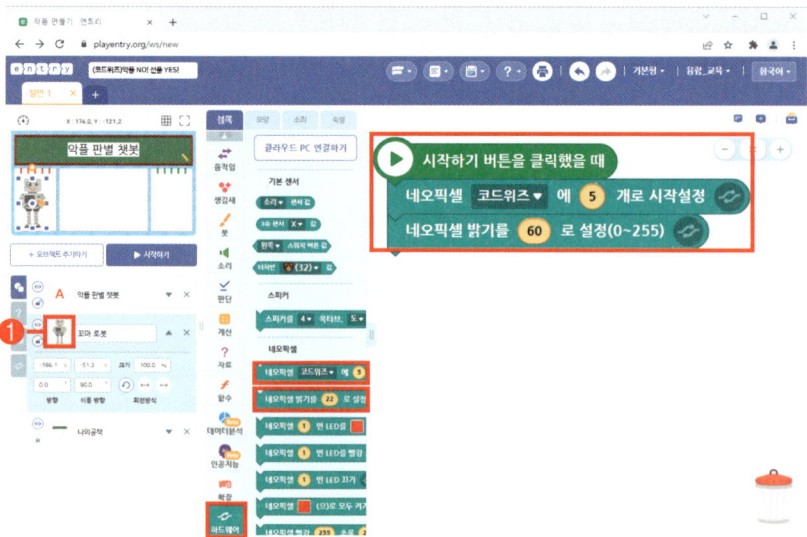

⑪ 읽어주는 목소리를 로봇 목소리로 바꾸기 위해 {인공지능}의 [여성▼ 목소리를 보통▼ 속도 보통▼ 음높이로 설정하기]를 넣고 ▼를 눌러 '장난스러운'을 선택합니다.

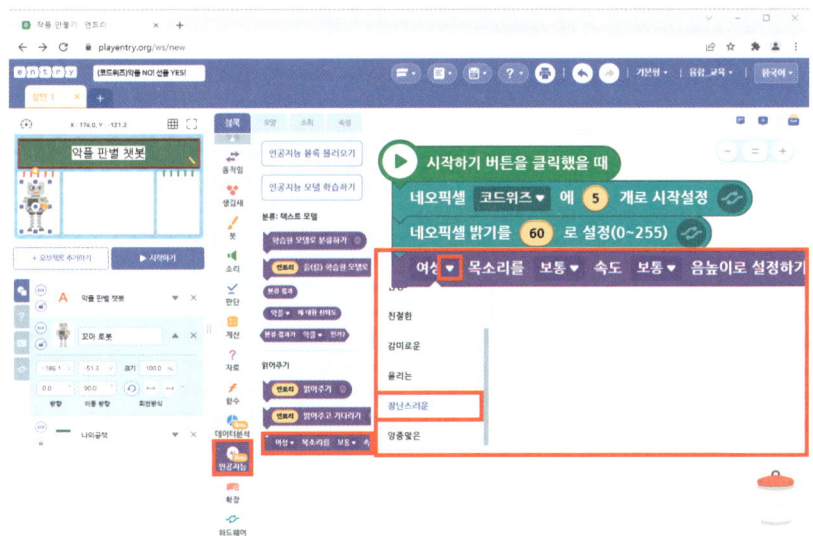

⑫ 안내 문구를 말하고 읽도록 지정하기 위해 {생김새}의 [(안녕!)을(를) 말하기▼]와 {인공지능}의 [(엔트리) 읽어주고 기다리기]를 2개씩 번갈아 넣습니다. '여러분은 평소에 인터넷에서 어떤 말투를 사용하나요?'와 '악플은 상대방의 마음을 아프게 한답니다. 저에게 선플을 달아주세요.'를 각각 입력합니다.

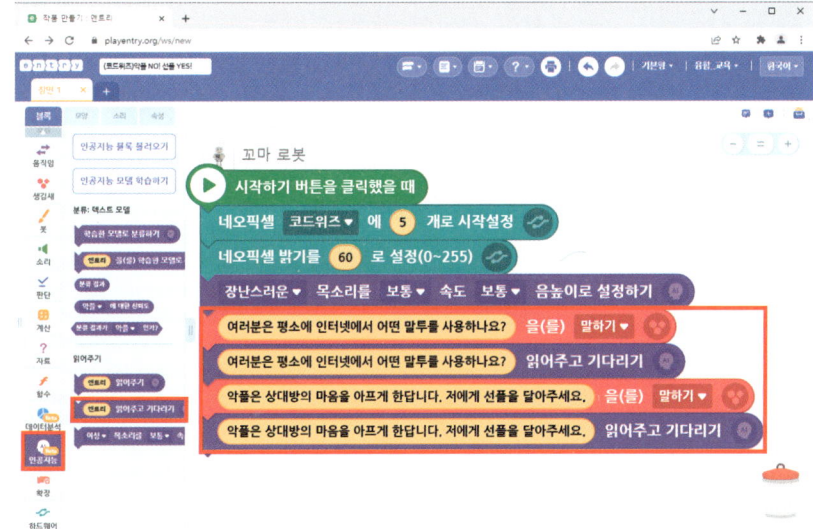

⑬ 입력하는 텍스트가 악플인지 선플인지 반복해서 판별할 수 있도록 {흐름}의 [계속 반복하기]를 넣습니다. 반복이 시작될 때마다 네오 RGB LED를 끄고 OLED를 지우도록 {하드웨어}의 [네오픽셀 모두 끄기]와 [OLED 지우기]를 넣습니다.

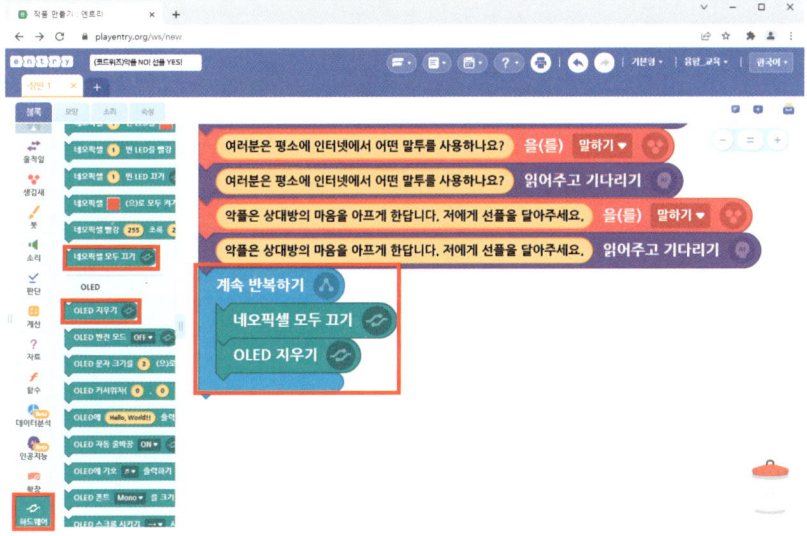

59

⑭ 텍스트를 입력했을 때 학습한 모델로 분류하도록 {인공지능}의 [학습한 모델로 분류하기]를 넣습니다.

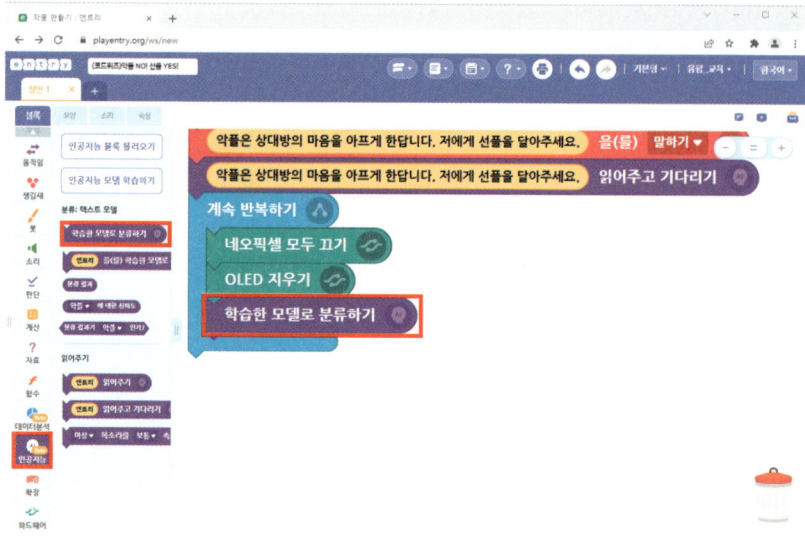

⑮ 입력한 텍스트를 분류한 결과가 악플인지 판단하기 위해 {흐름}의 [만일 <참>(이)라면 아니면]에 {인공지능}의 [분류 결과가 악플▼인가?]를 넣습니다.

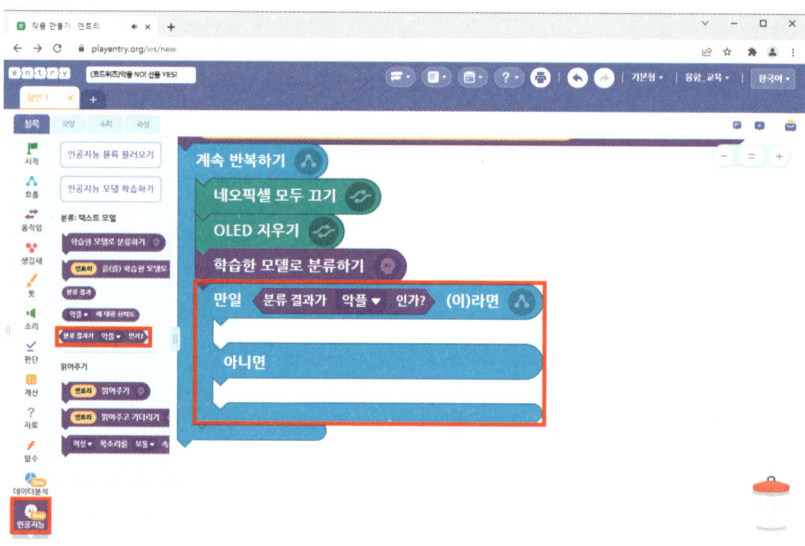

⑯ 악플이라면 OLED에 문구가 출력되도록 {하드웨어}의 [OLED에 한글포함 (코드위즈 Magic!!) 출력, 줄바꿈○▼]을 2번 넣고 '   악플'과 '선플 부탁해요!'를 입력합니다. '악플'은 Space 를 5번 누른 후 입력합니다.

> **더 알아보기**
>
> OLED에 글자를 출력할 때 [OLED 커서위치 ❶ ❶ ❶로 지정] 블록을 이용하여 글자의 출력 위치를 지정하는 것이 일반적이지만 세로 위치가 아닌 가로 위치의 경우 글자를 입력할 때 키보드의 Space 를 눌러 공백을 삽입해 위치를 지정해도 됩니다.

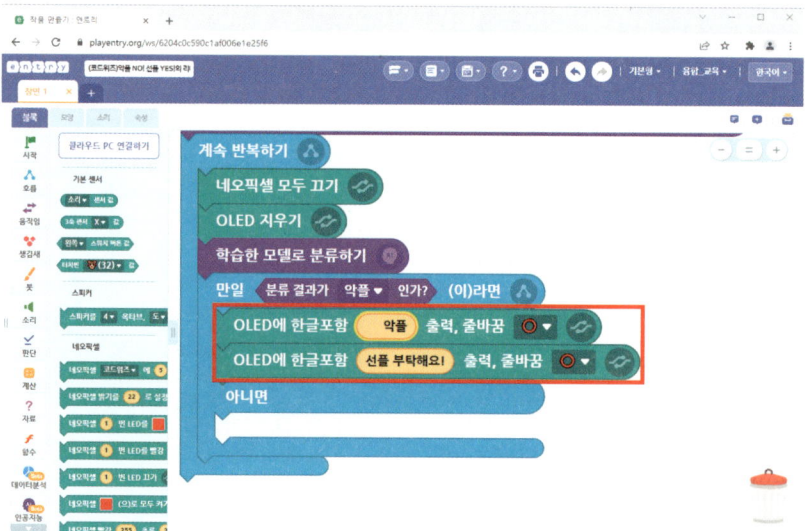

⑰ 네오 RGB LED가 깜빡거리고 스피커에서 경고음이 출력되도록 지정하기 위해 {흐름}의 [(10)번 반복하기]를 넣고 '3'을 입력합니다.

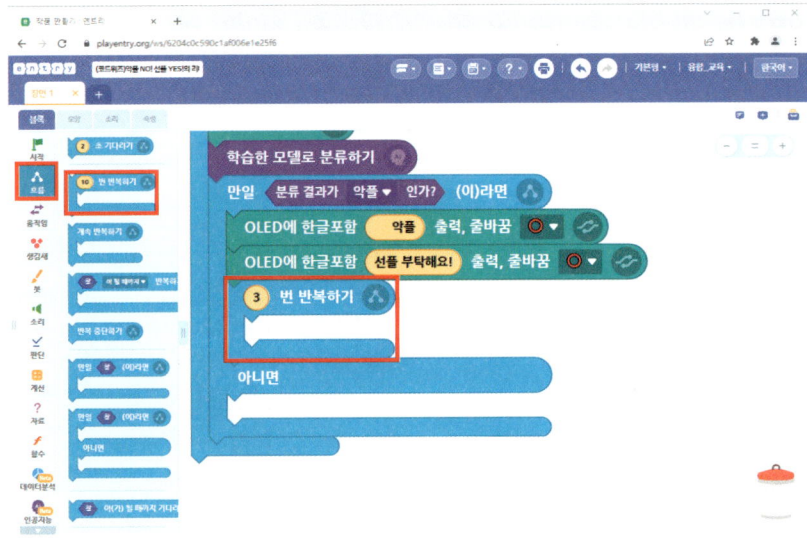

⑱ {하드웨어}의 [네오픽셀 ■ (으)로 모두 켜기]와 [스피커를 4▼옥타브, 도▼음, 4▼분 음표로 연주하기], [네오픽셀 모두 끄기], [스피커를 4▼옥타브, 도▼음, 4▼분 음표로 연주하기]를 넣습니다. ▼을 클릭하여 '솔', '8'을 선택합니다.

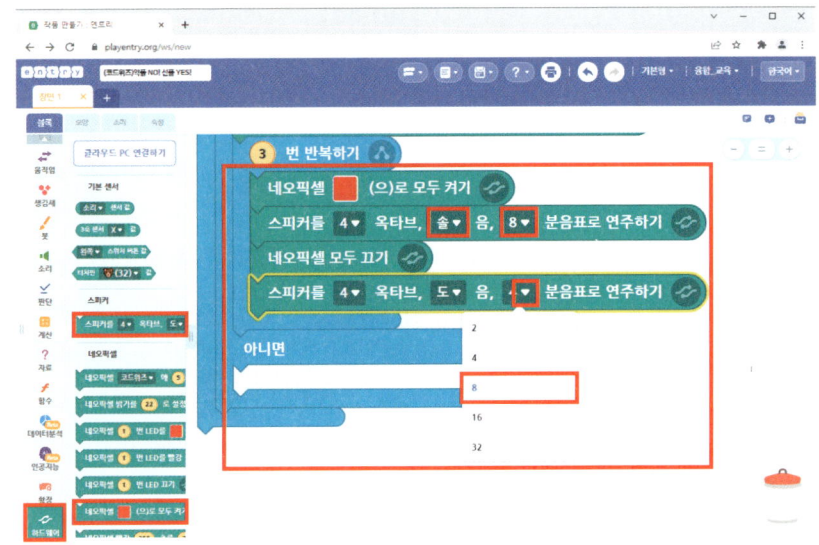

더 알아보기

코드위즈의 스피커는 12음계를 7옥타브로 출력하는 부저입니다. 박자는 2분음표부터 32분음표까지 5가지 중 하나를 선택할 수 있으며 기본적으로 '도' 음과 4옥타브의 4분음표로 출력되도록 지정되어 있습니다.

 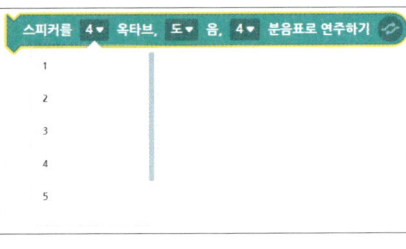 

⑲ {생김새}의 [(안녕!)을(를) 말하기▼]와 {인공지능}의 [(엔트리) 읽어주고 기다리기]를 넣습니다. 두 블록에 '악플 달면 마음이 아파요. 선플을 달아주세요.'를 입력합니다.

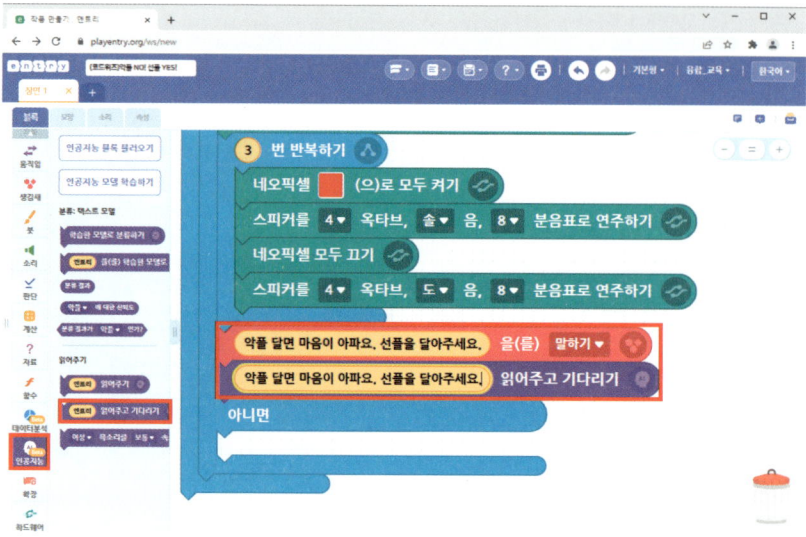

⑳ 텍스트 인식 결과가 선플인지 판별하기 위해 [만일 <참> (이)라면 아니면] 블록을 마우스 오른쪽 버튼으로 클릭합니다. [코드 복사 & 붙여넣기] 메뉴를 클릭합니다. 복사된 코드를 [아니면] 내부에 넣습니다.

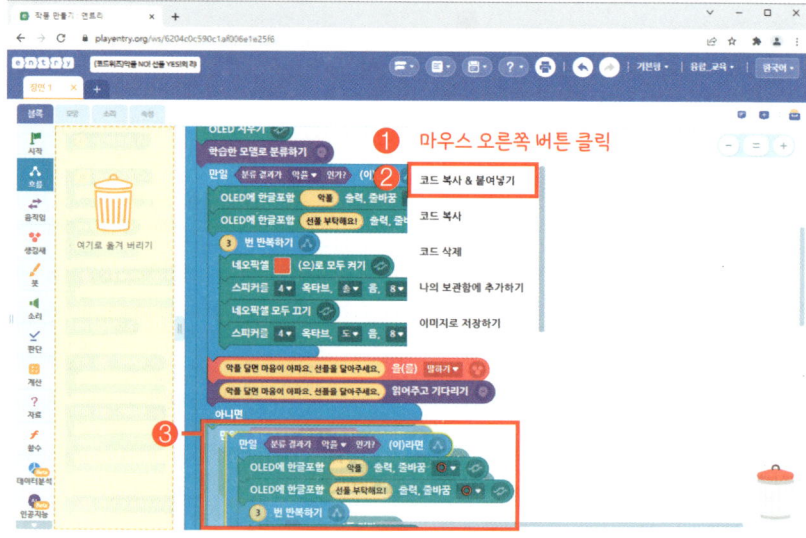

㉑ 복사한 코드에서 [분류 결과가 악플▼인가?]의 ▼을 눌러 '선플'을 선택합니다. OLED 출력 문구를 '   선플'과 '기분이 좋아요.^^'로 변경합니다. [말하기]와 [읽어주고 기다리기]도 '선플을 받으니 기분이 좋아요.'로 변경 입력합니다. '악플'은 Space 를 5번 누른 후 입력합니다.

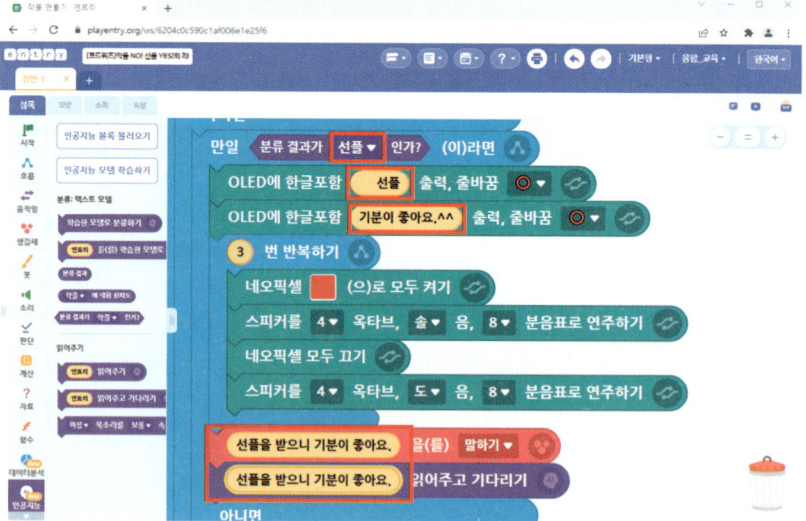

㉒ [(3)번 반복하기] 블록을 마우스 오른쪽 버튼으로 클릭합니다. [코드 삭제] 메뉴를 클릭하여 해당 코드를 삭제합니다.

> **더 알아보기**
> 삭제하고자 하는 블록을 선택한 후 키보드의 <Delete>를 눌러도 됩니다. 엉뚱한 블록을 삭제했다면 <Ctrl> + <Z>을 눌러 삭제된 블록을 복구합니다.

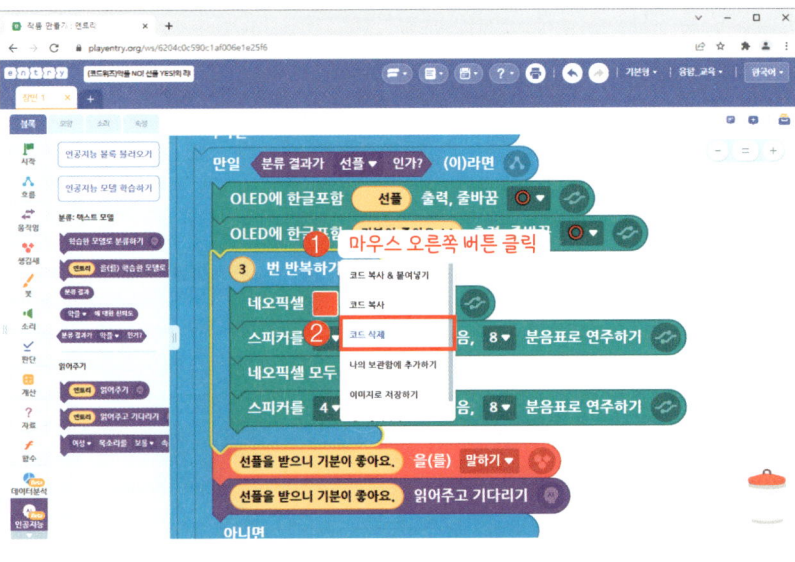

㉓ 네오 RGB LED가 파란색으로 켜지도록 블록을 삭제한 위치에 {하드웨어}의 [네오픽셀 ■ (으)로 모두 켜기]를 넣습니다. ■을 클릭한 후 ■을 선택합니다.

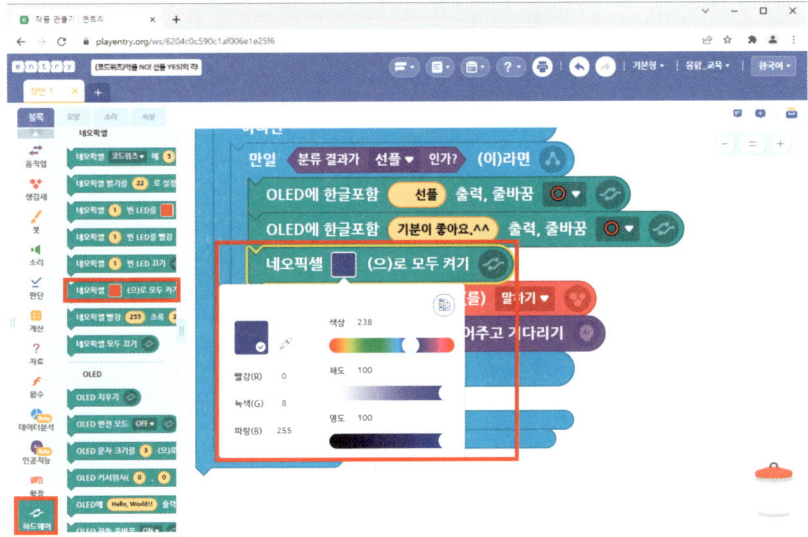

㉔ 선플인 경우 도, 미, 솔, 높은도의 효과음이 울리도록 [네오픽셀 ■ (으)로 모두 켜기] 아래에 {하드웨어}의 [스피커를 4▼옥타브, 도▼음, 4▼분음표로 연주하기]를 4번 넣습니다. 2번째와 3번째 음의 ▼를 클릭하여 '미', '솔'을 선택합니다. 마지막 블록 옥타브의 ▼을 클릭하여 '5'를 선택합니다.

> **더 알아보기**
> 재생되는 소리의 길이가 짧게 느껴진다면 분음표의 ▼을 클릭하여 2분음표로 변경합니다.

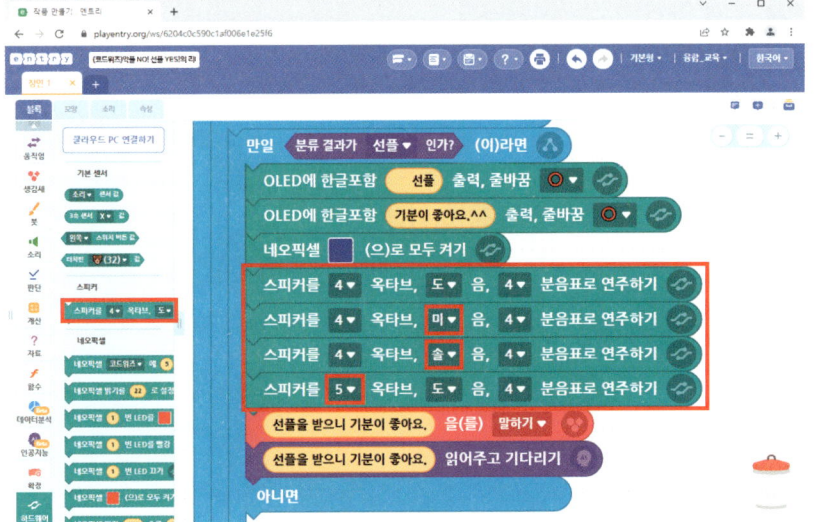

63

㉕ 텍스트 인식 결과가 모름인 경우 안내 문구를 출력하기 위해 [아니면] 내부에 {하드웨어}의 [OLED에 한글포함 (코드위즈 Magic!!) 출력, 줄바꿈○▼]을 2번 넣고 각각 '   모름'과 '선플 부탁해요!'를 입력합니다. '모름'은 Space 를 5번 누른 후 입력합니다.

> **더 알아보기**
> 텍스트 인식 결과가 선플이나 악플이 아니라면 인식 결과는 모름에 해당합니다.

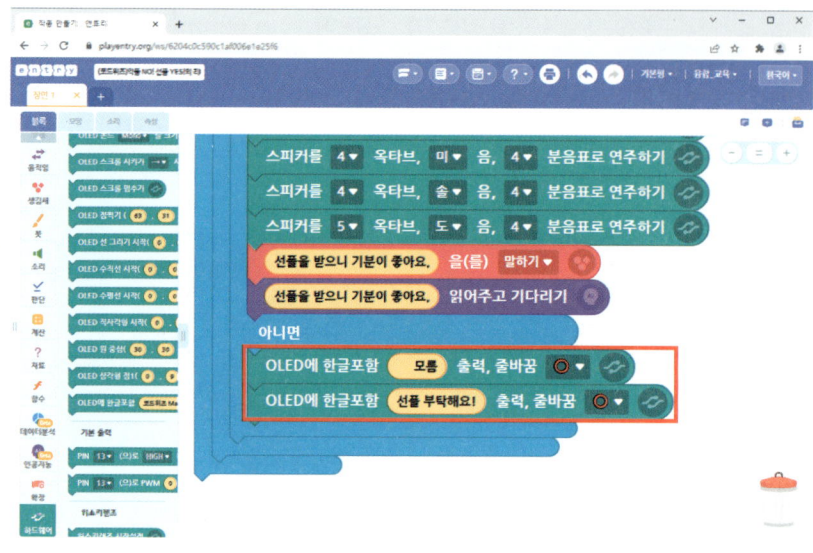

㉖ {생김새}의 [(안녕!)을(를) 말하기▼]와 {인공지능}의 [(엔트리) 읽어주고 기다리기]를 넣습니다. '악플인지 선플인지 잘 모르겠어요. 저에게 선플을 달아주세요.'를 입력합니다.

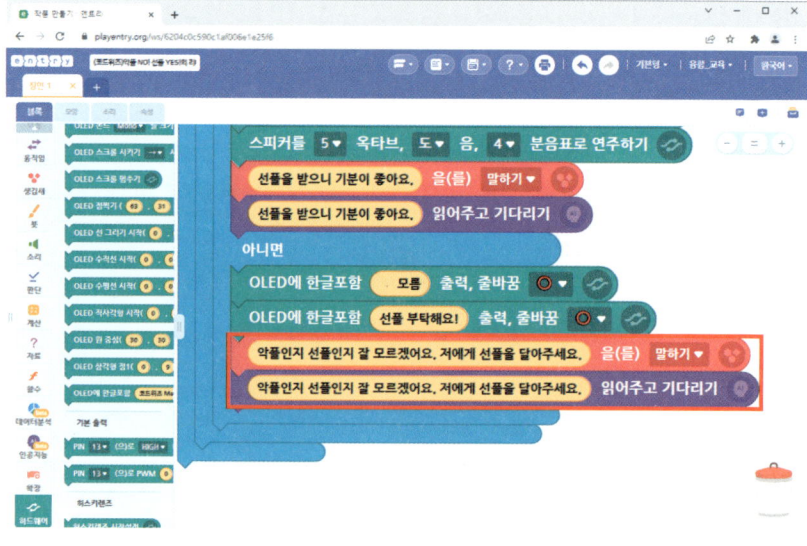

㉗ 코드 작성이 완료되었다면 코드를 실행하기 위해 [▶ 시작하기]를 클릭합니다. 악플 선플 안내 문구가 출력된 후 [데이터 입력] 창이 표시되면 여러분이 생각하는 단어를 입력하고 [입력하기] 버튼을 클릭해봅니다. 결과에 따라 실행화면과 OLED에 문구가 출력되는 것을 확인합니다.

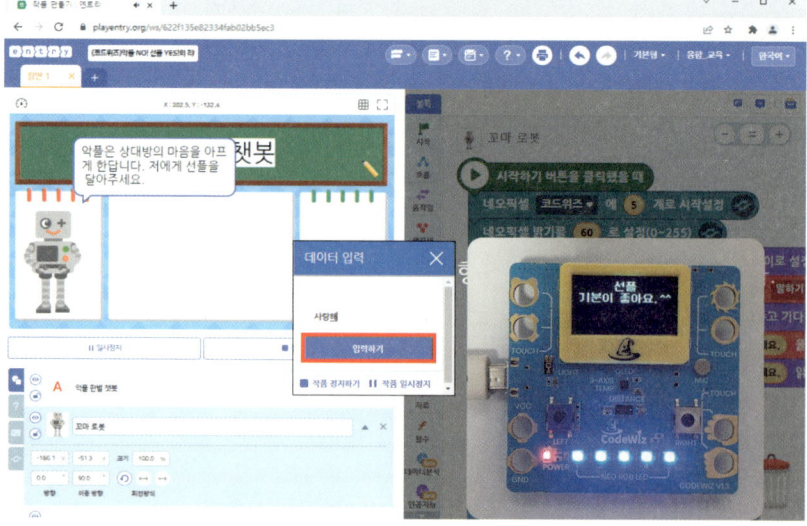

전체 코드 & 완성 작품 확인하기
활동2: (코드위즈)악플 판별 챗봇 만들기

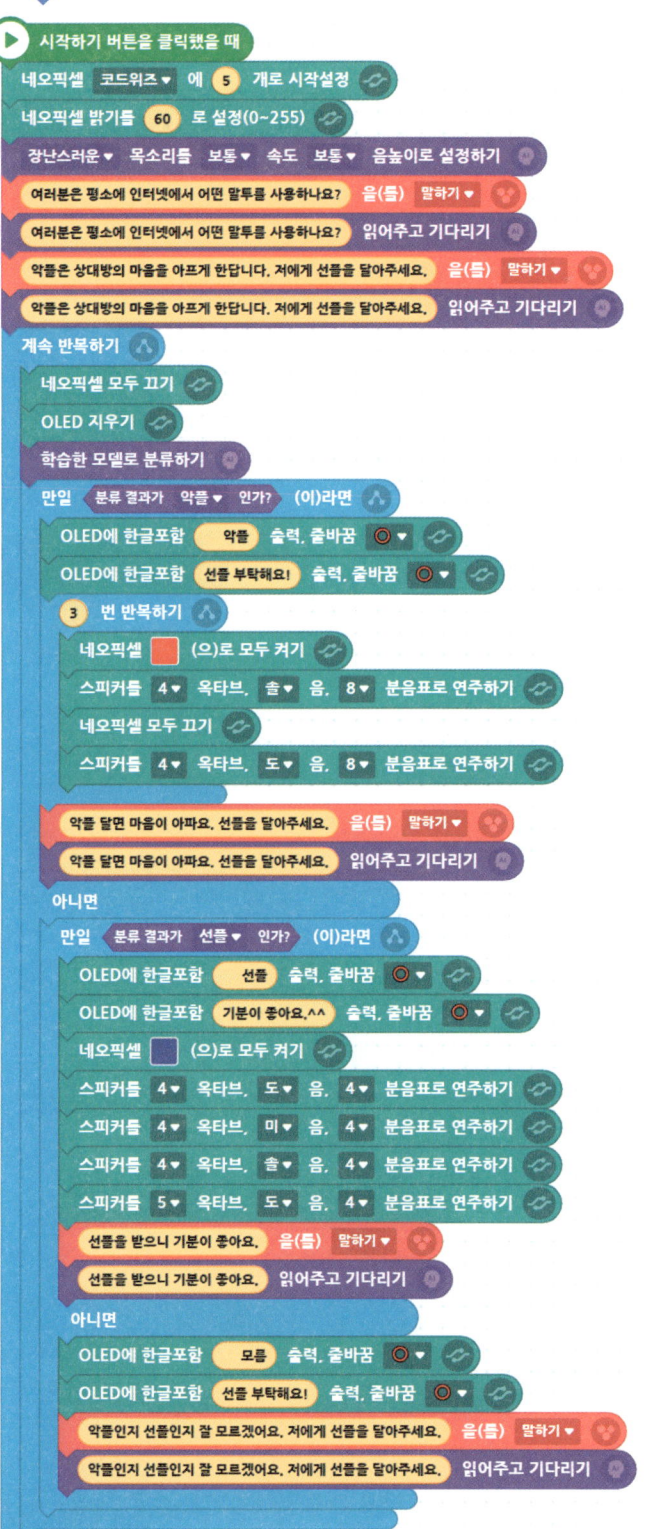
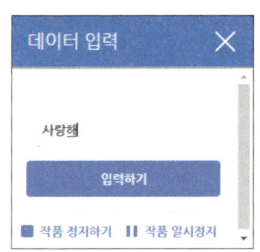

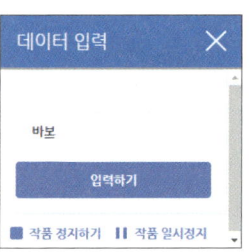
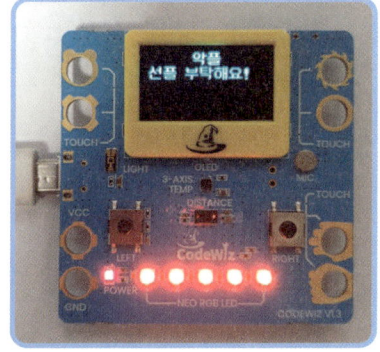
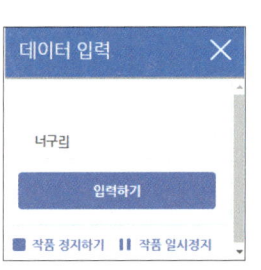

▲ [꼬마 로봇] 오브젝트

06 AI와 함께 나만의 미니북 만들기
영어 단어(문장) 미니북 만들기

01 인공지능 영역 : 음성인식, 번역

엔트리 AI 음성인식(오디오 감지), 음성합성(읽어주기), 번역(텍스트 변환)
코드위즈 OLED, 버튼, 네오 RGB LED

⇨ 엔트리와 코드위즈를 활용하여 영어교과 속에서 인공지능의 음성 인식 기술을 이해하고 단어나 문장을 학습할 수 있습니다.

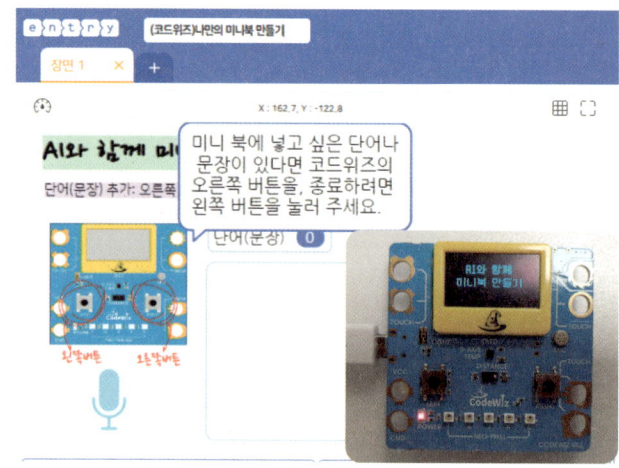
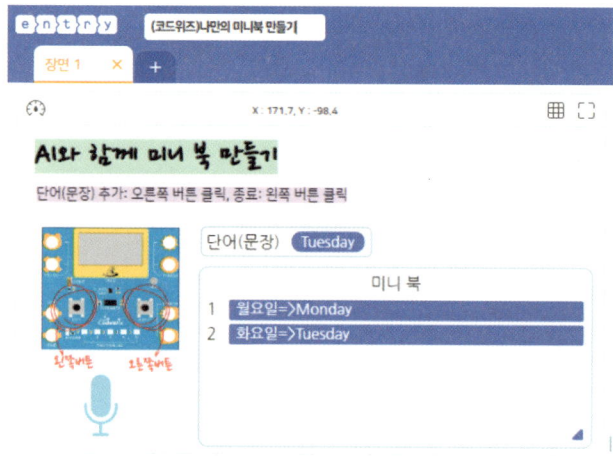

02 준비물

PC(데스크톱 또는 노트북), 코드위즈

03 교과학습

- 4학년 1학기 영어(YBM-김혜리)
- 단원: Review4
- 학습활동
활동 1 배운 표현 이해하고 말하기
활동 2 (코드위즈)AI와 함께 나만의 미니북 만들기

04 관련 교과

- 5학년 2학기 영어(대교) / Story Time 2
- 역할극 대본 만들고 역할놀이하기 (1-2/2)

05 관련 작품

- 작품 파일
(코드위즈)나만의 미니북 만들기.ent
(코드위즈)나만의 미니북 만들기_완성.ent

- 작품 주소
http://naver.me/xvEArEQH
http://naver.me/Gaz9mT6Y

- 작품 영상

66

01 배운 표현 이해하고 말하기

지금까지 배운 표현을 이해하고, 말해 봅시다.

1. A: What day is it?
   B: It's Friday. It's my birthday.
2. A: Can I help you?
   B: Yes, please.
3. A: How much is it?
   B: It's two thousand won.
4. A: It's snowing. Put on the jacket, please.
   B: Okay

02 (코드위즈)AI와 함께 나만의 미니북 만들기

코드위즈 버튼을 사용하여 코드 실행 및 종료하기
네오 RGB LED의 깜빡임을 통해 음성 실패 안내하기
엔트리 AI 음성 인식을 통해 번역하기
학생 미니북에 넣고 싶은 단어(문장) 말하기

1. '(코드위즈)나만의 미니북 만들기.ent' 파일을 실행합니다. 단어(문장) 을 임시로 저장할 변수를 선언하기 위해 [속성] 탭을 클릭한 후 [변수]를 선택합니다. [변수 추가하기]를 클릭한 후 '단어(문장)'을 입력하고 [확인]을 클릭합니다.

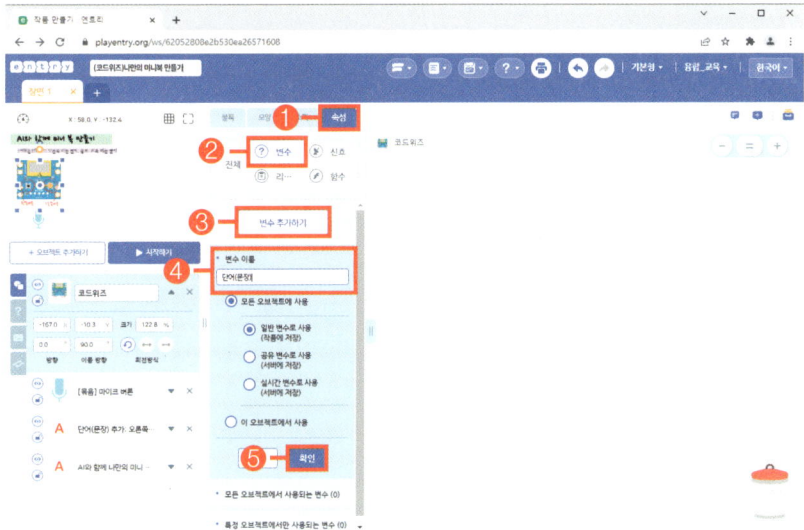

❷ 실행화면에 표시된 '단어(문장)' 변수를 '코드위즈' 오브젝트 오른쪽으로 드래그하여 이동시킵니다. '단어(문장)' 변수에 임시로 저장된 데이터를 추가할 미니북 리스트를 만들기 위해 [리스트]를 선택합니다. [리스트 추가하기]를 클릭한 후 '미니북'을 입력하고 [확인]을 클릭합니다.

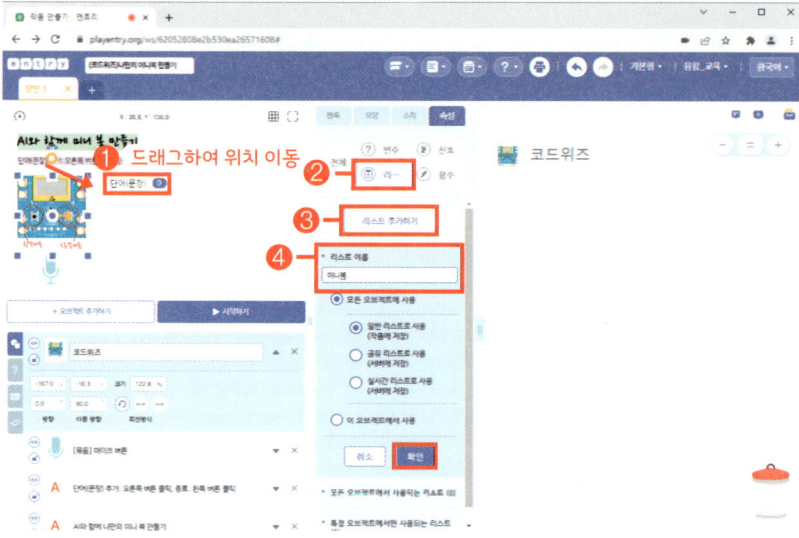

❸ 실행화면에 표시되는 '미니북' 리스트 내부 영역을 왼쪽으로 드래그하여 위치를 이동시킨 후 하단의 파랑 삼각형을 바깥쪽으로 드래그하여 크기를 적당히 조절합니다.

> **더 알아보기**
>
> 변수와 달리 리스트는 하나의 이름으로 선언된 기억공간에 여러 개의 데이터를 저장할 수 있는 자료구조입니다. 리스트의 저장된 데이터의 구분은 번호를 이용합니다.

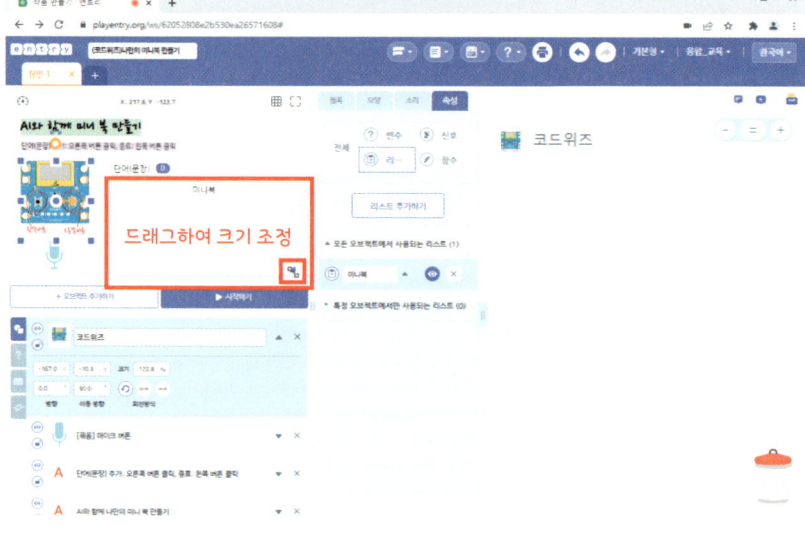

❹ 네오 RGB LED를 깜빡거리는 신호를 추가하기 위해 [신호]를 선택한 후 [신호 추가하기]를 클릭합니다. '네오 RGB LED 켜기'를 입력하고 [확인] 버튼을 클릭합니다.

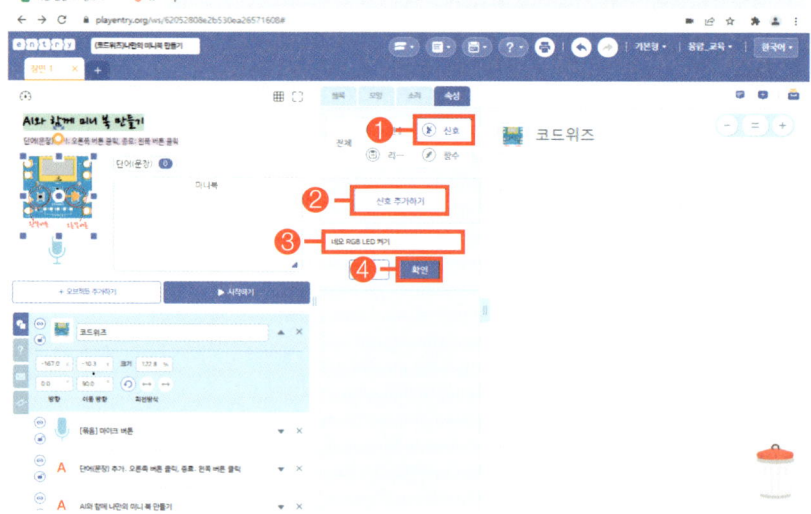

68

❺ 미니북 작성을 위한 신호를 추가하기 위해 [신호 추가하기]를 클릭합니다. '미니북 작성'을 입력하고 [확인]을 클릭합니다.

> 더 알아보기
>
> 엔트리에서 신호란 동일한 오브젝트 또는 다른 오브젝트의 명령 블록을 동시 또는 순서대로 처리하고자 할 때 보내는 메시지를 의미합니다. 즉 [오른쪽 버튼]이라는 신호를 보내면 [오른쪽 버튼] 신호를 받았을 때 처리하도록 지정된 명령 블록이 실행됩니다. 작성하는 코드가 긴 경우 또는 동시에 실행되어야 하는 코드 블록이 여러 오브젝트에 분산되어 있을 때 주로 사용합니다.

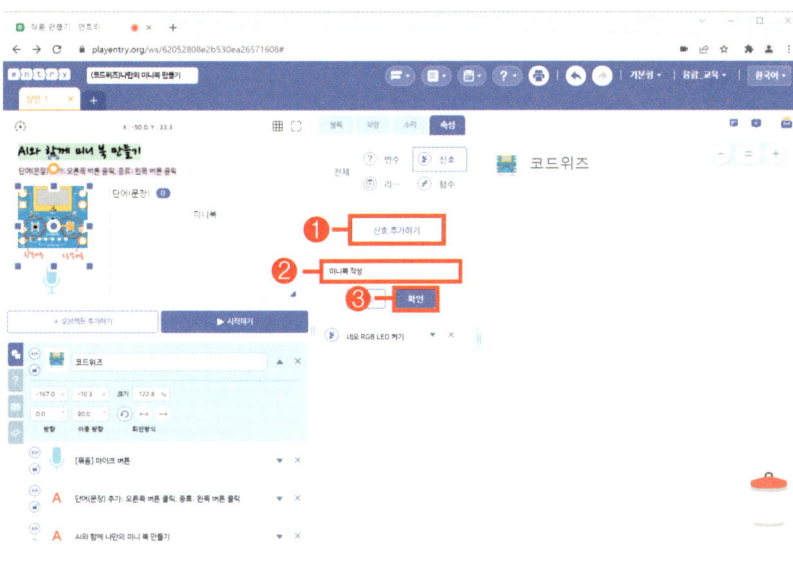

❻ [전체]를 클릭하여 변수와 신호, 리스트를 확인합니다. [블록] 탭을 클릭합니다.

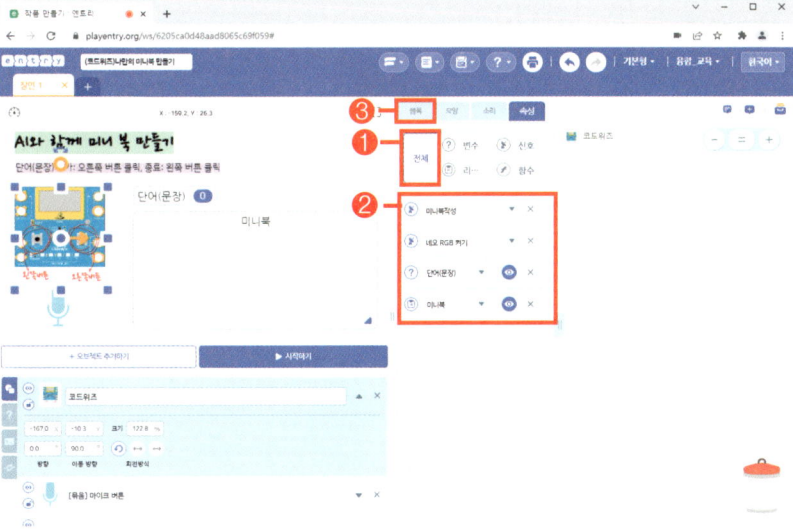

❼ '코드위즈' 오브젝트를 선택한 후 {시작}의 [시작하기 버튼을 클릭했을 때]를 넣습니다. 네오 RGB LED 5개를 사용하기 위해 {하드웨어}의 [네오픽셀 코드위즈▼에 (5)개로 시작설정]을 넣습니다.

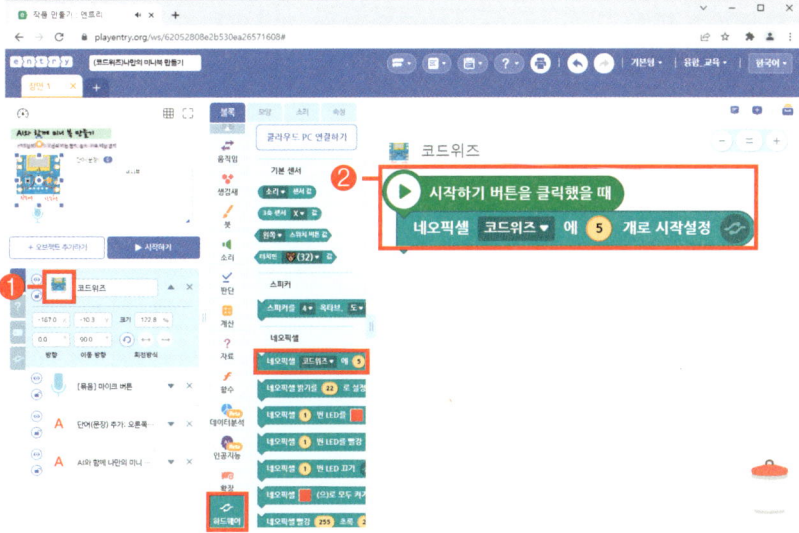

69

⑧ 문구를 출력할 위치와 문구를 지정하기 위해 {하드웨어}의 [OLED 지우기]와 [OLED 커서위치(0,0)(으)로 지정]을 넣고 '25', '10'을 입력합니다. [OLED에 한글포함 (코드위즈 Magic!!) 출력, 줄바꿈 ○▼]를 넣고 'AI와 함께'를 입력합니다.

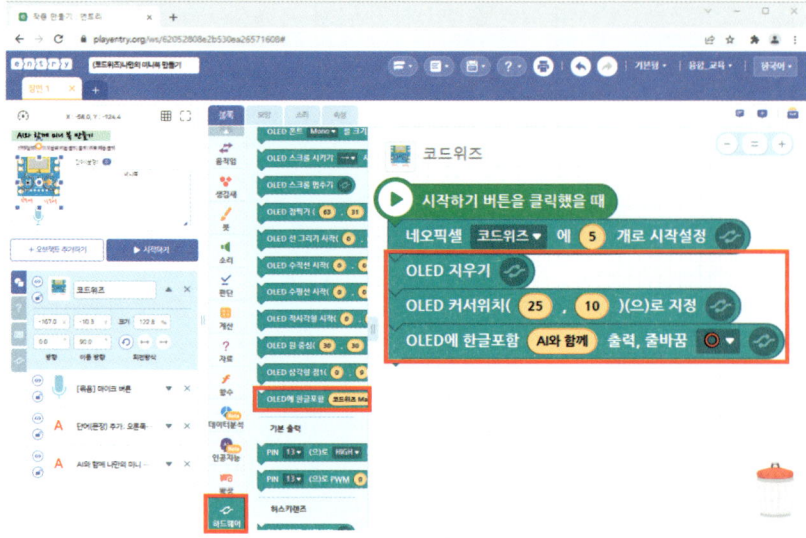

⑨ 문구를 한 번 더 넣기 위해 {하드웨어}의 [OLED 커서위치(0,0)(으)로 지정]을 넣고 '10','30'을 입력합니다. [OLED에 한글포함 (코드위즈 Magic!!) 출력, 줄바꿈○▼]을 넣고 '미니북 만들기'를 입력합니다.

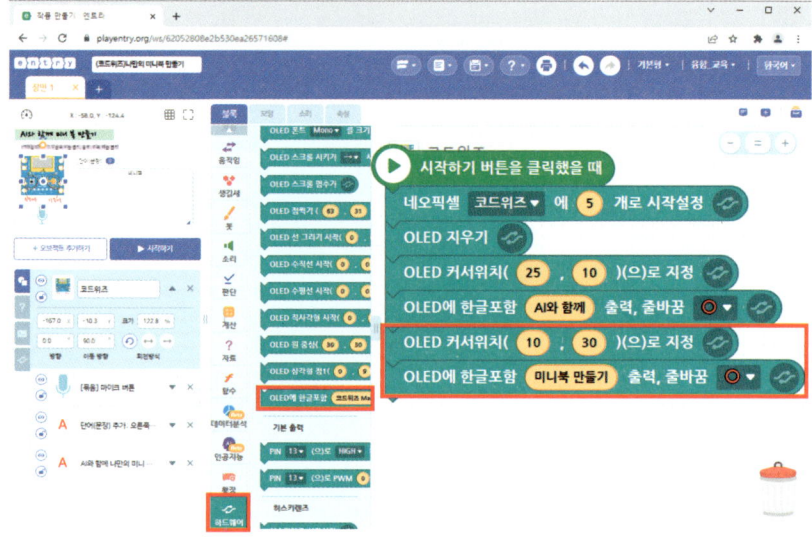

⑩ 문구를 읽고, 마이크로 인식한 음성을 번역하기 위해 {인공지능}의 [인공지능 블록 불러오기]를 클릭합니다. [번역], [오디오 감지], [읽어주기]를 클릭한 후 [불러오기]를 선택합니다.

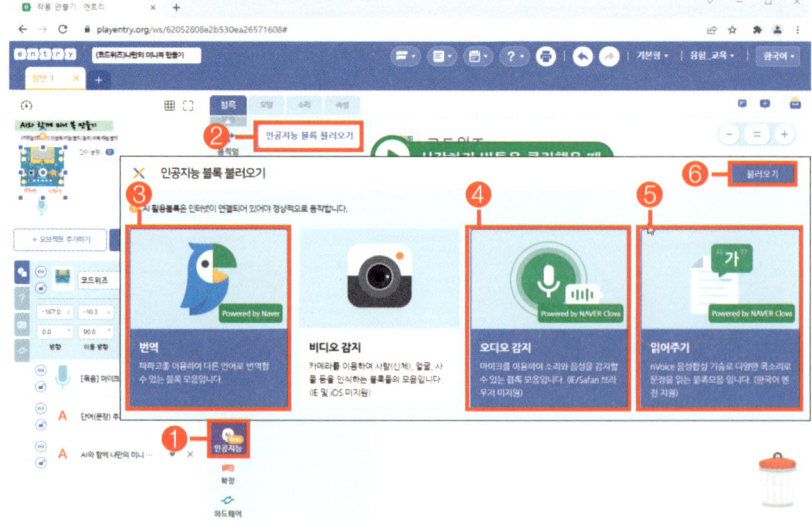

70

⓫ 안내 문구를 읽고 말하기 위해 {인공지능}의 [(엔트리) 읽어주기]와 {생김새}의 [(안녕!)을(를) (4)초 동안 말하기▼]를 넣습니다. (엔트리)와 (안녕!) 각각에 '미니북에 넣고 싶은 단어나 문장이 있다면 코드위즈의 오른쪽, 종료하려면 왼쪽 버튼을 눌러 주세요.'와 '10'을 입력합니다.

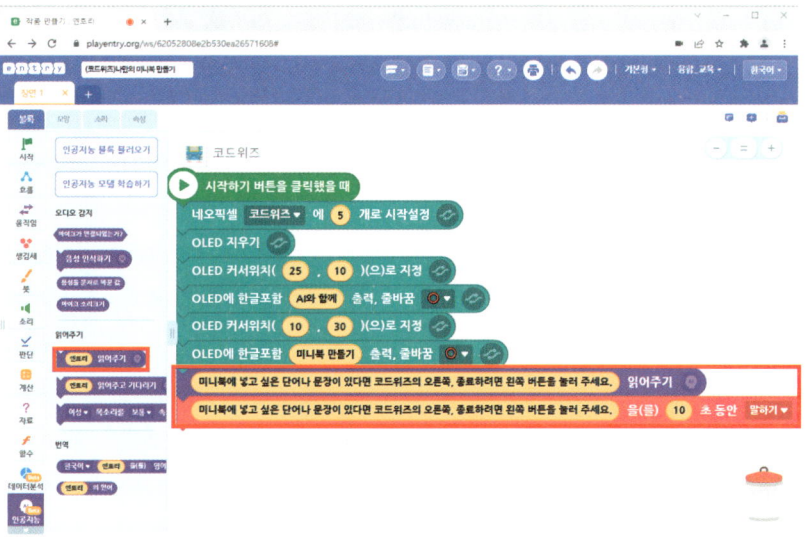

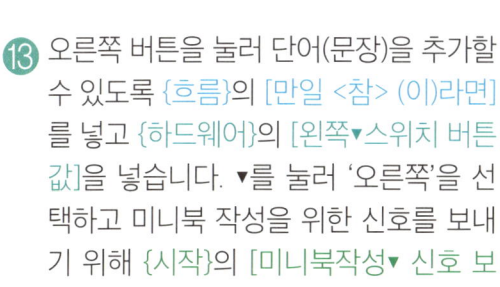

더 알아보기

말하기 시간은 상황에 따라 변경해도 됩니다.

⓬ 왼쪽 버튼을 누르면 미니북 만들기를 종료하기 위해 {흐름}의 [<참> 이 될 때까지 ▼ 반복하기]를 넣고 <참>에 {하드웨어}의 [왼쪽▼ 스위치 버튼 값]을 넣습니다.

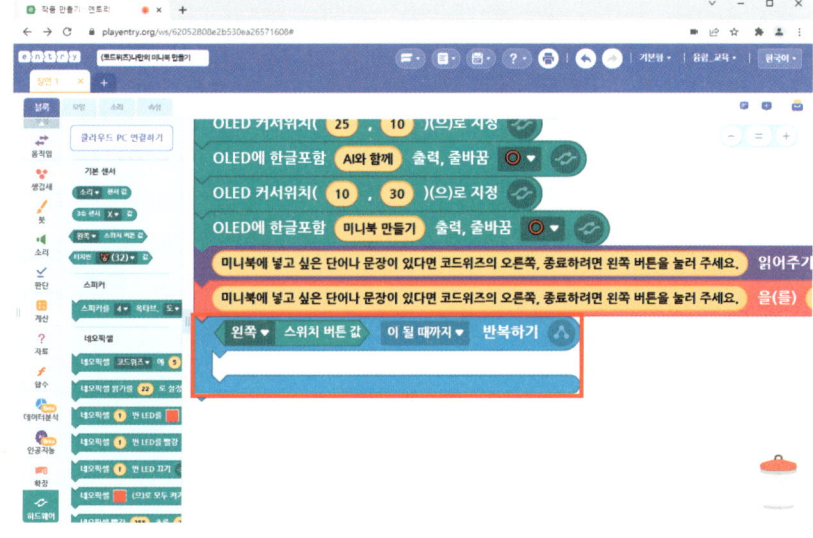

⓭ 오른쪽 버튼을 눌러 단어(문장)을 추가할 수 있도록 {흐름}의 [만일 <참> (이)라면]를 넣고 {하드웨어}의 [왼쪽▼스위치 버튼 값]을 넣습니다. ▼를 눌러 '오른쪽'을 선택하고 미니북 작성을 위한 신호를 보내기 위해 {시작}의 [미니북작성▼ 신호 보내고 기다리기]를 넣습니다.

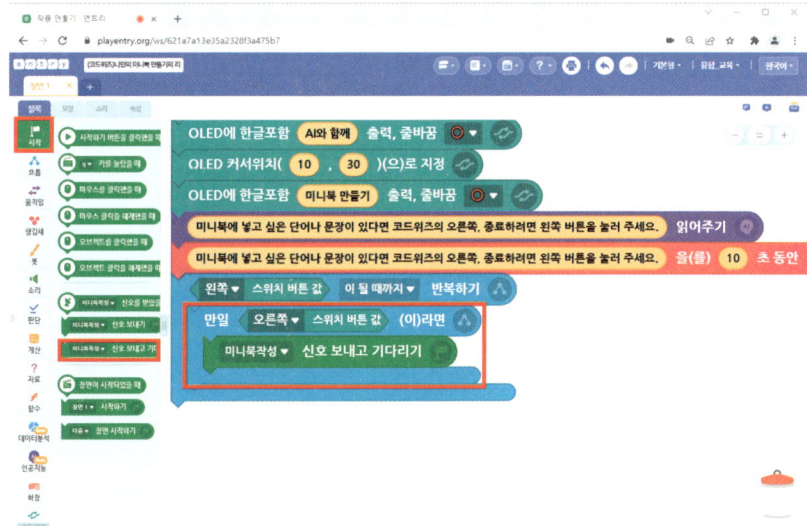

71

⑭ 왼쪽 버튼이 눌리면 실행화면에 표시되는 '단어(문장)' 변수가 숨겨지도록 지정하기 위해 {자료}의 [변수 단어(문장)▼ 숨기기]를 넣습니다.

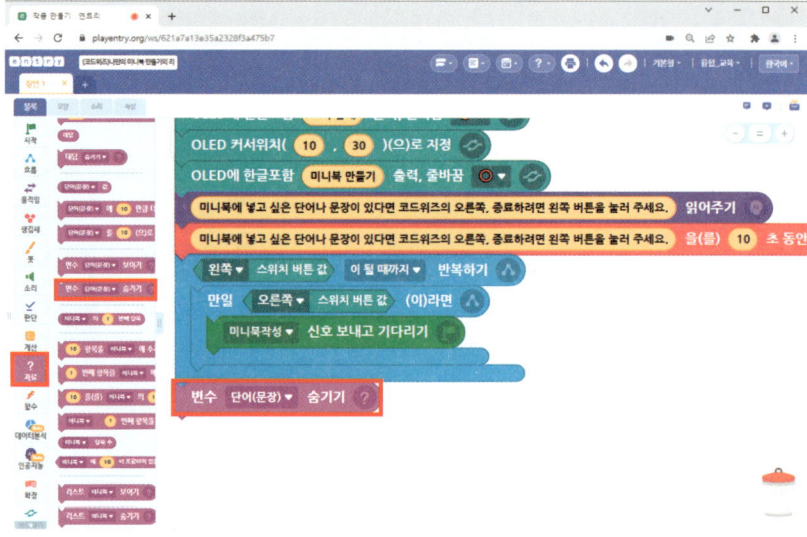

⑮ 리스트에 추가된 개수를 안내하기 위해 {인공지능}의 [(엔트리) 읽어주고 기다리기]를 넣고 {계산}의 [(안녕!)과(와) (엔트리)를 합치기]를 넣습니다. (안녕!) 값에 {자료}의 [미니북▼항목 수], (엔트리) 값에 '개의 단어와 문장이 추가된 미니 북을 만들었습니다.'를 입력합니다.

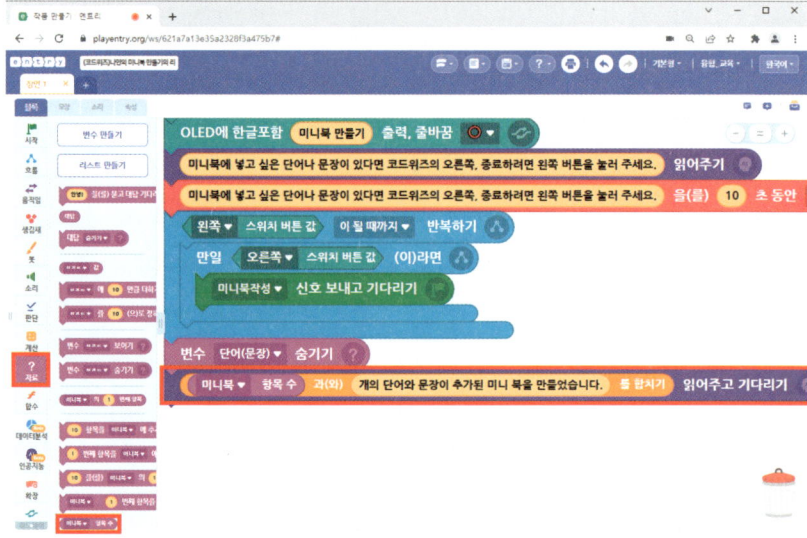

⑯ 미니북 만들기 종료를 안내하기 위해 {인공지능}의 [(엔트리) 읽어주고 기다리기]를 넣고 '미니 북 만들기를 종료합니다.'를 입력합니다. 종료를 위해 {흐름}의 [모든▼ 코드 멈추기]를 넣습니다.

⑰ 코드위즈의 오른쪽 버튼을 눌러 미니북 작성 신호를 받았을 때 음성으로 단어나 문장을 인식하도록 지정하기 위해 '[묶음]마이크 버튼' 오브젝트를 클릭합니다. {시작}의 [미니북작성▼ 신호를 받았을 때]와 {인공지능}의 [음성 인식하기]를 넣습니다.

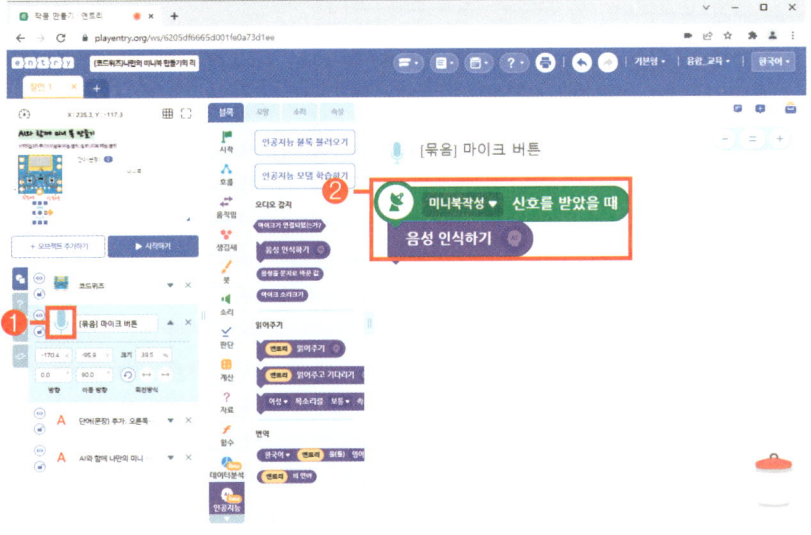

⑱ 어떤 소리나 음성도 인식되지 않는다면 인식 실패를 안내하기 위해 {흐름}의 [만일 <참> (이)라면 아니면]을 넣고 {판단}의 [(10)=(10)]을 넣습니다. 왼쪽 값에는 {인공지능}의 [음성을 문자로 바꾼 값]을 넣고 오른쪽 값에 입력된 '10'을 삭제합니다.

더 알아보기
음성이 인식되지 않는다면 문자로 바꾼 값이 없으므로 비교 값을 공백으로 지정합니다.

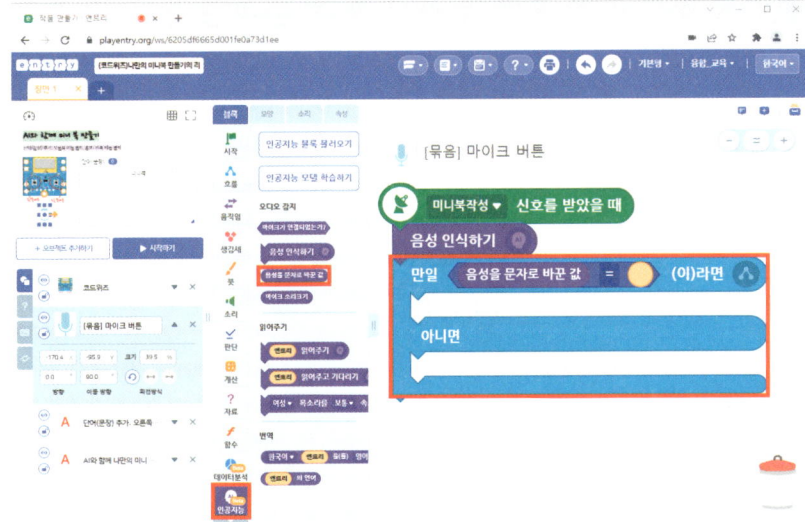

⑲ 음성으로 네오 RGB LED의 깜빡임과 인식 실패를 안내하기 위해 {시작}의 [미니북작성▼ 신호 보내기]를 넣고 ▼를 눌러 '네오 RGB LED 켜기'를 선택합니다. {인공지능}의 [(엔트리) 읽어주고 기다리기]를 2번 넣습니다. '단어 인식에 실패하였습니다.', '오른쪽 버튼을 누르고 다시 말해주세요.'를 입력합니다.

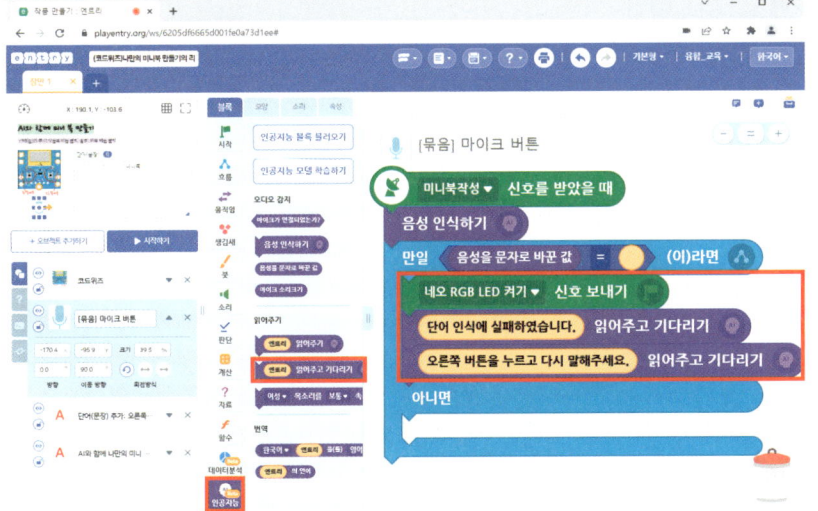

73

⑳ 음성이 제대로 인식되었다면 인식된 단어를 영어로 번역하여 '단어(문장)' 변수에 임시로 저장하기 위해 [아니면] 내부에 {자료}의 [단어(문장)▼를 (10)(으)로 정하기]를 넣고 {인공지능}의 [한국어▼ (엔트리)을(를) 영어▼로 번역하기]를 넣습니다.

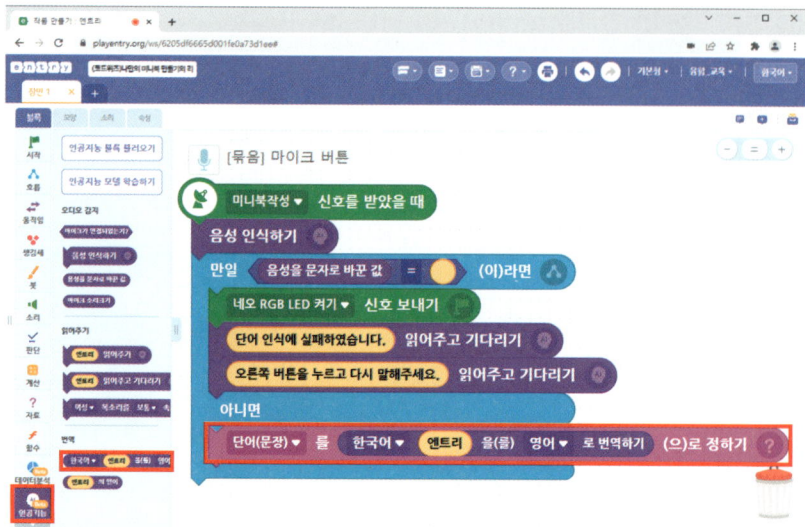

㉑ (엔트리)에 {인공지능}의 [음성을 문자로 바꾼 값]을 넣습니다. 인식한 단어와 번역한 영단어(문장)를 '미니북' 리스트에 추가하기 위해 {자료}의 [(10)항목을 미니북▼에 추가하기]를 넣고 {계산}의 [(안녕!)과(와) (엔트리)를 합치기]를 넣습니다.

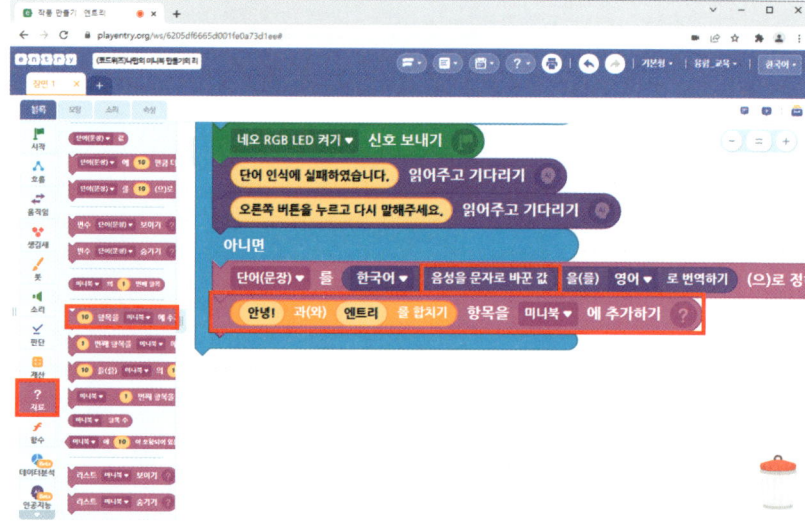

㉒ 단어와 영단어(문장) 사이에 '=>'를 넣어주기 위해 (안녕!)에 {계산}의 [(안녕!)과(와) (엔트리)를 합치기]를 한 번 더 넣습니다.

㉓ 왼쪽 값에는 {인공지능}의 [음성을 문자로 바꾼 값], 중간 값에는 '=>', 오른쪽 값에는 {자료}의 [단어(문장)▼값]을 넣습니다.

㉔ [미니북] 리스트에 추가한 후 단어나 문장을 읽어주기 위해 {인공지능}의 [(엔트리) 읽어주고 기다리기]를 넣고 {자료}의 [단어(문장)▼값]을 넣습니다.

㉕ 네오 RGB LED 켜기 신호를 받았을 때 네오 RGB LED가 깜빡일 수 있도록 지정하기 위해 {시작}의 [미니북작성▼ 신호를 받았을 때]를 넣고 ▼를 눌러 '네오RGB LED 켜기'를 선택합니다.

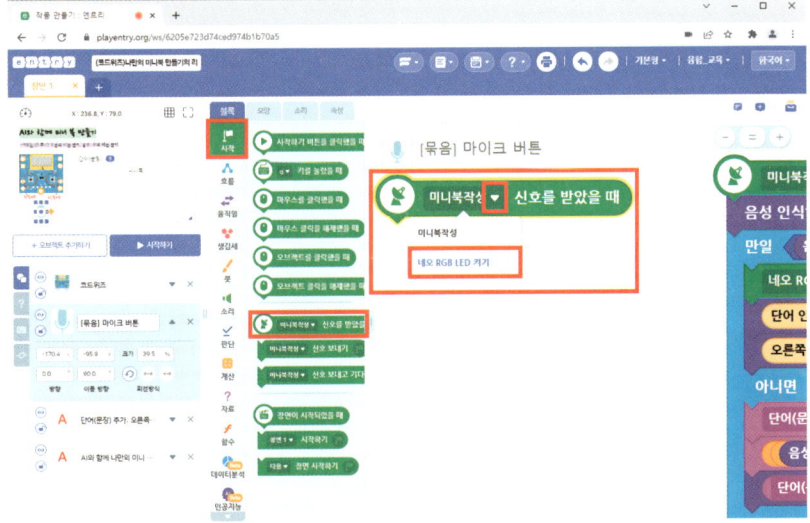

㉖ 깜빡임 효과가 5번 반복되도록 지정하기 위해 {흐름}의 [(10)번 반복하기]를 넣고 '5'를 입력합니다. {하드웨어}의 [네오픽셀 ■ (으)로 모두 켜기]와 [네오픽셀 모두 끄기]를 넣고 {흐름}의 [(2)초 기다리기]를 [켜기]와 [끄기] 아래에 끼워 넣습니다. 깜빡임 시간을 짧게 지정하기 위해 '0.2'를 입력합니다.

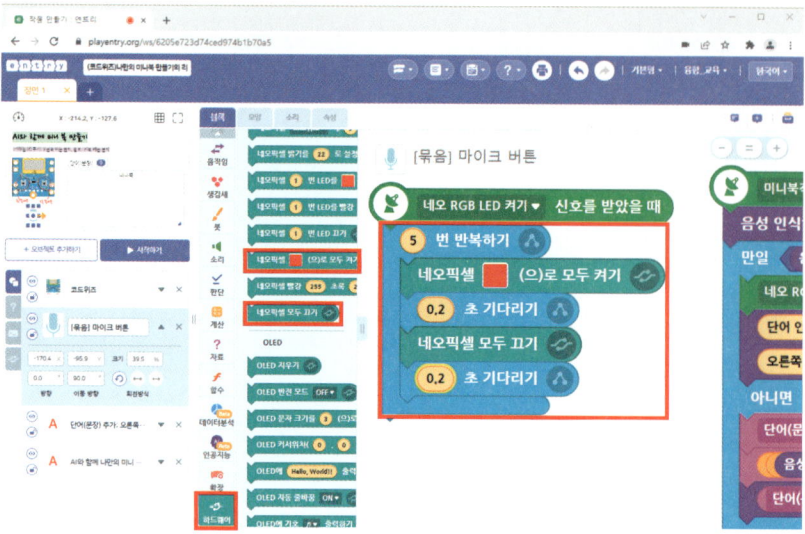

㉗ 코드 작성이 완료되었다면 코드를 실행하기 위해 [▶ 시작하기]를 클릭합니다. 미니북 작성에 관련된 안내 문구를 확인한 후 코드위즈의 오른쪽 버튼을 누릅니다. ●와 함께 "듣고 있어요"가 표시면 마이크에 단어를 말합니다. 단어가 인식된 후 번역되어 '미니북' 리스트에 추가되는지 확인합니다.

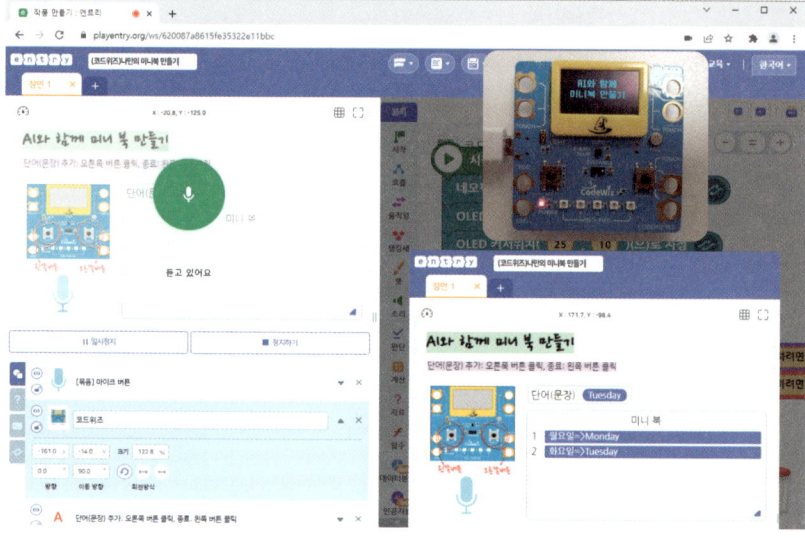

전체 코드 & 완성 작품 확인하기
활동2: (코드위즈)AI와 함께 나만의 미니북 만들기

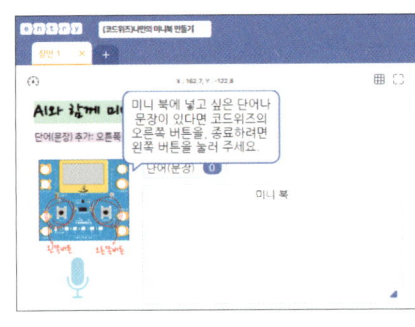

▲ [코드위즈] 오브젝트

▲ [[묶음] 마이크 버튼] 오브젝트

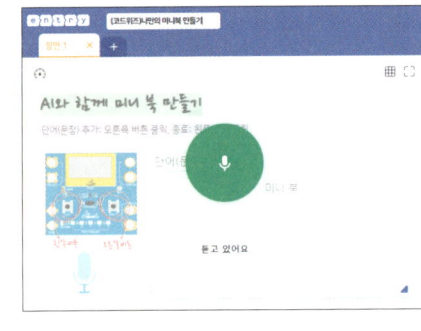

▲ [[묶음] 마이크 버튼] 오브젝트

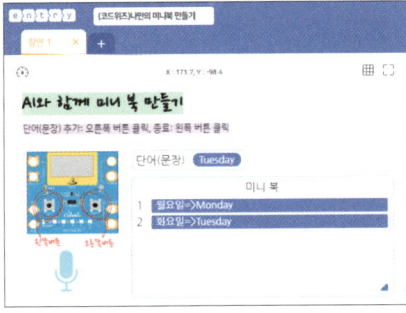

07 올바른 분리배출 방법 알기
물품에 따른 올바른 분리배출 방법 알아보기

난이도 ★★☆☆☆

01 인공지능 영역 : 머신러닝(기계학습), 음성인식

엔트리 AI 지도학습(분류:텍스트), 음성합성(읽어주기)
코드위즈 OLED, 네오 RGB LED

⇨ 엔트리와 코드위즈를 활용하여 실과교과 속에서 인공지능의 텍스트인식 기술을 이해하고 생활 속에서 사용하고 있는 다양한 물품의 올바른 분리 배출 방법을 알 수 있습니다.

02 준비물

PC(데스크톱 또는 노트북), 코드위즈

03 교과학습

- 5학년 2학기 실과(동아출판)
- 단원: 4. 생활 속 자원 관리(82-85쪽)
- 학습활동
  활동 1 쓰레기를 분리해서 배출해야 하는 이유 알기
  활동 2 쓰레기 종류 알기
  활동 3 (코드위즈) 올바른 분리배출 방법 알기

04 관련 교과

- 창의적체험활동 / 환경교육
- 올바른 분리배출로 지구를 함께 지켜요.

05 관련 작품

- 작품 파일
  (코드위즈)올바른 분리배출 방법.ent
  (코드위즈)올바른 분리배출 방법_완성.ent
- 작품 주소
  http://naver.me/xtqatHbJ
  http://naver.me/GgOmwuE9

- 작품 영상

01 쓰레기를 분리 배출해야 하는 이유 알기

쓰레기를 분리해서 배출해야 하는 이유를 알아봅시다.
- 버려지는 쓰레기양을 줄일 수 있습니다.
- 환경 오염을 줄일 수 있습니다.
- 자원을 재활용할 수 있습니다.
- 경제적 효과를 얻을 수 있습니다.

02 쓰레기 종류 알기

구분	종류	처리 방법
폐기용	재활용이 되지 않아 태우거나 땅에 묻는 쓰레기	• 쓰레기 종량제 봉투에 담아 버린다. • 폐형광등 폐건전지는 별도의 수거함에 버린다.
음식물	음식을 조리하는 과정에서 생기는 쓰레기, 먹고 남은 음식 등	• 음식물 수거함이나 음식물 종량제 봉투에 담아 버린다. • 수분을 제거한 후 버린다. • 이쑤시개, 비닐 등 이물질이 섞이지 않았는지 확인하고 배출한다. • 동물의 뼈, 복숭아 씨, 달걀, 호두, 땅콩, 게, 조개 등의 껍데기, 옥수수, 양파, 마늘 껍질 등은 종량제 봉투에 담아 버린다.
재활용	플라스틱류	• 내용물을 비우고 뚜껑이나 상표를 제거한 후 배출한다.
	캔류	• 내용물을 비우고 찌그러뜨려 배출한다. • 같은 재질의 뚜껑은 안에 넣어 배출한다. • 부탄가스, 살충제 용기 등은 구멍을 뚫어 내용물을 비운 후 배출한다.
	유리병류	• 라벨 및 병뚜껑을 제거한 후 내용물을 비워서 배출한다.
	종이류	• 종이팩은 가급적 물로 헹군 후 펼쳐서 배출한다. • 종이류는 차곡차곡 쌓은 후 묶어서 배출한다. • 코팅된 겉표지는 제거하여 배출한다.

03 (코드위즈) 올바른 분리 배출 방법 알기

코드위즈 각 물품의 분리 배출 결과 출력하기
엔트리 AI '분리배출' 텍스트 모델 학습하기, 입력된 텍스트를 '분리배출'로 분류하기
학생 텍스트 입력하기

1. '(코드위즈)올바른 분리배출 방법.ent' 파일을 실행합니다. 텍스트를 학습시키기 위해 {인공지능}의 [인공지능 모델 학습하기]를 선택합니다. [새로 만들기]의 [분류:텍스트]를 선택하고 [학습하기]를 클릭합니다.

2. 모델 이름 입력란을 클릭한 후 학습모델의 제목으로 '분리배출'을 입력합니다. '클래스 1' 입력란을 클릭한 후 '플라스틱류'를 입력합니다. '클래스 2'를 클릭한 후 '유리병류'를 입력합니다.

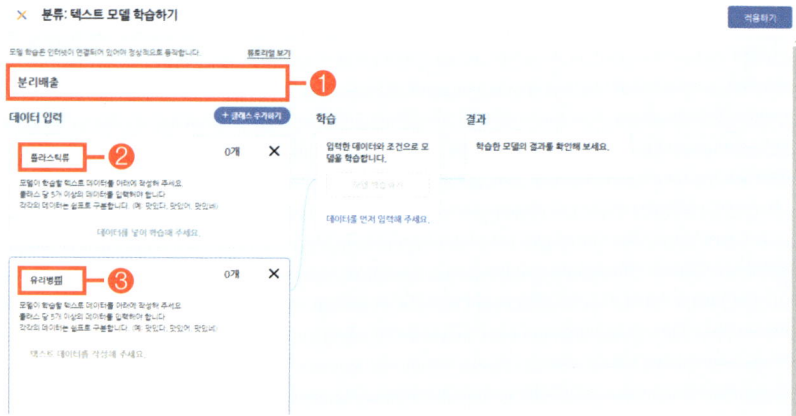

3. [+클래스 추가하기] 버튼을 5번 클릭합니다.

④ 추가된 '클래스 3'에는 '스티로폼류', '클래스 4'에는 '비닐류', '클래스 5'에는 '캔고철류', '클래스 6'에는 '종이류', '클래스 7'에는 '폐기용'을 입력합니다.

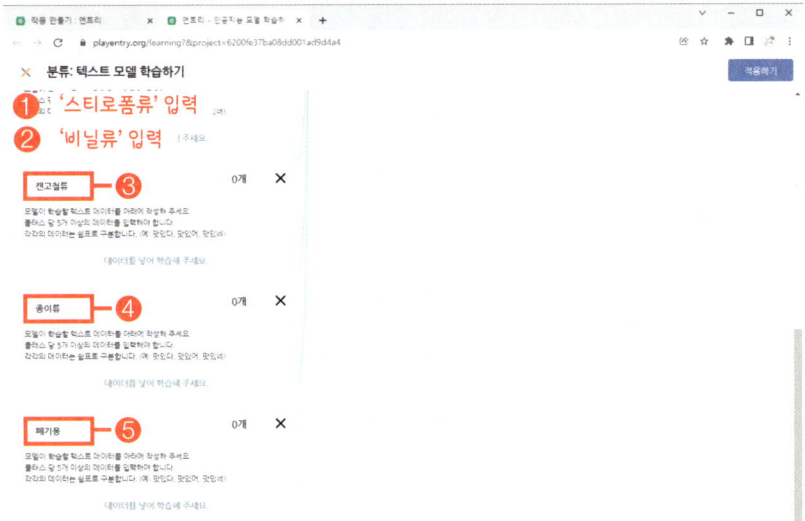

⑤ '플라스틱류' 클래스의 [데이터를 넣어 학습해 주세요]를 클릭합니다. 입력창에 '페트병, 배달용기, 1회용물통, 플라스틱, 음료용기, 플라스틱상자'와 같은 텍스트 데이터를 5개 이상 입력합니다.

더 알아보기
입력한 데이터의 수가 많을수록 분류 정확도가 높아집니다.

⑥ 같은 방법으로 '유리병류', '스티로폼류', '비닐류', '캔고철류', '종이류', '폐기용'의 [데이터를 넣어 학습해 주세요]를 클릭합니다. 각 입력창에 텍스트 데이터를 5개 이상 입력합니다. (91 페이지 참조)

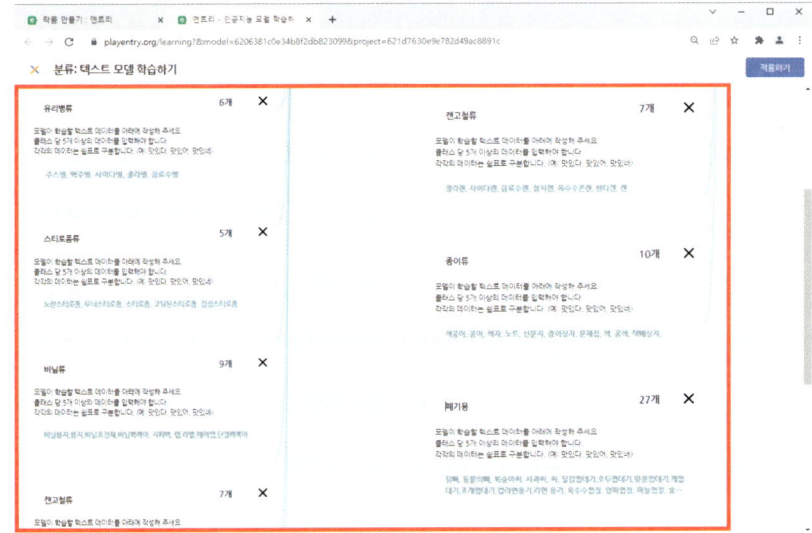

⑦ 데이터 입력이 완료되었다면 [모델 학습하기]를 클릭합니다. 모델 학습이 완료되면 결과 확인을 위해 학습한 텍스트 중 하나를 입력하고 [입력하기] 버튼을 클릭합니다. 결과를 확인한 후 정확하게 분류되면 [적용하기]를 클릭하여 텍스트 모델 학습을 완료합니다.

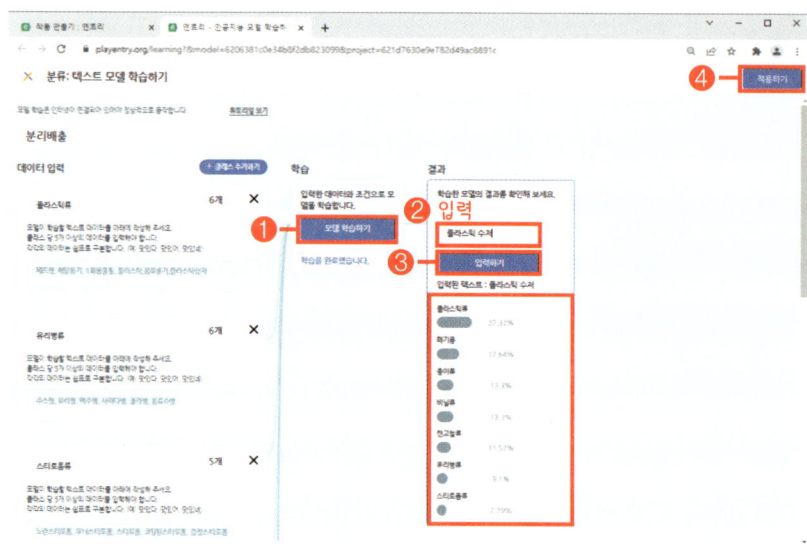

> **더 알아보기**
> 인식시킨 분리배출 텍스트의 분류 결과가 명확하지 않다면 텍스트를 더 추가한 후 다시 모델을 학습시킵니다.

⑧ 각 분리배출을 판단하는 신호를 추가하기 위해 [속성] 탭을 클릭한 후 [신호]를 선택합니다. [신호 추가하기]를 클릭한 후 '플라스틱류'를 입력하고 [확인]을 선택합니다.

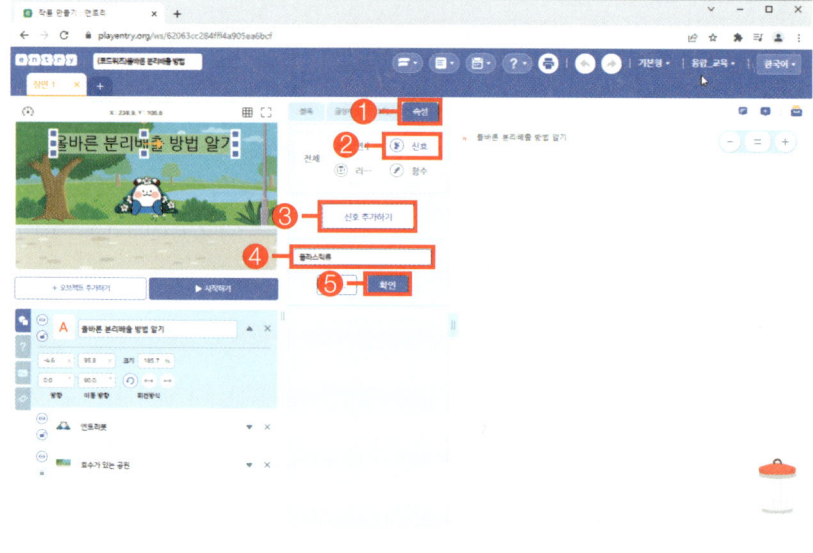

⑨ [신호 추가하기]를 추가로 클릭한 후 '유리병류', '스티로폼류', '비닐류', '캔고철류', '종이류', '폐기용', '분리배출 판단하기'를 입력하여 신호를 추가합니다.

82

⑩ 재활용 쓰레기와 폐기용 쓰레기로 구분하여 기록하기 위한 리스트를 만들기 위해 [리스트]를 선택합니다. [리스트 추가하기]를 클릭한 후 '재활용'을 입력하고 [확인]을 클릭합니다. 다시 한번 [리스트 추가하기]를 클릭한 후 '폐기용'을 입력한 후 [확인]을 클릭합니다.

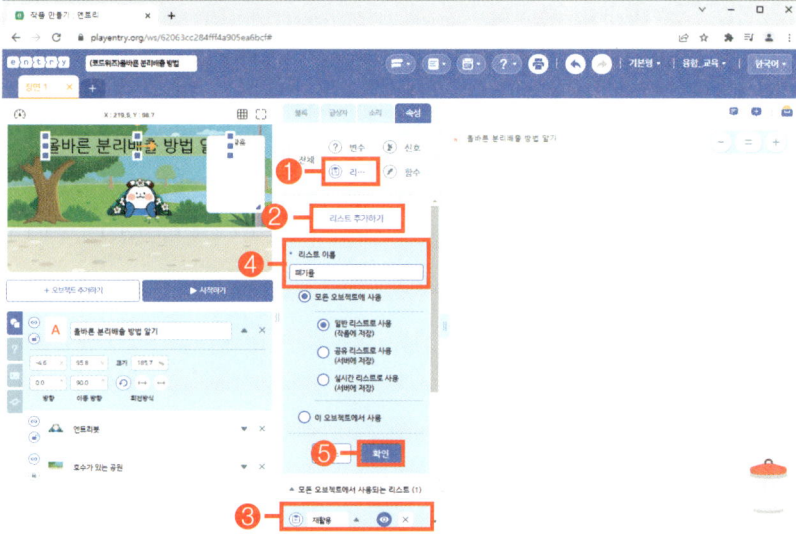

⑪ 실행화면에 표시되는 [재활용] 리스트와 [폐기용] 리스트의 내부 영역을 드래그하여 위치를 이동시킵니다. 하단의 파랑 삼각형을 바깥쪽으로 드래그하여 크기를 적당히 조절합니다.

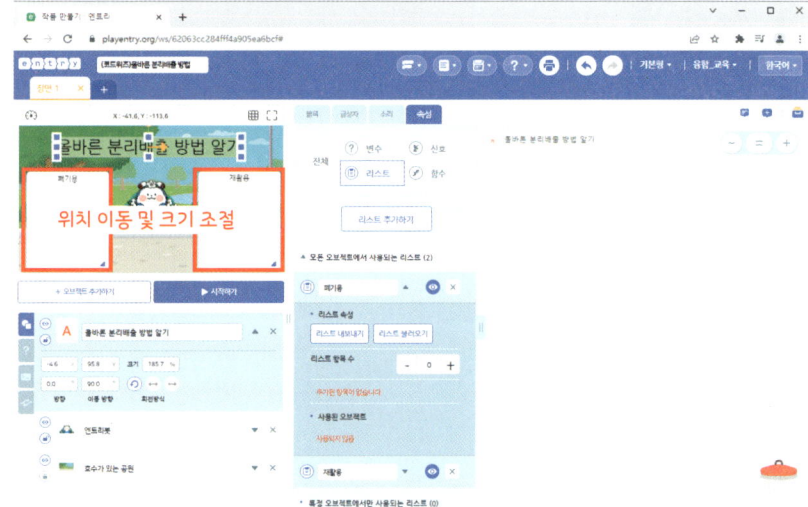

⑫ [블록] 탭을 클릭한 후 '엔트리봇' 오브젝트를 선택합니다. {시작}의 [시작하기 버튼을 클릭했을 때]와 {자료}의 [대답 숨기기▼]를 넣습니다. 네오 RGB LED 5개 사용을 위해 {하드웨어}의 [네오픽셀 코드위즈▼에 (5)개로 시작설정]을 넣습니다.

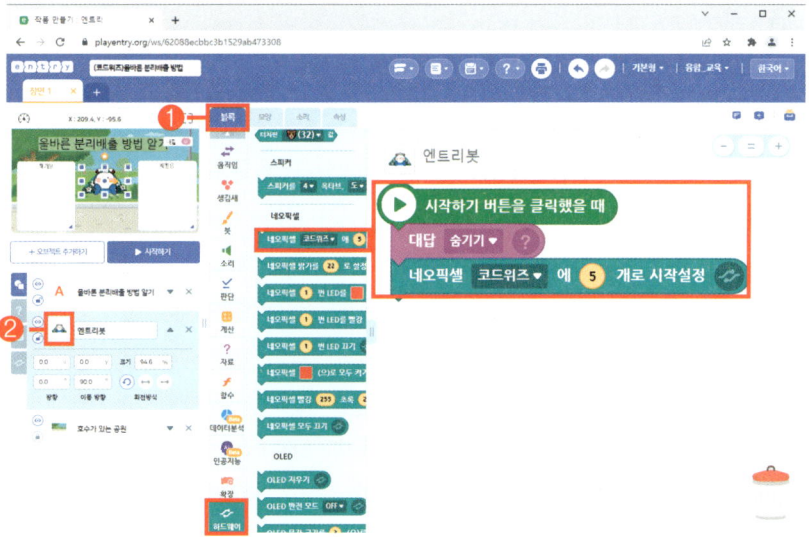

83

⑬ OLED에 문구를 출력하기 위해 {하드웨어}의 [OLED 지우기]와 [OLED에 한글포함 (코드위즈 Magic!!) 출력, 줄바꿈◯▼]을 넣습니다. '올바른 분리배출'을 입력합니다.

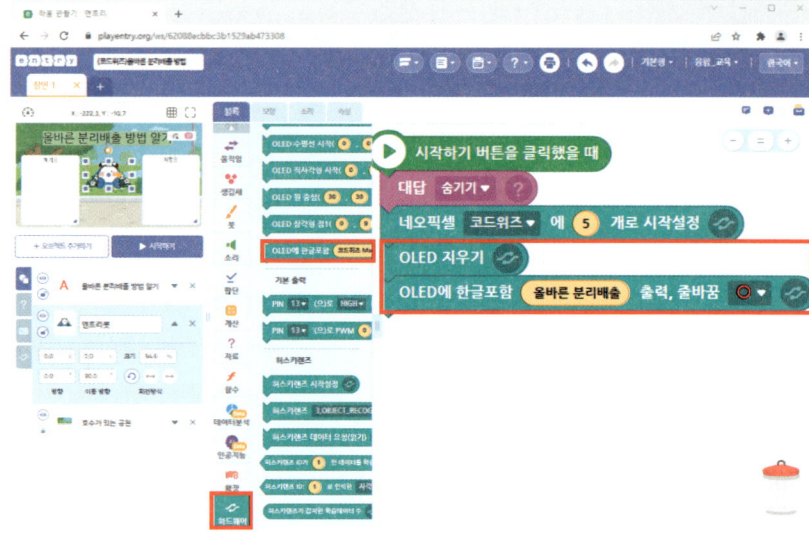

⑭ 안내 문구를 읽어주는 블록을 불러오기 위해 {인공지능}의 [인공지능 블록 불러오기]를 선택합니다. [읽어주기]를 선택하고 [불러오기]를 클릭합니다.

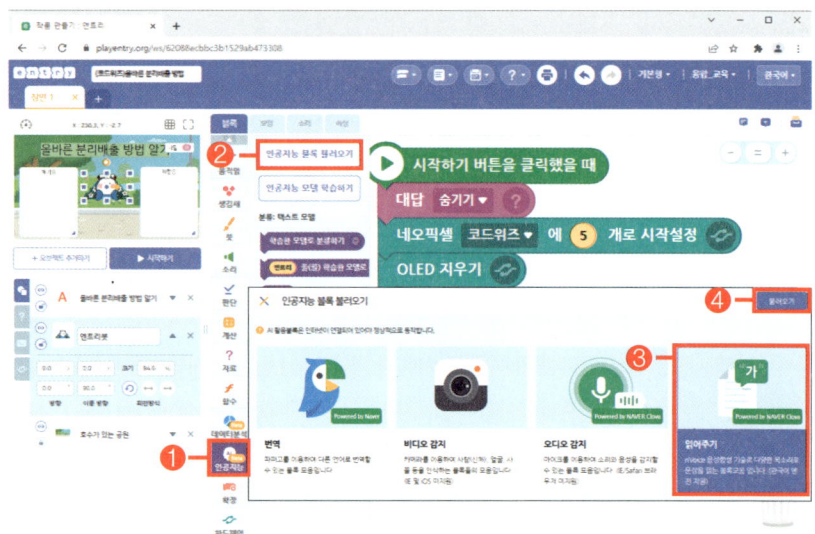

⑮ {인공지능}의 [(엔트리) 읽어주고 기다리기] 2번 넣습니다. '올바른 분리배출 방법을 알아봅시다.', '분리배출 방법을 알고 싶은 물품을 적어주세요.'를 입력합니다. 분리배출 물품을 판단하는 신호를 보내기 위해 {시작}의 [분리배출 판단하기▼ 신호 보내기]를 넣습니다.

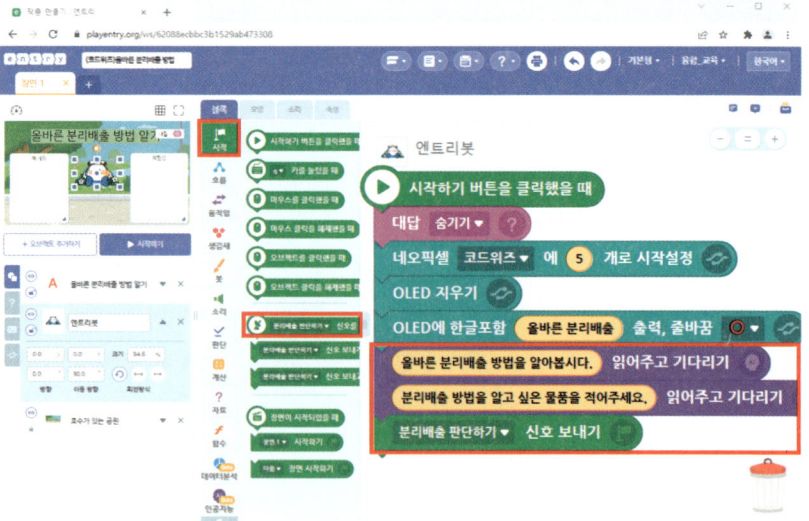

⑯ {시작}의 [분리배출 판단하기▼ 신호를 받았을 때]를 넣습니다. 분리배출 판단하기 신호를 받으면 OLED를 지우고 네오 RGB LED를 끄기 위해 {하드웨어}의 [OLED 지우기]와 [네오픽셀 모두 끄기]를 넣습니다.

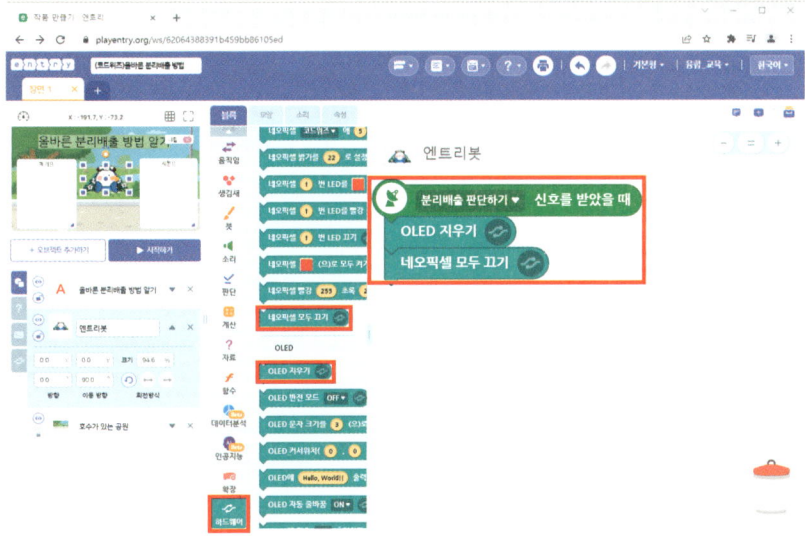

⑰ 키보드로 분리배출 할 물품을 직접 입력받기 위해 {자료}의 [(안녕!)을(를) 묻고 대답 기다리기]를 넣고 '물품을 입력해 주세요.'를 입력합니다. 입력한 대답을 학습한 분리배출 모델로 분류하기 위해 {인공지능}의 [(엔트리)을(를) 학습한 모델로 분류하기]를 넣고 (엔트리)에 {자료}의 [대답]을 넣습니다.

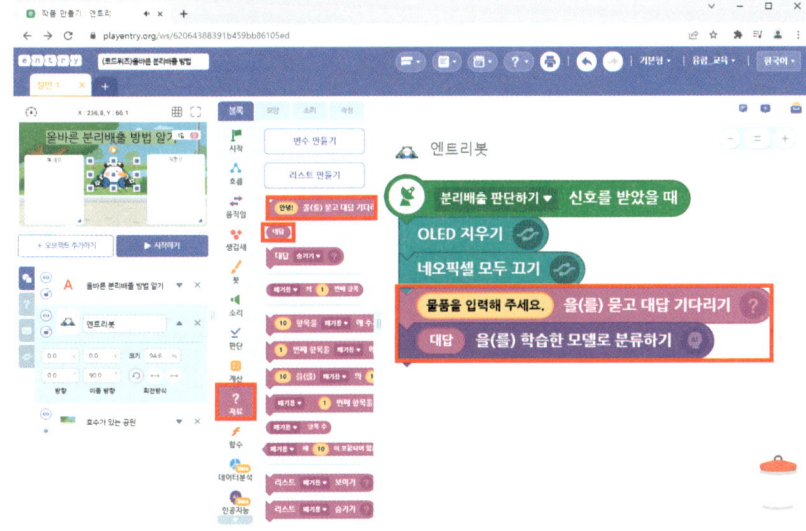

⑱ 분류 결과가 플라스틱류인지 판단하기 위해 {흐름}의 [만일 <참> (이)라면]을 넣고 <참>에 {인공지능}의 [분류결과가 플라스틱류▼인가?]를 넣습니다.

더 알아보기

[학습한 모델로 분류하기]는 텍스트를 입력하는 데이터 입력창에 직접 입력하는 데이터로 모델을 분류하지만 [대답 을(를) 학습한 모델로 분류하기]는 입력받는 대답을 기준으로 바로 데이터를 분류하기 때문에 데이터 입력창이 표시되지 않습니다.

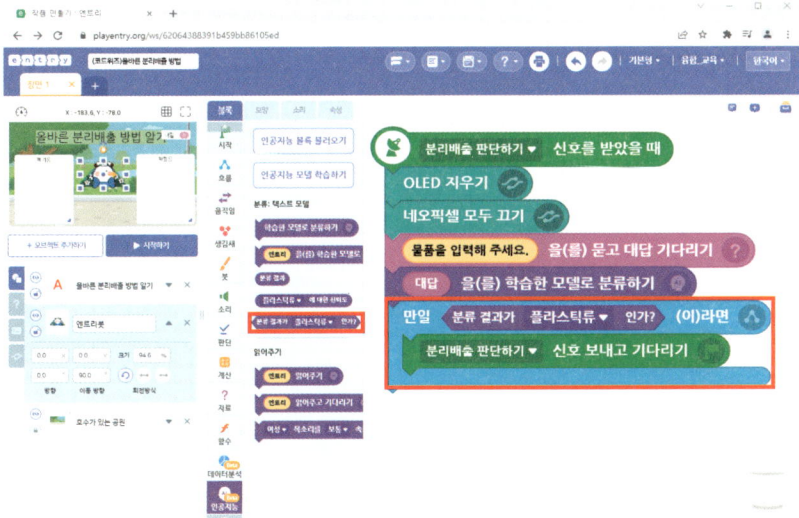

85

⑲ 분류 결과가 플라스틱류라면 플라스틱을 출력하는 신호를 보내기 위해 {시작}의 [분리배출 판단하기▼ 신호 보내고 기다리기]를 넣고 ▼을 눌러 '플라스틱류'를 선택합니다.

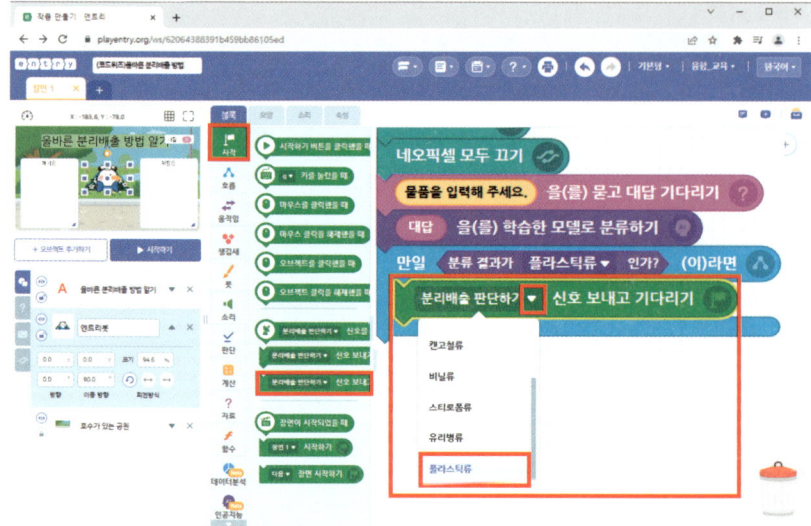

⑳ 분류 결과가 플라스틱류가 아니라면 다시 판단해야 하므로 [만일 <참> (이)라면] 블록에서 마우스 오른쪽 버튼을 누른 후 [코드 복사] 메뉴를 클릭합니다.

> **더 알아보기**
> 블록을 선택한 후 <Ctrl>+<C>를 눌러도 됩니다.

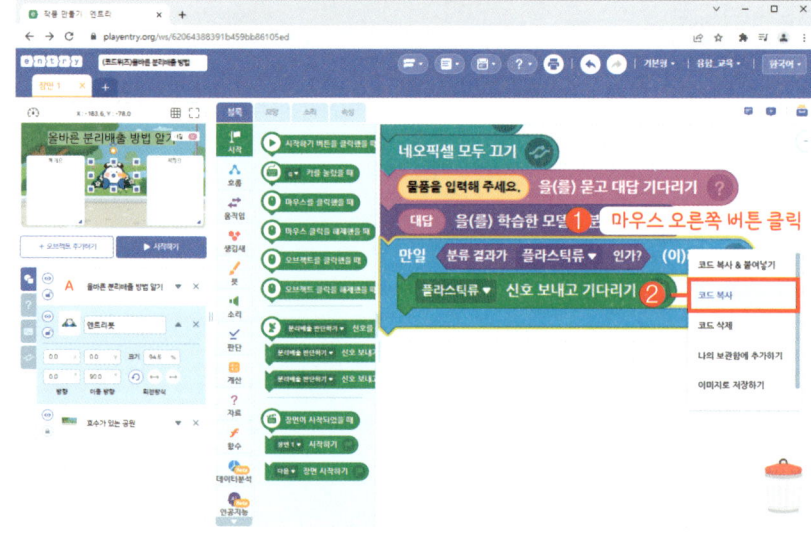

㉑ 마우스 오른쪽 버튼을 눌러 [붙여넣기] 메뉴를 클릭한 후 복사된 블록을 [(이)라면] 아래에 드래그하여 삽입합니다. ▼을 눌러 '유리병류'를 선택합니다.

> **더 알아보기**
> <Ctrl>+<V>를 눌러도 됩니다.

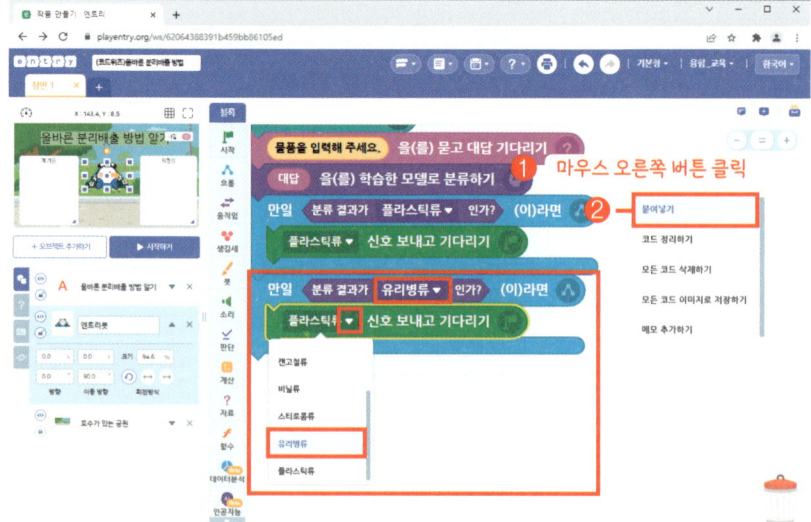

㉒ 마우스 오른쪽 버튼을 눌러 5번 붙여넣기 한 후 복사된 블록을 다음과 같이 드래그하여 아래에 연결합니다. ▼을 클릭한 후 순서대로 '스티로폼류', '비닐류', '캔고철류', '종이류', '폐기용'으로 변경합니다.

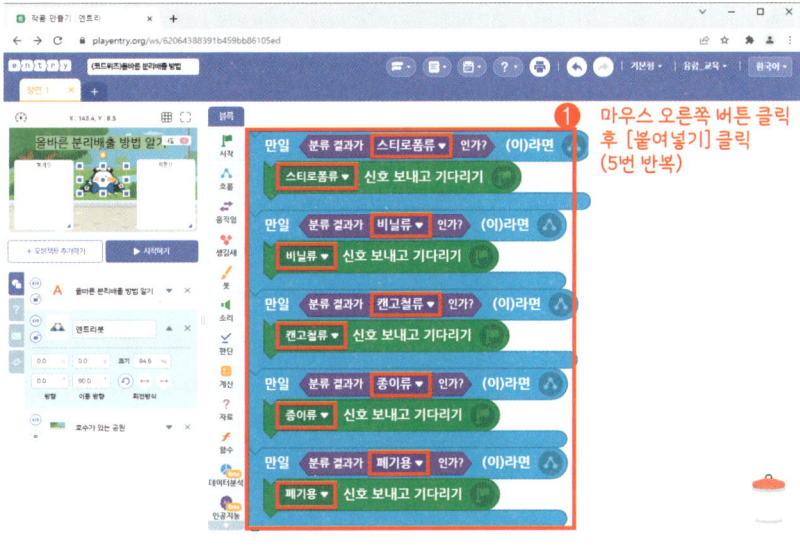

㉓ 플라스틱류 신호를 받았을 때 OLED에 문구를 출력하기 위해 {시작}의 [분리배출 판단하기▼ 신호를 받았을 때]를 넣고 ▼을 눌러 '플라스틱류'를 선택합니다. {하드웨어}의 [OLED 커서위치(0,0)(으)로 지정]과 [OLED에 한글포함 (코드위즈 Magic!!) 출력, 줄바꿈○▼]을 넣고 '20, 10', '재활용 가능'을 입력합니다.

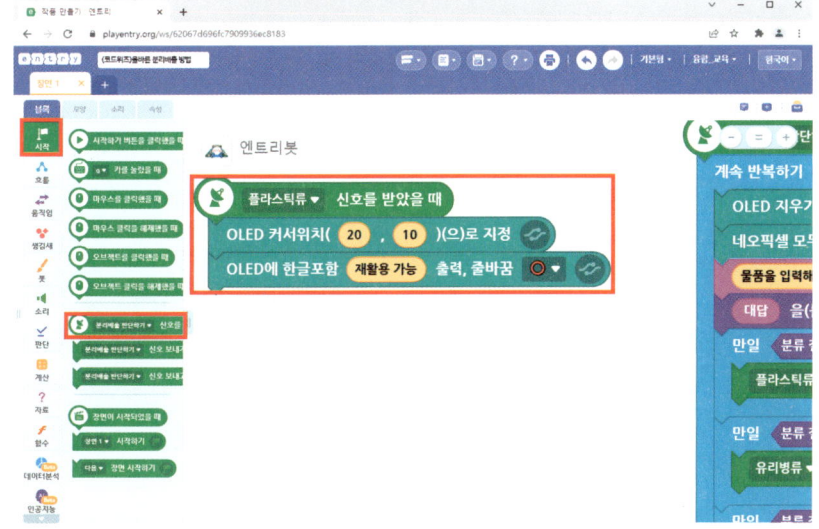

㉔ {하드웨어}의 [OLED에 한글포함 (코드위즈 Magic!!) 출력, 줄바꿈○▼]를 넣고 ' : 플라스틱류'를 입력합니다. 네오 RGB LED를 초록색으로 켜기 위해 [네오픽셀 ■ (으)로 모두 켜기]를 넣고 ■을 클릭한 후 ■을 선택합니다.

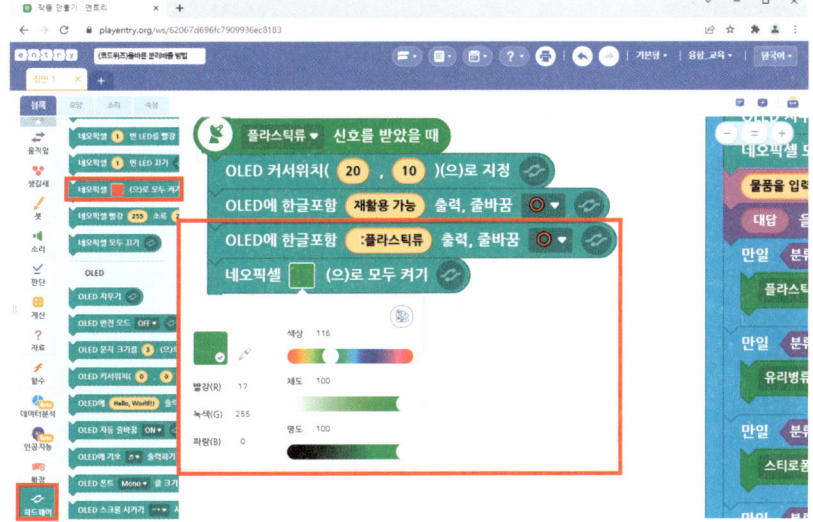

87

㉕ 키보드로 입력한 대답을 [재활용] 리스트에 추가하기 위해 {자료}의 [(10)항목을 폐기용▼에 추가하기]를 넣습니다. (10)에 {자료}의 [대답]을 넣고 ▼을 눌러 '재활용'을 선택합니다.

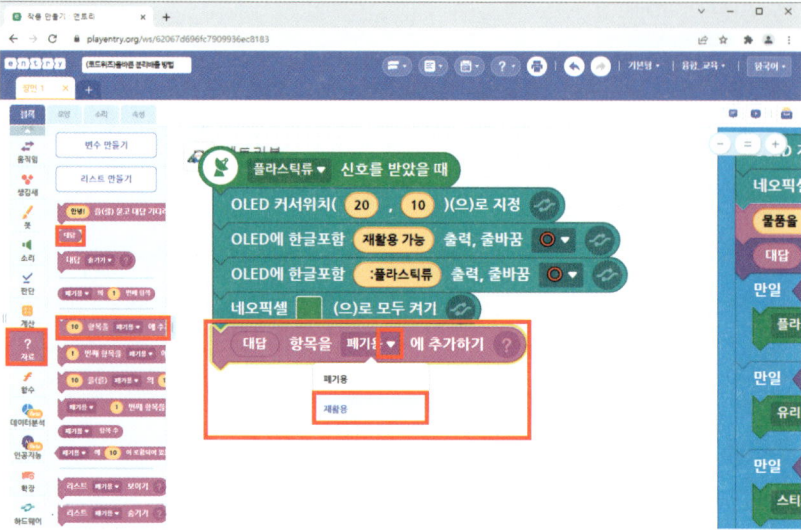

㉖ {인공지능}의 [(엔트리) 읽어주고 기다리기]를 넣고 '재활용이 가능한 플라스틱류입니다. 내용물을 비우고 라벨을 제거 후 압착하여 배출합니다.'를 입력합니다. 다시 분리배출 판단을 시작하기 위해 {시작}의 [분리배출 판단하기▼ 신호 보내고 기다리기]를 넣습니다.

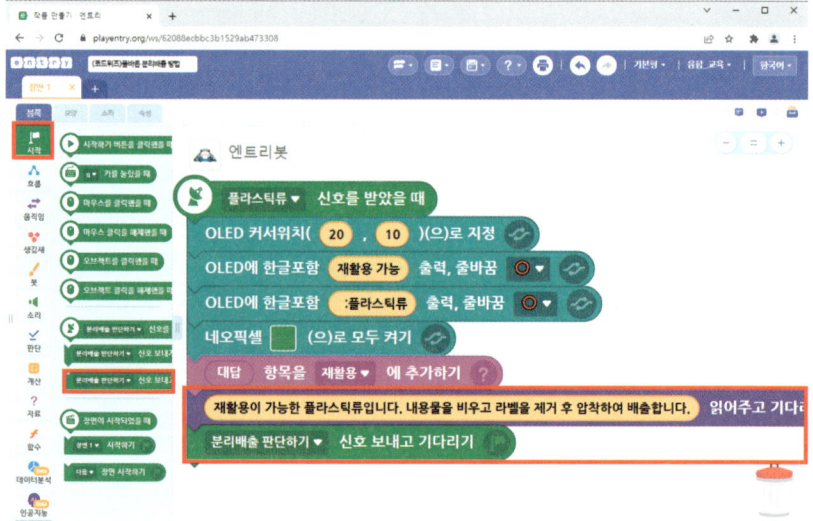

㉗ [플라스틱류▼ 신호를 받았을 때]를 마우스 오른쪽 버튼으로 클릭한 후 [코드 복사] 메뉴를 클릭합니다. 마우스 오른쪽 버튼을 눌러 6번 붙여넣기 합니다. 마우스 오른쪽 버튼을 누른 후 [코드 정리하기] 메뉴를 클릭하여 복사된 블록을 정리합니다.

㉘ 신호의 ▼을 눌러 '유리병류'를 선택합니다. OLED 출력 블록도 ' : 유리병류'로 변경합니다. [읽어주고 기다리기]에 '재활용이 가능한 유리병류입니다. 뚜껑을 분리하여 배출합니다.'를 입력합니다.

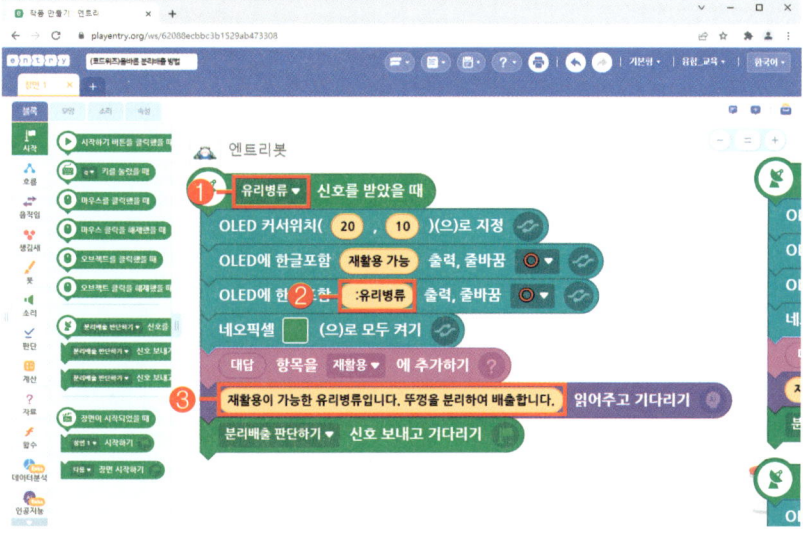

㉙ 신호의 ▼을 눌러 '스티로폼류'를 선택합니다. OLED 출력 블록도 ' : 스티로폼류'로 변경합니다. [읽어주고 기다리기]에 '재활용이 가능한 스티로폼류입니다. 박스 테이프와 이물질을 제거한 흰색 스티로폼만 재활용 가능합니다.'를 입력합니다.

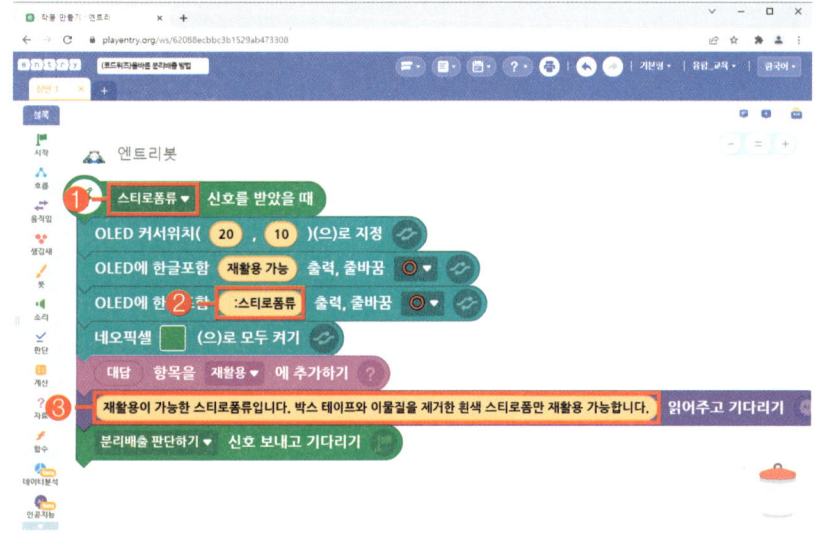

㉚ 신호의 ▼을 눌러 '비닐류'를 선택합니다. OLED 출력 블록도 ' : 비닐류'로 변경합니다. [읽어주고 기다리기]에 '재활용이 가능한 비닐류입니다. 단 이물질이 묻은 비닐은 재활용되지 않습니다.'를 입력합니다.

㉛ 신호의 ▼을 눌러 '캔고철류'를 선택합니다. OLED 출력 블록도 ' : 캔고철류'로 변경합니다. [읽어주고 기다리기]에 '재활용이 가능한 캔고철류입니다. 내용물을 비우고 압착하여 배출합니다.'를 입력합니다.

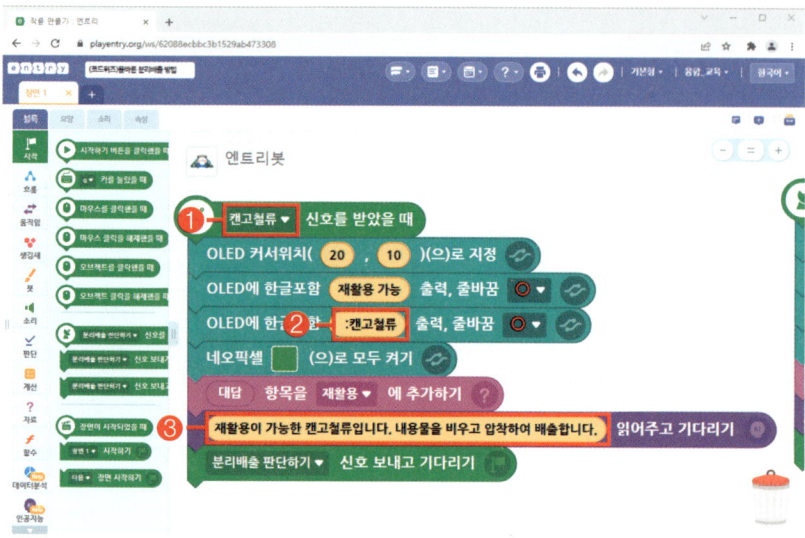

㉜ 신호의 ▼을 눌러 '종이류'를 선택합니다. OLED 출력 블록도 ' : 종이류'로 변경합니다. [읽어주고 기다리기]에 '재활용이 가능한 종이류입니다. 단 코팅되었거나 이물질이 묻은 종이컵은 재활용되지 않습니다.'를 입력합니다.

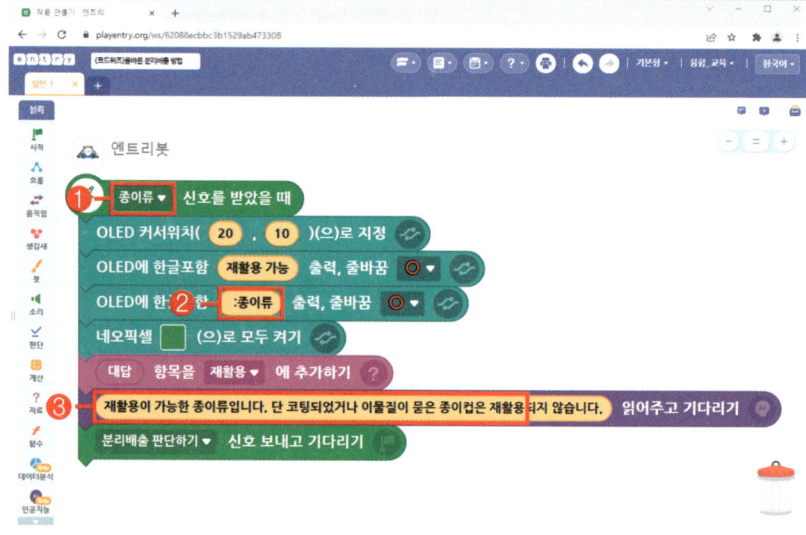

㉝ 신호의 ▼을 눌러 '폐기용'을 선택합니다. OLED 출력 블록도 '재활용불가능', ' : 종량제 봉투'로 변경합니다. [네오픽셀 ■ (으)로 모두 켜기]의 ■를 클릭한 후 ■을 선택합니다.

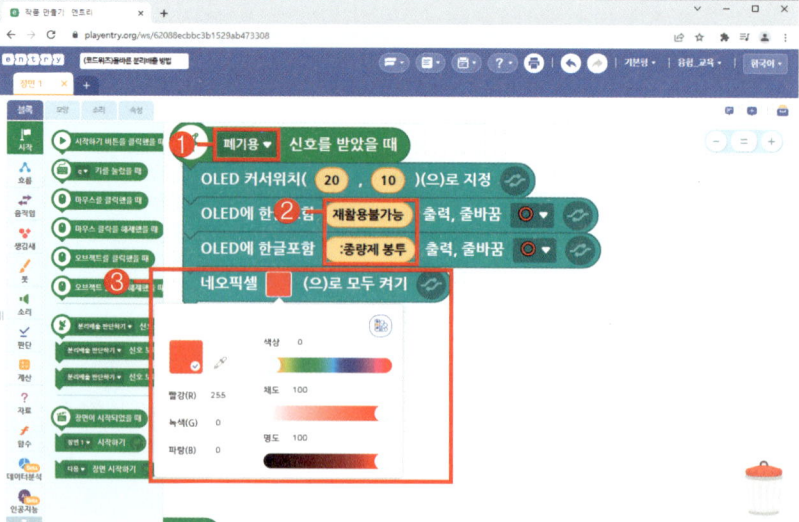

㉞ 키보드로 입력한 대답이 추가되는 리스트를 '폐기용'으로 변경하기 위해 [추가하기]의 ▼을 눌러 '폐기용'을 선택합니다. [읽어주고 기다리기]에 '재활용할 수 없는 폐기용쓰레기입니다. 종량제 봉투에 넣어서 버려주세요.'를 입력합니다.

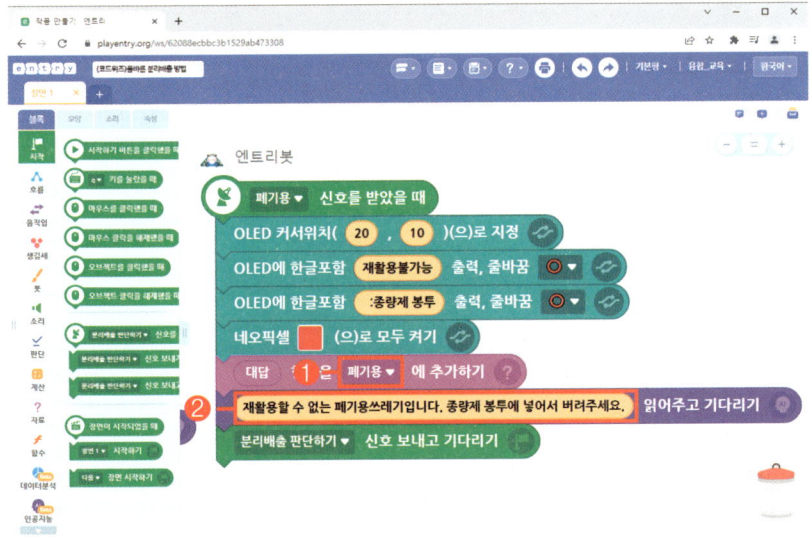

㉟ 코드 작성이 완료되었다면 [▶ 시작하기]를 클릭합니다. 안내 문구를 말하고 표시되면 물품명을 입력하고 Enter 를 누릅니다. 입력한 물품명에 따라 분리하고 리스트에 추가되는지 살펴봅니다. 더불어 OLED의 문구도 살펴봅니다.

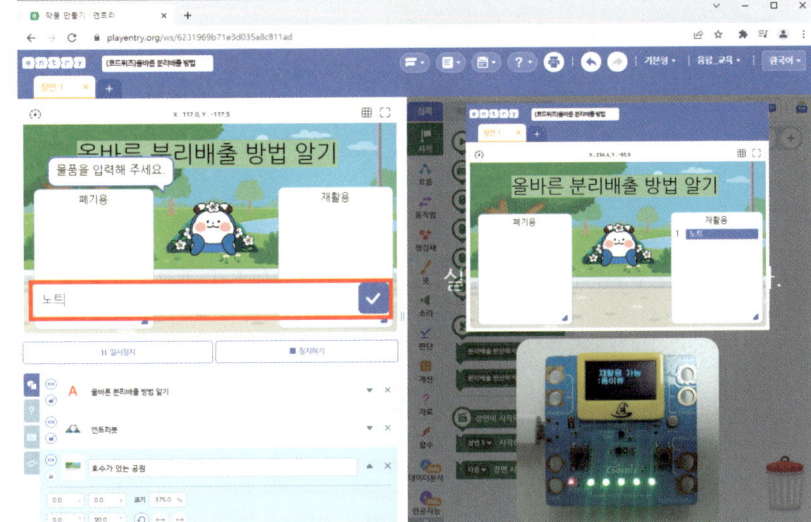

더 알아보기

- 유리병류: 주스병, 맥주병, 사이다병, 콜라병, 음료수병
- 스티로폼류: 노란스티로폼, 무늬스티로폼, 스티로폼, 코팅된스티로폼, 검정스티로폼
- 비닐류: 비닐봉지, 봉지, 비닐뽁뽁이, 지퍼백, 랩, 라벨, 에어캡, 단열뽁뽁이
- 캔고철류: 콜라캔, 사이다캔, 음료수캔, 참치캔, 옥수수콘캔, 환타캔, 캔
- 종이류: 색종이, 종이, 책자, 노트, 신문지, 종이상자, 문제집, 책, 공책, 택배상자
- 폐기용: 닭뼈, 동물의뼈, 복숭아씨, 사과씨, 씨, 달걀껍데기, 호두껍데기, 땅콩껍데기, 게껍대기, 조개껍대기, 컵라면용기, 라면용기, 옥수수껍질, 양파껍질, 마늘껍질, 아이스팩, 깨진유리, 조화꽃, 과일충전재, 도자기, 거울, 나무, 휴지

전체 코드 & 완성 작품 확인하기
활동3: (코드위즈)올바른 분리 배출 방법 알기

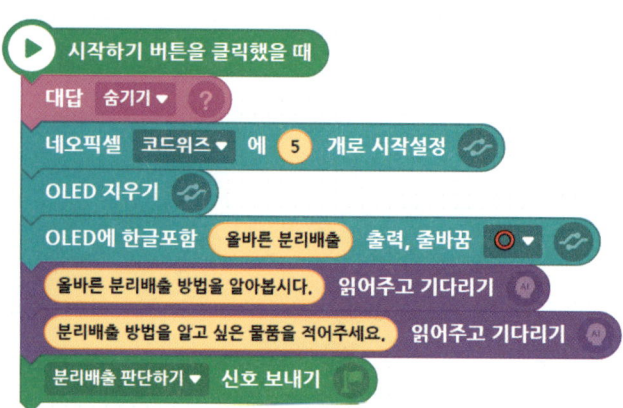

▲ [엔트리봇] 오브젝트

전체 코드 & 완성 작품 확인하기
활동3: (코드위즈) 올바른 분리 배출 방법 알기

▲ [엔트리봇] 오브젝트

▲ [엔트리봇] 오브젝트

▲ [엔트리봇] 오브젝트

▲ [엔트리봇] 오브젝트

▲ [엔트리봇] 오브젝트

▲ [엔트리봇] 오브젝트

▲ [엔트리봇] 오브젝트

08 감정을 표현하는 말 배우기
감정을 표현하는 얼굴을 만들어요!

난이도 ★★☆☆☆

01 인공지능 영역 : 음성인식, 번역

엔트리 AI 음성인식(오디오 감지), 음성합성(읽어주기), 번역(텍스트 변환)
코드위즈 OLED, 도트매트릭스
⇨ 영어교과 속에서 음성을 인식하여 도트매트릭스로 감정을 표현할 수 있습니다.

02 준비물

PC(데스크톱 또는 노트북), 코드위즈, 도트매트릭스, 4핀케이블(암), 악어케이블

03 교과학습

- 4학년 1학기 영어(천재교육)
- 단원: 3. I am Happy(32-33쪽)
- 학습활동
  활동 1   감정이나 상태를 묻고 답하기
  활동 2   (코드위즈)감정을 표현하는 얼굴 만들기
  활동 3   감정이나 상태를 나타내는 문장 읽고 쓰기

04 관련 교과

- 5학년 1학기 도덕 / 2. 내안의 소중한 친구
- 내가 주인이 되어야 해요 (2/4)

05 관련 작품

- 작품 파일
  (코드위즈)감정을 표현하는 말 배우기_완성.ent
- 작품 주소
  http://naver.me/Gq1KpszV
- 작품 영상

01 감정이나 상태를 묻고 답하기

감정, 상태를 묻고 답하는 짧은 대화문을 읽고 이해해 봅시다.
Q: Are you Happy?
A: Yes, I am. I am Happy.
주요 어휘: angry, happy, hungry, sad, thirsty, tired 등

02 (코드위즈)감정을 표현하는 얼굴 만들기

코드위즈 엔트리를 실행하고 감정을 표현하는 말을 하면 OLED 화면과 도트매트릭스에 감정 만들기
엔트리 AI 감정을 표현하는 한국어를 말하면 영어로 번역하여 읽어주기
학생 도트매트릭스를 이용하여 감정을 표현하는 얼굴 만들기

① 4핀 케이블(암)과 악어케이블을 이용하여 코드위즈와 도트매트릭스를 연결합니다. 도트매트릭스를 코드위즈에 연결하였다면 엔트리와 코드위즈를 연결합니다.

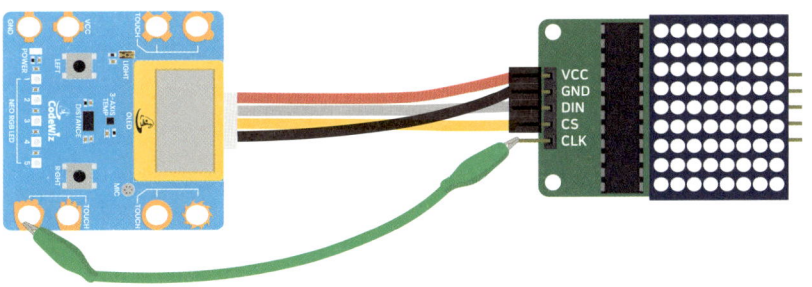

❷ {시작}의 [시작하기 버튼을 클릭했을 때]를 넣습니다. OLED에 문구 출력을 위해 {하드웨어}의 [OLED 지우기]와 [OLED 폰트 Mono▼를 크기 9▼(으)로 설정]을 넣습니다. ▼을 클릭하여 'Serif'와 '12'를 선택합니다.

> 👑 **더 알아보기**
>
> `OLED에 Hello, World!! 출력` 블록으로 영문자나 숫자 값을 출력할 때 OLED에 출력되는 글꼴과 글자 크기를 변경하고자 한다면 `OLED 폰트 Mono▼ 를 크기 9▼ (으)로 설정` 블록을 활용 해야합니다.

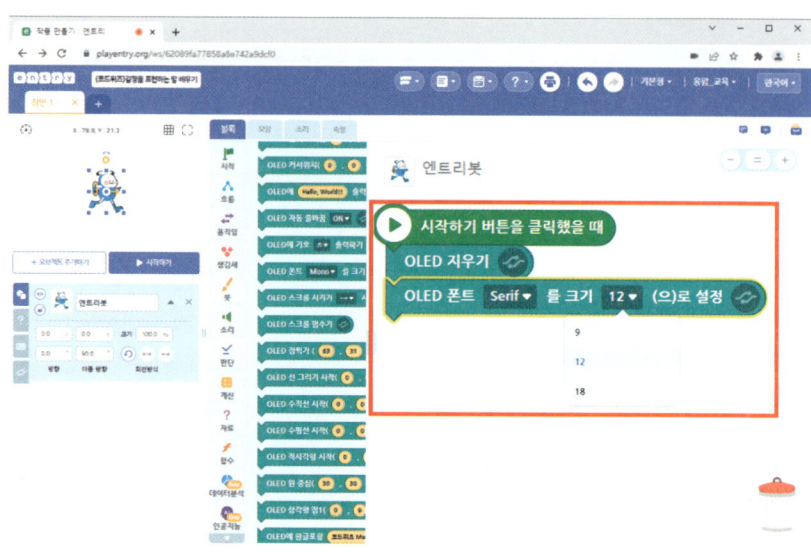

❸ 도트매트릭스 제어를 위한 핀 설정을 위해 {하드웨어}의 [도트매트릭스 (1)개 DIN 18▼, CS 19▼, CLK 15▼로 설정]을 넣고 CLK의 ▼을 클릭하여 '27'을 선택합니다.

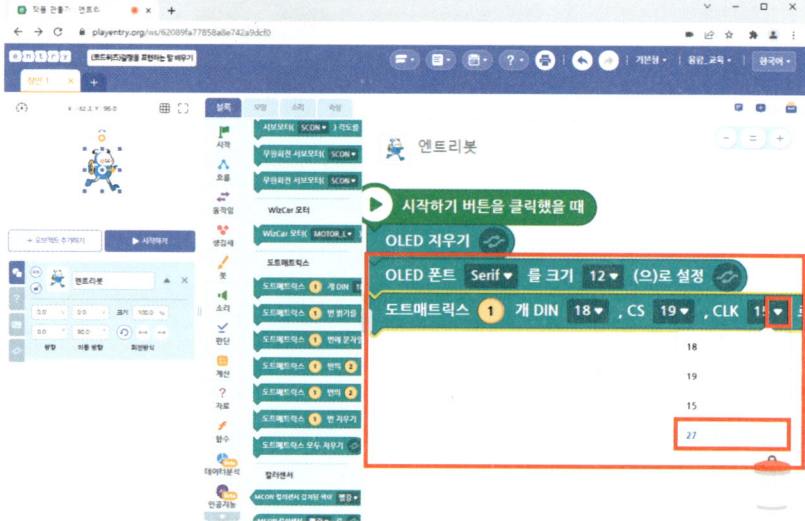

❹ '엔트리봇' 오브젝트가 메시지를 말하도록 지정하기 위해 {생김새}의 [(안녕!)을(를) (4)초 동안 말하기▼]를 넣습니다. '감정을 표현하는 단어를 말해주세요.(예:행복하다)'와 '2'를 입력합니다.

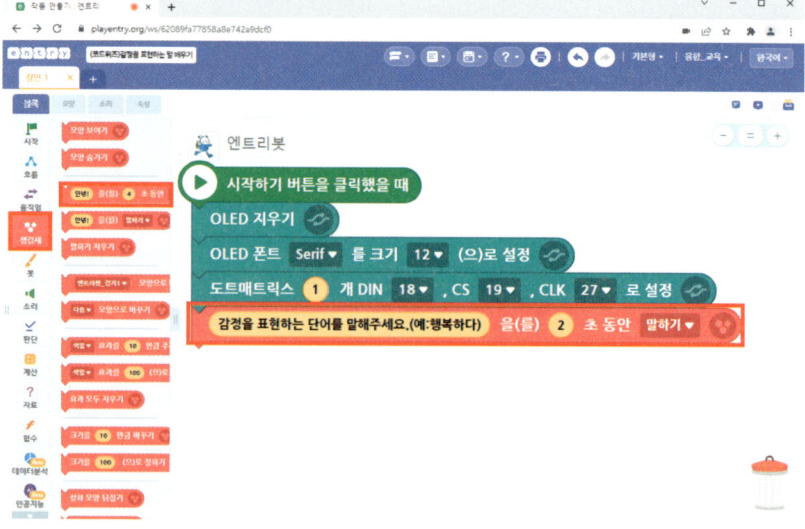

96

❺ 마이크로 단어를 감지한 후 번역하여 읽어주기 위해 {인공지능}의 [인공지능 블록 불러오기]를 클릭합니다. [번역], [오디오 감지], [읽어주기]를 선택하고 [불러오기]를 클릭합니다.

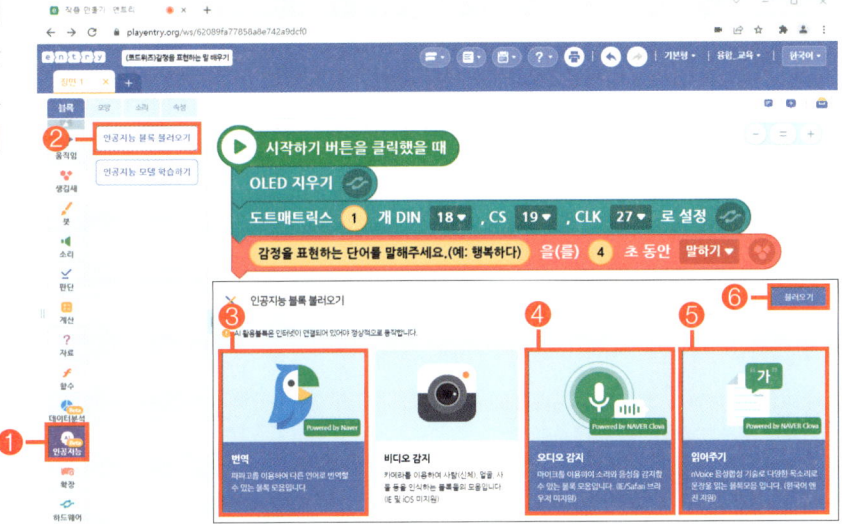

❻ 반복적으로 마이크로 입력되는 음성을 인식하기 위해 {흐름}의 [계속 반복하기]를 넣고 {인공지능}의 [음성 인식하기]를 넣습니다.

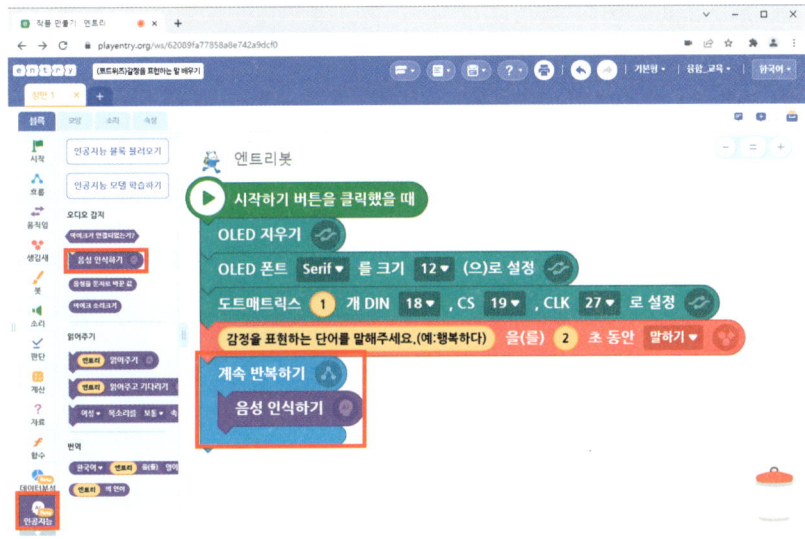

❼ 인식된 음성이 '행복하다' 인지 판단하기 위해 {흐름}의 [만일 <참> (이)라면 아니면]을 넣고 {판단}의 [(10)=(10)]을 넣습니다. 왼쪽 값에 {인공지능}의 [음성을 문자로 바꾼 값]을 넣고 오른쪽 값에 '행복하다'를 입력합니다.

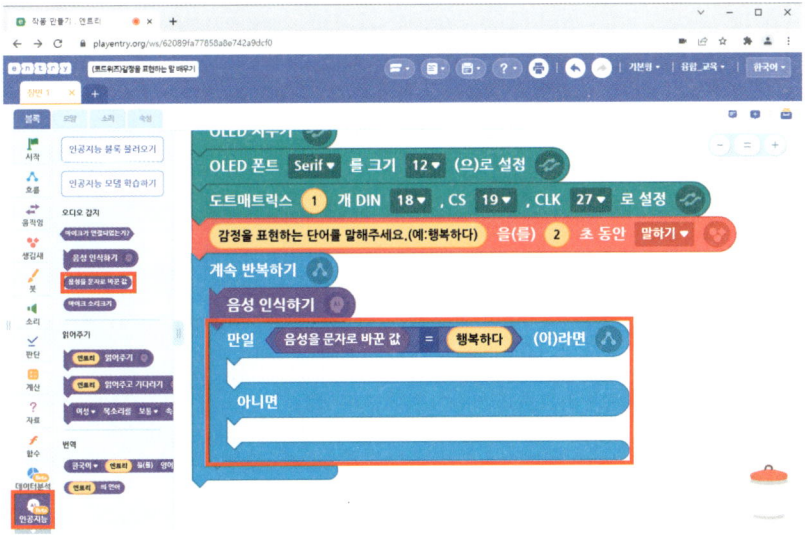

더 알아보기
감정을 나타내는 다양한 문장을 말해 봅시다.

97

❽ OLED에 영어로 번역된 문구가 출력될 위치를 지정하기 위해 {하드웨어}의 [OLED 커서위치(0,0)(으)로 지정]을 넣고 '10'과 '35'를 입력합니다.

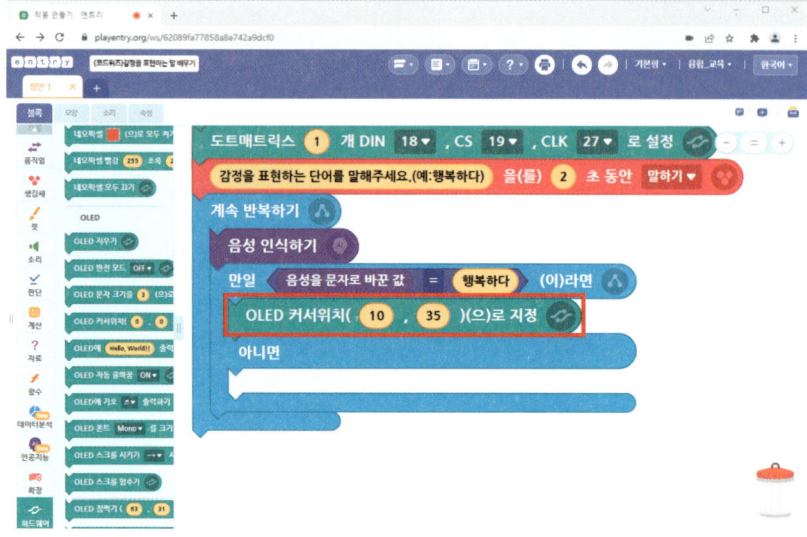

❾ OLED에 번역된 문구를 출력하기 위해 {하드웨어}의 [OLED에 (Hello,World!!) 출력]을 넣습니다. {인공지능}의 [한국어▼(엔트리)을(를) 영어▼로 번역하기]를 넣고 (엔트리)에 {인공지능}의 [음성을 문자로 바꾼 값]을 넣습니다.

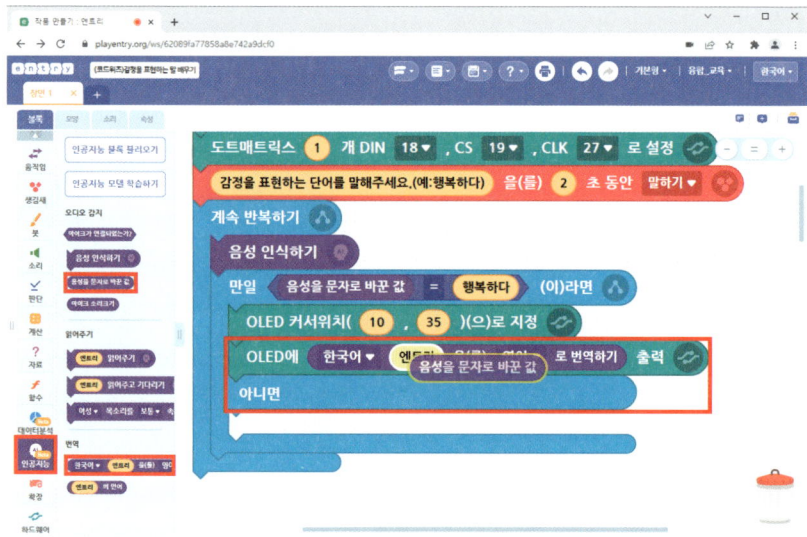

❿ 도트매트릭스의 LED를 이용해 감정을 나타내는 얼굴을 표현하기 위해 {하드웨어}의 [도트매트릭스 (1)번의 (2)열▼(11111111)(으)로 만들기]를 넣습니다. ▼을 눌러 '행'을 선택합니다.

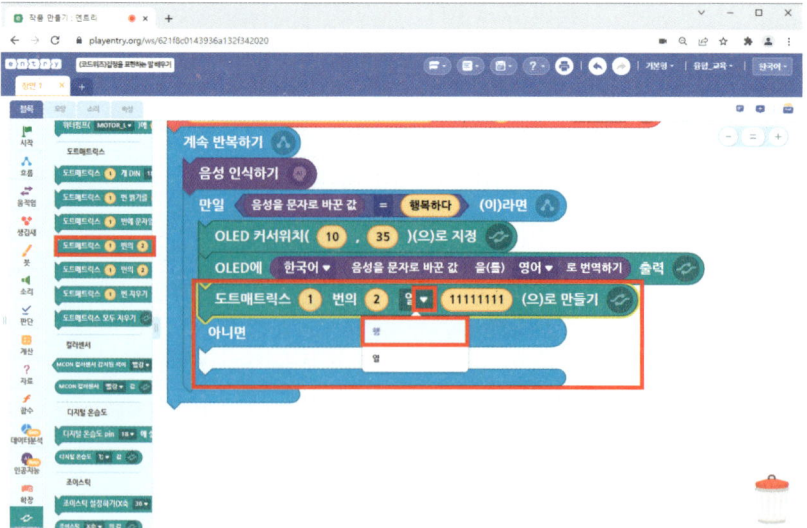

98

⓫ 웃는 얼굴을 표시하기 위해 2행 LED의 각 자리가 ○●○○○○●○와 같이 꺼지거나 켜져야 합니다. 각 자리의 LED를 끄려면 '0', 켜려면 '1'을 지정해야 하므로 '01000010'을 입력합니다.

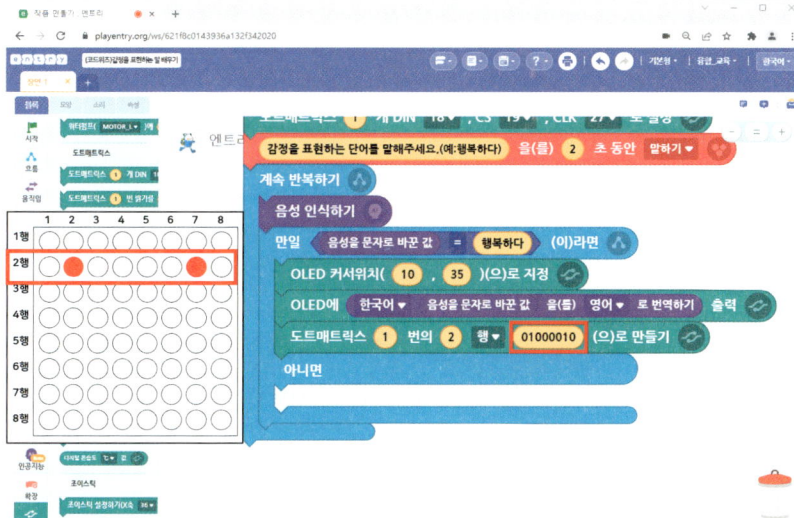

더 알아보기

1행과 4행, 7행, 8행의 LED는 모두 꺼져있는 상태이므로 명령 블록을 작성하지 않아도 됩니다.

더 알아보기

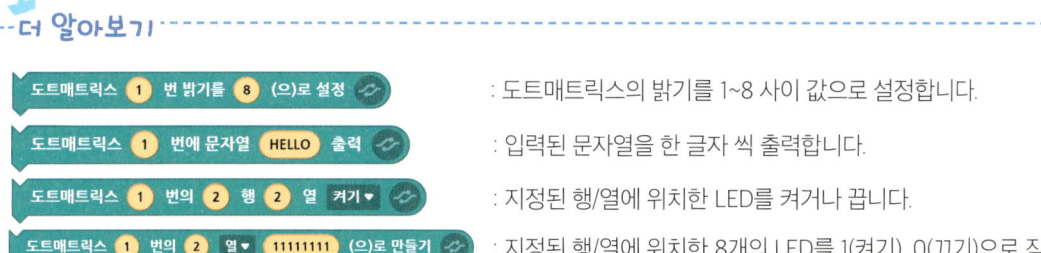

: 도트매트릭스의 밝기를 1~8 사이 값으로 설정합니다.
: 입력된 문자열을 한 글자 씩 출력합니다.
: 지정된 행/열에 위치한 LED를 켜거나 끕니다.
: 지정된 행/열에 위치한 8개의 LED를 1(켜기), 0(끄기)으로 직접 지정해서 제어합니다.

⓬ {하드웨어}의 [도트매트릭스 (1)번의 (2)열▼(11111111)(으)로 만들기]를 넣고 ▼을 눌러 '행'을 선택합니다. 3행의 LED의 각 자리가 ●○●○○●○●와 같이 켜져야 하므로 행 번호로 '3'을 입력한 후 '10100101'을 입력합니다.

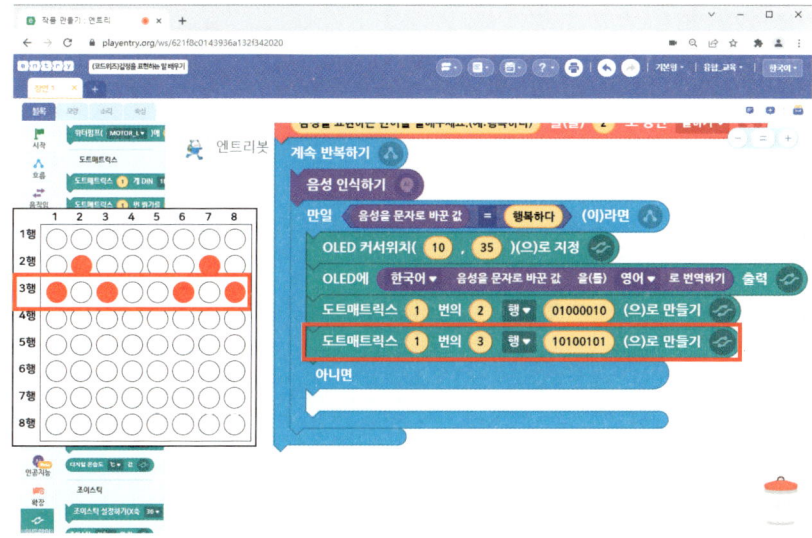

99

⑬ {하드웨어}의 [도트매트릭스 (1)번의 (2)열▼(11111111)(으)로 만들기]를 넣고 ▼을 눌러 '행'을 선택합니다. 5행의 LED의 각 자리가 ○●○○○○●○와 같이 켜져야 하므로 '5'를 입력한 후 '01000010'을 입력합니다.

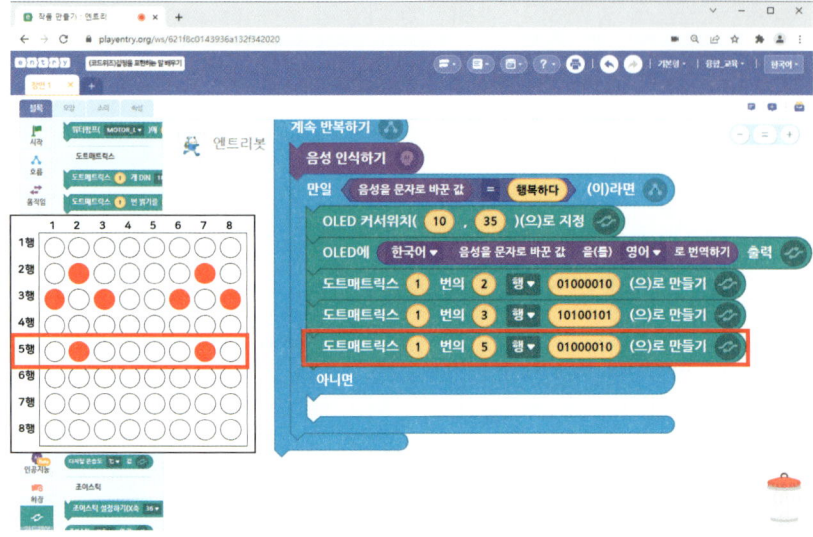

⑭ {하드웨어}의 [도트매트릭스 (1)번의 (2)열▼(11111111)(으)로 만들기]를 ▼을 눌러 '행'을 선택합니다. 6행의 LED의 각 자리가 ○○●●●●○○와 같이 켜져야 하므로 '6'을 입력한 후 '00111100'을 입력합니다.

⑮ '엔트리봇' 오브젝트가 영어로 번역된 문자를 말하고 읽어주도록 지정하기 위해 {생김새}의 [(안녕!)을(를) 말하기▼]를 넣고 (안녕!)에 {인공지능}의 [한국어▼(엔트리)을(를) 영어▼로 번역하기]를 넣습니다. (엔트리)에 [음성을 문자로 바꾼 값]을 넣습니다.

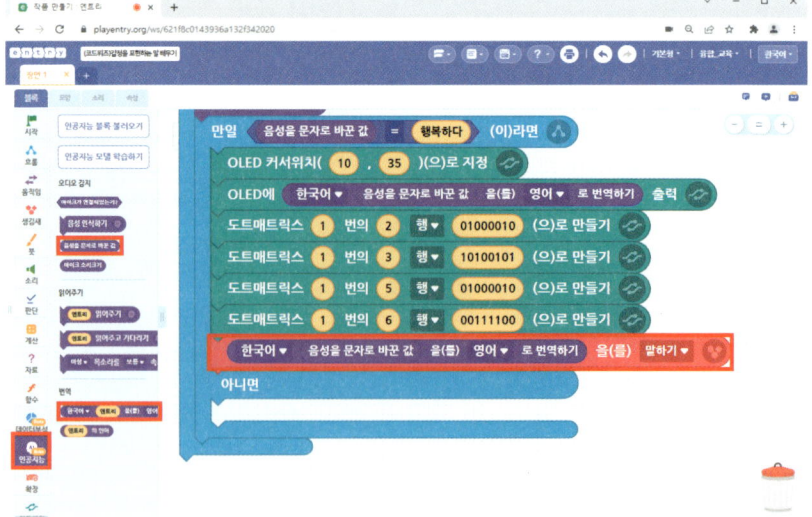

100

⑯ {인공지능}의 [(엔트리) 읽어주고 기다리기]를 넣습니다. [한국어▼ (엔트리)을(를) 영어▼로 번역하기]를 넣고 (엔트리)에 [음성을 문자로 바꾼 값]을 넣습니다.

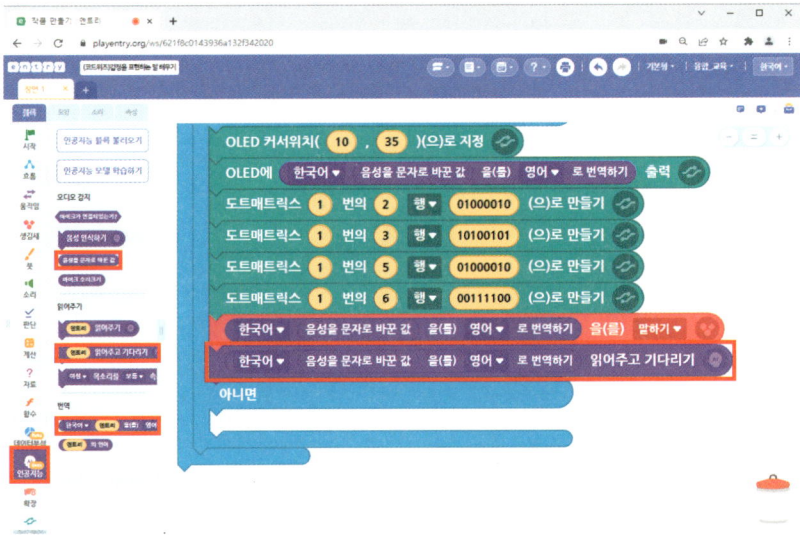

⑰ 5초 후 실행화면에 표시된 말하기 내용을 지우기 위해 {흐름}의 [(2)초 기다리기]를 넣고 '5'를 입력합니다. {생김새}의 [말하기 지우기]를 넣고 OLED와 도트매트릭스에 출력된 웃는 얼굴을 지우기 위해 {하드웨어}의 [OLED 지우기]와 [도트매트릭스 모두 지우기]를 넣습니다.

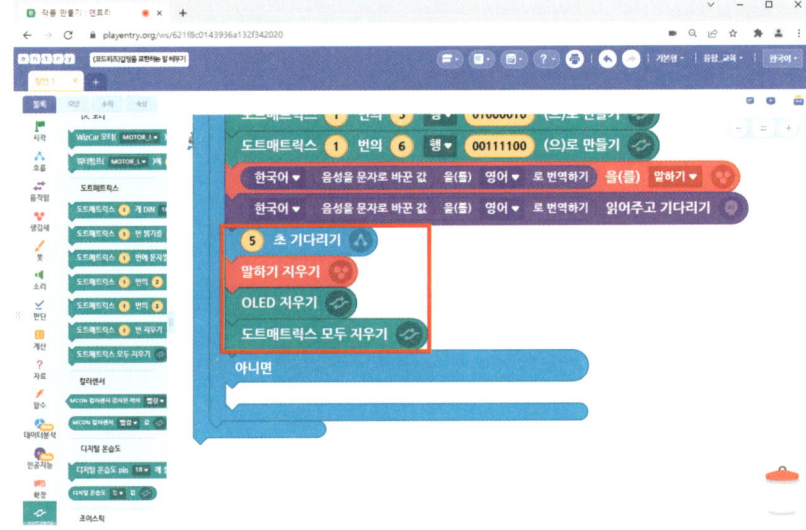

⑱ 마이크가 인식한 음성이 '행복하다'가 아니라면 '다시 말해주세요'를 '엔트리봇' 오브젝트가 말하도록 {생김새}의 [(안녕!)을(를) (4)초 동안 말하기▼]를 넣고 '다시 말해주세요.'와 '2'를 입력합니다.

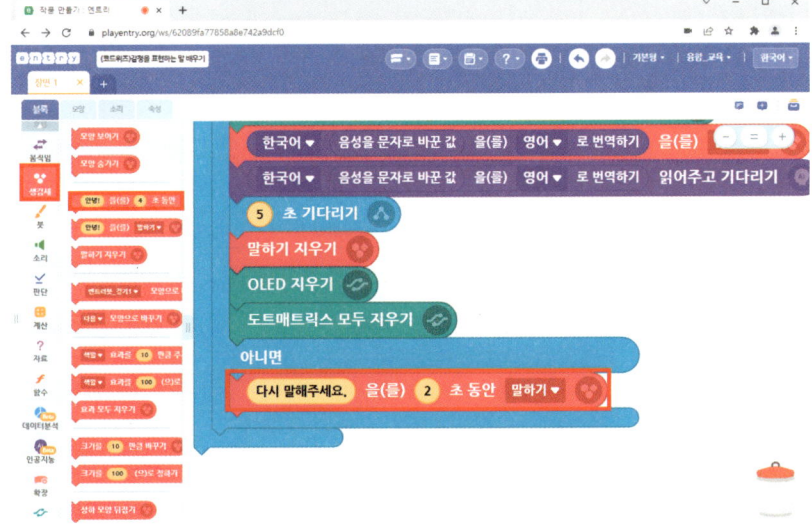

101

⑲ 코드 작성이 완료되었다면 [▶ 시작하기]를 클릭합니다. 와 함께 "듣고 있어요"가 표시면 마이크에 "행복하다"를 얘기합니다. "행복하다"가 인식되었을 때 OLED에 번역된 문장이 출력되고 도트매트릭스에 웃는 얼굴이 표시되는지 확인해봅니다.

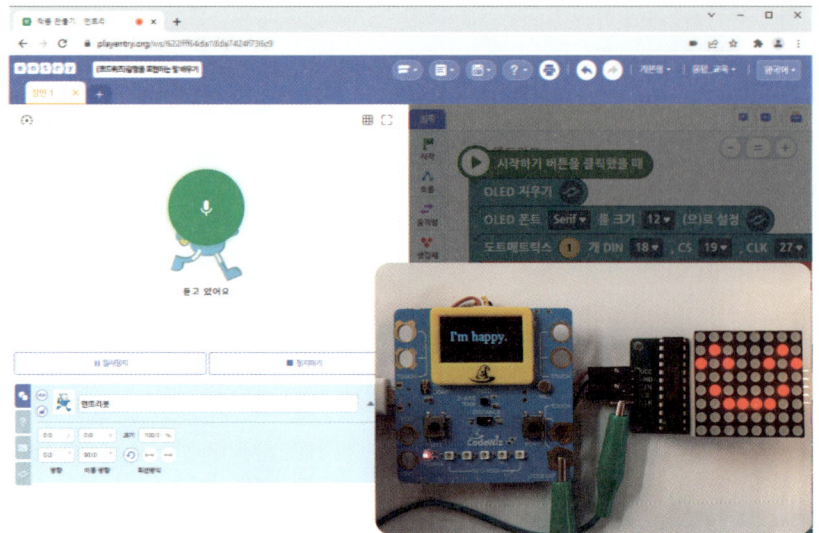

더 알아보기

'행복하다'와 다른 감정 표현인 '슬프다'를 말해 보고 도트매트릭스를 이용해 '슬프다'의 감정을 나타내는 얼굴을 만들어 봅니다.

03 감정이나 상태를 나타내는 문장 읽고 쓰기

빈 칸에 알맞은 낱말을 완성한 후, 감정이나 상태를 나타내는 말을 해 봅시다.
Q: 감정이나 상태를 나타내는 단어를 완성해 봅시다. (hung□□, s□□, t□re□, h□pp□)
A: hungry, sad, tired, happy입니다.

전체 코드 & 완성 작품 확인하기
활동2: (코드위즈)감정을 표현하는 얼굴 만들기

▲ [엔트리봇] 오브젝트

09 우리 반이 좋아하는 음식을 알아보아요!
좋아하는 음식(데이터)을 원그래프로 분석 & 해석하기

난이도 ★★★★☆

01 인공지능 영역 : 데이터 분석, 음성인식

엔트리 AI 데이터 분석, 음성합성(읽어주기)
코드위즈 네오 RGB LED, OLED

⇨ 엔트리와 코드위즈를 활용하여 수학교과 속에서 조사한 데이터를 원그래프를 통해 분석 및 해석할 수 있습니다.

6

9

02 준비물

PC(데스크톱 또는 노트북), 코드위즈

03 교과학습

- 6학년 1학기 수학
- 단원: 5. 여러 가지 그래프(104-105쪽)
- 학습활동
 활동 1 우리 반 친구들이 좋아하는 음식 조사하기
 활동 2 (코드위즈) 좋아하는 음식을 원그래프로 분석하기
 활동 3 분석한 내용을 바탕으로 원그래프 해석하기

04 관련 교과

- 4학년 1학기 수학(아이스크림미디어) / 5. 막대그래프
- 자료를 조사하여 막대그래프로 나타내기(5/9)

05 관련 작품

- 작품 파일
 (코드위즈)우리반이 좋아하는 음식을 알아보아요_완성.ent
- 작품 주소
 http://naver.me/GFn4uYlJ
- 작품 영상

01 우리 반 친구들이 좋아하는 음식 조사하기

설문지, 직접 질문, 거수 등 다양한 방법으로 우리 반 친구들이 좋아하는 음식(데이터)을 조사하여 봅시다.

음식	돈까스	떡볶이	라면	치킨	계
학생 수 (명)	4	8	6	12	30

02 (코드위즈) 좋아하는 음식을 원그래프로 분석하기

- **엔트리 AI** '좋아하는 음식' 테이블(표) 만들기, 차트를 원그래프로 선택하기
- **엔트리 AI** 음식별 학생 수 묻기
- **학생** 원그래프를 보고, 음식별 학생 수를 작성하기
- **코드위즈** 정답 확인하기

구분	OLED	네오 RGB LED
정답일 경우	숫자(학생 수) 출력	파란색 켜기
정답이 아닐 경우	문구("다시 그래프를 살펴보세요.") 출력	빨간색 켜기

① 우리 반 학생들이 좋아하는 음식 조사 결과를 표로 나타내기 위해 {데이터분석}의 [테이블 불러오기]를 클릭합니다. [테이블 불러오기] 창이 표시되면 [테이블 추가하기]를 클릭합니다.

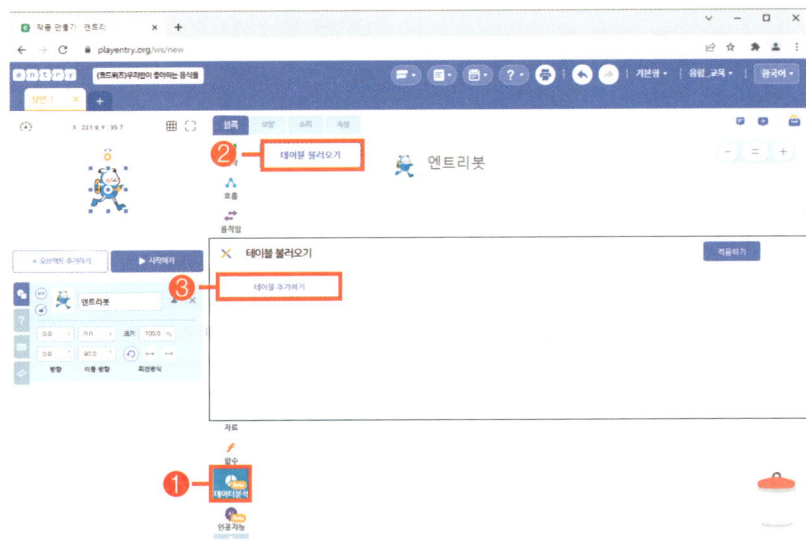

> **더 알아보기**
> 표를 영어로 '테이블(table)'이라고 합니다.

105

❷ [테이블 추가하기] 창에서 [새로 만들기]를 클릭한 후 [테이블 새로 만들기]를 선택합니다.

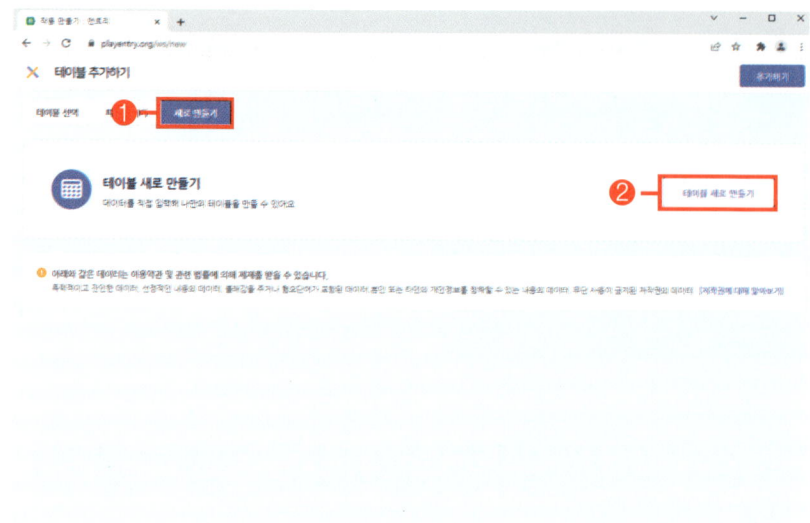

❸ '테이블'로 표시되는 이름을 '좋아하는 음식'으로 변경 입력하고, A열의 1행에는 '음식', B열의 1행에는 '학생수'를 입력합니다. 2행부터 5행까지 음식명과 학생수를 입력합니다.

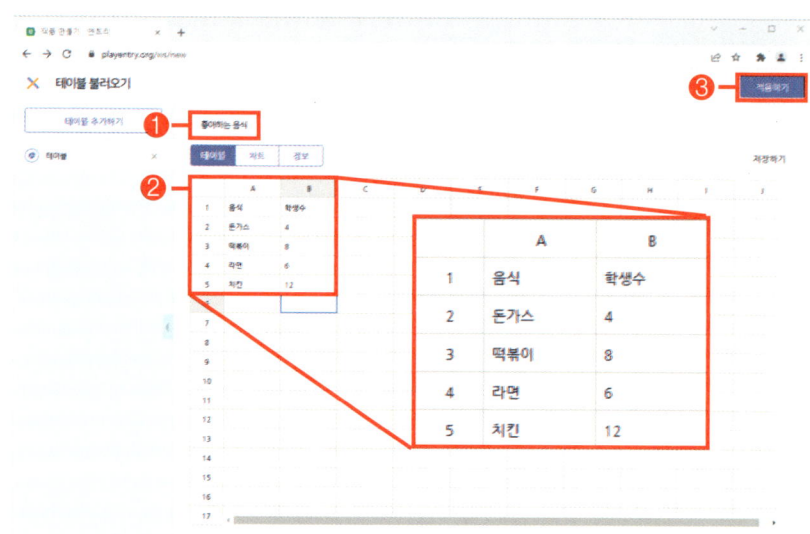

❹ 입력한 데이터를 이용하여 원그래프를 그리기 위해 [차트]를 선택합니다. + 을 클릭한 후 '원'을 선택합니다.

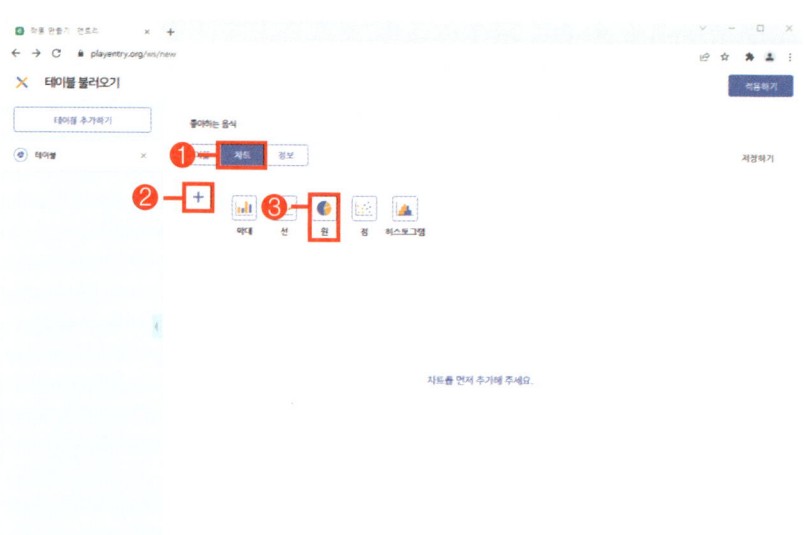

❺ [차트 이름]란에 '좋아하는 음식'을 입력합니다. [계열] 항목의 ▼을 클릭하여 '음식'을 선택하고 [값] 항목의 ▼을 클릭하여 '학생수'를 선택합니다.

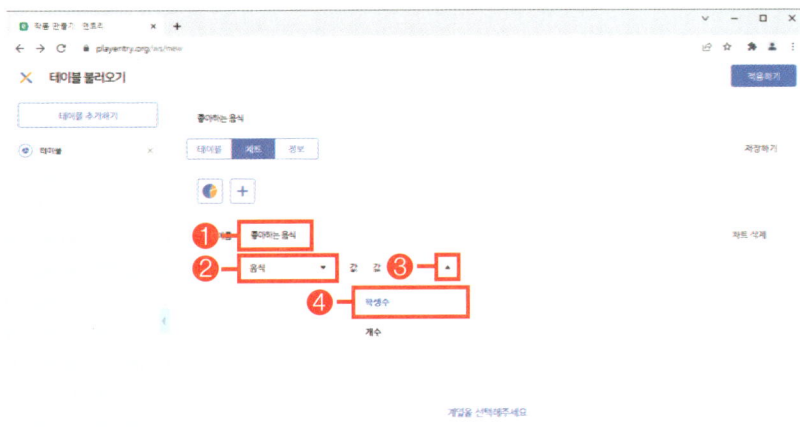

❻ 원그래프가 작성되어 표시되면 [적용하기]를 클릭합니다.

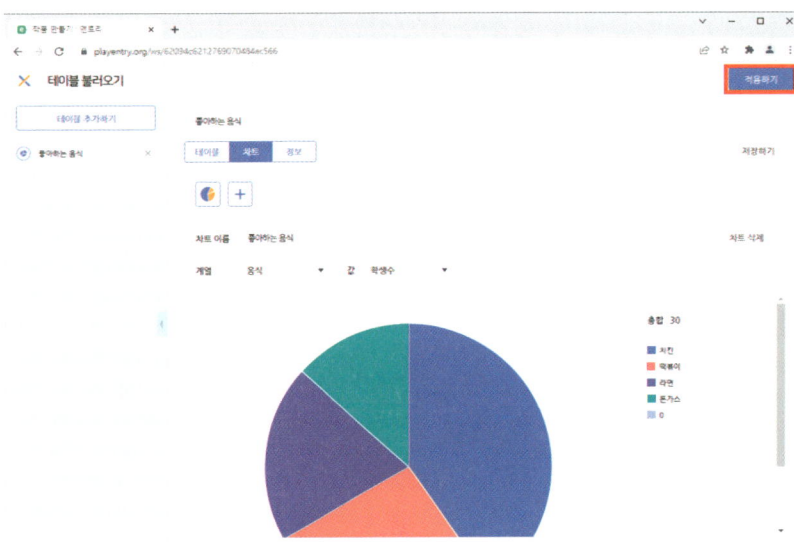

> **더 알아보기**
> ＋ 눌러 '막대', '선', '점' 그래프도 추가 작성할 수 있습니다.

❼ {데이터분석}에 '좋아하는 음식' 테이블의 명령어 블록들이 생성된 것을 확인합니다.

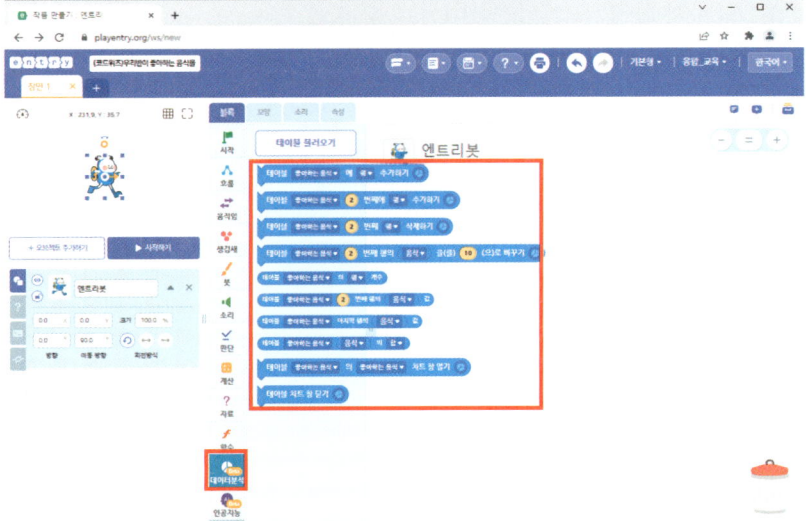

⑧ 안내 문구를 읽어주도록 지정하기 위해 {인공지능}의 [인공지능 블록 불러오기]를 클릭합니다. [읽어주기]를 클릭한 후 [불러오기]를 선택합니다.

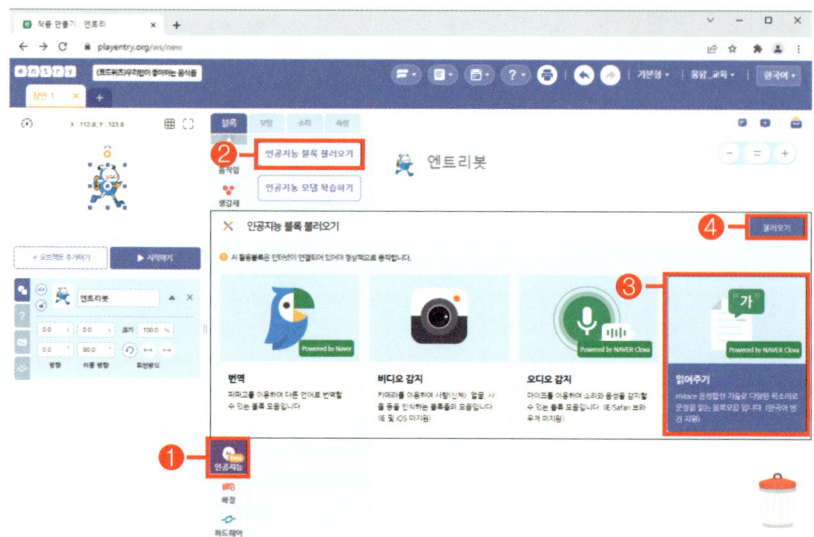

⑨ {시작}의 [시작하기 버튼을 클릭했을 때]를 넣습니다. 네오 RGB LED를 제어하기 위해 {하드웨어}의 [네오픽셀 코드위즈▼에 (5)개로 시작설정]을 넣고 밝기 설정을 위해 [네오픽셀 밝기를 (22)으로 설정]을 넣습니다. '100'을 입력합니다.

더 알아보기

코드위즈의 네오 RGB LED나 원형 네오픽셀의 밝기를 0~255 사이 값으로 지정할 수 있습니다. '100'으로 입력한 밝기가 너무 밝다고 느껴진다면 적당히 값을 변경해서 밝기를 조정합니다.

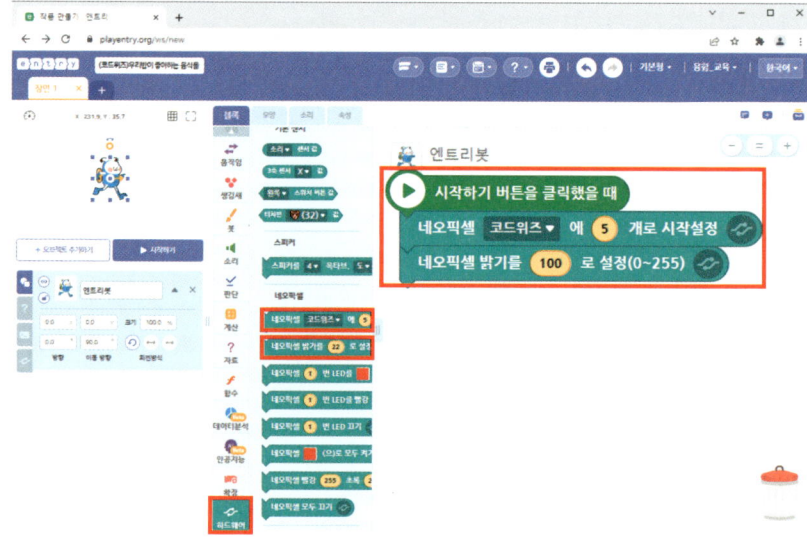

⑩ OLED에 출력되고 있는 이미지를 지우고 출력될 문구의 글꼴과 글자 크기를 지정하기 위해 {하드웨어}의 [OLED 지우기]와 [OLED 폰트 Mono▼를 크기 9▼(으)로 설정]을 넣습니다. ▼을 클릭하여 'Sans'와 '18'을 선택합니다.

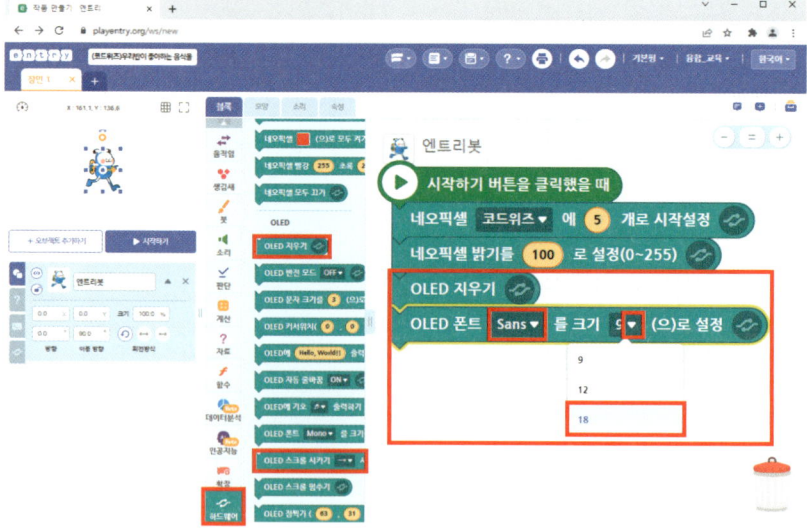

⑪ {흐름}의 [계속 반복하기]를 넣습니다. 안내 문구를 말하고 읽어주도록 지정하기 위해 {생김새}의 [(안녕!)을(를) 말하기▼]와 {인공지능}의 [(엔트리) 읽어주고 기다리기]를 넣고 '우리 반 친구들이 좋아하는 음식을 알아볼까요?'를 입력합니다.

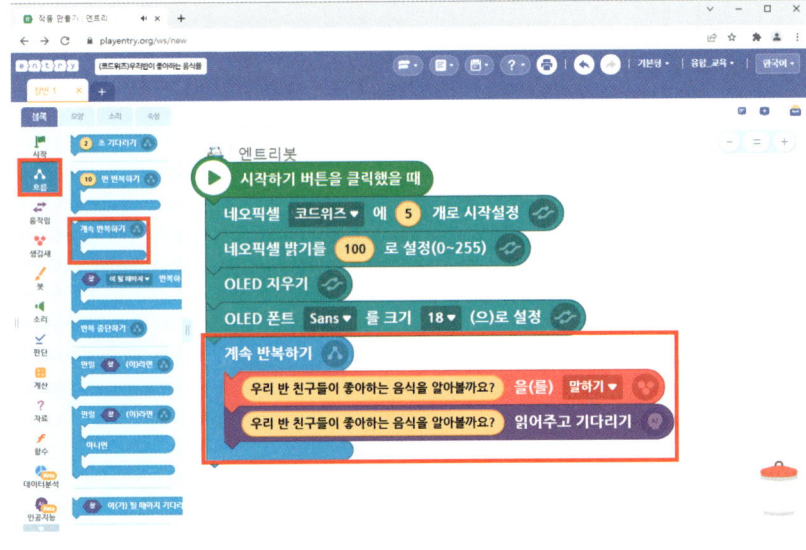

⑫ 앞서 작성한 '좋아하는 음식' 원그래프가 표시되도록 지정하기 위해 {데이터 분석}의 [테이블 좋아하는 음식▼의 좋아하는 음식▼차트 창 열기]를 넣습니다.

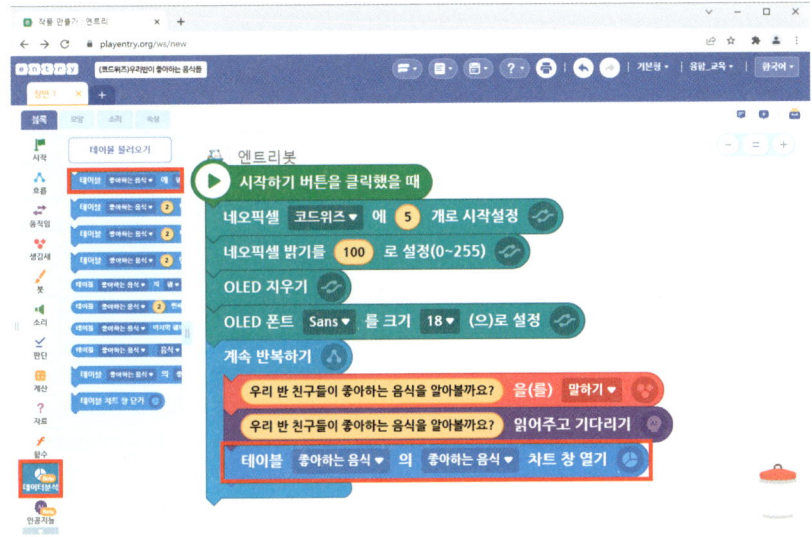

⑬ '좋아하는 음식' 테이블에서 무작위로 선택한 음식 번호를 저장할 변수를 선언하기 위해 [속성] 탭을 클릭합니다. [변수]를 선택하고 [변수 추가하기]를 클릭합니다. 변수 이름을 '선택번호'로 입력하고 [확인]을 클릭합니다.

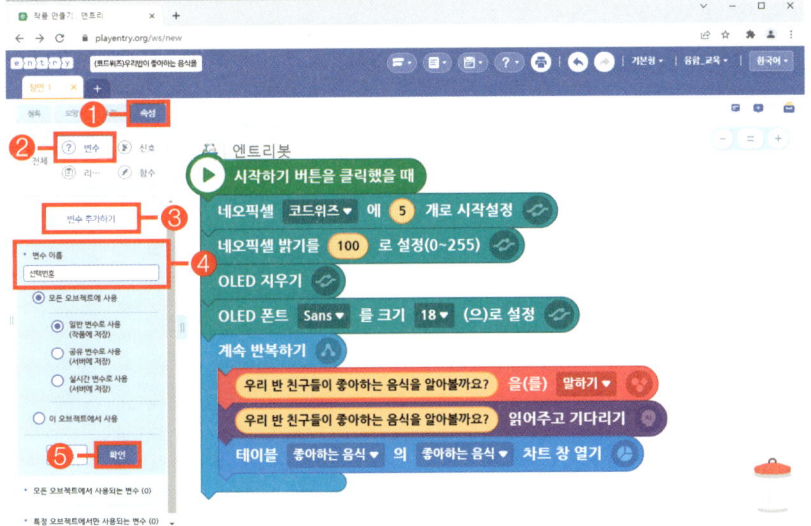

109

⑭ [블록] 탭을 선택합니다. '좋아하는 음식' 테이블에서 무작위(랜덤) 음식 번호가 선택되어 '선택번호' 변수에 저장되도록 지정하기 위해 {자료}의 [선택번호▼를 (10)(으)로 정하기]를 넣습니다. {계산}의 [(0)부터 (10) 사이의 무작위 수]를 넣고 '2'와 '5'를 입력합니다.

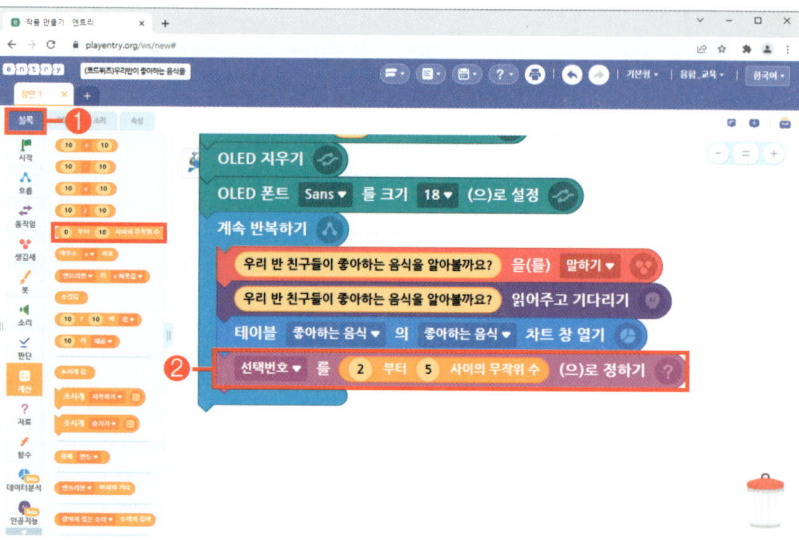

⑮ 선택된 행 번호의 음식 이름을 읽어주도록 지정하기 위해 {인공지능}의 [(엔트리) 읽어주고 기다리기]와 {데이터 분석}의 [테이블 좋아하는 음식▼ (2)번째 행의 음식▼값]을 넣습니다. (2)에 {자료}의 [선택번호▼값]을 넣습니다.

　더 알아보기
　'좋아하는 음식' 테이블의 실제 음식 이름의 행 번호는 2부터 5에 해당하므로 2부터 5 사이의 무작위 값을 지정합니다.

	A	B
1	음식	학생수
2	돈가스	4
3	떡볶이	8
4	라면	6
5	치킨	12

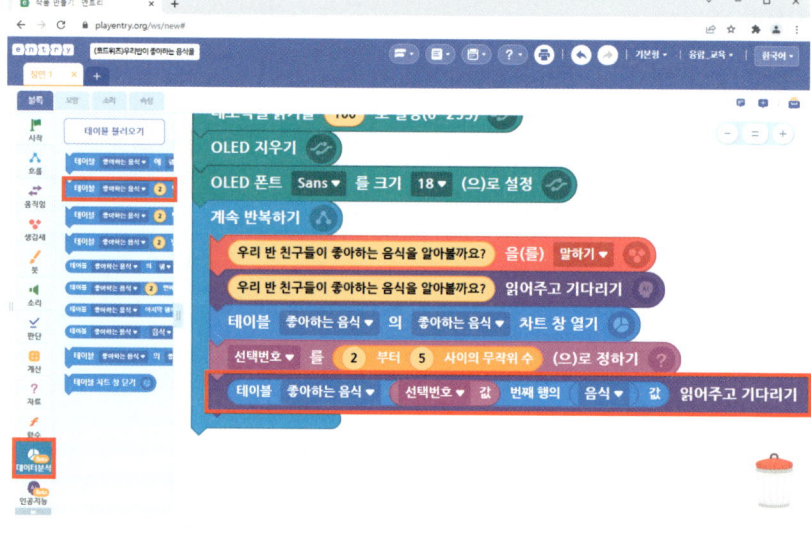

⑯ {인공지능}의 [(엔트리) 읽어주기]를 넣고 '좋아하는 학생은 몇 명일까요?'를 입력합니다. 그래프를 보고 학생 수를 살펴볼 수 있는 시간을 주기 위해 {흐름}의 [(2)초 기다리기]를 넣고 '5'를 입력합니다.

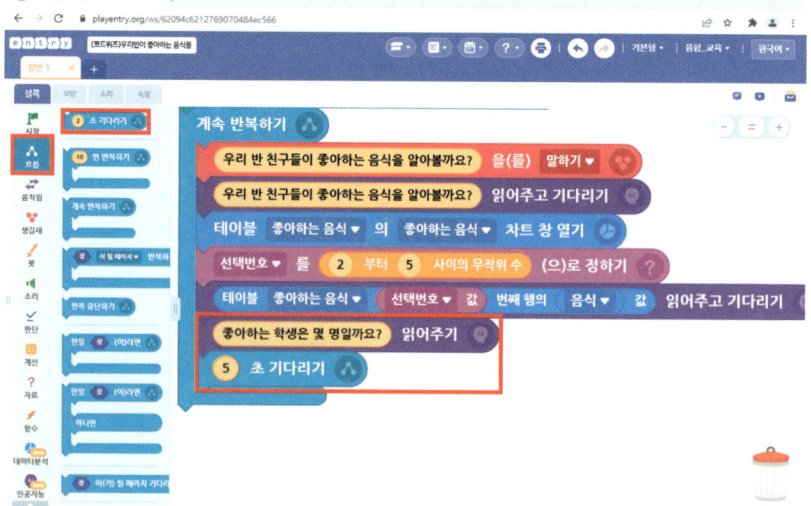

⓱ 그래프 창을 닫기 위해 {데이터 분석}의 [테이블 차트 창 닫기]를 넣습니다.

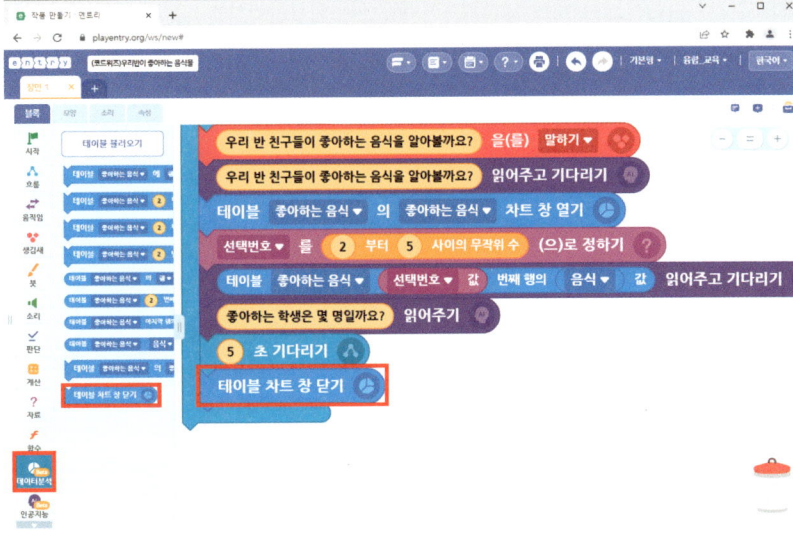

⓲ 선택된 번호의 음식 이름을 묻고 대답을 입력하는 입력창을 표시하기 위해 {자료}의 [(안녕!)을(를) 묻고 대답 기다리기]를 넣습니다. (안녕!)에 {데이터 분석}의 [테이블 좋아하는 음식▼ (2)번째 행의 (음식▼)값]을 넣고 (2)에 {자료}의 [선택번호▼값]을 넣습니다.

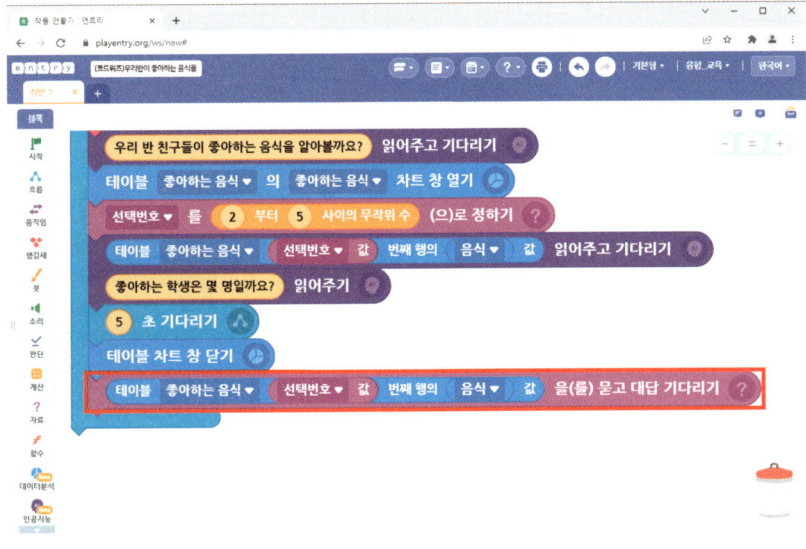

⓳ 정답을 확인하라는 문구를 말하고 읽어주기 위해 {생김새}의 [(안녕!)을(를) 말하기▼]와 {인공지능}의 [(엔트리) 읽어주고 기다리기]를 넣습니다. '정답은 코드위즈로 확인하세요.'를 입력합니다.

⑳ 질문의 답이 정답인지 아닌지 판단하기 위해 {흐름}의 [만일 <참> (이)라면 아니면]을 넣습니다. {판단}의 [(10)=(10)]을 넣고 왼쪽 값 {자료}의 [대답]을 넣습니다.

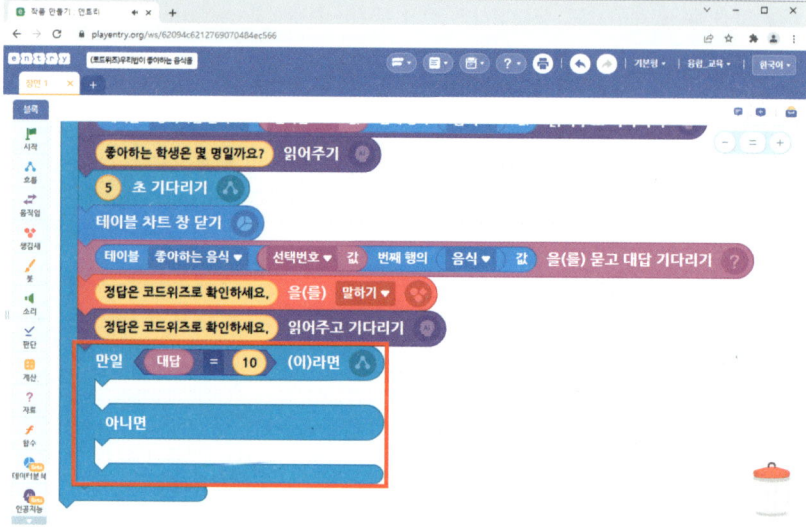

㉑ 오른쪽 값에 {데이터 분석}의 [테이블 좋아하는 음식▼ (2)번째 행의 음식▼값]을 넣고 (2)에 {자료}의 [선택번호▼값]을 넣습니다. 음식의 ▼을 클릭하여 '학생수'를 선택합니다.

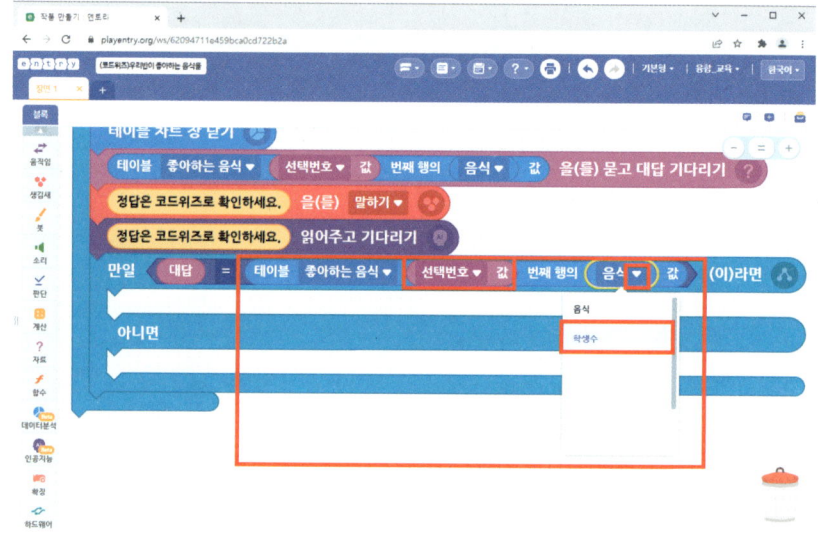

㉒ 질문의 대답이 정답이라면 OLED에 학생 수를 출력하고 네오 RGB LED를 켜기 위해 {하드웨어}의 [OLED 커서위치(0,0)(으)로 지정]을 넣고 '50','40'을 입력합니다. [OLED에 (Hello,World!!) 출력]을 넣습니다.

㉓ {데이터 분석}의 [테이블 좋아하는 음식▼ (2)번째 행의 음식▼값]을 넣고 (2)에 {자료}의 [선택번호▼값]을 넣습니다. 음식의 ▼을 클릭하여 '학생수'를 선택합니다. {하드웨어}의 [네오픽셀 ■ (으)로 모두 켜기]를 넣고 ■을 클릭한 후 ■을 선택합니다.

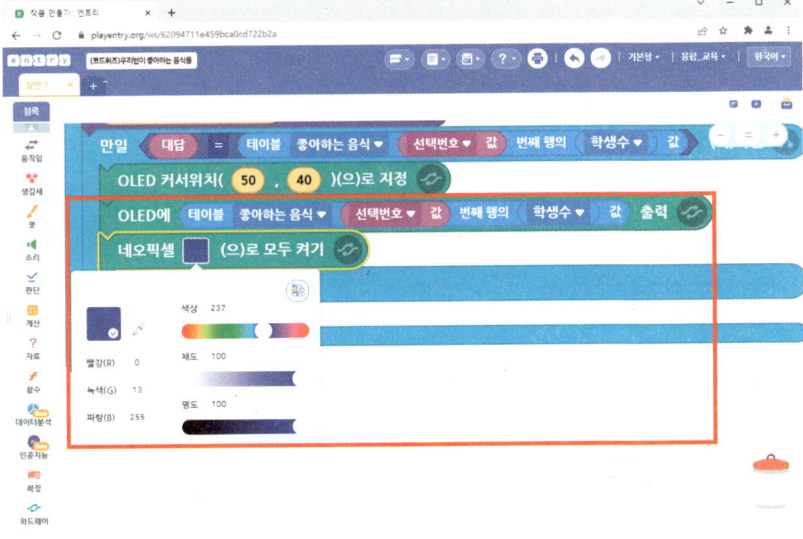

㉔ 질문의 대답이 정답이 아닌 경우의 안내 문구를 출력하기 위해 {하드웨어}의 [OLED 커서위치(0,0)(으)로 지정]을 넣고 '10', '20'을 입력합니다. [OLED에 한글포함 (코드위즈 Magic!!) 출력, 줄바꿈○▼]을 넣고, '다시 그래프를   살펴보세요.'를 입력합니다. '살펴보세요'는 Space 를 3번 누른 후 입력합니다.

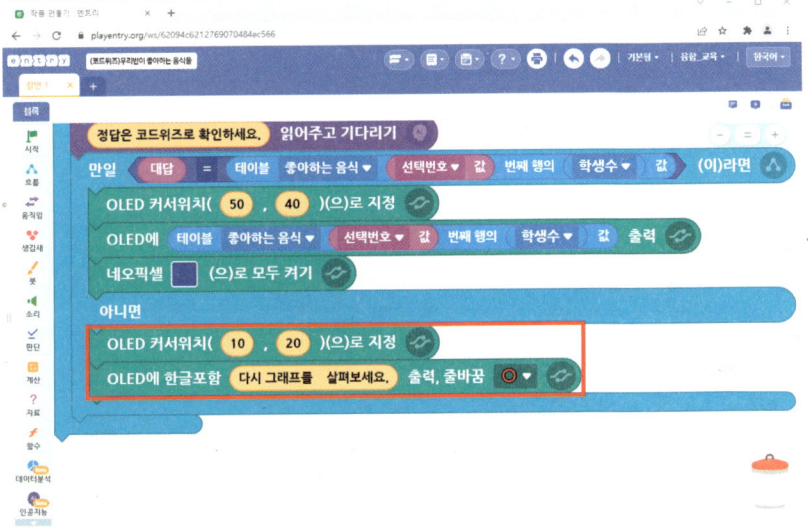

㉕ 네오 RGB LED를 빨간색으로 켜기 위해 [네오픽셀 ■ (으)로 모두 켜기]를 넣습니다. 정답인 경우와 정답이 아닌 경우를 처리하고 5초 후 OLED에 출력된 문구와 네오 RGB LED를 끄기 위해 {흐름}의 [(2)초 기다리기]를 선택하여 '5'를 입력하고 {하드웨어}의 [OLED 지우기]와 [네오픽셀 모두 끄기]를 넣습니다.

113

㉖ 코드 작성이 완료되었다면 [▶ 시작하기]를 클릭합니다. 안내 문구가 출력된 후 원그래프가 표시되면 그래프를 확인합니다. '엔트리봇'이 음식 이름을 말하면 학생 수를 입력하고 를 누릅니다. 코드위즈의 OLED와 네오 RGB LED로 표시되는 결과를 확인합니다.

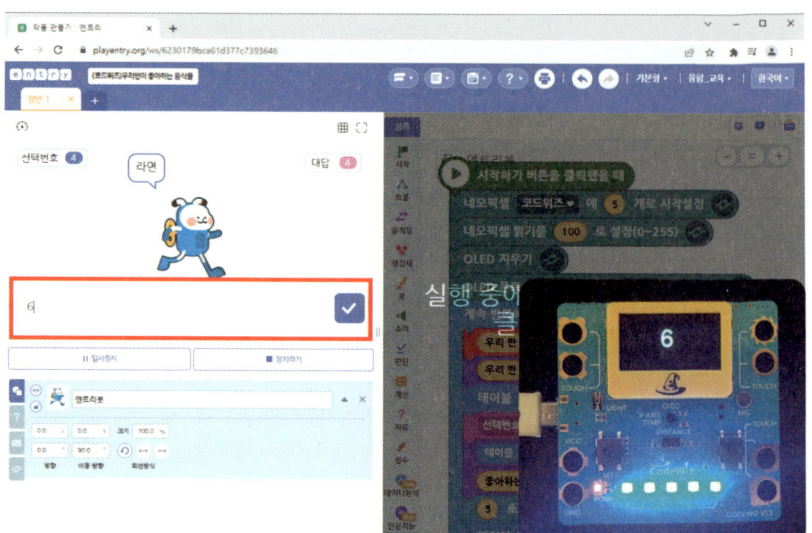

03 분석한 내용을 바탕으로 원그래프 해석하기

❶ 좋아하는 음식 중 20% 이상의 비율을 차지한 음식은 무엇인가요?

❷ 좋아하는 음식 중 30% 이상의 비율을 차지한 음식은 무엇인가요?

❸ 떡볶이를 좋아하는 학생 수는 전체의 몇 %인가요?

❹ 치킨을 좋아하는 학생 수는 전체의 몇 %인가요?

❺ 원그래프를 보고 더 알 수 있는 내용은 무엇인가요?

전체 코드 & 완성 작품 확인하기
활동2: (코드위즈)좋아하는 음식을 원그래프로 분석하기

▲ [엔트리봇] 오브젝트

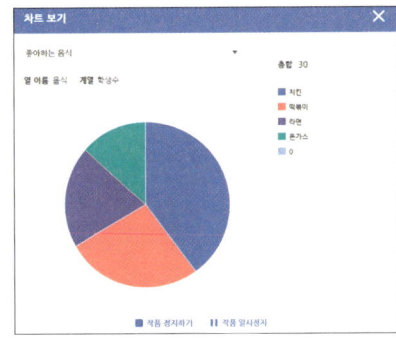

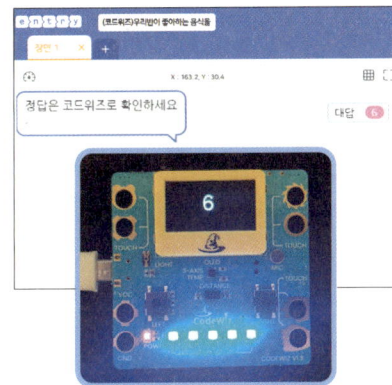

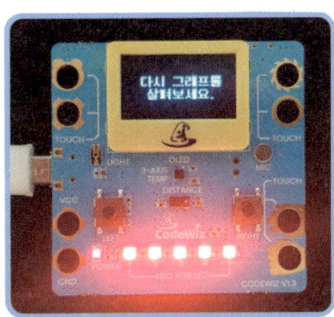

10 공기 상태를 알려주는 미세먼지 안내판
날씨 데이터로 미세먼지 정보 수집하기

난이도 ★★★☆☆

01 인공지능 영역: 음성인식

엔트리 AI 음성인식(오디오 감지), 음성합성(읽어주기), 날씨 공공 데이터
코드위즈 서보모터

➡ 엔트리와 코드위즈를 활용하여 미세먼지 데이터를 수집하고 그 결과를 미세먼지 안내판에 표현할 수 있습니다.

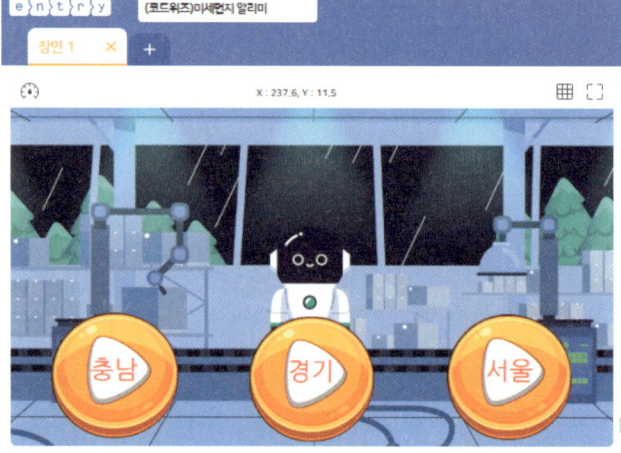
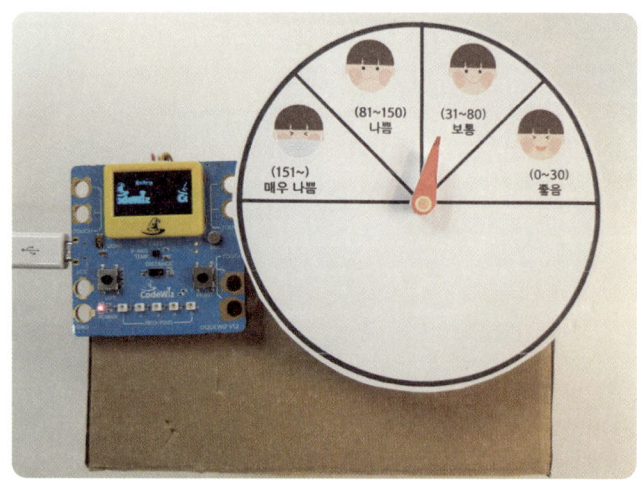

02 준비물

PC(데스크톱 또는 노트북), 코드위즈, 서보모터, 4핀 케이블(수)

03 교과학습

- 5학년 2학기 과학
- 단원: 3. 날씨와 우리 생활(64~65쪽)
- 학습활동
  활동 1 날씨가 우리 생활에 미치는 영향 알아보기
  활동 2 (코드위즈)미세먼지를 알려주는 안내판 만들기
  활동 3 미세먼지 데이터 수집하기

04 관련 교과

- 4학년 1학기 수학(아이스크림미디어) / 2. 각도
- 각도가 얼마쯤 될까요 (6/12)

05 관련 작품

- 작품 파일
  (코드위즈)미세먼지 알리미.ent
  (코드위즈)미세먼지 알리미_완성.ent
- 작품 주소
  http://naver.me/FTOhJqOs
  http://naver.me/5kqMCk1M
- 작품 영상

01 날씨가 우리 생활에 미치는 영향 알아보기

날씨가 우리 생활에 미치는 영향이 무엇인지 알아봅시다.
Q: 날씨란 무엇인가요?
A: 일정한 지역에 있어서 그날그날의 대기 상태를 '날씨'라고 합니다.
Q: 날씨가 우리 생활에 미치는 영향에는 어떤 것들이 있을까요?
A: 날씨는 사람들의 생활 모습과 옷차림 등에 영향을 줍니다.

02 (코드위즈)미세먼지를 알려주는 안내판 만들기

코드위즈 미세먼지 농도에 따라 서보모터 회전하기
엔트리 AI 미세먼지 농도, 등급 데이터 수집하기, 미세먼지 농도 읽어주기
학생 코드위즈와 엔트리를 이용하여 미세먼지 안내판 만들기

① 4핀 케이블(수)를 이용하여 코드위즈와 서보모터를 연결합니다. 서보모터를 코드위즈에 연결하였다면 엔트리와 코드위즈를 연결합니다. '(코드위즈)미세먼지알리미.ent' 파일을 실행합니다.

❷ 버튼 오브젝트 및 각 지역 미세먼지 측정 값을 알려주는 신호를 추가하기 위해 [속성] 탭을 클릭합니다. [신호]를 선택한 후 [신호 추가하기]를 클릭합니다. '충남'을 입력하고 [확인]을 클릭합니다.

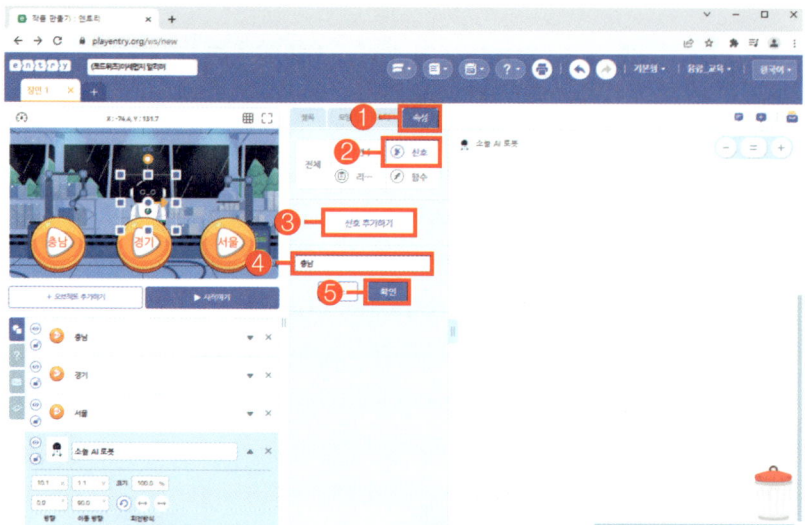

❸ 추가로 [신호 추가하기] 버튼을 클릭하여 '서울', '경기', '버튼보이기' 신호를 추가합니다. 신호를 모두 추가하였다면 [블록] 탭을 클릭합니다.

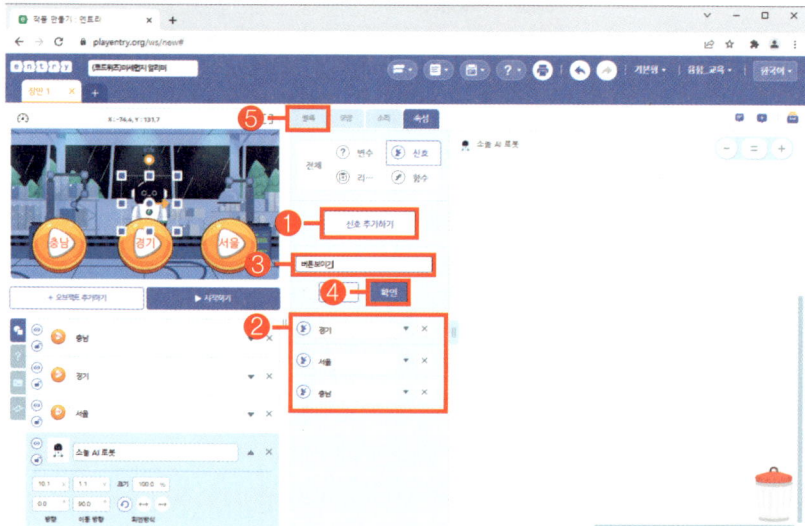

❹ 미세먼지 알리미 시작 안내문구와 측정된 미세먼지 값을 읽어주도록 지정하기 위해 {인공지능}에서 [인공지능 블록 불러오기]를 클릭합니다. [읽어주기]를 클릭한 후 [불러오기]를 선택합니다.

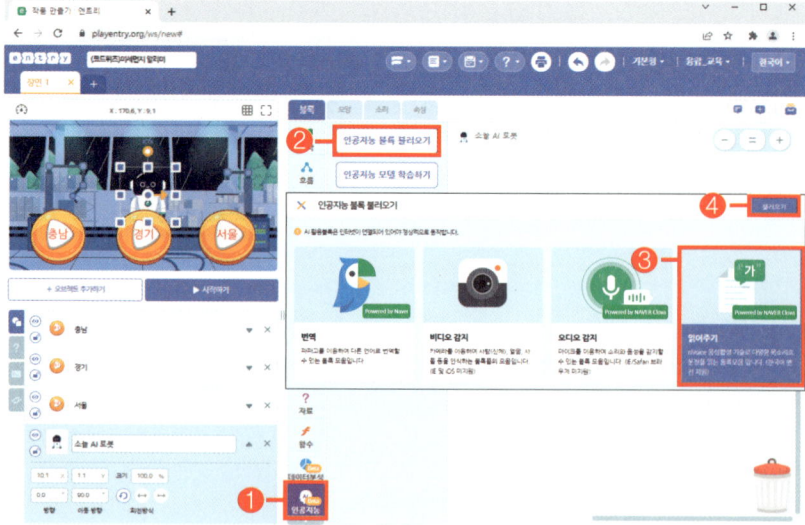

❺ '소놀 AI 로봇' 오브젝트를 클릭합니다. 프로그램을 처음 실행할 때 서보모터의 각도가 0도가 되도록 지정하기 위해 {시작}의 [시작하기 버튼을 클릭했을 때]를 넣고 {하드웨어}의 [서보모터(SCON▼) 각도를 (0)(으)로 바꾸기]를 넣습니다.

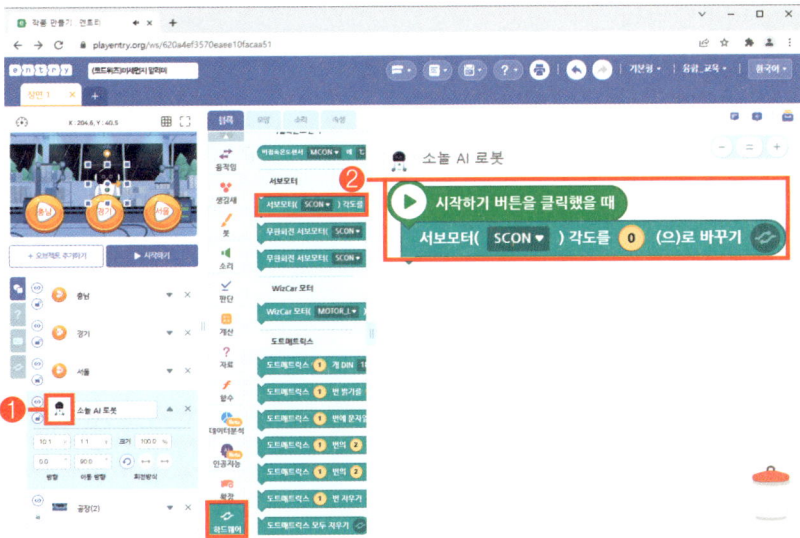

더 알아보기

코드를 처음 실행하면 서보모터의 각도가 '0'도로 맞춰집니다. 서보모터의 각도가 '0'도로 맞춰지면 서보모터의 혼이 오른쪽을 향하도록 끼웁니다.

❻ 미세먼지 검색 방법을 안내하도록 {인공지능}의 [(엔트리) 읽어주기]와 {생김새}의 [(안녕!)을(를) (4)초 동안 말하기]를 2개씩 번갈아 넣습니다. '안녕하세요 저는 미세먼지 알리미입니다.'와 '버튼을 눌러 미세먼지를 검색해 보세요.'를 입력합니다. 마지막 블록에 '3'을 입력합니다.

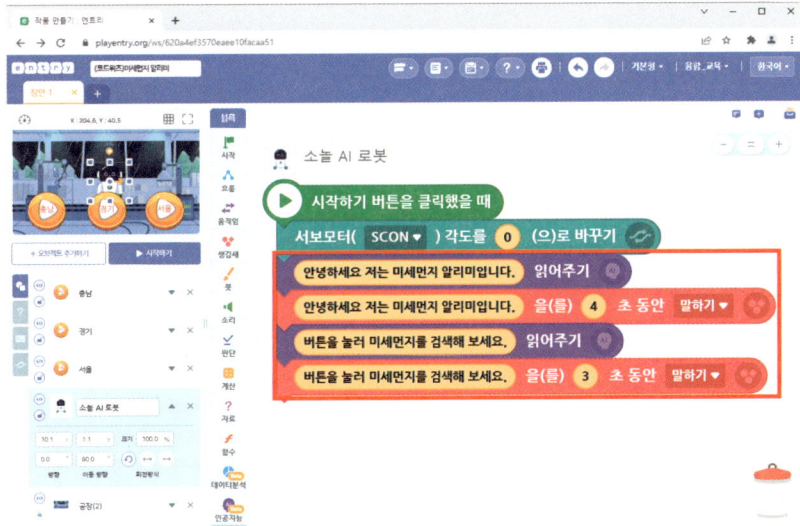

119

❼ 버튼 오브젝트가 보이는 신호를 보내기 위해 {시작}의 [버튼보이기▼ 신호 보내기]를 넣습니다.

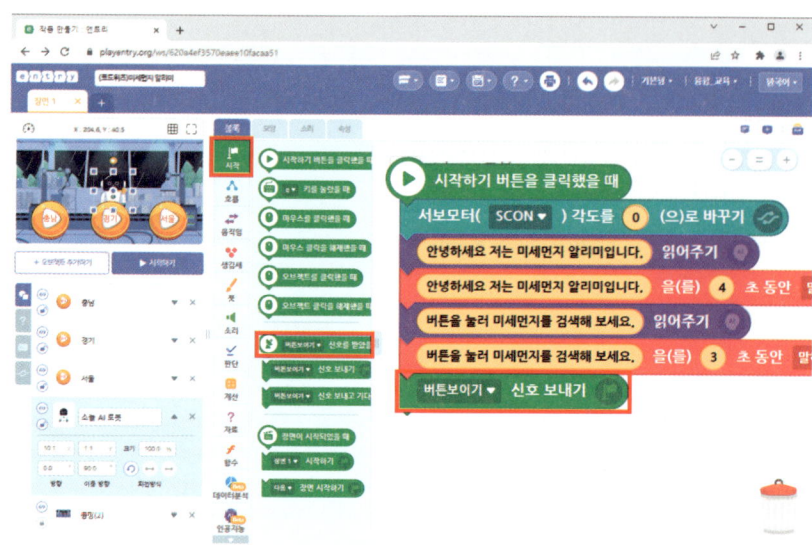

> **더 알아보기**
> 프로그램을 처음 실행시키면 실행화면에 '버튼' 오브젝트가 표시되지 않습니다. '버튼' 오브젝트는 미세먼지 검색 방법 안내가 완료된 후 실행화면에 표시됩니다.

❽ '충남' 오브젝트를 클릭합니다. 프로그램을 처음 실행했을 때 표시되지 않도록 {시작}의 [시작하기 버튼을 클릭했을 때]와 {생김새}의 [모양 숨기기]를 넣습니다. 버튼보이기 신호를 받았을 때 실행화면에 표시되도록 {시작}의 [버튼보이기▼ 신호를 받았을 때]와 {생김새}의 [모양 보이기]를 넣습니다.

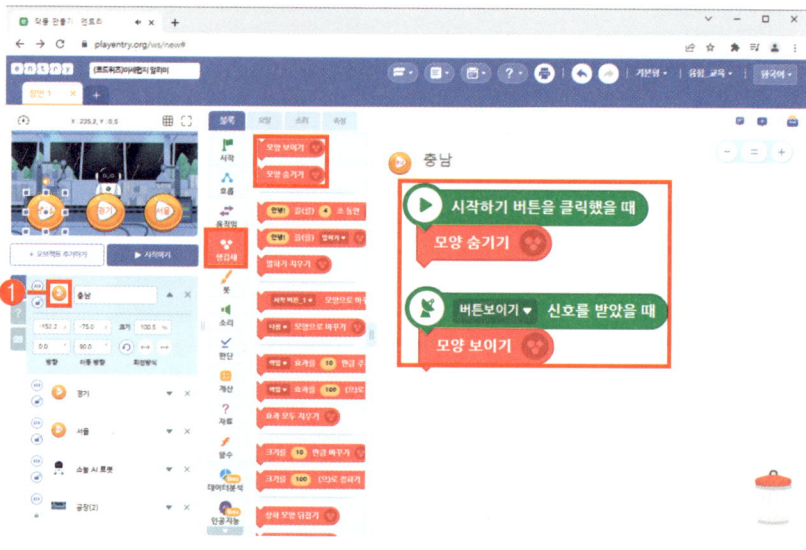

❾ 실행화면에 표시된 '충남' 오브젝트를 마우스로 클릭했을 때 색이 변경되도록 {시작}의 [오브젝트를 클릭했을 때]를 넣고 {생김새}의 [색깔▼ 효과를 (100)(으)로 정하기]를 넣습니다. '6'을 입력합니다.

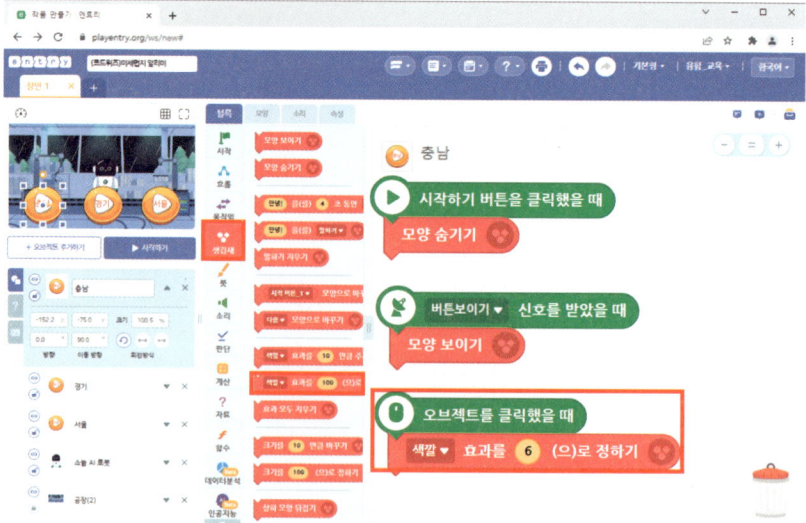

⑩ 클릭이 해제될 때 색깔 효과를 제거한 후 '충남' 지역의 미세먼지를 측정하도록 신호를 보내기 위해 {시작}의 [오브젝트를 클릭을 해제했을 때]를 넣고 {생김새}의 [효과 모두 지우기]를 넣습니다. {시작}의 [버튼보이기▼ 신호 보내기]를 넣고 ▼을 클릭하여 '충남'을 선택합니다.

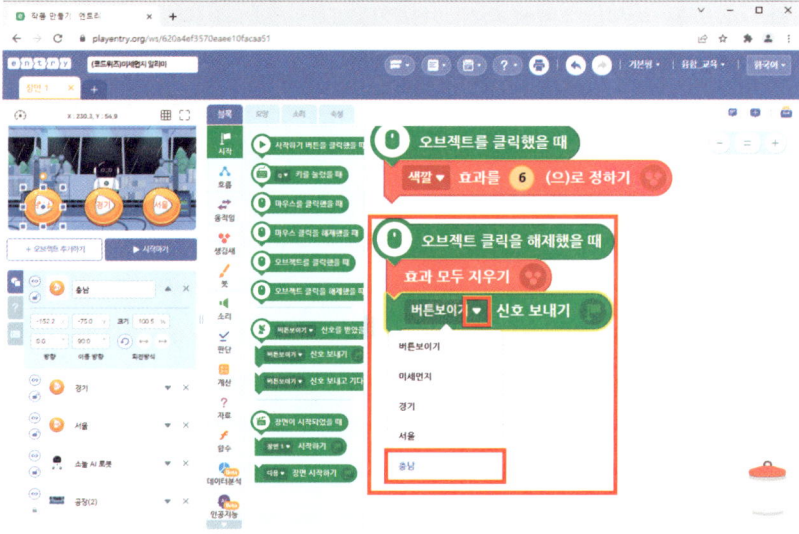

⑪ '경기' 오브젝트를 선택합니다. '경기' 오브젝트도 동일하게 코드를 작성하되 '경기' 신호를 보내야 하므로 {시작}의 [버튼보이기▼ 신호 보내기]를 넣고. ▼을 클릭하여 '경기'를 선택합니다.

더 알아보기
'색깔 효과' 값을 다르게 지정하면 버튼을 누를 때 지역마다 다른 색으로 변경됩니다.

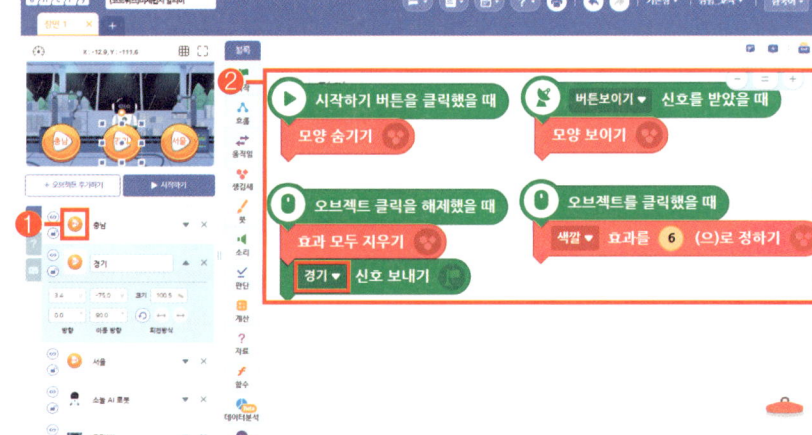

⑫ '서울' 오브젝트를 선택합니다. '서울' 오브젝트도 동일하게 코드를 작성하되 '서울' 신호를 보내야 하므로 {시작}의 [버튼보이기▼ 신호 보내기]를 넣고. ▼을 클릭하여 '서울'을 선택합니다.

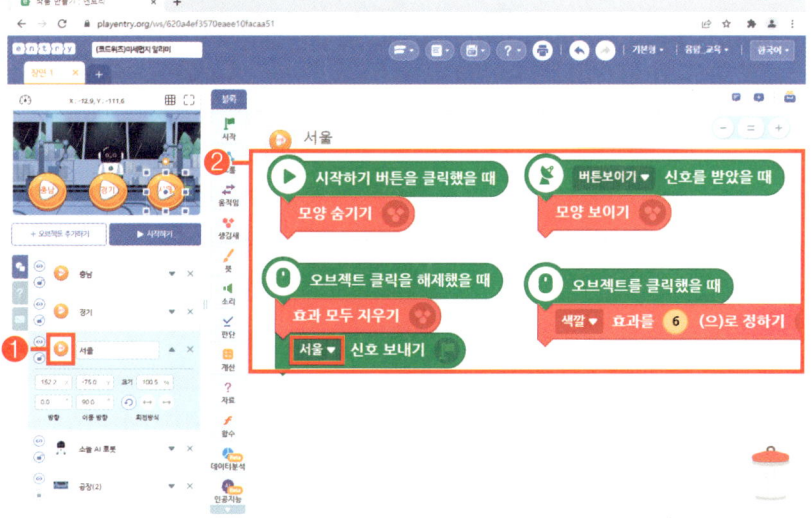

⑬ '소놀 AI 로봇' 오브젝트를 선택합니다. 실시간으로 알려주는 날씨 데이터를 검색하기 위해 {확장}의 [확장 블록 불러오기]를 선택합니다. [확장 블록 블러오기] 창에서 [날씨]를 선택한 후 [불러오기]를 클릭합니다.

> **더 알아보기**
> [확장 블록]은 날씨와 생활안전이나 자연재난 그리고 행사와 관련된 공공 데이터를 검색해 주는 블록 모음입니다.

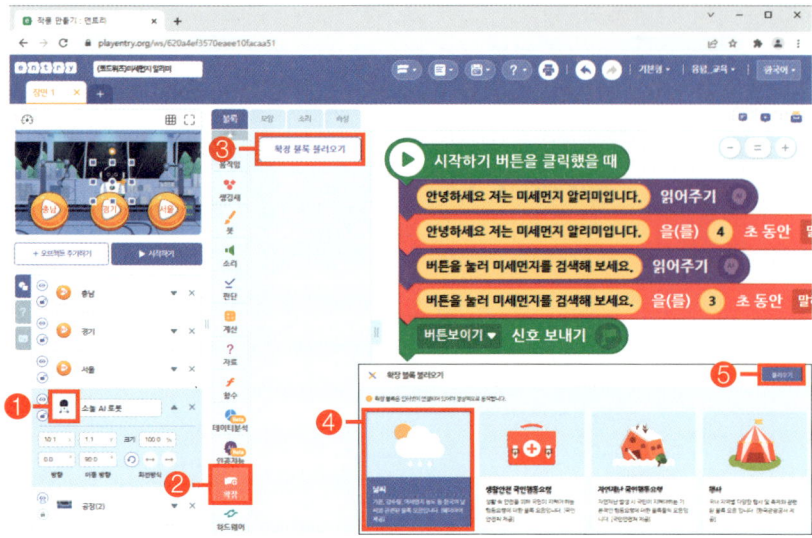

⑭ {확장}의 [날씨] 항목에 날씨 상태와 미세먼지 그리고 기온에 관련된 명령 블록이 생성된 것을 확인합니다.

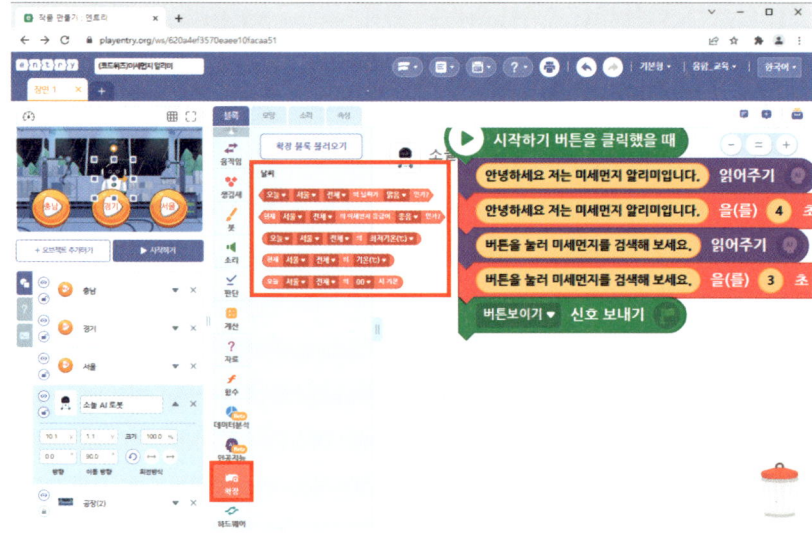

⑮ '충남' 신호를 받았을 때 현재 시각을 안내하기 위해 {시작}의 [버튼보이기▼ 신호 보내기]를 넣고 ▼을 클릭하여 '충남'을 선택합니다. {인공지능}에서 [(엔트리) 읽어주고 기다리기]를 넣고 (엔트리)에 {계산}의 [(안녕!)과(와) (엔트리)를 합치기]를 넣습니다. (안녕!) 값에 다시 한번 [(안녕!)과(와) (엔트리)를 합치기]를 넣습니다.

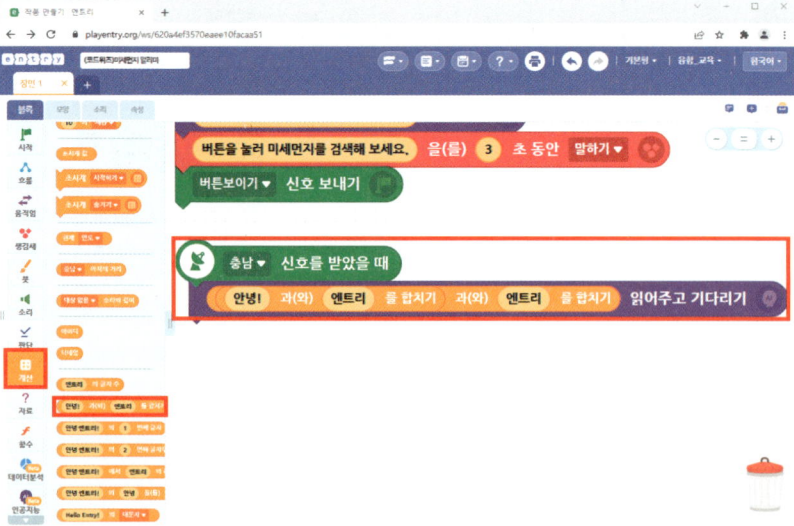

⑯ 왼쪽 값과 오른쪽 값에 '미세먼지 검색 시간은', '시입니다'를 입력합니다. 가운데 값에는 {계산}의 [현재 연도▼]를 넣고 ▼을 눌러 '시각(시)'를 선택합니다.

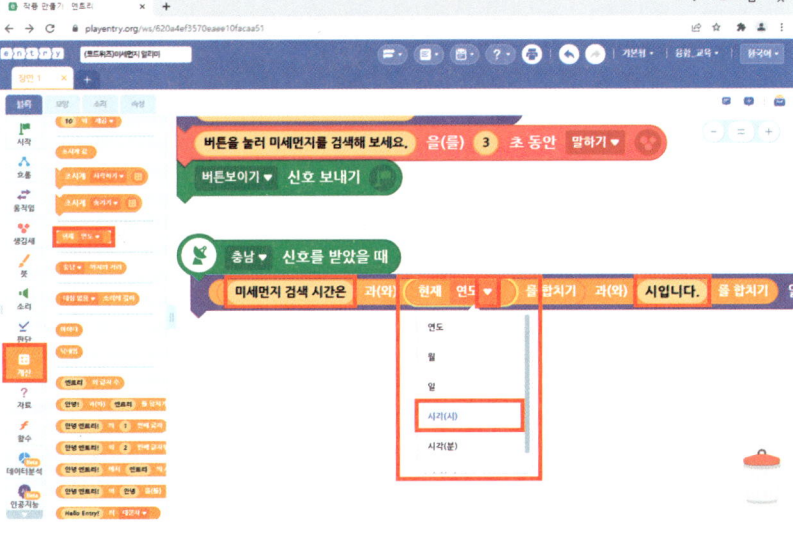

⑰ 충남지역의 미세먼지 등급이 '좋음'인지를 판단하기 위해 {흐름}의 [만일 <참> (이)라면]을 넣습니다. {확장}의 [현재 서울▼ 전체▼의 미세먼지 등급이 좋음▼인가?]를 넣고 ▼을 눌러 '충남'을 선택합니다.

> **더 알아보기**
> 1. 지역은 예시로서 다른 지역으로 수정할 수 있습니다. 지역을 추가하거나 삭제할 수도 있습니다.
> 2. 미세먼지 외에도 날씨 데이터를 수집할 수도 있습니다.

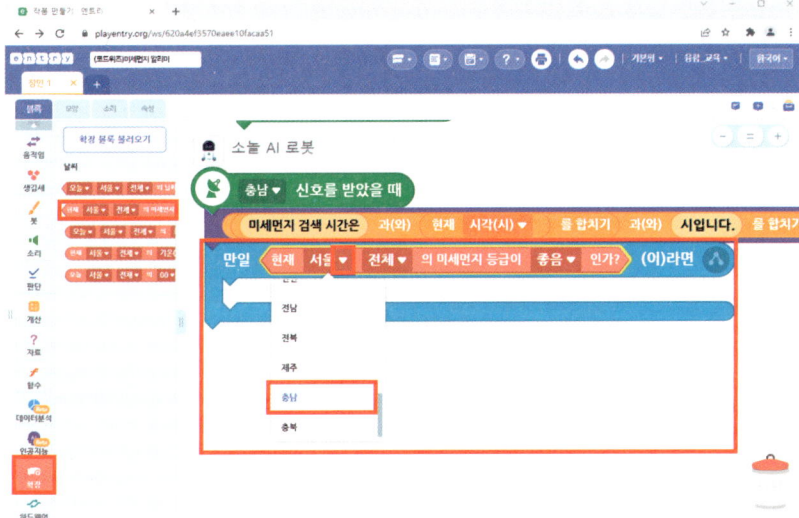

⑱ 회전판의 추가 '좋음'을 가리키도록 추에 연결할 서보모터의 각도를 변경하기 위해 {하드웨어}의 [서보모터(SCON▼) 각도를 (0)(으)로 바꾸기]를 넣고 '40'을 입력합니다. [(이)라면] 블록을 마우스 오른쪽 버튼으로 클릭한 후 [코드 복사] 메뉴를 클릭합니다.

123

⑲ 충남의 미세먼지 등급이 '보통', '나쁨', '매우나쁨'인지 판단하고 서보모터의 각도를 조절하기 위해 마우스 오른쪽 버튼을 눌러 3번 붙여넣기 합니다.

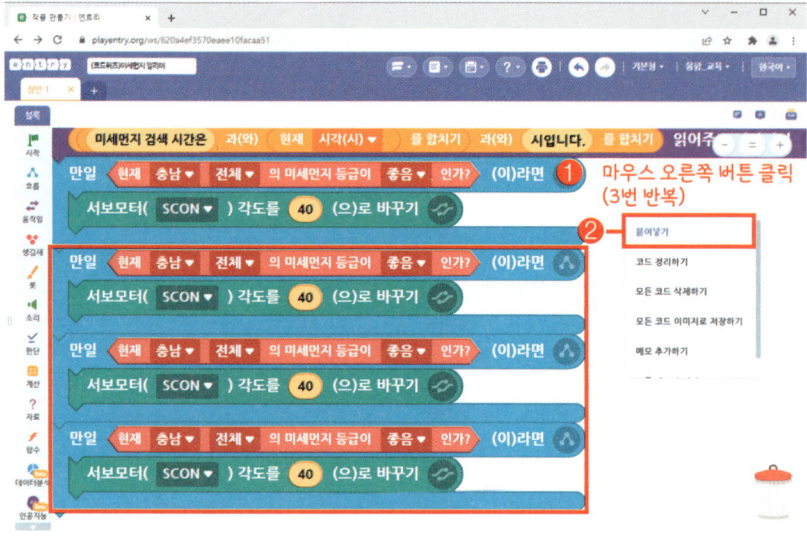

⑳ 붙여넣기 된 블록을 아래에 넣고 ▼을 눌러 '보통', '나쁨', '매우나쁨'을 선택하고 각도를 '80', '120', '160'으로 입력합니다.

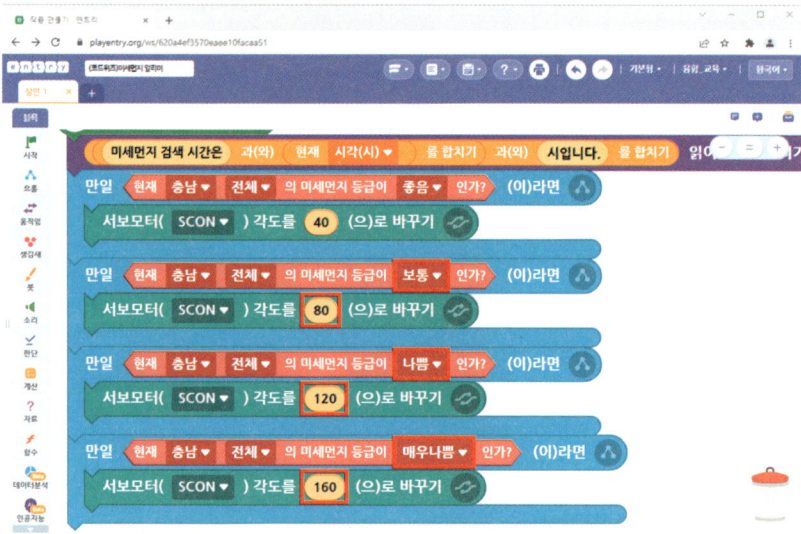

㉑ 미세먼지 농도를 읽고 말하도록 {인공지능}의 [(엔트리) 읽어주기]와 {생김새}의 [(안녕!)을(를) (4)초 동안 말하기▼]를 넣습니다. {계산}의 [(안녕!)과(와) (엔트리)를 합치기]를 넣고 (안녕!) 값에 다시 한번 [(안녕!)과(와) (엔트리)를 합치기]를 넣습니다.

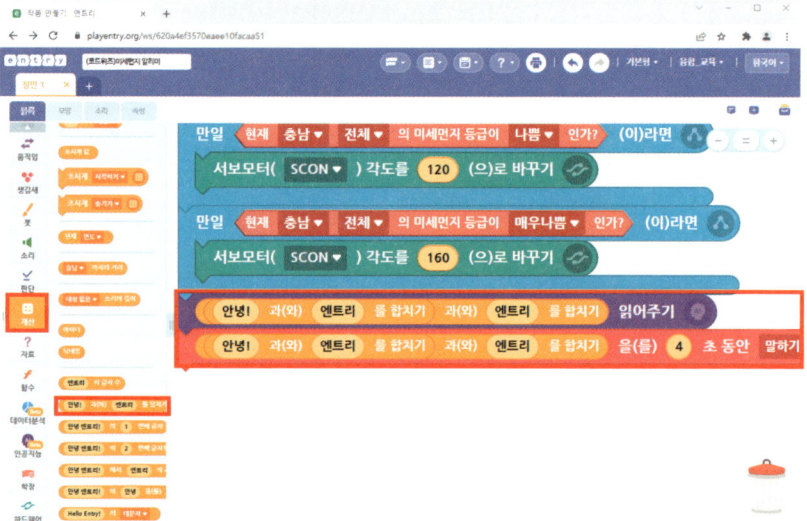

㉒ 왼쪽 값과 오른쪽 값에 '현재 충남의 미세먼지 농도는', '입니다.'를 입력합니다. 가운데 값에는 {확장}의 [현재 서울▼ 전체▼의 기온(℃)▼]를 넣습니다. ▼을 클릭한 후 '충남'과 '미세먼지농도(ug)'를 선택합니다.

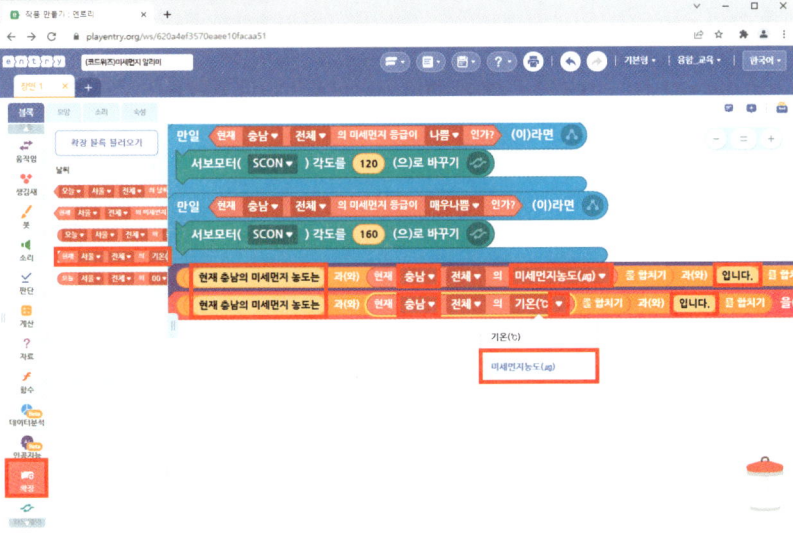

㉓ 2초 경과 후 회전판의 추가 시작 위치로 이동되도록 서보모터의 각도를 지정하기 위해 {흐름}의 [(2)초 기다리기]를 넣고 {하드웨어}의 [서보모터(SCON▼) 각도를 (0)(으)로 바꾸기]를 넣습니다.

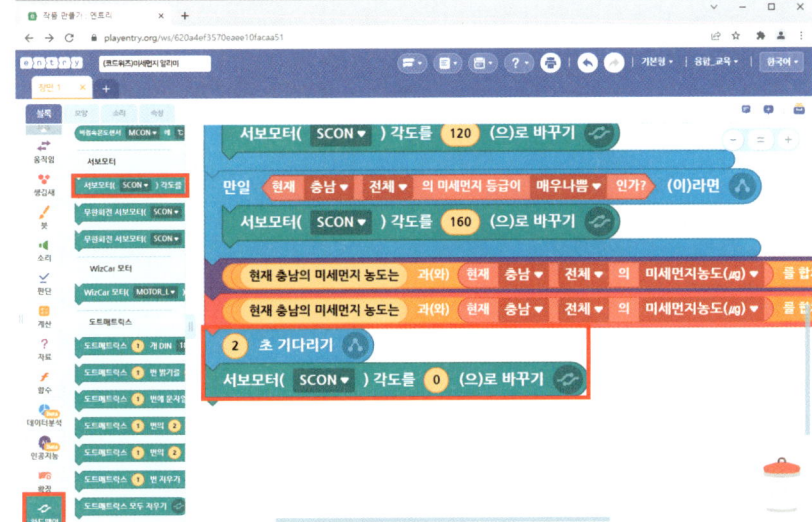

㉔ 서울과 경기 신호를 받았을 때 각각 서울과 경기의 미세먼지 검색 시각과 등급을 알려주기 위해 [충남▼ 신호를 받았을 때]를 마우스 오른쪽 버튼으로 클릭한 후 [코드 복사] 메뉴를 클릭합니다.

125

㉕ 마우스 오른쪽 버튼을 눌러 [붙여 넣기] 메뉴를 클릭합니다. ▼을 클릭하여 '충남'을 '서울'로 변경합니다. 읽고 말하는 문구의 '충남'도 '서울'로 변경 입력합니다.

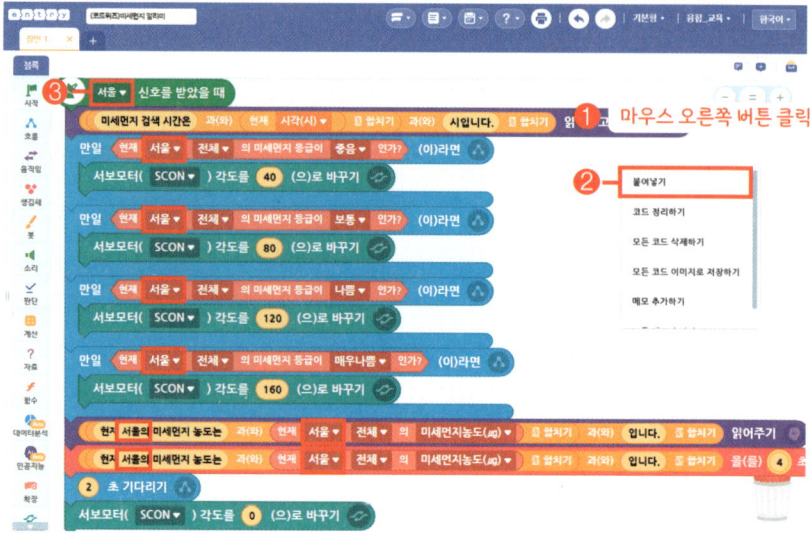

㉖ 마우스 오른쪽 버튼을 눌러 [붙여 넣기] 메뉴를 클릭합니다. ▼을 클릭하여 '충남'을 '경기'로 변경합니다. 읽고 말하는 문구의 '충남'도 '경기'로 변경 입력합니다.

㉗ 코드 작성이 완료되었다면 부록의 도면을 잘라 준비합니다. 서보모터의 각도를 0도로 맞추기 위해 [▶ 시작하기]를 클릭합니다. 서보모터가 회전하여 각도가 0이 되면 [■ 정지하기]를 누릅니다. 각도가 맞춰진 서보모터에 잘라놓은 도면을 끼워 넣고 혼이 오른쪽 방향을 향하도록 끼웁니다.

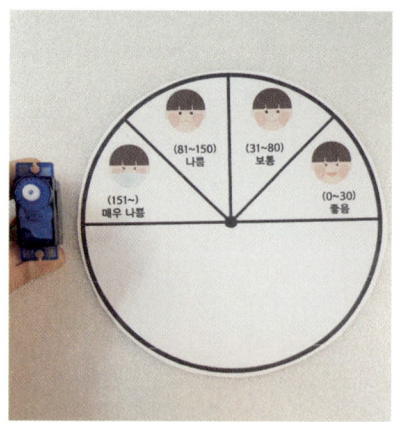
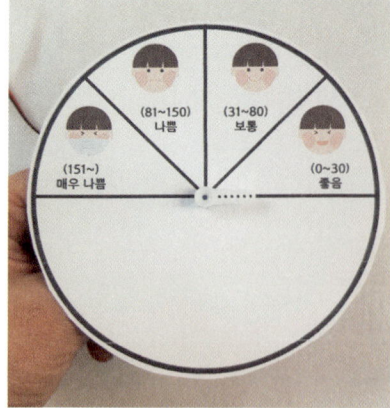

💡 **더 알아보기**

조그만 재활용 상자에 테이프나 풀을 이용하여 서보모터를 고정시켜 활용합니다.

㉘ [▶ 시작하기]를 클릭합니다. 검색 방법을 알려 준 후 실행화면에 버튼이 표시되면 궁금한 지역의 버튼을 클릭해봅니다. 측정 시간을 알려준 후 측정된 미세먼지 양에 따라 서보모터가 회전하며 알려주는지 확인합니다.

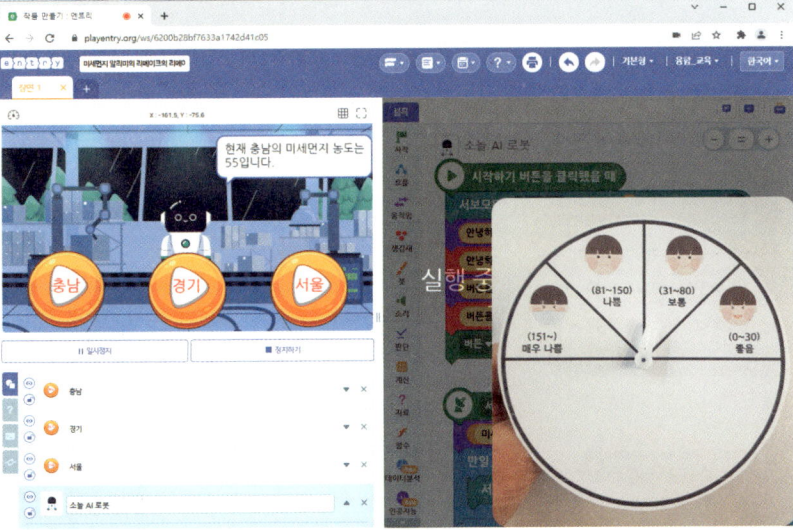

더 알아보기

서보모터 혼이 회전할 때 도면이 돌아간다면 테이프나 풀등을 이용하여 고정시켜줍니다.

03 미세먼지 데이터 수집하기

- **학생** 미세먼지 안내판으로 데이터를 수집하고 기상청 날씨누리 데이터와 비교하기
- **엔트리 AI** 지역의 미세먼지 농도, 등급 데이터
- **코드위즈** 지역의 미세먼지 등급에 따라 서보모터가 회전하여 시각적으로 표현

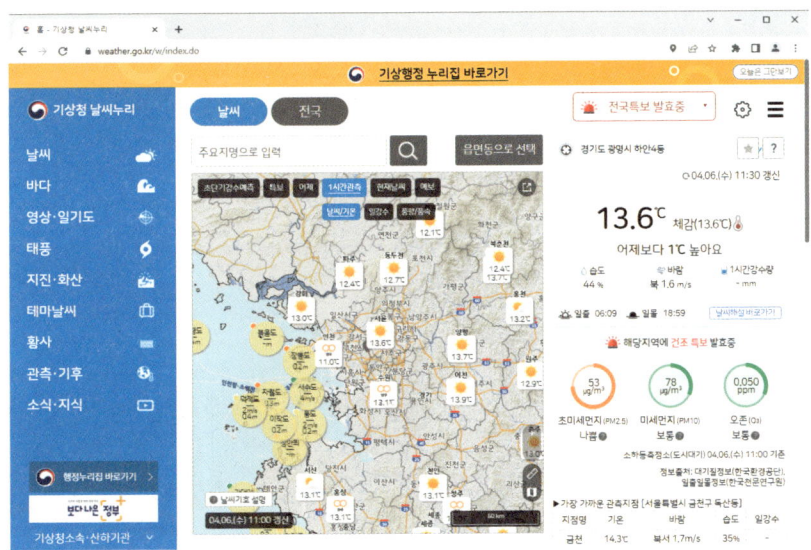

출처: 기상청 날씨누리 (https://www.weather.go.kr)

전체 코드 & 완성 작품 확인하기
활동2: (코드위즈)미세먼지를 알려주는 안내판 만들기

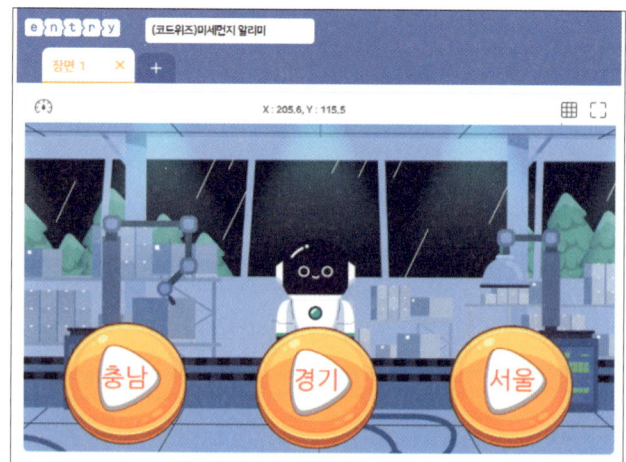

전체 코드 & 완성 작품 확인하기
활동2: (코드위즈)미세먼지를 알려주는 안내판 만들기

▲ [소놀 AI 로봇] 오브젝트

11 얼굴인식 도어락 만들기
우리집 안전 도어락을 만들어요!

난이도 ★★★☆☆

01 인공지능 영역 : 머신러닝(기계학습)

엔트리 AI 지도학습(분류: 이미지)
코드위즈 버튼, OLED, 네오 RGB LED, 서보모터

⇨ 엔트리와 코드위즈를 활용하여 실과교과 속에서 인공지능의 기계학습을 이해하고 얼굴인식 도어락을 만들 수 있습니다.

02 준비물

PC(데스크톱 또는 노트북), 코드위즈, 서보모터, 4핀 케이블(암)

03 교과학습

- 6학년 1학기 실과(미래엔)
- 단원: 3. 생활과 소프트웨어(55-57쪽)
- 학습활동
  활동 1 전자 잠금 장치의 장점 알아보기
  활동 2 (코드위즈)얼굴인식 도어락 만들기

04 관련 교과

- 6학년 2학기 과학 / 1. 전기의 이용
- 전기 회로를 이용한 작품 만들기 (9-10/11)

05 관련 작품

- 작품 파일
  (코드위즈)얼굴인식 도어락_완성.ent
- 작품 주소
  http://naver.me/5VTSCmOw
- 작품 영상

01 전자 잠금장치의 장점 알아보기

전자 잠금장치의 장점 알아봅시다.
Q: 집에 들어가려면 어떤 행동을 해야 할까요?
A: 열쇠로 문을 열거나 비밀번호를 눌러야 합니다.
Q: 만약 열쇠를 잃어버렸거나 비밀번호를 잊었다면 어떤 일이 일어날까요?
A: 집에 들어갈 수 없습니다.
Q: 얼굴을 인식해 문을 열어주는 전자 잠금장치가 있다면 어떤 점이 좋을까요?
A: 열쇠를 가지고 다닐 필요가 없습니다.
A: 내가 아닌 다른 사람이 집에 들어갈 수 없습니다.

02 (코드위즈)얼굴 인식 도어락 만들기

코드위즈 엔트리를 실행하고 버튼으로 도어락을 작동시키고 분류 결과에 따라 OLED와 네오 RGB LED에 메시지 출력 및 서보모터 움직이기
엔트리 AI 얼굴 인식 후 "안녕하세요", "주인이 아닙니다." 읽어주기
학생 우리집 도어락 만들기

1. 코드위즈와 서보모터를 연결합니다. 주인 얼굴을 먼저 학습시키기 위해 {인공지능}의 [인공지능 모델 학습하기]를 클릭합니다. [학습할 모델 선택하기] 창에서 [새로 만들기]의 [분류:이미지]를 선택하고 [학습하기]를 클릭합니다.

> **더 알아보기**
> 코드위즈와 서보모터의 연결은 19페이지를 참조합니다.

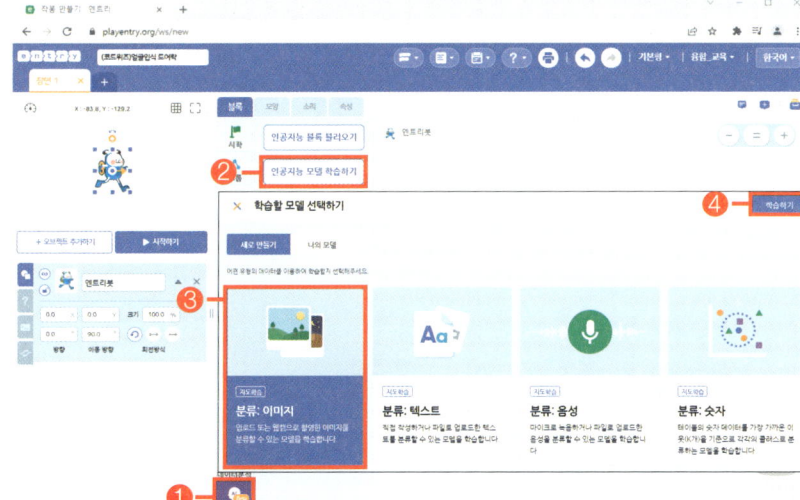

❷ '새로운 모델' 입력란을 클릭하여 모델 이름으로 '얼굴인식 도어락'을 입력합니다. '클래스1' 입력란을 클릭한 후 '주인'을 입력합니다.

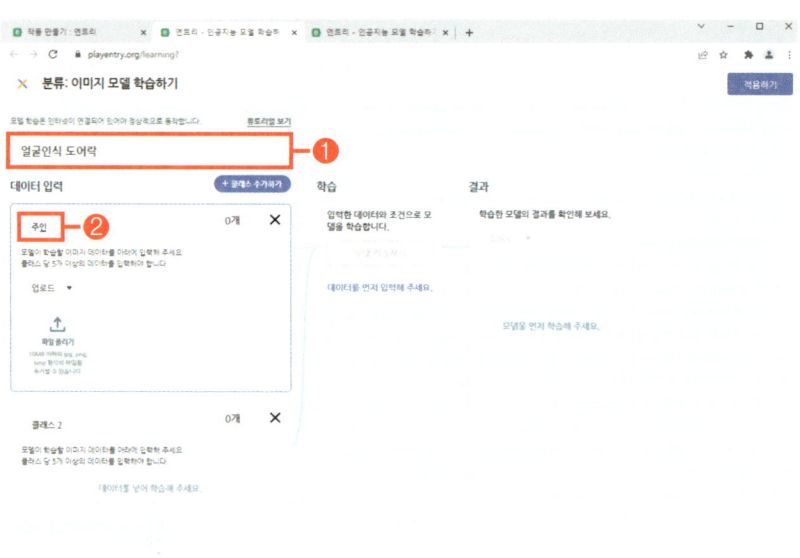

더 알아보기
더 많은 모델을 학습시키고자 한다면 [+ 클래스 추가하기]를 클릭하여 클래스를 추가하면 됩니다.

❸ '클래스 2'를 클릭한 후 '배경'을 입력합니다.

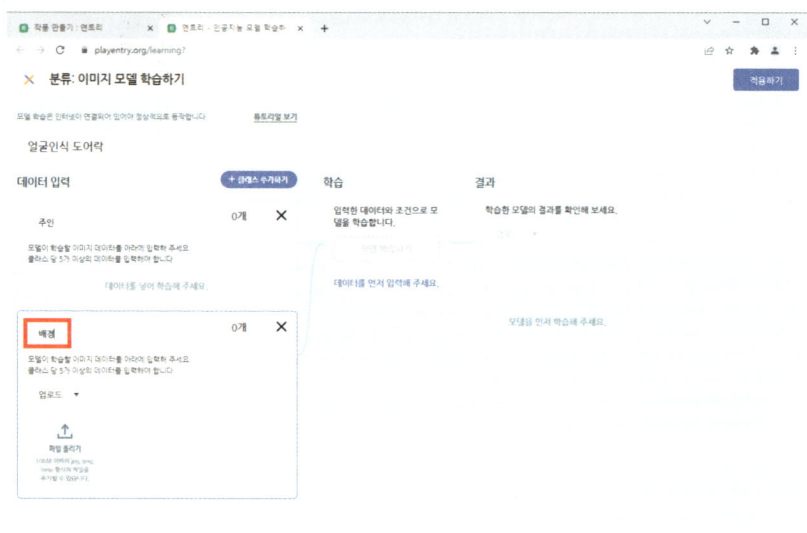

더 알아보기
얼굴 이미지는 [코더블 홈페이지]의 [제품소개]-[출간도서]에서 다운로드합니다.

❹ '주인' 클래스의 [데이터를 넣어 학습해 주세요]를 클릭합니다. [파일 올리기]를 클릭한 후 [부록이미지] 폴더의 [얼굴] 폴더에서 얼굴 이미지를 모두 선택한 후 [열기] 버튼을 클릭합니다.

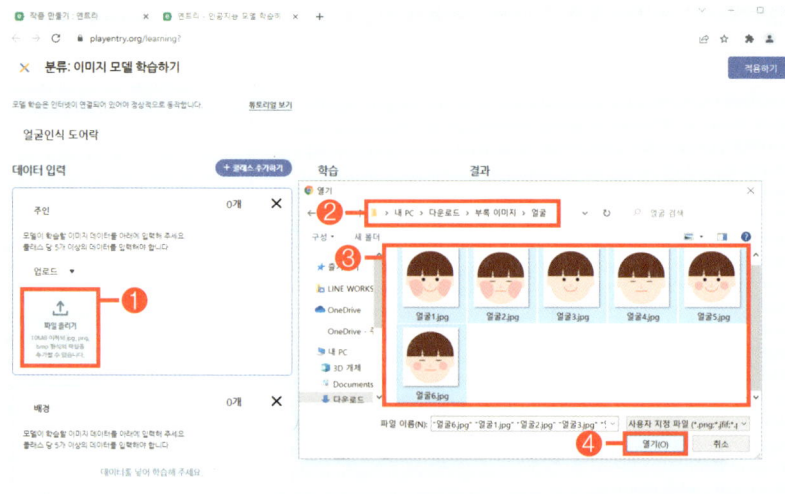

더 알아보기
첫 번째 주인 이미지를 선택한 후 Shift 를 누른 상태에서 마지막 주인 이미지를 클릭하면 첫 번째 이미지부터 마지막 이미지까지 모두 선택됩니다.

❺ '배경' 클래스에 주변 배경을 학습시키기 위해 [데이터를 넣어 학습해 주세요]를 클릭한 후 [업로드▼]의 ▼을 눌러 '촬영'을 선택합니다.

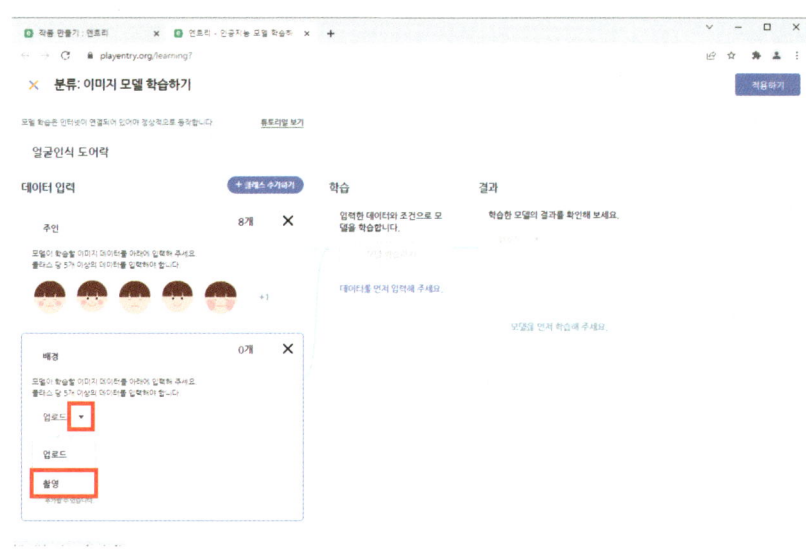

> 더 알아보기
> 데이터는 5장 이상 등록해야 하며 많은 수의 데이터를 등록할수록 데이터가 정확해집니다.

❻ 카메라가 표시되면 📷 을 클릭하여 주변 배경을 5번 이상 촬영합니다.

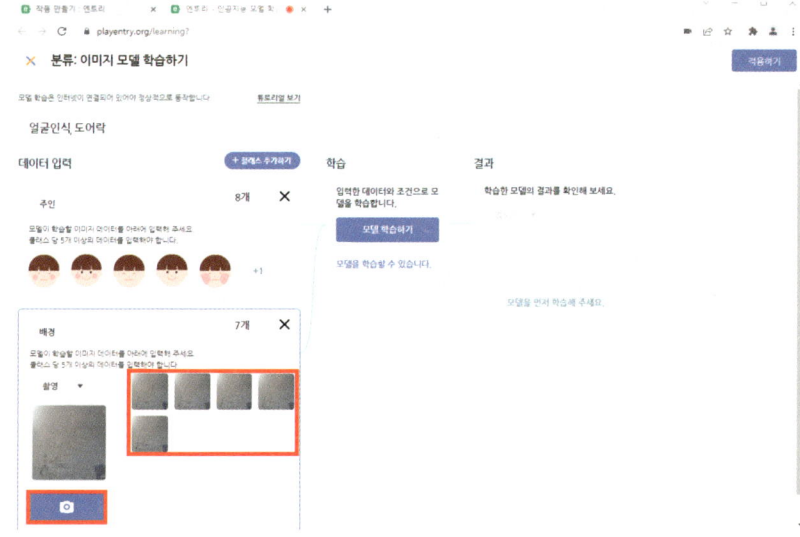

> 더 알아보기
> '주인' 클래스도 부록의 얼굴 이미지를 이용하여 직접 촬영해도 됩니다.

❼ 데이터 입력이 완료되었다면 입력한 데이터와 조건으로 모델을 학습시키기 위해 [학습]의 [모델 학습하기]를 클릭합니다.

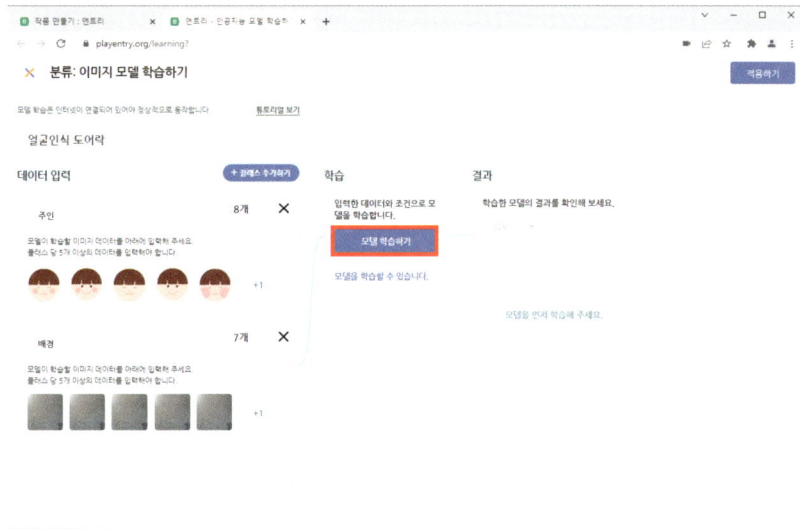

> 더 알아보기
> '배경'을 학습시키지 않으면 배경이나 주변 사물과 같이 학습하지 않은 이미지를 인식시켰을 때 가장 비슷하다고 판단되는 것으로 결과를 알려주기 때문에 주인이 아님에도 주인으로 결과를 알려주는 경우가 발생합니다. 만약 여러분의 얼굴이 주인으로 인식된다면 여러분의 얼굴도 '배경'에 추가 학습시켜줍니다.

⑧ 모델 학습이 완료되면 학습한 모델의 결과를 확인하기 위해 [파일 올리기] 버튼을 클릭한 후 얼굴 이미지를 선택하여 업로드해 봅니다. 결과를 확인한 후 정확하게 분류되어 표시된다면 [적용하기]를 클릭하여 얼굴인식 도어락 분류 모델 학습을 완료합니다.

> **더 알아보기**
> 부록의 얼굴 이미지를 이용하여 직접 촬영해도 됩니다.

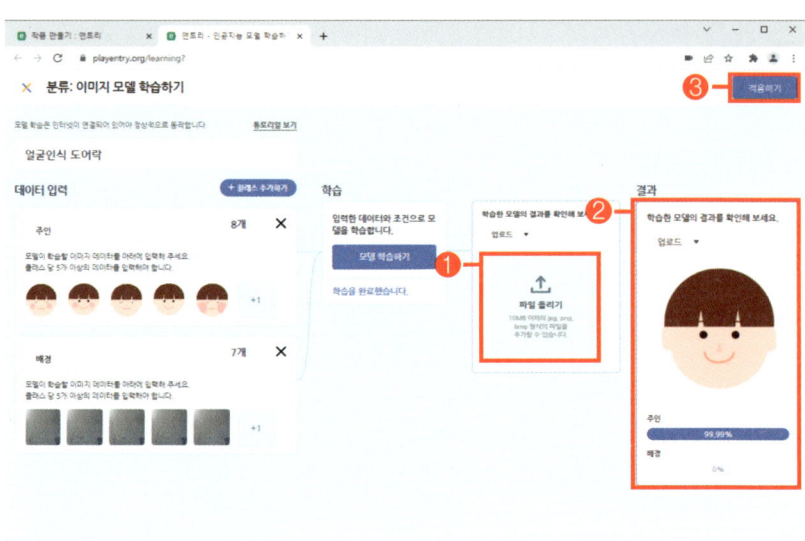

⑨ {인공지능}에 [분류:이미지 모델] 항목과 명령 블록을 생성된 것을 확인합니다.

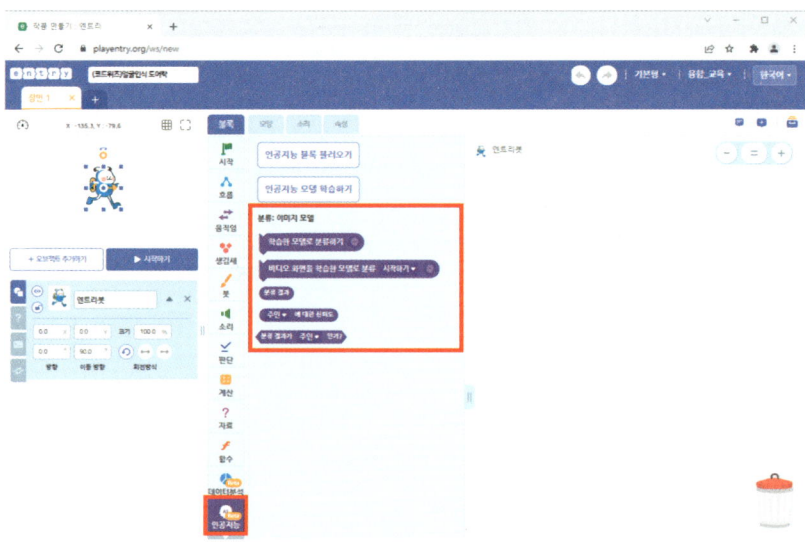

⑩ {시작}의 [시작하기 버튼을 클릭했을 때]를 넣습니다. 네오 RGB LED 5개 사용 및 OLED의 이미지를 지우기 위해 {하드웨어}의 [네오픽셀 코드위즈▼에 (5)개로 시작설정]과 [OLED 지우기]를 넣습니다. 서보모터 각도를 0도로 지정하기 위해 [서보모터(SCON▼) 각도를 (0)(으)로 바꾸기]를 넣습니다.

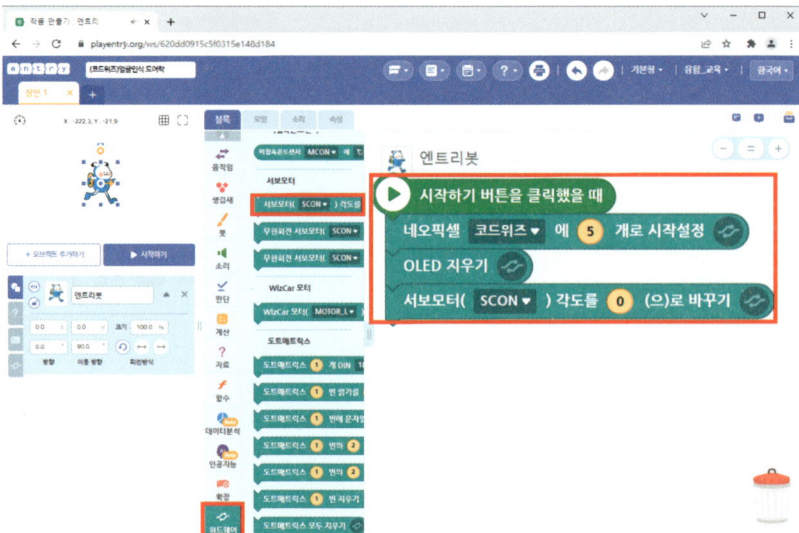

⑪ {흐름}의 [계속 반복하기]를 넣습니다. 안내 문구를 말하도록 지정하기 위해 {생김새}의 [(안녕!)을(를) (4)초 동안 말하기▼]를 넣고 '얼굴을 확인합니다.'와 '2'를 입력합니다. [(안녕!)을(를) 말하기▼]를 넣고 '코드위즈의 왼쪽 버튼을 눌러 확인해주세요.'를 입력합니다.

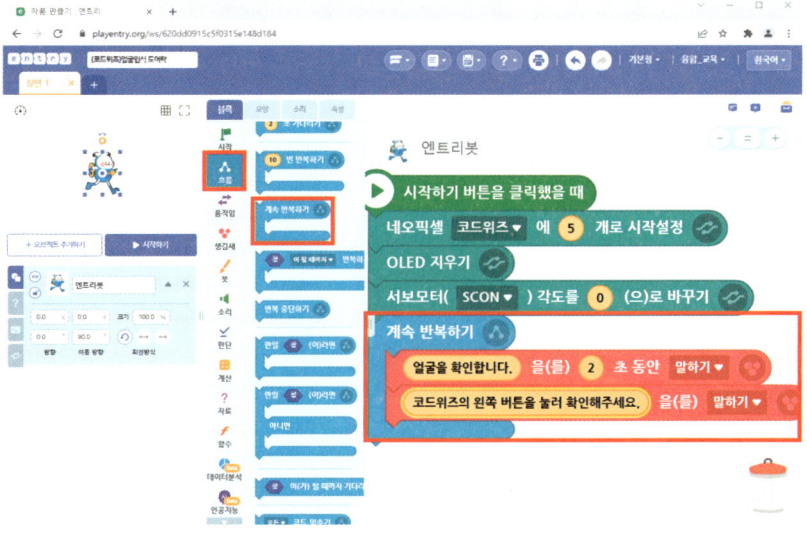

⑫ 코드위즈 왼쪽 버튼을 누르면 얼굴인식이 시작되도록 지정하기 위해 {흐름}의 [<참> 이(가) 될 때까지 기다리기]를 넣고 {하드웨어}의 [왼쪽▼ 스위치 버튼 값]을 넣습니다.

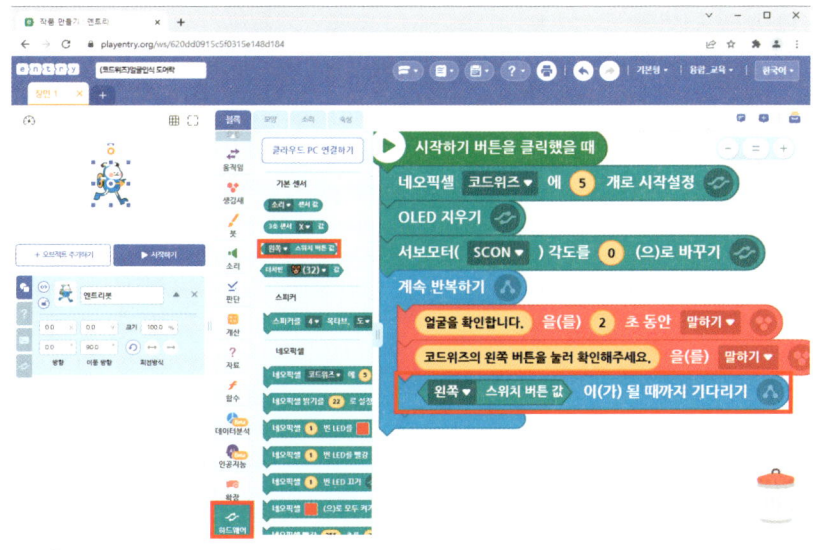

⑬ 코드위즈의 왼쪽 버튼이 눌리면 '엔트리봇'이 말하는 문구를 지우고 학습한 모델로 이미지 분류를 시작하도록 {생김새}의 [말하기 지우기]와 {인공지능}의 [학습한 모델로 분류하기]를 넣습니다.

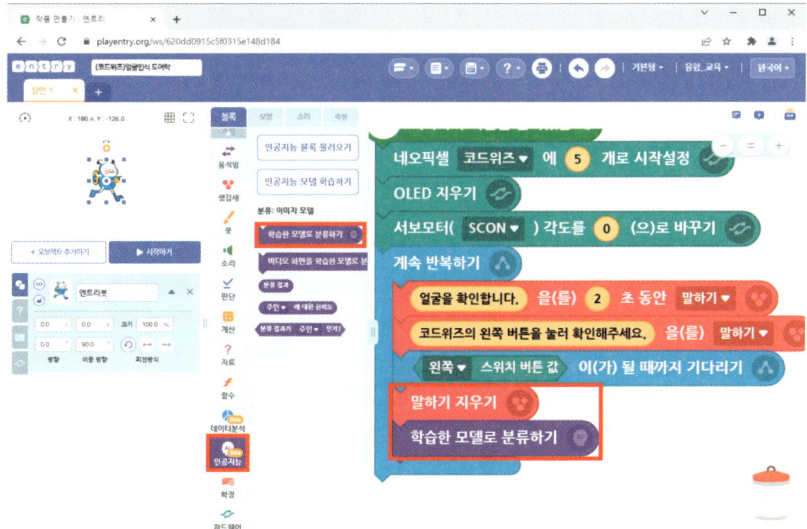

135

⑭ 분류된 결과가 '주인'인지 판단하기 위해 {흐름}의 [만일 <참> (이)라면 아니면]을 넣고 {인공지능}의 [분류 결과가 주인▼인가?]를 넣습니다.

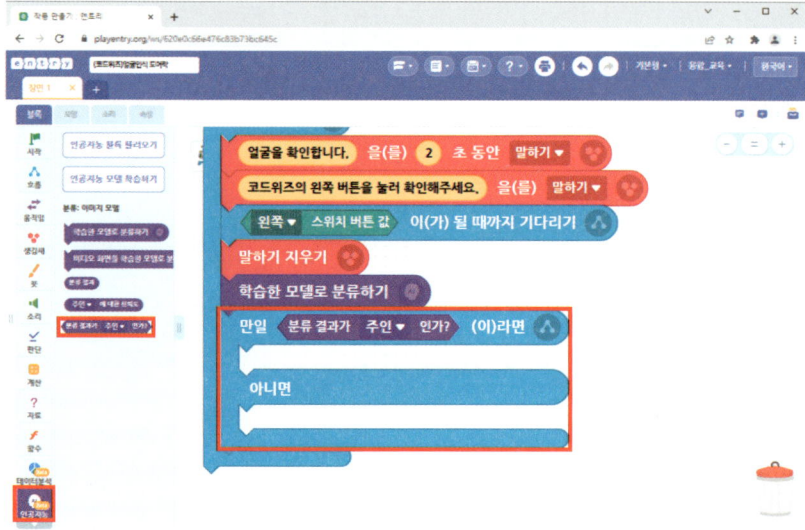

⑮ 분류 결과가 '주인'이라면 네오 RGB LED를 파란색으로 켜기 위해 {하드웨어}의 [네오픽셀 ■ (으)로 모두 켜기]를 넣고 ■을 클릭한 후 ■을 선택합니다. OLED에 문구 출력을 위한 커서위치를 지정하기 위해 {하드웨어}의 [OLED 커서위치 (0,0)(으)로 지정]을 넣고 오른쪽 값에 '30'을 입력합니다.

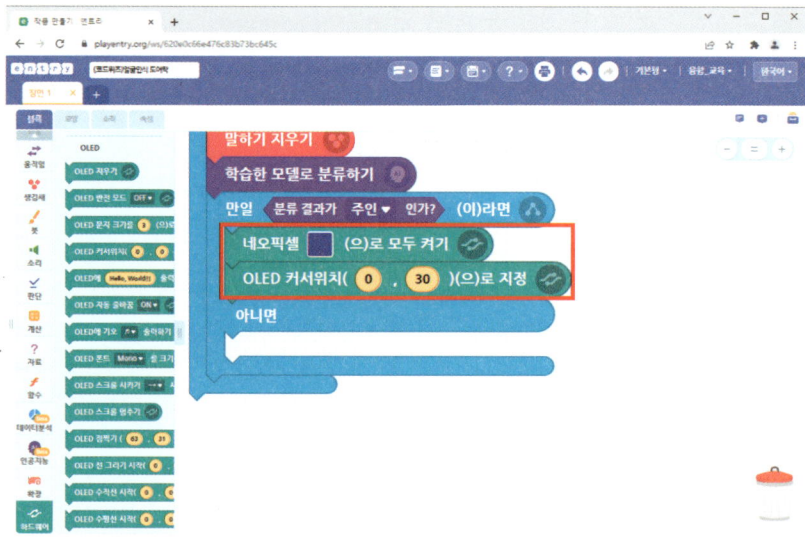

⑯ {하드웨어}의 [OLED에 한글포함 (코드위즈 Magic!!) 출력,줄바꿈○▼]를 넣고 '안녕하세요.'를 입력합니다. 문을 열기 위해 서보모터 각도를 조정해야 하므로 {하드웨어}의 [서보모터(SCON▼) 각도를 (0)(으)로 바꾸기]를 넣고 '90'을 입력합니다.

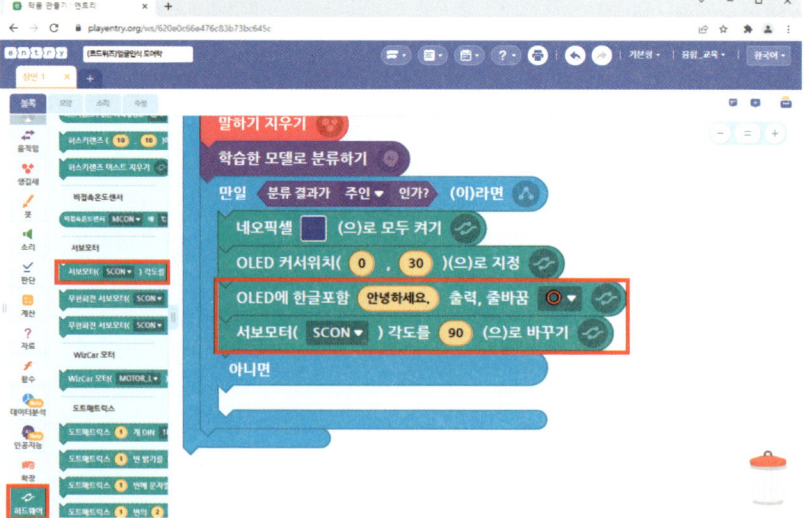

136

⑰ 잠시 기다린 후 문이 닫히도록 지정하기 위해 {흐름}의 [(2)초 기다리기]를 넣고 {하드웨어}의 [서보모터(SCON▼) 각도를 (0)(으)로 바꾸기]를 넣습니다.

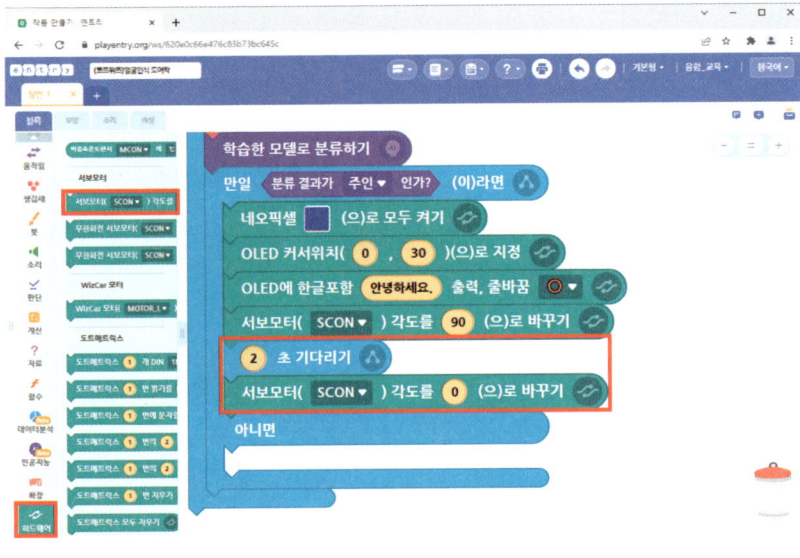

더 알아보기

문이 너무 빨리 닫힌다고 느껴진다면 [2 초 기다리기] 블록의 시간을 길게 변경해봅니다.

⑱ 분류된 결과가 '주인'이 아니라면 네오 RGB LED가 빨간색으로 켜고 OLED에도 다시 확인해달라는 메시지를 표시하기 위해 {하드웨어}의 [네오픽셀 ■ (으)로 모두 켜기]와 [OLED 커서위치(0,0)(으)로 지정]을 넣고 오른쪽 값에 '30'을 입력합니다.

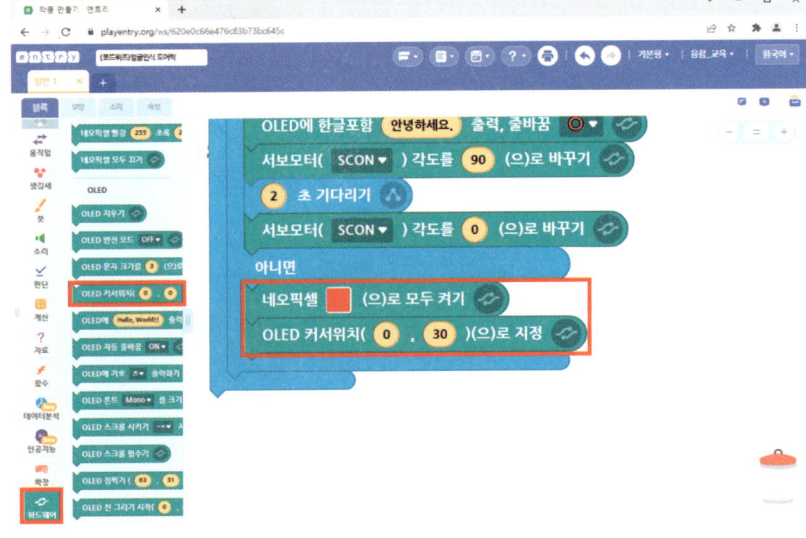

⑲ {하드웨어}의 [OLED에 한글포함 (코드 위즈 Magic!!) 출력, 줄바꿈○▼]과 {생김새}의 [(안녕!)을 (4)초 동안 말하기▼]를 넣고 '주인이 아닙니다.'를 각각 입력합니다. 네오 RGB LED를 켜고 문구 출력 후 네오 RGB LED와 OLED에 출력된 메시지를 지우기 위해 {하드웨어}의 [네오픽셀 모두 끄기]와 [OLED 지우기]를 넣습니다.

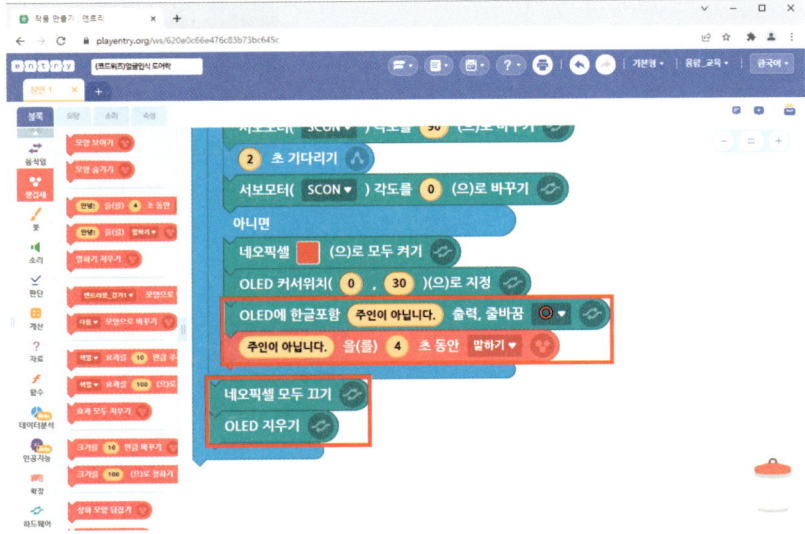

137

⑳ 코드 작성이 완료되었다면 서보모터의 각도를 0도로 맞추기 위해 [▶ 시작하기]를 클릭한 후 각도가 0이 되면 [■ 정지하기]를 누릅니다. 서보모터를 사진과 같이 잡은 후 서보모터 혼을 사진과 같이 끼웁니다. 도면의 문을 잘라 준비한 후 테이프나 글루건을 이용하여 사진과 같이 문을 연결합니다.

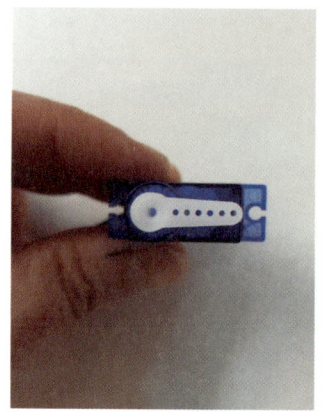
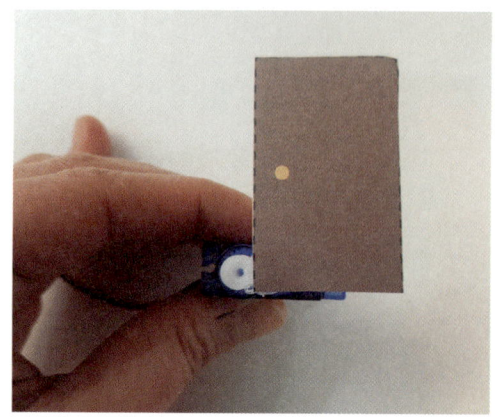

㉑ 부록의 집과 지지대를 상자 또는 폼보드에 붙인 후 집의 문과 지지대의 홈을 파서 집과 코즈위즈를 끼웁니다. 문이 연결되어 있는 서보모터를 지지대 뒤쪽에 풀이나 테이프를 이용하여 붙입니다.

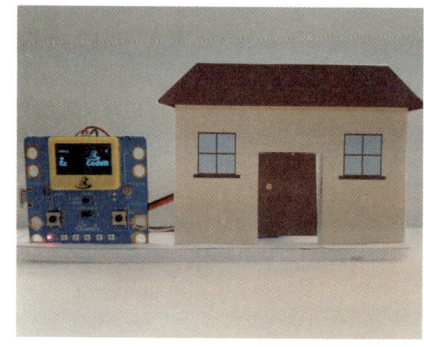

㉒ [▶ 시작하기]를 클릭합니다. 안내 문구 출력 후 코드위즈의 왼쪽 버튼을 누릅니다. [데이터 입력] 창에서 [파일 올리기]를 클릭한 후 주인 얼굴을 업로드하고 [적용하기]를 클릭해봅니다. 파란색 네오 RGB LED가 켜지고 OLED에 인사말 출력과 함께 문이 열리는지 확인합니다.

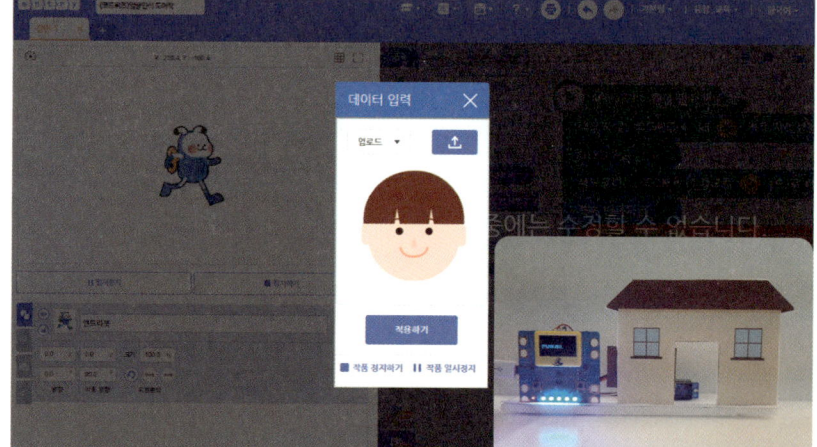

> **더 알아보기**
> 서보모터에 문을 연결한 상태에서 바로 테스트 해도 됩니다.

전체 코드 & 완성 작품 확인하기
활동2: (코드위즈)얼굴인식 도어락 만들기

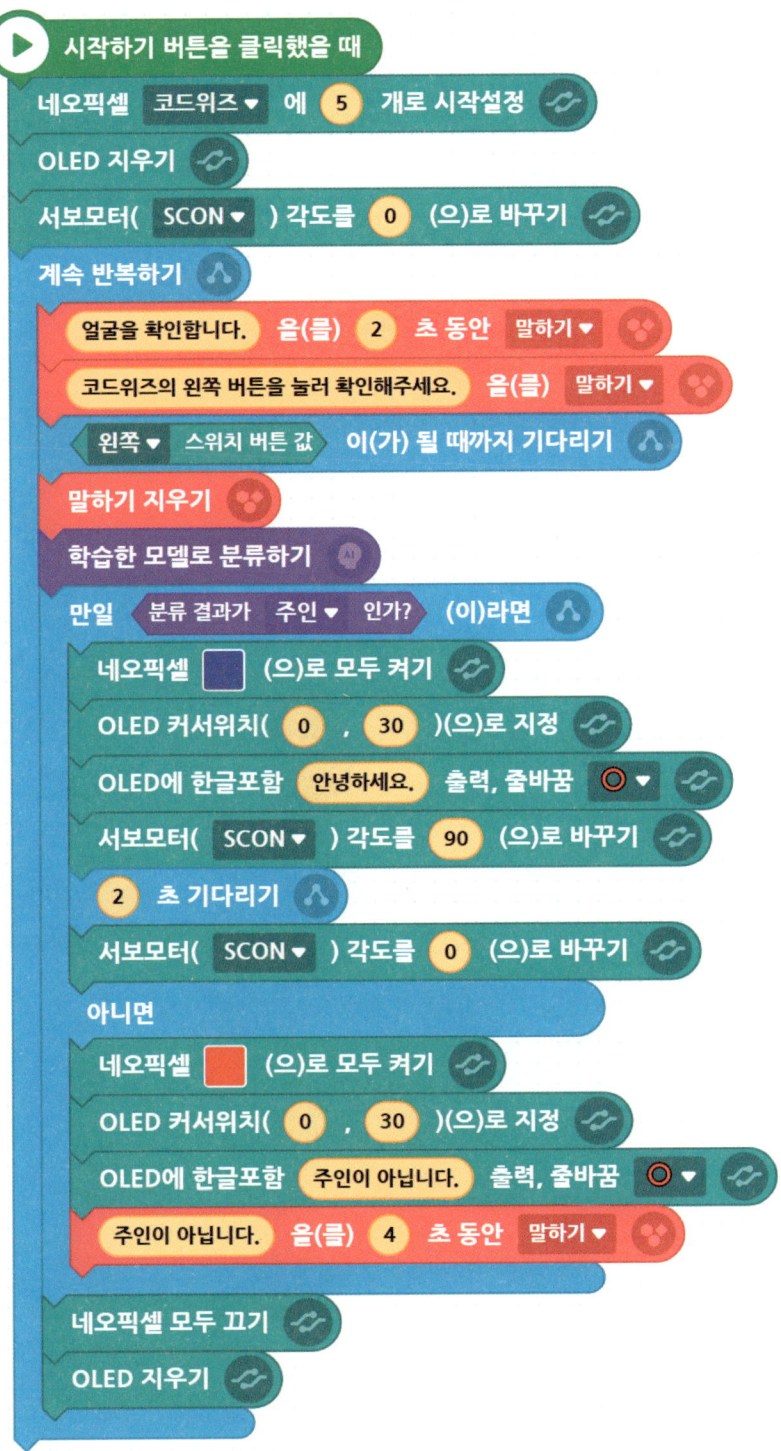

▲ [엔트리봇] 오브젝트

12 영양소 알아보기
6대 영양소와 관련된 퀴즈를 만들고 퀴즈 정답을 맞혀봅시다.

난이도 ★★★☆☆

01 인공지능 영역 : 데이터 분석, 음성 인식

엔트리 AI 데이터 분석, 음성인식(오디오 감지), 음성합성(읽어주기)
코드위즈 OLED, 원형 네오픽셀

⇨ 엔트리와 코드위즈를 활용하여 실과교과 속에서 인공지능의 음성인식 기술을 이해하고 영양소의 종류와 역할을 알 수 있습니다.

02 준비물

PC(데스크톱 또는 노트북), 코드위즈, 원형 네오픽셀, 4핀 케이블(암)

03 교과학습

- 5학년 1학기 실과(동아출판)
- 단원: 3. 가정생활과 안전(42-43쪽)
- 학습활동
  활동 1   6대 영양소의 종류와 역할 알아보기
  활동 2   균형잡힌 식사의 중요성 알기
  활동 3   (코드위즈) 영양소 퀴즈 맞히기 프로그램 만들기

04 관련 교과

- 창의적체험활동 / 영양교육
- 식품구성자전거의 의미를 알고 균형 잡힌 식생활을 실천해요.

05 관련 작품

- 작품 파일
  (코드위즈)영양소를 알아봅시다.ent
  (코드위즈)영양소를 알아봅시다_완성.ent
- 작품 주소
  http://naver.me/FlpelNlv
  http://naver.me/Gz2qViw1
- 작품 영상

01 6대 영양소의 종류와 역할 알아보기

6대 영양소는 생명유지와 성장에 필요한 성분으로, 식품을 섭취함으로써 얻을 수 있습니다.

영양소	하는 일	식품 예시
탄수화물	• 우리 몸에 에너지를 공급하는 주된 에너지원 • 우리 몸에서 가장 빨리 에너지로 전환	밥, 국수, 빵 고구마 등
단백질	• 근육, 뼈, 피부, 머리카락 등 몸을 만듦 • 탄수화물 섭취가 부족한 경우 에너지로 쓰임	고기, 생선, 달걀, 콩 등
지방	• 가장 많은 에너지를 냄 • 체온 유지 및 장기 보호	버터, 식용유, 마요네즈, 참기름
비타민	• 몸의 기능 조절	김치, 콩나물, 시금치, 사과, 귤 등
무기질	• 뼈와 이, 혈액 만듦 • 몸의 기능 조절	우유, 치즈, 멸치 등
물	• 몸을 구성 • 체온을 조절하고 영양소와 노폐물 운반하는 등 몸의 기능 조절	

02 균형잡힌 식사의 중요성 알기

음식을 골고루 먹어야 하는 이유를 알아봅시다.
- 식품마다 들어 있는 영양소가 다르기 때문입니다.
- 영양소마다 우리 몸에서 하는 일이 다르기 때문입니다.
- 음식을 골고루 먹지 않으면 몸이 허약해지거나 뼈와 근육이 잘 자라지 않아 성장이 더딜 수 있기 때문입니다.

균형잡힌 식사를 하는 방법을 알아봅시다.
- 식품마다 많이 들어 있는 영양소가 무엇인지 잘 알아둡니다.
- 하루에 여섯 가지 영양소가 포함된 식품을 골고루 먹습니다.
- 매끼 다른 종류의 식품으로 선택해서 먹습니다.

03 (코드위즈)영양소 퀴즈 맞히기 프로그램 만들기

코드위즈 영양소 퀴즈를 맞히면 원형 네오픽셀에 불이 하나씩 들어오고 OLED에 정답 개수 나타내기
엔트리 AI 영양소 퀴즈 내기, 음성으로 인식된 퀴즈의 답을 판단하여 알려주기
학생 엔트리 AI가 제출한 영양소 퀴즈 정답 맞히기

1. 코드위즈와 원형 네오픽셀을 연결한 후 '(코드위즈)영양소를 알아봅시다.ent' 예제 파일을 실행합니다. 문제 번호와 정답 등을 확인하기 위한 변수를 선언하기 위해 [속성] 탭을 클릭한 후 [변수]를 선택합니다. [변수 추가하기]를 클릭한 후 '음성인식'을 입력하고 [확인]을 클릭합니다.

   > **더 알아보기**
   > 코드위즈와 원형 네오픽셀 연결은 19페이지를 참조합니다.

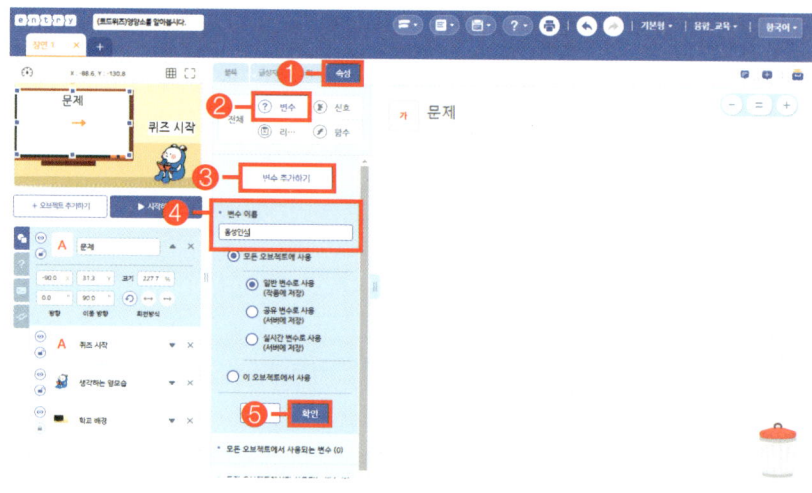

2. [변수 추가하기]를 클릭하여 '문제번호', '정답개수' 변수를 두 개 더 만듭니다. '음성인식'은 실행화면 아래쪽으로 드래그하고, '문제번호', '정답개수'는 실행화면에 보이지 않도록 👁 을 클릭합니다.

3. 문제출제를 위한 신호를 보내기 위해 [신호]를 선택합니다. [신호 추가하기]를 클릭한 후 '문제출제'를 입력하고 [확인]을 선택합니다.

4 문제와 답을 테이블로 작성하기 위해 [블록] 탭을 클릭한 후 {데이터분석}을 클릭합니다. [데이터 불러오기]를 클릭한 후 [테이블 불러오기] 창이 표시되면 [테이블 추가하기] 버튼을 클릭합니다.

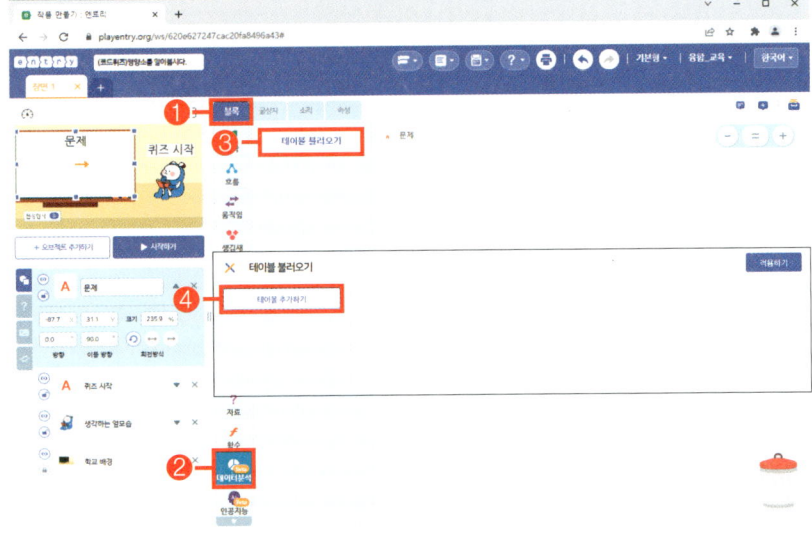

5 [새로 만들기]를 선택하고 [테이블 새로 만들기]를 클릭합니다.

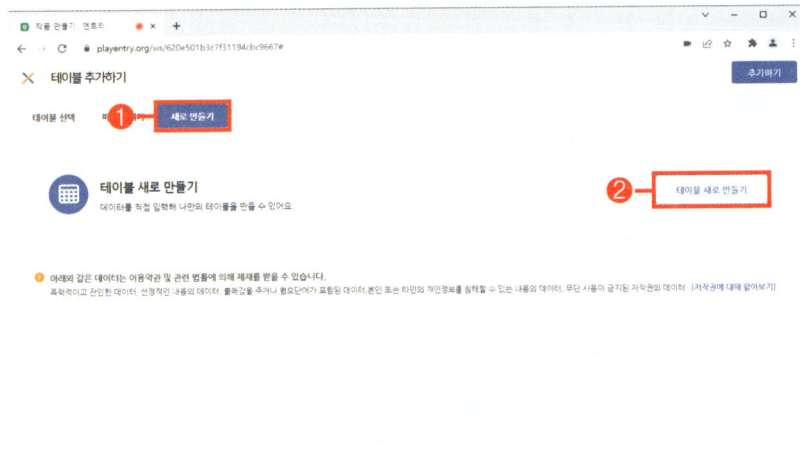

6 '테이블'로 표시되는 이름을 '퀴즈'로 변경 입력합니다. A열의 1행에는 '문제'라고 입력하고, 2행부터 13행까지 영양소 문제를 12개 입력합니다. B열의 1행에는 '정답'이라고 입력하고, 2행부터 13행까지 영양소 문제에 관한 정답을 입력한 후 [적용하기]를 클릭합니다.

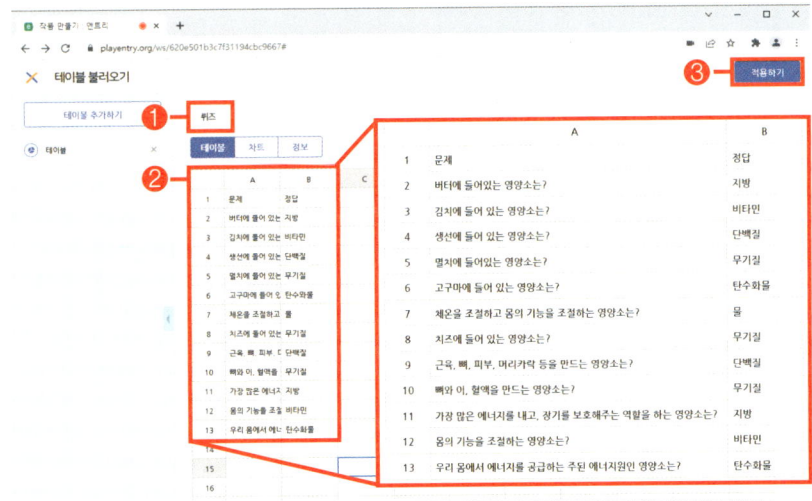

143

7 인공지능의 음성인식과 읽어주기를 사용하기 위해 {인공지능}에서 [인공지능 블록 불러오기]를 클릭한 후 [오디오 감지]와 [읽어주기]를 선택하고 [불러오기]를 선택합니다.

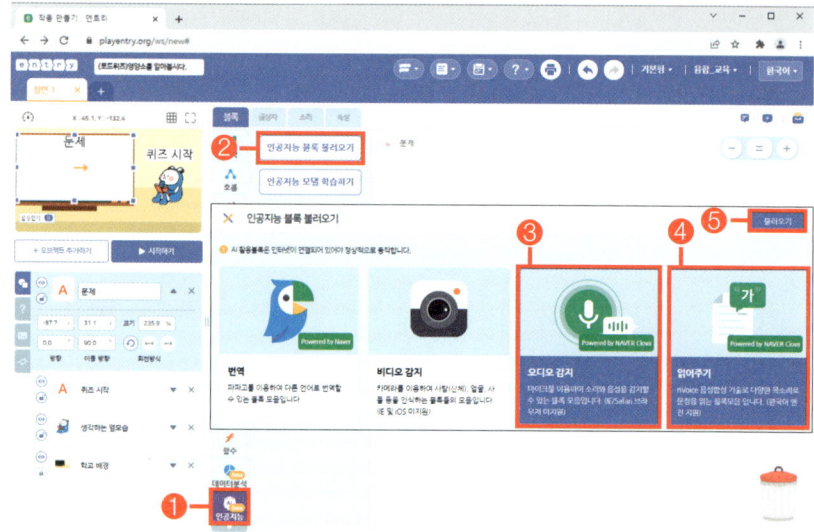

8 '생각하는 옆모습' 오브젝트를 선택합니다. {시작}의 [시작하기 버튼을 클릭했을 때]를 넣고 원형 네오픽셀 제어를 위해 {하드웨어}의 [네오픽셀 코드위즈▼에 (5)개로 시작설정]을 넣습니다. ▼을 눌러 '18'을 선택하고, '12'를 입력합니다. OLED의 이미지를 지우기 위해 [OLED 지우기]를 넣습니다.

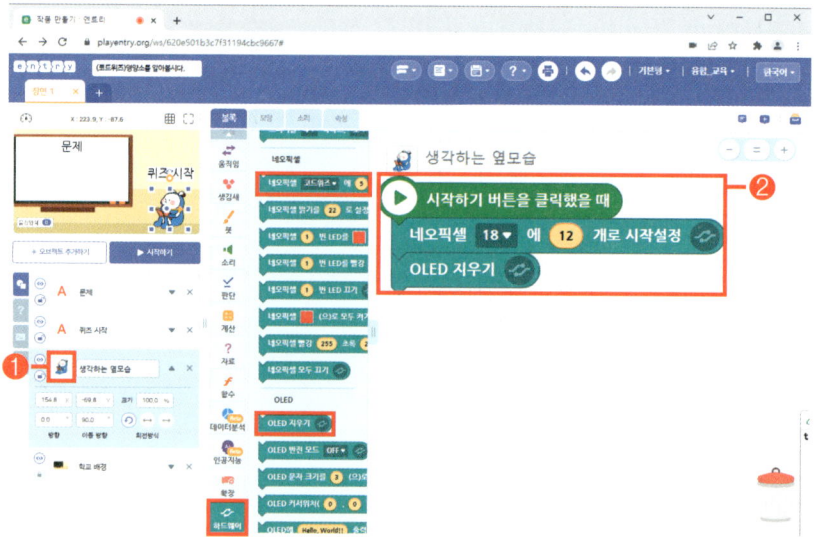

9 문구를 출력할 위치를 지정하기 위해 {하드웨어}의 [OLED 커서위치(0,0)(으)로 지정]을 넣고 '20, 10'을 입력합니다. [OLED에 한글포함 (코드위즈 Magic!!) 출력, 줄바꿈○▼]를 넣고 '영양소 퀴즈!'를 입력합니다.

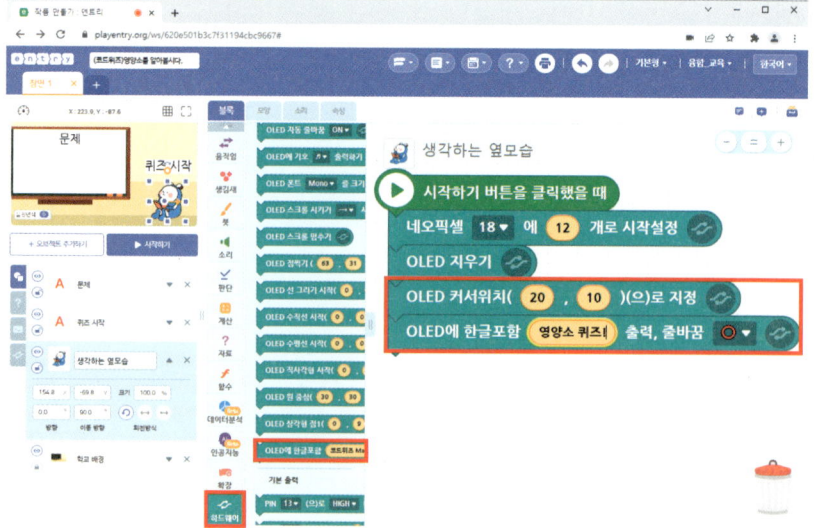

⑩ 퀴즈 시작을 안내하기 위해 {인공지능}의 [(엔트리) 읽어주기]와 {생김새}의 [(안녕!)을(를) (4)초 동안 말하기▼]를 넣습니다. '총 12문제의 영양소 퀴즈를 시작하겠습니다. 퀴즈를 시작하려면 퀴즈 시작을 클릭해주세요.'를 입력하고 '7'을 입력합니다.

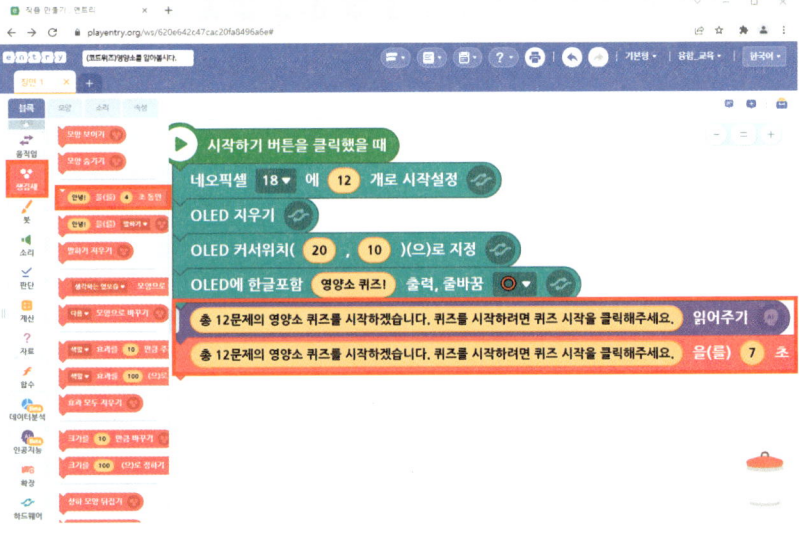

⑪ '퀴즈 시작' 오브젝트를 선택합니다. '퀴즈 시작' 오브젝트를 클릭할 때 '문제번호'를 2로 초기화하기 위해 {시작}의 [오브젝트를 클릭했을 때]를 넣고 {자료}의 [정답개수▼를 (10)(으)로 정하기]를 넣습니다. ▼을 눌러 '문제번호'를 선택하고 '2'를 입력합니다.

> **더 알아보기**
>
> '퀴즈' 테이블에서 실제 문제는 2행부터 입력되어 있으므로 '문제번호' 변수 초깃값을 '2'로 지정합니다.
>
> | | A | B |
> |---|---|---|
> | 1 | 문제 | 정답 |
> | 2 | 버터에 들어 있는 지방 | |
> | 3 | 김치에 들어 있는 비타민 | |

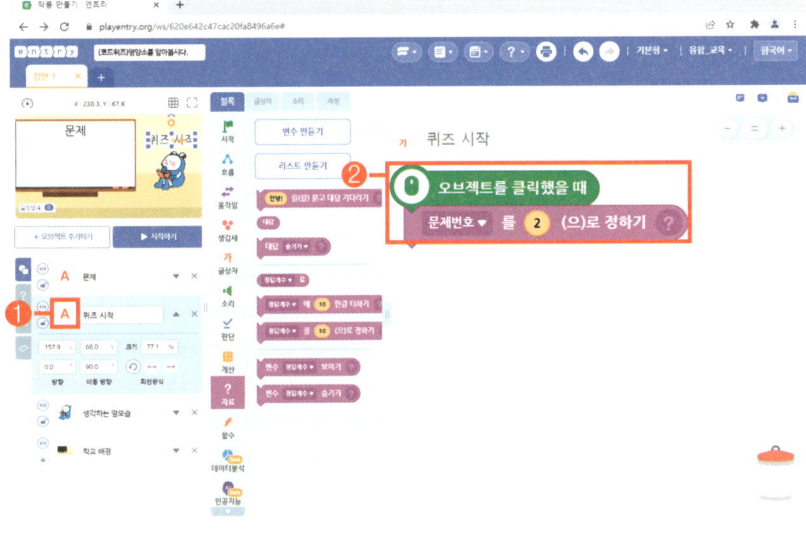

⑫ 정답 개수와 음성인식 결과를 저장할 변수를 초기화하기 위해 {자료}의 [정답개수▼를 10(으)로 정하기]를 넣고 '0'을 입력합니다. 다시 한번 [정답개수▼를 10(으)로 정하기] 넣은 후 ▼을 눌러 '음성인식'을 선택하고, <Delete>를 눌러 공백을 지정합니다.

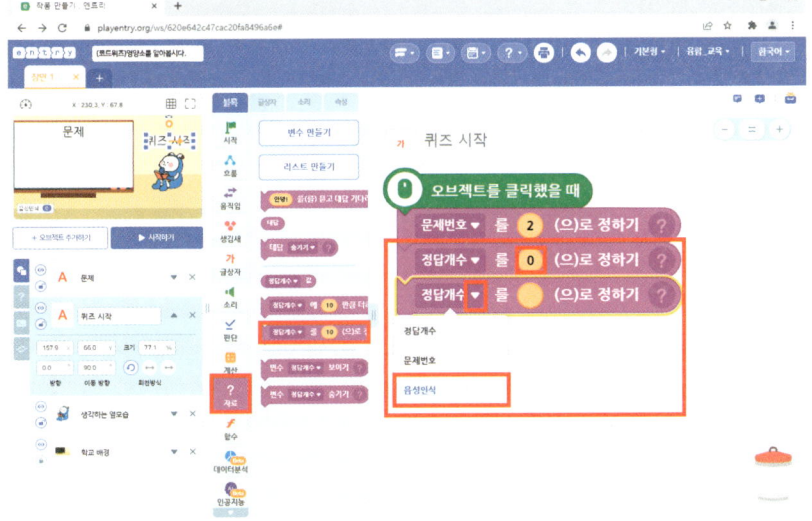

⑬ 원형 네오픽셀을 모두 끄고 OLED에 출력된 내용을 지우기 위해 {하드웨어}의 [네오픽셀 모두 끄기]와 [OLED 지우기]를 넣습니다. 문제 출제를 위한 신호를 보내기 위해 {시작}의 [문제출제▼ 신호 보내기]를 넣습니다.

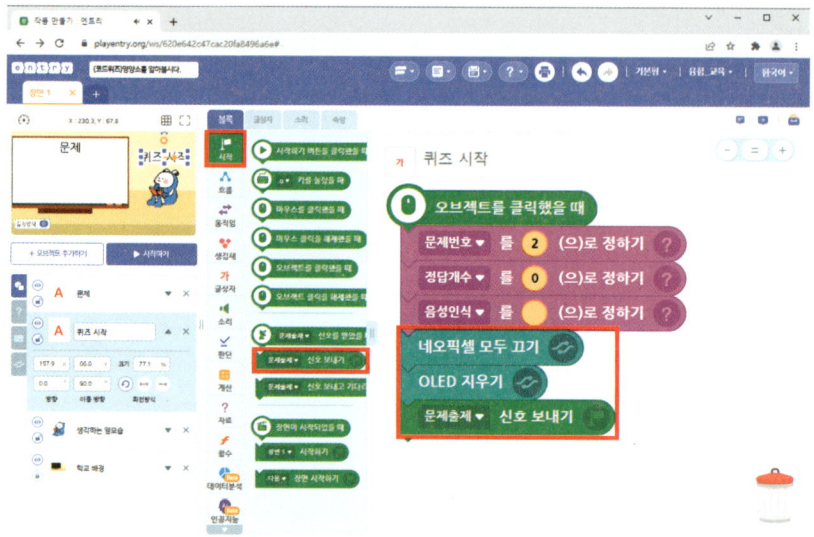

⑭ '문제' 오브젝트를 선택합니다. 실제 문제를 출제하기 위해 {시작}의 [문제출제▼ 신호를 받았을 때]를 넣습니다. 문제를 쓰고 읽기 위해 {글상자}의 [(엔트리)라고 글쓰기]와 {인공지능}의 [(엔트리) 읽어주고 기다리기]를 넣습니다.

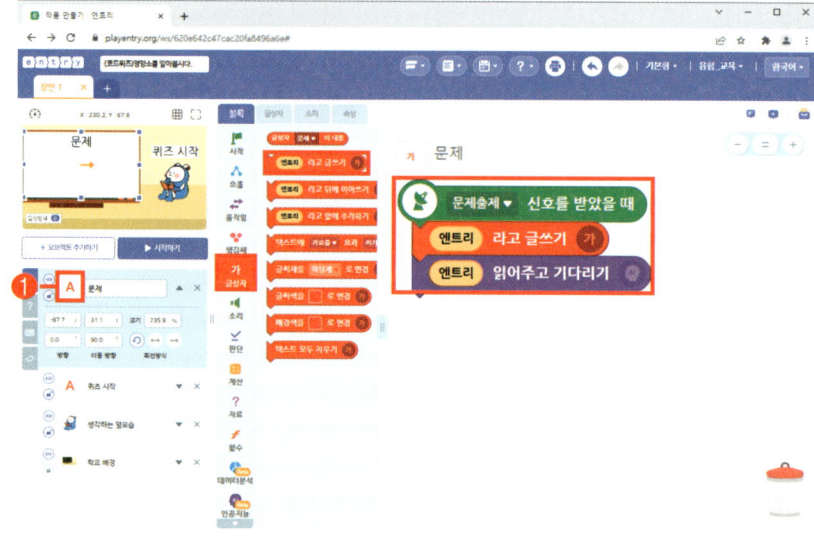

> 더 알아보기
>
> 선택한 오브젝트가 글상자 오브젝트이기 때문에 A 이 표시되는 영역에 가 글상자 가 표시됩니다.

⑮ '퀴즈' 테이블에서 문제를 선택하기 위해 {데이터분석}의 [테이블 퀴즈▼ (2)번째의 행의 문제▼값]을 넣고 (2)에 {자료}의 [정답개수▼값]을 넣습니다. ▼을 눌러 '문제번호'를 선택합니다.

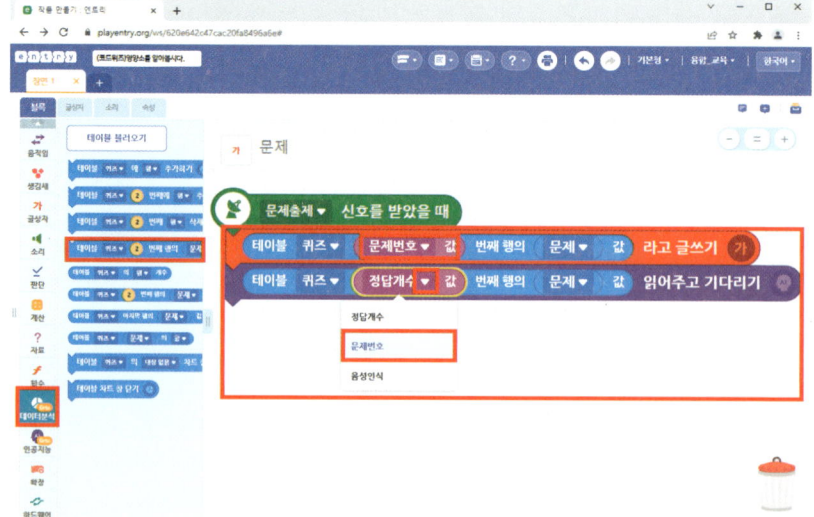

⑯ 마이크로 인식된 음성을 문자로 변경해 저장하기 위해 {인공지능}의 [음성 인식하기]를 넣고 {자료}의 [정답개수▼를 (10)(으)로 정하기]를 넣습니다. ▼을 눌러 '음성인식'을 선택하고 (10)에 {인공지능}의 [음성을 문자로 바꾼 값]을 넣습니다.

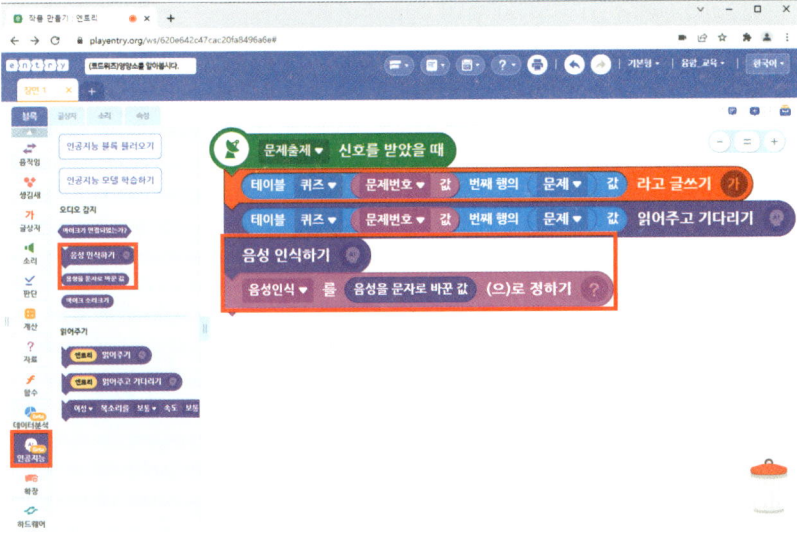

⑰ 음성으로 인식된 문자 값이 '퀴즈' 테이블에 입력된 정답과 같은지 비교하기 위해 {흐름}의 [만일 <참> (이)라면 아니면]과 {판단}의 [(10)=(10)]을 넣습니다. 왼쪽 값에 {자료}의 [정답개수▼값]을 넣고 ▼을 눌러 '음성인식'을 선택합니다.

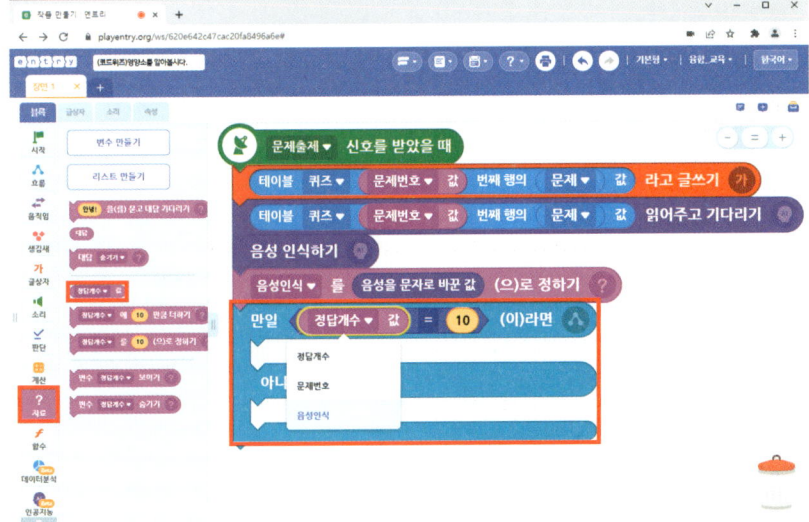

⑱ 오른쪽 값에 {데이터분석}의 [테이블 퀴즈▼의 (2)번째 행의 문제▼값]을 넣고 (2)에 {자료}의 [정답개수▼값]을 넣습니다. ▼을 눌러 '문제번호'로 수정하고 문제의 ▼를 눌러 '정답'을 선택합니다.

147

⑲ 정답이 맞다면 정답 개수에 1을 추가하기 위해 {자료}의 [정답개수▼에 (10)만큼 더하기]를 넣고 '1'을 입력합니다. 원형 네오픽셀도 정답 개수만큼 켜기 위해 {하드웨어}의 [네오픽셀 (1)번 LED를 ■ (으)로 켜기]를 넣고 (1)에 {자료}의 [정답개수▼ 값]을 넣습니다.

⑳ OLED에 정답 개수를 출력하기 위해 {하드웨어}의 [OLED 지우기]와 [OLED 커서위치 (0,0)(으)로 지정]을 넣고 '20, 10'을 입력합니다.

㉑ [OLED에 한글포함 (코드위즈 Magic!!) 출력, 줄바꿈○▼]를 넣고 {계산}의 [(10)+(10)]을 넣습니다. 왼쪽 값에 '정답개수:'를 입력하고 오른쪽 값에 {자료}의 [정답개수▼ 값]을 넣습니다. {인공지능}의 [(엔트리) 읽어주고 기다리기]를 넣고 '정답입니다.'를 입력합니다.

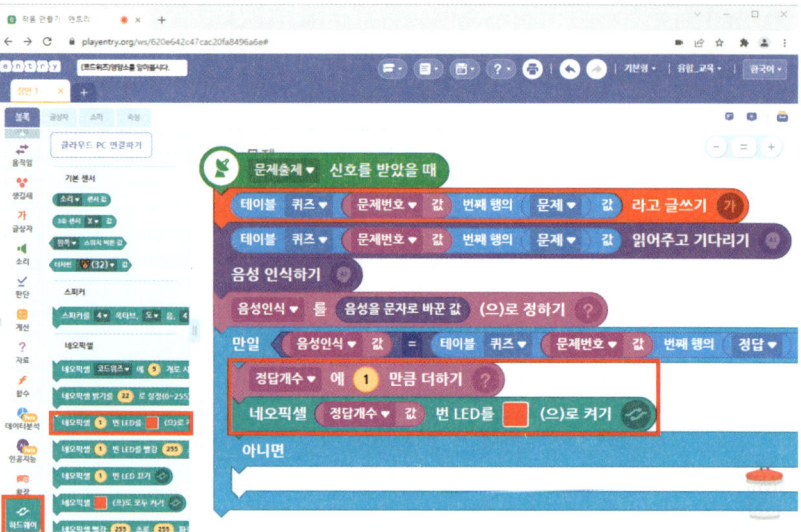

더 알아보기

`10` `+` `10` 대신 `안녕!` `과(와)` `엔트리` `를 합치기` 으로 코드를 작성해도 됩니다.

㉒ [아니면] 내부에 {인공지능}의 [(엔트리) 읽어주고 기다리기]를 넣고 '오답입니다.'를 입력합니다. 정답, 오답 판정을 완료하였다면 '음성인식' 변수에 저장되어 있던 문자 값을 지우기 위해 {자료}의 [정답개수▼를 (10)(으)로 정하기]를 넣고 ▼을 눌러 '음성인식'을 선택합니다. <Delete>를 눌러 공백을 지정합니다.

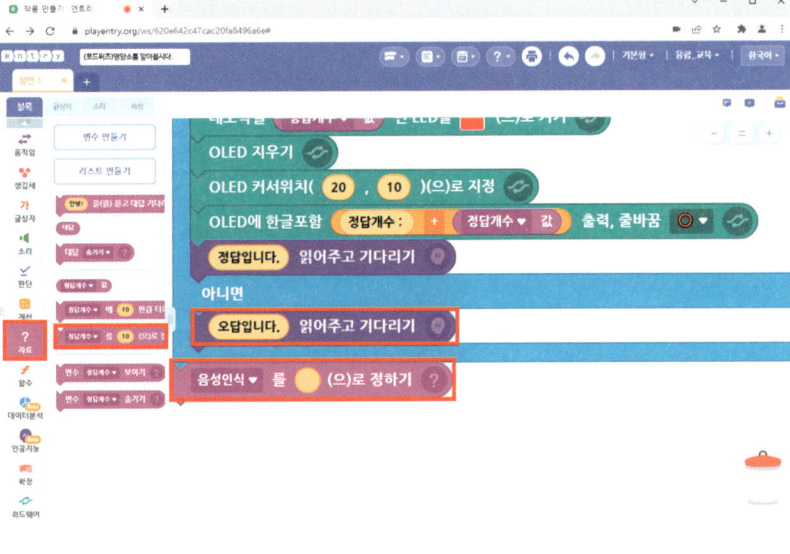

㉓ 12개의 문제가 모두 출제되었는지를 판단하기 위해 {흐름}의 [만일 <참> (이)라면 아니면]을 넣고 {판단}의 [(10=10)]을 넣습니다. 왼쪽 값에 {자료}의 [정답개수▼값]을 넣고 ▼을 눌러 '문제번호'를 선택한 후 '13'을 입력합니다.

> 🐦 **더 알아보기**
>
> 출제되는 문제는 12문제지만 문제 번호는 '2'부터 시작하므로 마지막 문제의 문제 번호는 '13'이 됩니다.

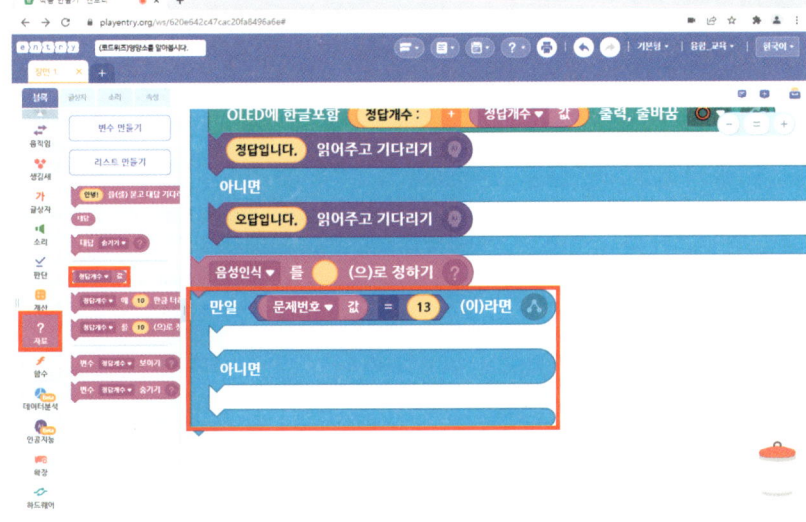

㉔ 문제가 모두 출제되었다면 퀴즈가 모두 끝났다고 알리고 퀴즈 재시작을 원하는지 물어보기 위해 {글상자}의 [(엔트리)라고 글쓰기]와 {인공지능}의 [(엔트리) 읽어주고 기다리기]를 넣고 '퀴즈가 모두 끝났습니다. 다시 시작하려면 퀴즈 시작을 클릭해주세요.'를 입력합니다.

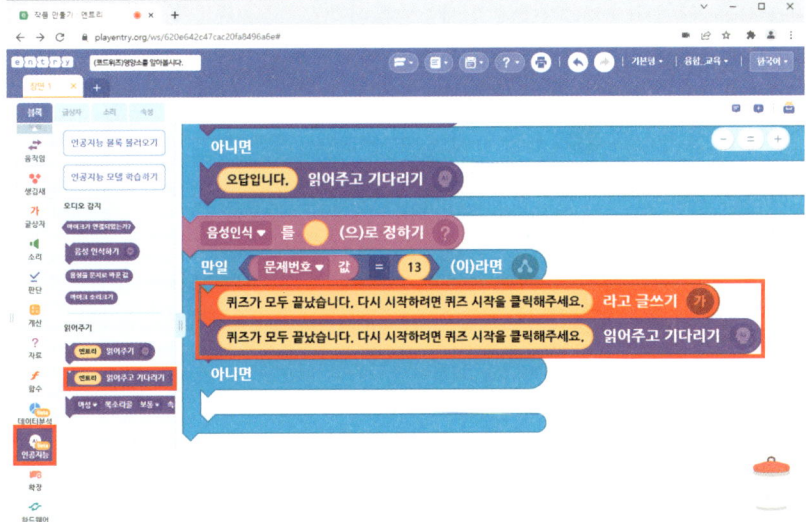

149

㉕ 실행화면에 표시되는 안내 메시지를 지운 후 '문제'라는 텍스트를 표시하기 위해 {글상자}의 [텍스트 모두 지우기]와 [(엔트리)라고 글쓰기]를 넣습니다. (엔트리)에 '문제'를 입력합니다.

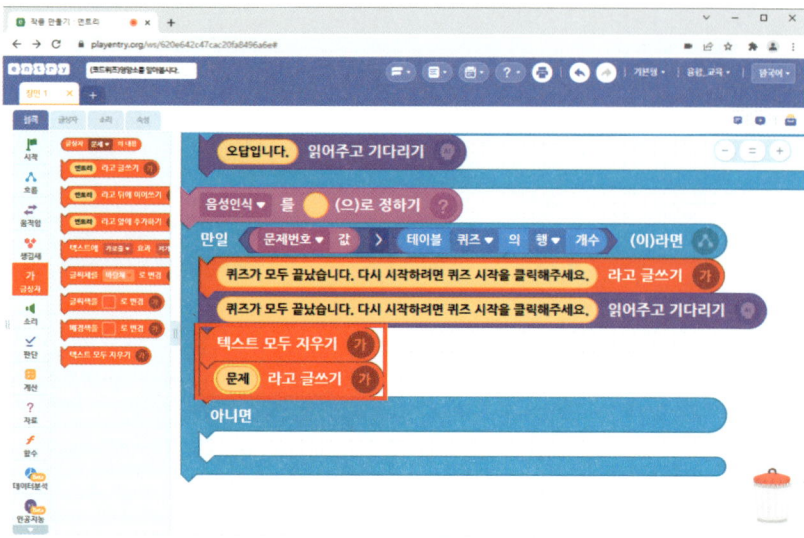

㉖ 12 문제가 모두 출제되지 않았다면 다음 문제를 출제하기 위해 {자료}의 [정답개수▼에 (10)만큼 더하기]를 넣고 ▼을 누릅니다. '문제번호'를 선택한 후 '1'을 입력하고 다시 문제출제 신호를 보내기 위해 {시작}의 [문제출제▼ 신호 보내기]를 넣습니다.

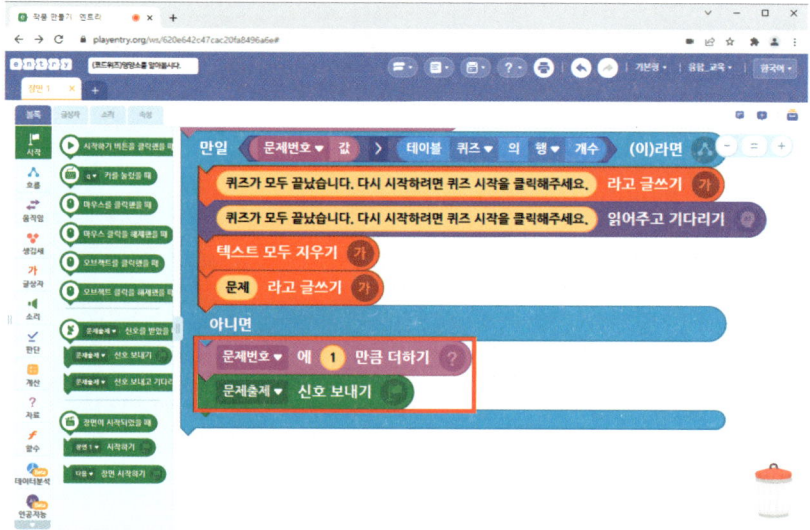

㉗ 코드 작성이 완료되었다면 [▶ 시작하기]를 클릭합니다. 안내 문구를 확인한 후 '퀴즈시작' 오브젝트를 클릭해봅니다. 문제가 표시된 후 🎤 가 표시되면 마이크에 답을 얘기해봅니다. 정답이라면 OLED에 정답개수가 표시되고 원형 네오픽셀이 정답 개수만큼 켜지는지 확인합니다.

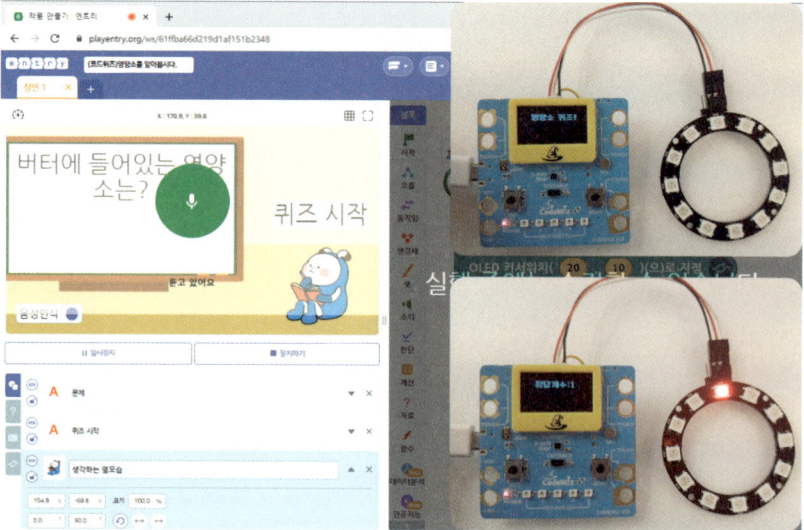

150

전체 코드 & 완성 작품 확인하기

활동3: (코드위즈)영양소 퀴즈 맞히기 프로그램 만들기

```
시작하기 버튼을 클릭했을 때
네오픽셀 18 에 12 개로 시작설정
OLED 지우기
OLED 커서위치( 20 , 10 )(으)로 지정
OLED에 한글포함 영양소 퀴즈! 출력, 줄바꿈 ◉
총 12문제의 영양소 퀴즈를 시작하겠습니다. 퀴즈를 시작하려면 퀴즈 시작을 클릭해주세요. 읽어주기
총 12문제의 영양소 퀴즈를 시작하겠습니다. 퀴즈를 시작하려면 퀴즈 시작을 클릭해주세요. 을(를) 7 초 동안 말하기
```

▲ [생각하는 옆모습] 오브젝트

```
오브젝트를 클릭했을 때
문제번호 를 2 (으)로 정하기
정답개수 를 0 (으)로 정하기
음성인식 를 (으)로 정하기
네오픽셀 모두 끄기
OLED 지우기
문제출제 신호 보내기
```

▲ [퀴즈 시작] 오브젝트

```
문제출제 신호를 받았을 때
테이블 퀴즈 ( 문제번호 값 번째 행의 문제 ) 값 라고 글쓰기
테이블 퀴즈 ( 문제번호 값 번째 행의 문제 ) 값 읽어주고 기다리기
음성 인식하기
음성인식 를 음성을 문자로 바꾼 값 (으)로 정하기
만일 음성인식 값 = 테이블 퀴즈 ( 문제번호 값 번째 행의 정답 ) 값 (이)라면
    정답개수 에 1 만큼 더하기
    네오픽셀 정답개수 값 번 LED를 ■ (으)로 켜기
    OLED 지우기
    OLED 커서위치( 20 , 10 )(으)로 지정
    OLED에 한글포함 정답개수: + 정답개수 값 출력, 줄바꿈 ◉
    정답입니다. 읽어주고 기다리기
아니면
    오답입니다. 읽어주고 기다리기
음성인식 를 (으)로 정하기
만일 문제번호 값 = 13 (이)라면
    퀴즈가 모두 끝났습니다. 다시 시작하려면 퀴즈 시작을 클릭해주세요. 라고 글쓰기
    퀴즈가 모두 끝났습니다. 다시 시작하려면 퀴즈 시작을 클릭해주세요. 읽어주고 기다리기
    텍스트 모두 지우기
    문제 라고 글쓰기
아니면
    문제번호 에 1 만큼 더하기
    문제출제 신호 보내기
```

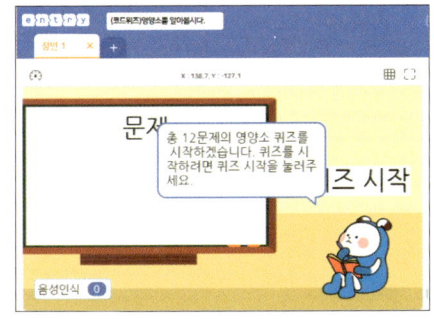

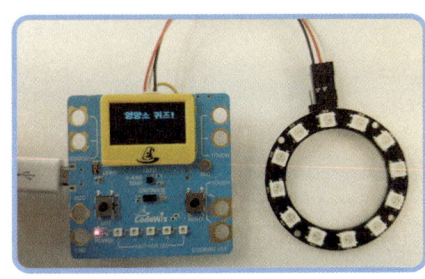

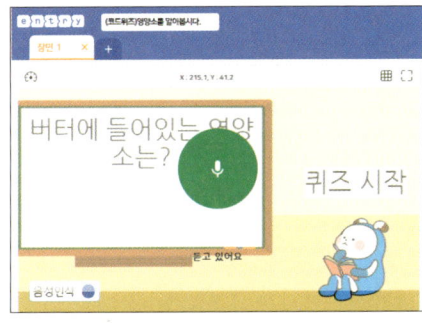

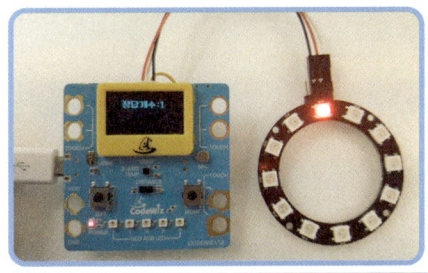

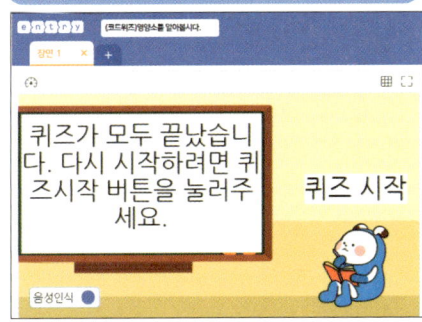

▲ [문제] 오브젝트

13 회전판으로 공정한 놀이하기
점수를 얻을 가능성이 같은 공정한 놀이하기

난이도 ★★★☆☆

01 인공지능 영역 : 음성인식

엔트리 AI 음성합성(읽어주기)
코드위즈 네오 RGB LED, OLED, 버튼, 서보모터

⇨ 엔트리와 코드위즈를 활용하여 수학교과 속에서 회전판을 만들어 점수를 얻을 가능성이 같은 공정한 놀이를 할 수 있습니다.

 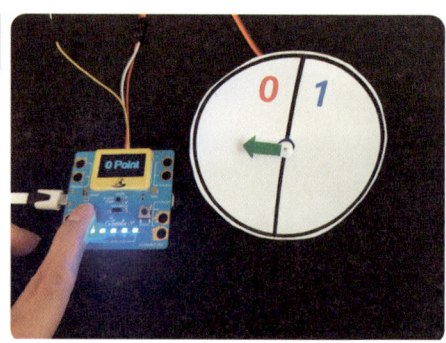 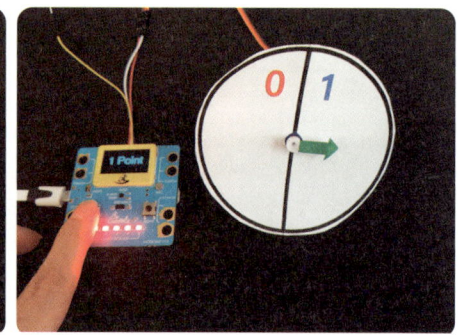

02 준비물

PC(데스크탑 또는 노트북), 코드위즈, 서보모터, 4핀 케이블, 도안(회전판, 화살표)

03 교과학습

- 5학년 2학기 수학
- 단원: 6. 평균과 가능성(144-145쪽)
- 학습활동
  활동 1 공정한 회전판 놀이 구상하기
  활동 2 (코드위즈)공정한 놀이를 위한 회전판 만들기
  활동 3 점수를 얻을 가능성이 같은 공정한 놀이하기

04 관련 교과

- 6학년 2학기 영어(천재교육) / 9. What Do You Think?
- 동의 여부를 묻고 답하는 말하기(2/6)
  - 주요 표현 반복 연습하기: 의견을 묻는 다양한 질문에 대해 회전판의 화살표가 왼쪽으로 기울면 동의하기(I think so), 오른쪽으로 기울면 동의하지 않기 (I don't think so)

05 관련 작품

- 작품 파일
  (코드위즈)회전판을 이용한 공정한놀이_완성.ent
- 작품 주소
  http://naver.me/xpYnHj2P
- 작품 영상

01 공정한 회전판 놀이 구상하기

- 일이 일어날 가능성이 같은 회전판은 어떻게 구성해야 할까요?
- 다음과 같이 회전판이 0점과 1점으로 나누어져 있을 때 회전판의 화살표가 0점과 1점에 멈출 가능성이 같은가요?

⇨ 0점과 1점이 각각 1가지이므로, 각각의 일이 일어날 가능성은 같습니다.
- 공정한 놀이를 만들려면 어떤 규칙이 있어야 할까요?
⇨ 점수를 얻을 가능성이 같은 규칙이어야 합니다.

02 (코드위즈)공정한 놀이를 위한 회전판 만들기

코드위즈 서보모터 화살표가 점수에 따라 회전하며, 네오 RGB LED가 켜지고 OLED에 점수 표시
엔트리 AI 게임 시작 안내 및 획득한 점수 읽어주기
학생 서보모터와 코드위즈 연결하기, 도안(회전판, 화살표) 오려 서보모터에 붙이기, 코드위즈의 왼쪽 버튼을 눌러 공정놀이 시작하기

서보모터 화살표	OLED	네오 RGB LED
0점일 경우	점수 출력(0점)	파란색 켜기
1점일 경우	점수 출력(1점)	빨간색 켜기

① 코드위즈와 서보모터를 연결한 후 공정한 놀이의 점수를 저장할 변수를 선언하기 위해 [속성] 탭을 클릭한 후 [변수]를 선택합니다. [변수 추가하기]를 클릭한 후 '점수'를 입력하고 [확인]을 클릭합니다.

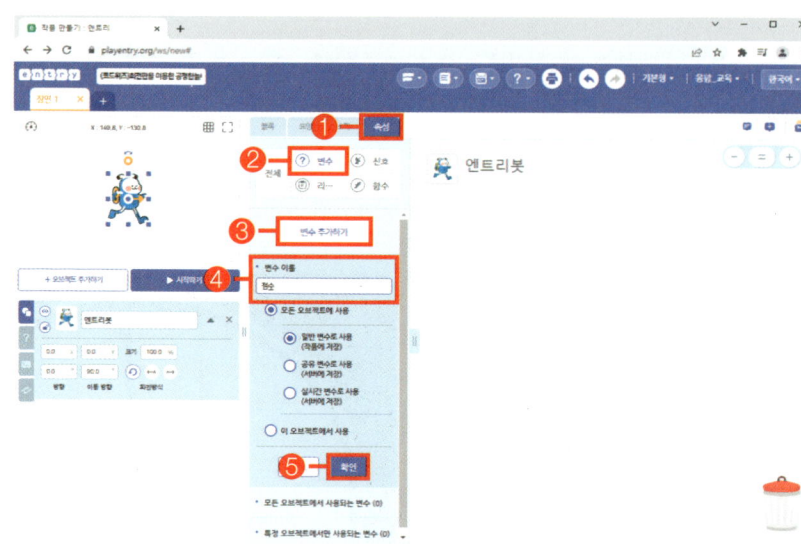

> **더 알아보기**
> 코드위즈와 서보모터 연결은 19페이지를 참조합니다.

② 놀이를 시작하는 신호를 추가하기 위해 [신호]를 선택합니다. [신호 추가하기]를 클릭한 후 '놀이시작'을 입력하고 [확인]을 클릭합니다.

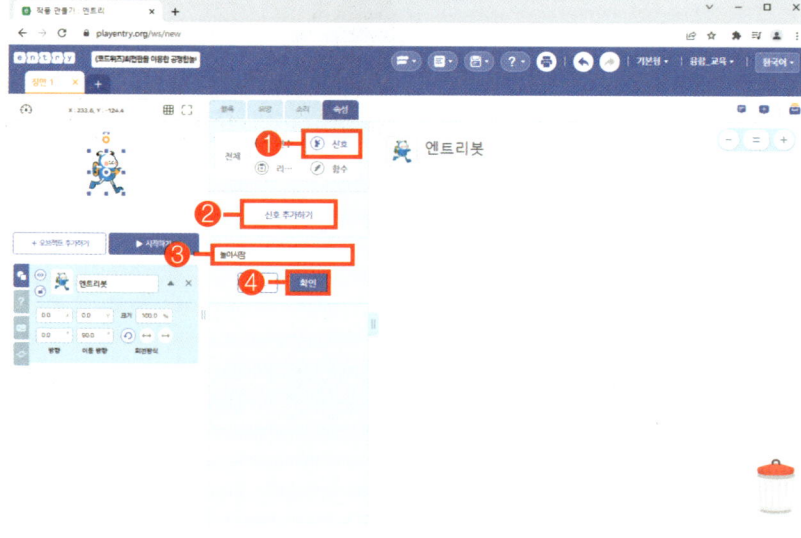

③ [블록] 탭을 클릭한 후 안내 문구를 읽어주도록 지정하기 위해 {인공지능}의 [인공지능 블록 불러오기]를 클릭합니다. [읽어주기]를 선택하고 [불러오기]를 누릅니다.

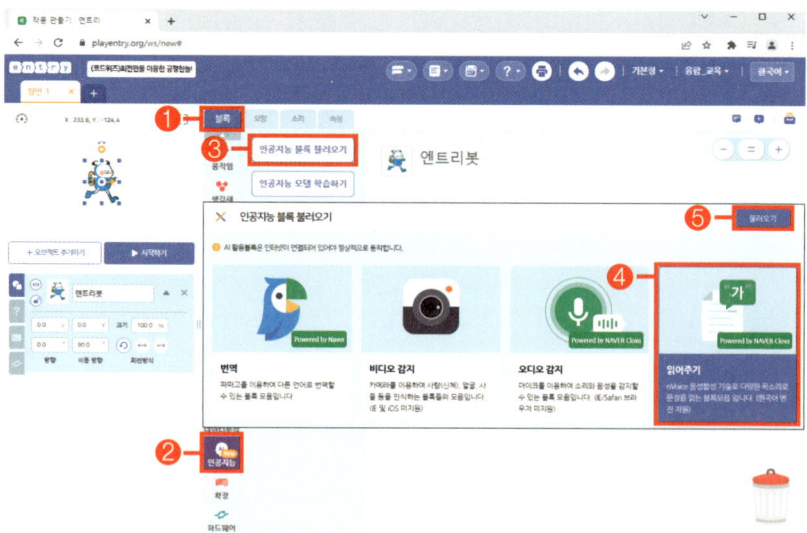

154

④ {시작}의 [시작하기 버튼을 클릭했을 때]를 넣고 네오 RGB LED 5개 사용을 위해 {하드웨어}의 [네오픽셀 코드위즈▼에 (5)개로 시작설정]을 넣습니다. OLED에 문구 출력을 위해 {하드웨어}의 [OLED 지우기]와 [OLED 폰트 Mono▼를 크기 9▼(으)로 설정]을 넣고 ▼을 눌러 'Sans'와 '18'을 선택합니다.

> 더 알아보기
>
> `OLED 폰트 Mono▼ 를 크기 9▼ (으)로 설정` 로 설정된 글꼴과 글자 크기는 `OLED에 Hello, World!! 출력` 블록으로 출력되는 문구에만 적용됩니다.

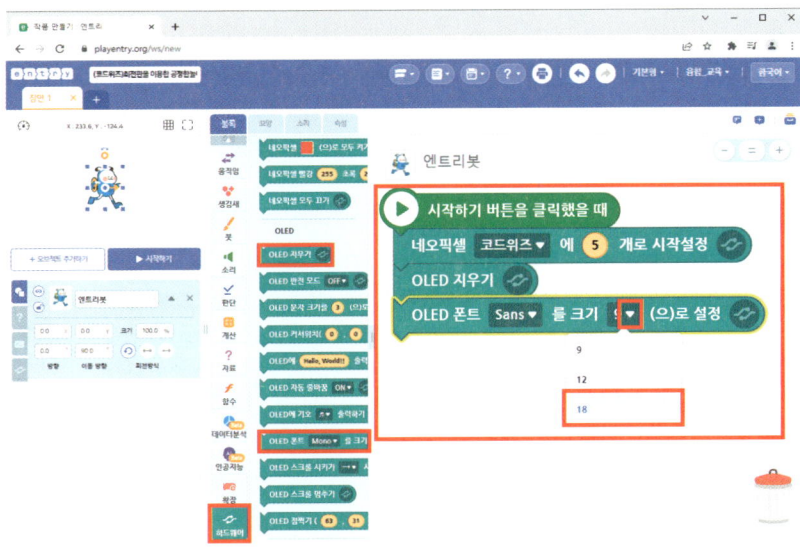

⑤ 서보모터가 연결되어 있는 회전판의 화살표가 회전판 가운데 오도록 각도를 지정하기 위해 {하드웨어}의 [서보모터(SCON▼) 각도를 (0)(으)로 바꾸기]를 넣고 '90'을 입력합니다.

> 더 알아보기
>
> 코드를 처음 실행하면 서보모터의 각도가 '90'도로 맞춰집니다. 서보모터의 각도가 '90'도로 맞춰지면 서보모터의 혼(화살표)이 위쪽을 향하도록 끼웁니다.
>
> 90도
> 180도   0도

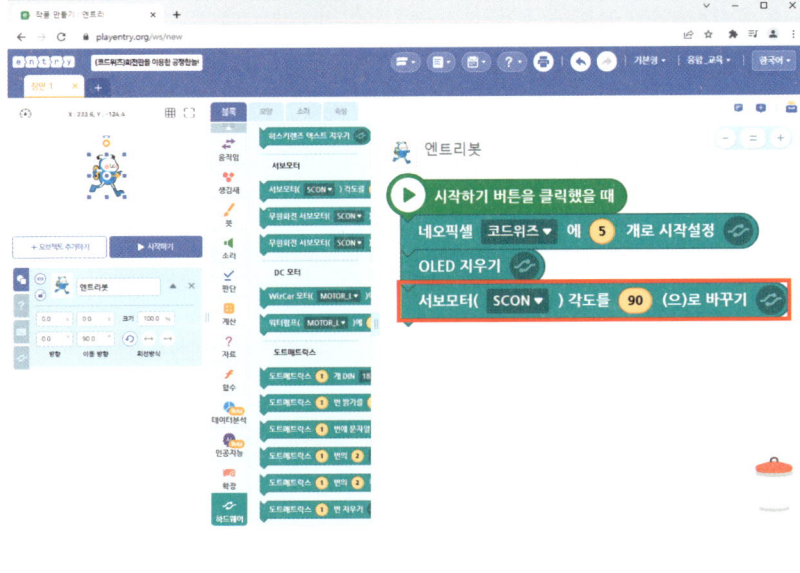

⑥ 공정한 놀이 시작 안내를 말하고 읽도록 {생김새}의 [(안녕!)을 말하기▼]와 {인공지능}의 [(엔트리) 읽어주고 기다리기]를 넣습니다. '점수를 얻을 가능성이 같은 공정한 놀이를 해볼까?'를 입력합니다.

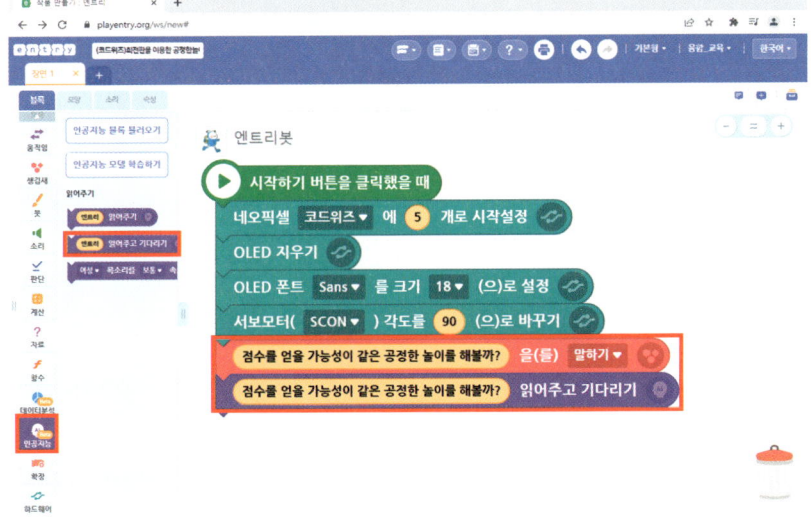

❼ 공정한 놀이 시작 신호를 보내기 위해 {시작}의 [놀이시작▼ 신호 보내기]를 넣습니다.

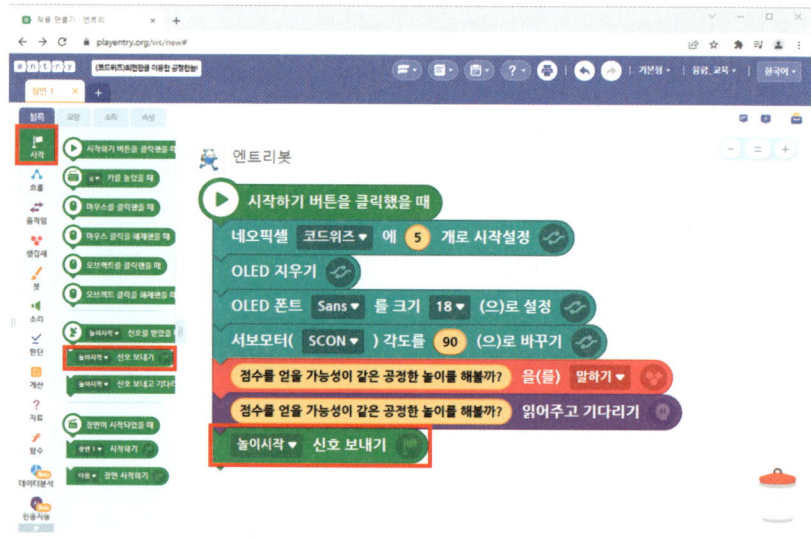

❽ 놀이가 시작되도록 {시작}의 [놀이시작▼ 신호를 받았을 때]를 넣고 {흐름}의 [계속 반복하기]를 넣습니다. 안내사항을 읽고 말하도록 {인공지능}의 [(엔트리) 읽어주기]와 {생김새}의 [(안녕!)을(를) (4)초 동안 말하기▼]를 넣습니다. '코드위즈의 왼쪽 버튼을 눌러봐'와 '3'을 입력합니다.

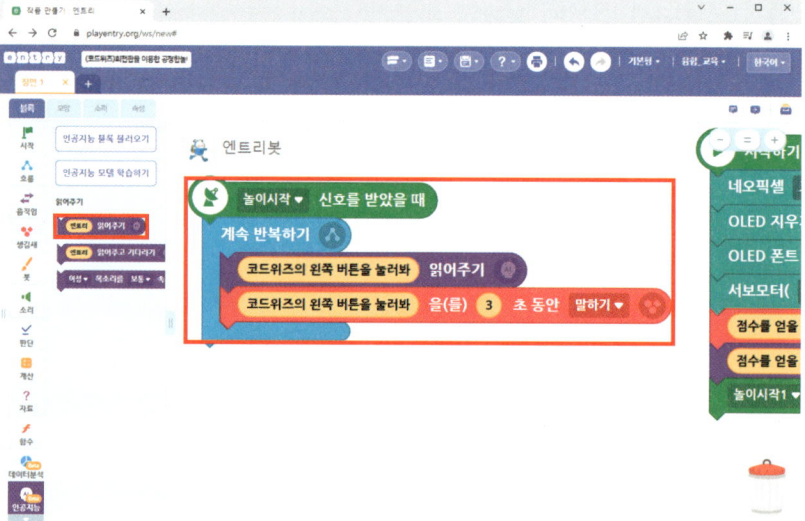

❾ 공정한 놀이의 점수를 0과 1중에 무작위로 선택하여 '점수' 변수에 저장하도록 지정하기 위해 {자료}의 [점수▼를 (10)(으)로 정하기]를 넣습니다. (10)에 {계산}의 [(0)부터 (10) 사이의 무작위 수] 넣고 (10)에 '1'을 입력합니다.

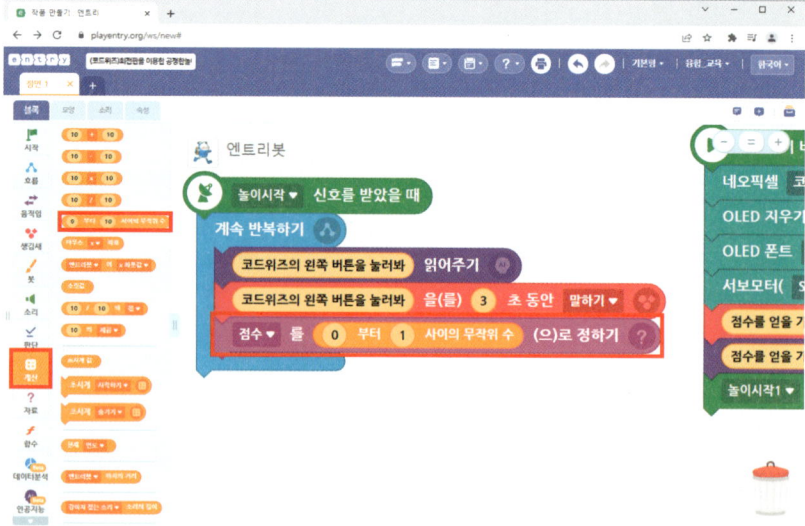

⑩ 코드위즈의 왼쪽 버튼이 눌렸는지 판단하기 위해 {흐름}의 [<참> 이(가) 될 때까지 기다리기]를 넣고 {하드웨어}의 [왼쪽 ▼ 스위치 버튼 값]을 넣습니다.

⑪ 왼쪽 버튼이 눌렸다면 '점수' 변수값이 1인지 판단하기 위해 {흐름}의 [만약 <참> (이)라면 아니면]을 넣습니다. {판단}의 [(10)=(10)]을 넣고 왼쪽 값에는 {자료}의 [점수▼ 값], 오른쪽 값에는 '1'을 입력합니다.

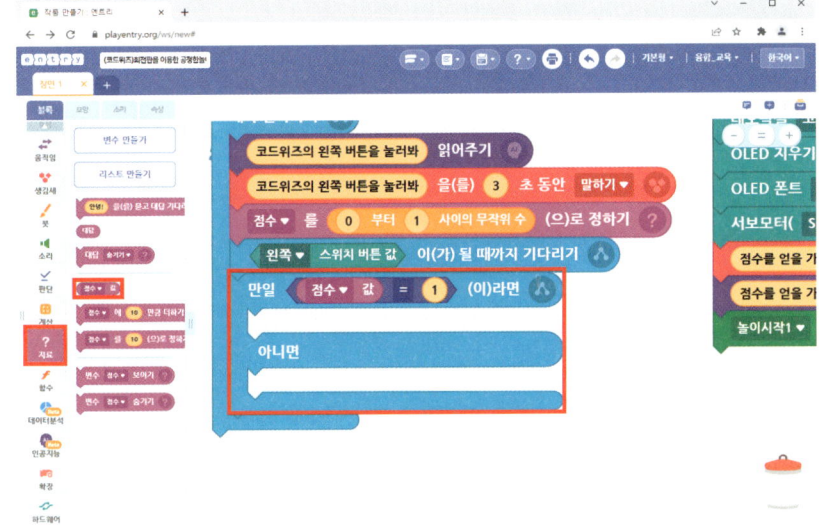

⑫ '점수' 변수값이 1이라면 회전판의 화살표가 오른쪽 방향으로 회전하도록 {하드웨어}의 [서보모터 (SCON▼) 각도를 (0)(으)로 바꾸기]를 넣습니다. 네오 RGB LED를 빨간색으로 켜기 위해 [네오픽셀 ■ (으)로 모두 켜기]를 넣습니다.

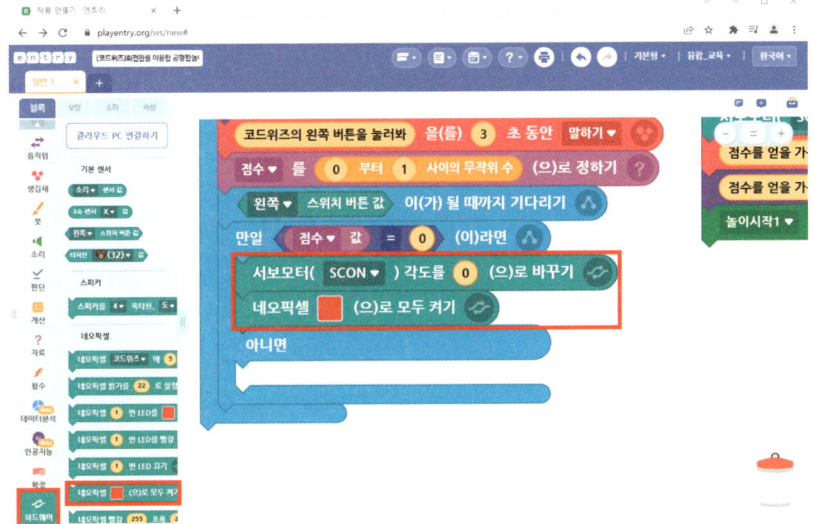

157

⑬ 점수를 OLED에 출력하고 읽어주기 위해 {하드웨어}의 [OLED 커서위치(0,0)(으)로 지정]을 넣고 '10'과 '40'을 입력합니다. [OLED에 (Hello,World!) 출력]과 {인공지능}의 [(엔트리) 읽어주고 기다리기]를 넣고 '1 Point'를 입력합니다.

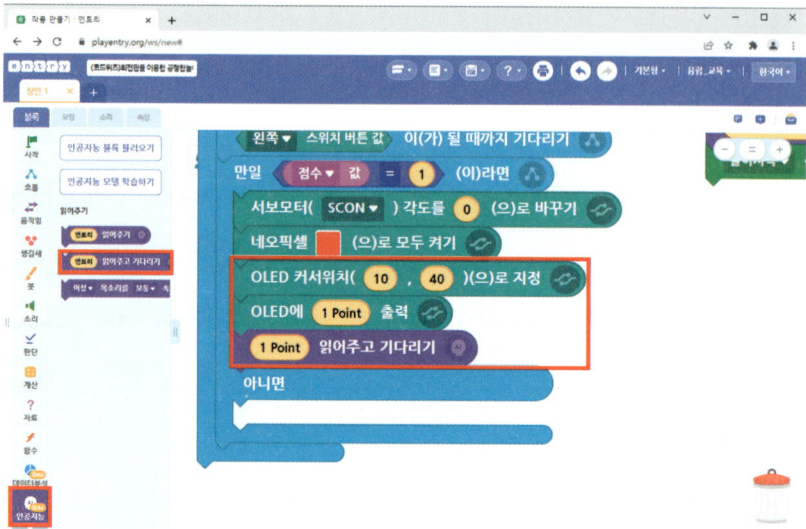

⑭ 점수가 1이 아니라면 즉 0이라면 화살표가 왼쪽 방향으로 회전하도록 {하드웨어}의 [서보모터 (SCON▼) 각도를 (0)(으)로 바꾸기]를 넣고 '180'을 입력합니다. 네오 RGB LED를 파란색으로 켜기 위해 [네오픽셀 ■ (으)로 모두 켜기]를 넣고 ■을 클릭하여 ■을 선택합니다.

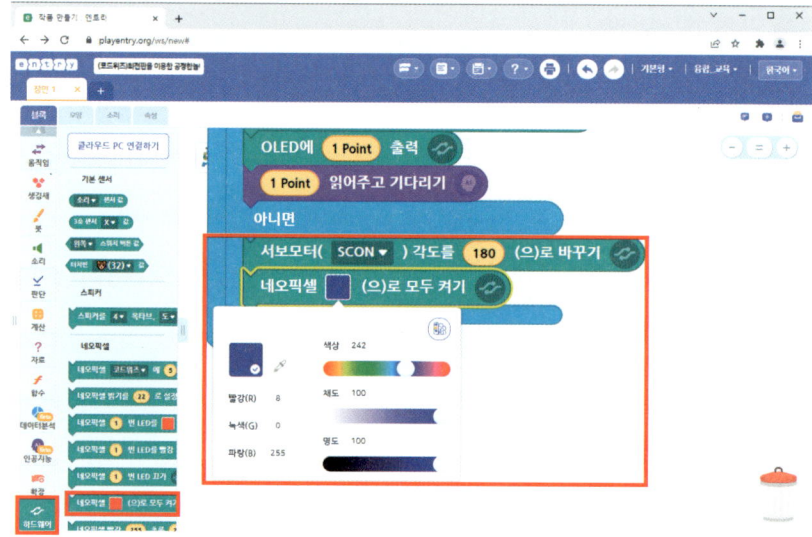

⑮ 점수를 OLED에 출력하고 읽어주기 위해 {하드웨어}의 [OLED 커서위치(0,0)(으)로 지정]을 넣고 '10'과 '40'을 입력합니다. [OLED에 (Hello,World!) 출력]과 {인공지능}의 [(엔트리) 읽어주고 기다리기]를 넣고 '0 Point'를 입력합니다.

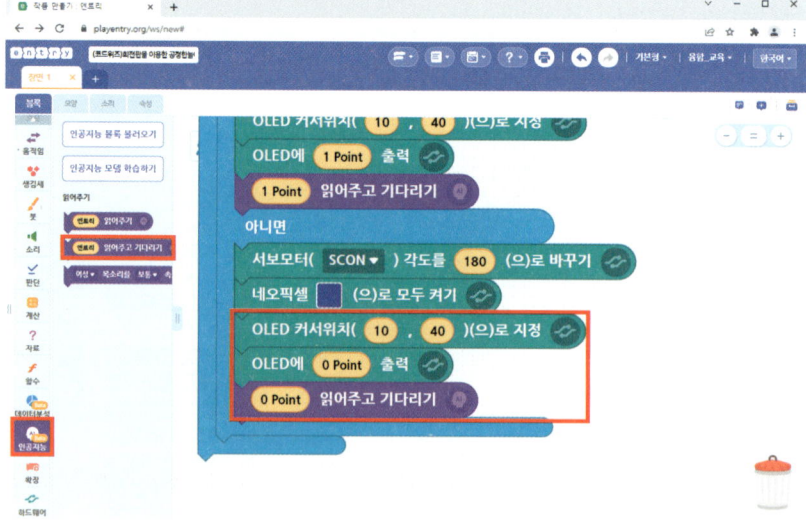

⑯ 한 번의 놀이 판정이 완료되면 회전판의 화살표가 회전판 가운데 오도록 {하드웨어}의 [서보모터 (SCON▼) 각도를 (0)(으)로 바꾸기]를 선택하고 '90'을 입력합니다. 네오 RGB LED를 끄고 OLED의 문구를 지우기 위해 [네오픽셀 모두 끄기]와 [OLED 지우기]를 넣습니다.

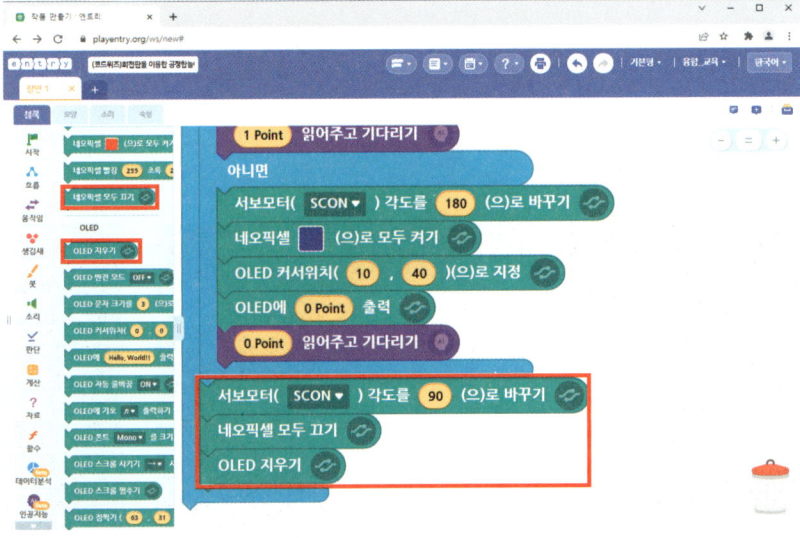

⑰ 코드 작성이 완료되었다면 부록의 도면을 잘라 준비합니다. 서보모터의 각도를 90도로 맞추기 위해 [▶ 시작하기]를 클릭합니다. 서보모터가 회전하여 각도가 90이 되면 [■ 정지하기]를 누릅니다. 각도가 맞춰진 서보모터에 잘라놓은 도면을 사진과 같이 끼워 넣고 혼이 위쪽 방향으로 향하도록 끼웁니다. 화살표도 붙입니다.

> **더 알아보기**
> 서보모터 혼이 회전할 때 도면이 돌아간다면 테이프나 풀등을 이용하여 고정시켜줍니다.

⑱ [▶ 시작하기]를 클릭합니다. 놀이 방법을 안내하면 코드위즈의 왼쪽 버튼을 누릅니다. 획득한 포인트에 따라 화살표가 회전하면서 네오 RGB LED가 켜진 후 OLED에 포인트 점수가 표시되고 말하는지 확인합니다.

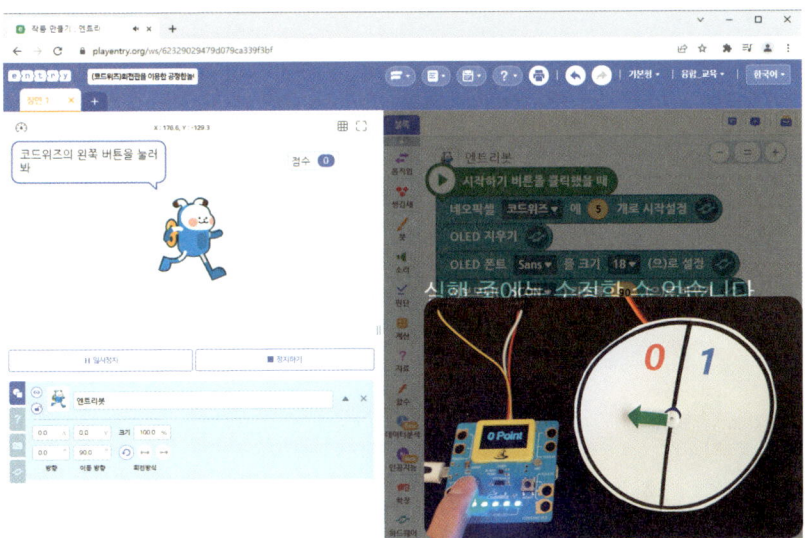

159

03 점수를 얻을 가능성이 같은 공정한 놀이하기

모둠 친구들과 각각 5번씩 코드위즈의 왼쪽 버튼을 눌러 나온 점수를 작성하여 봅시다.

이름	점수					총점
	1회	2회	3회	4회	5회	
홍길동(예시)	1점	0점	0점	1점	1점	3점

• 누가 가장 많은 점수를 얻었나요?

전체 코드 & 완성 작품 확인하기

활동2: (코드위즈)공정한 놀이를 위한 회전판 만들기

```
시작하기 버튼을 클릭했을 때
    네오픽셀 코드위즈 ▾ 에 5 개로 시작설정
    OLED 지우기
    OLED 폰트 Sans ▾ 를 크기 18 ▾ (으)로 설정
    서보모터( SCON ▾ ) 각도를 90 (으)로 바꾸기
    점수를 얻을 가능성이 같은 공정한 놀이를 해볼까? 을(를) 말하기 ▾
    점수를 얻을 가능성이 같은 공정한 놀이를 해볼까? 읽어주고 기다리기
    놀이시작 ▾ 신호 보내기

놀이시작 ▾ 신호를 받았을 때
    계속 반복하기
        코드위즈의 왼쪽 버튼을 눌러봐 읽어주기
        코드위즈의 왼쪽 버튼을 눌러봐 을(를) 3 초 동안 말하기 ▾
        점수 ▾ 를 0 부터 1 사이의 무작위 수 (으)로 정하기
        왼쪽 ▾ 스위치 버튼 값 이(가) 될 때까지 기다리기
        만일 점수 ▾ 값 = 1 (이)라면
            서보모터( SCON ▾ ) 각도를 0 (으)로 바꾸기
            네오픽셀 ■ (으)로 모두 켜기
            OLED 커서위치( 10 , 40 )(으)로 지정
            OLED에 1 Point 출력
            1 Point 읽어주고 기다리기
        아니면
            서보모터( SCON ▾ ) 각도를 180 (으)로 바꾸기
            네오픽셀 ■ (으)로 모두 켜기
            OLED 커서위치( 10 , 40 )(으)로 지정
            OLED에 0 Point 출력
            0 Point 읽어주고 기다리기
        서보모터( SCON ▾ ) 각도를 90 (으)로 바꾸기
        네오픽셀 모두 끄기
        OLED 지우기
```

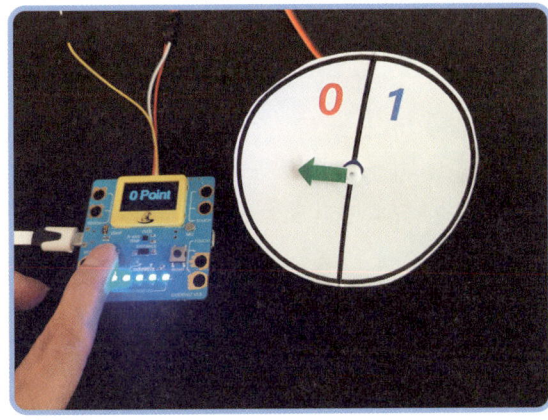

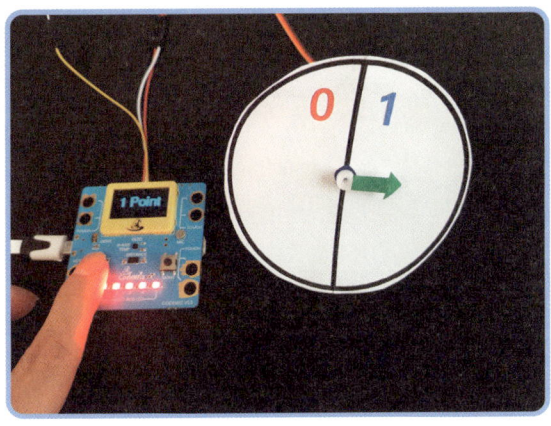

▲ [엔트리봇] 오브젝트

14 감정 판별기 만들기
얼굴을 보고 감정을 읽는 감정 판별기 만들기

난이도 ★★★☆☆

01 인공지능 영역 : 비디오 인식, 음성인식

엔트리 AI 비디오 감지(감정 인식), 음성합성(읽어주기)
코드위즈 버튼, 스피커, 도트매트릭스
⇨ 엔트리와 코드위즈를 활용하여 얼굴을 보고 상대방의 감정을 읽는 감정 판별기를 만들 수 있습니다.

02 준비물

PC(데스크톱 또는 노트북), 코드위즈, 도트매트릭스, 4핀 케이블(암), 악어케이블

04 관련 교과

- 4학년 1학기 영어(대교) / 1. How are you?
- 기분과 때를 나타내는 낱말이나 표현 익히기(3/4차시)

03 교과학습

- 4학년 1학기 국어
- 단원: 3. 느낌을 살려 말해요 (94~97쪽)
- 학습활동
  활동 1   다양한 감정의 종류 알아보기
  활동 2   (코드위즈)감정 판별기 만들기
  활동 3   상대방의 감정을 읽어 보기

05 관련 작품

- 작품 파일
  (코드위즈)감정판별기.ent
  (코드위즈)감정판별기_완성.ent

- 작품 주소
  http://naver.me/xZ9lyXkI
  http://naver.me/GtbkFIl0

- 작품 영상

01 다양한 감정의 종류 알아보기

감정이란 무엇인지 생각하고 감정의 종류 알아보기
Q: 감정이란 무엇인가요?
A: 사람들의 기분이나 마음 상태 등을 말합니다.
Q: 감정의 종류에는 어떤 것들이 있을까요?
A: 기쁨, 행복, 슬픔, 분노 등이 있습니다.

02 (코드위즈)감정 판별기 만들기

코드위즈 감정을 인식한 결과에 따라 스피커, 도트매트릭스 동작하기
엔트리 AI 인공지능 읽어주기, 감정 인식
학생 코드위즈와 엔트리를 이용하여 감정 판별기 만들기

1. 코드위즈와 도트매트릭스를 연결한 후 '(코드위즈)감정판별기.ent' 파일을 실행합니다. 무작위 감정 번호를 저장할 변수를 선언하기 위해 [속성] 탭을 클릭한 후 [변수]를 선택합니다. [변수 추가하기]를 클릭한 후 '감정번호'를 입력하고 [확인]을 클릭합니다. 실행화면에 보이지 않도록 👁 를 클릭합니다.

> **더 알아보기**
> 코드위즈와 도트매트릭스의 연결은 19페이지를 참조합니다.

❷ 감정 신호를 추가하기 위해 [신호]를 선택한 후 [신호 추가하기]을 클릭합니다. '감정'을 입력하고 [확인]을 클릭합니다.

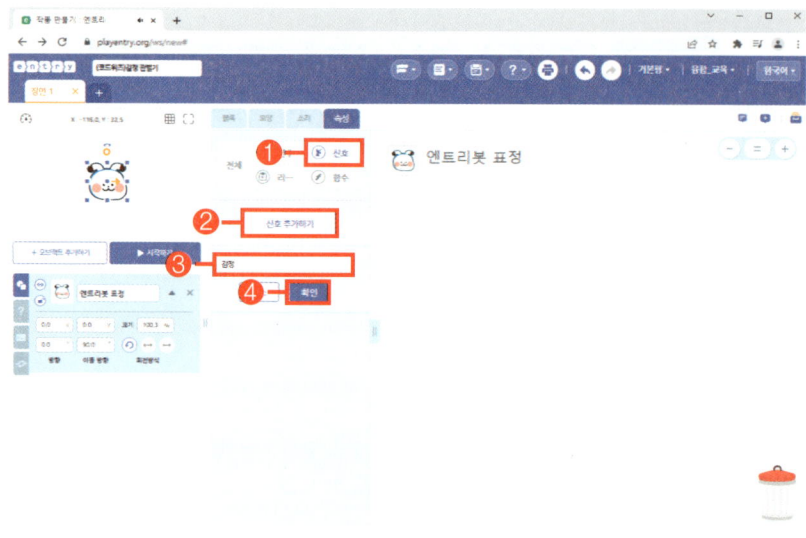

❸ 세부 감정인 'HAPPY', 'SAD', 'ANGRY' 신호를 추가하기 위해 [신호 추가하기]를 클릭하여 신호의 이름으로 'HAPPY '를 입력하고 [확인]을 클릭합니다. 같은 방법으로 'SAD', 'ANGRY' 신호를 추가합니다. 신호를 모두 추가하였다면 [블록] 탭을 클릭합니다.

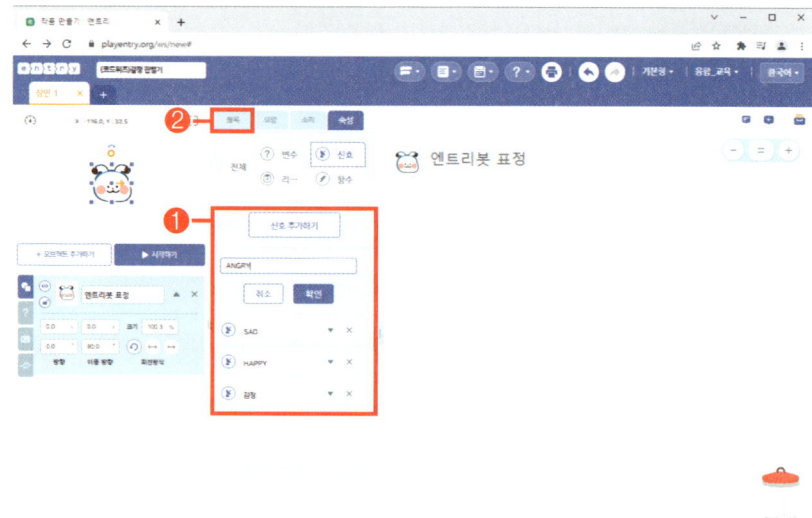

❹ 카메라로 사람의 감정을 인식하고 읽어 줄 수 있도록 지정하기 위해 {인공지능}의 [인공지능 블록 불러오기]를 클릭합니다. [비디오 감지]와 [읽어주기]를 선택하고 [불러오기]를 누릅니다.

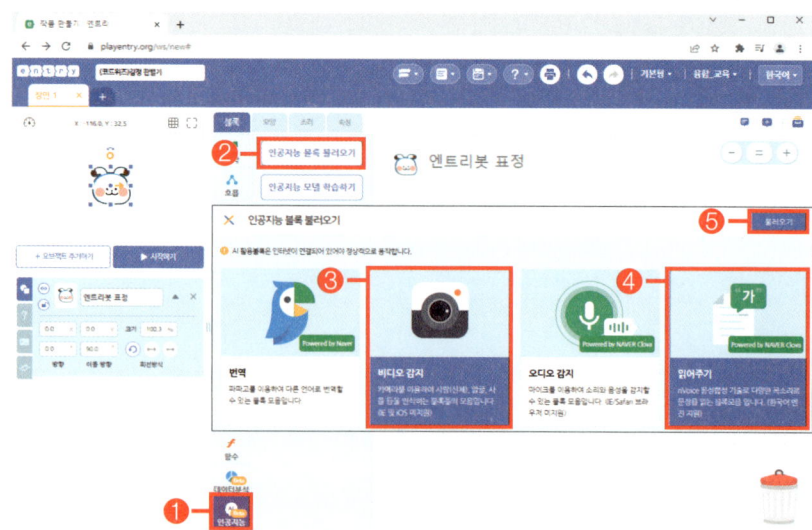

164

❺ {시작}의 [시작하기 버튼을 클릭했을 때]를 넣습니다. 도트매트릭스 제어를 위한 핀 설정을 위해 {하드웨어}의 [도트매트릭스 (1)개 DIN 18▼, CS 19▼, CLK 15▼로 설정]을 넣고 CLK의 ▼을 클릭하여 '27'을 선택합니다.

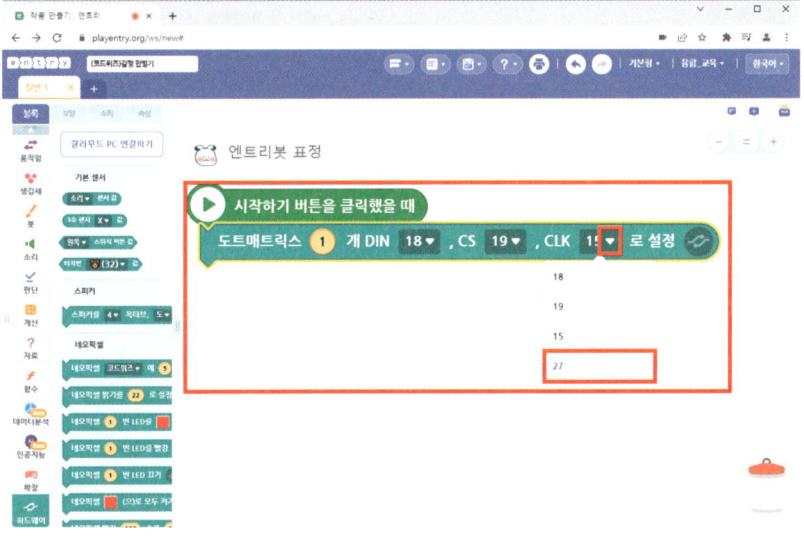

❻ 시작 안내 문구를 읽어주고 말하기 위해 {인공지능}의 [(엔트리) 읽어주기]와 {생김새}의 [(안녕!)을(를) (4)초 동안 말하기▼]를 넣습니다. '도트매트릭스에 표시되는 상대방의 감정을 표정으로 맞춰요.'와 '7'을 입력합니다. 감정 선택 신호를 보내기 위해 {시작}의 [ANGRY▼ 신호 보내기]를 넣고 ▼을 눌러 '감정'을 선택합니다.

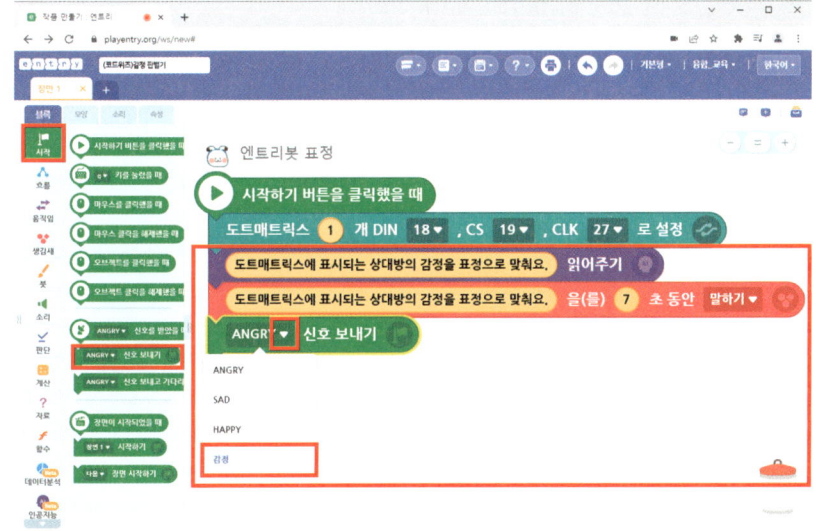

❼ 감정 신호를 받았을 때 '엔트리봇 표정' 오브젝트의 모양이 기본이 되도록 지정하기 위해 {시작}의 [ANGRY▼ 신호를 받았을 때]를 넣고 ▼을 눌러 '감정'을 선택합니다. {생김새}의 [행복▼ 모양으로 바꾸기]를 넣고 ▼을 눌러 '기본'을 선택합니다.

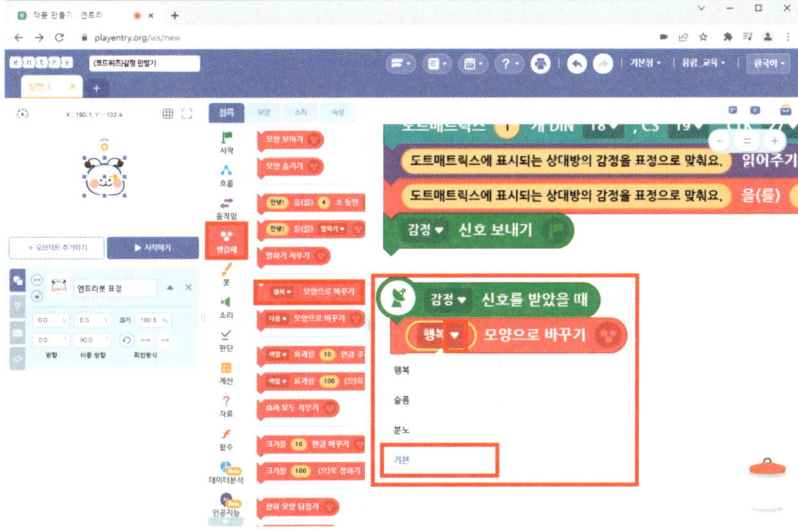

165

⑧ 시작 방법을 읽고 말하기 위해 {인공지능}의 [(엔트리)읽어주기]와 {생김새}의 [(안녕!)을(를) (4)초 동안 말하기▼]를 넣습니다. '코드위즈의 왼쪽 버튼을 눌러주세요.'와 '3'을 입력합니다.

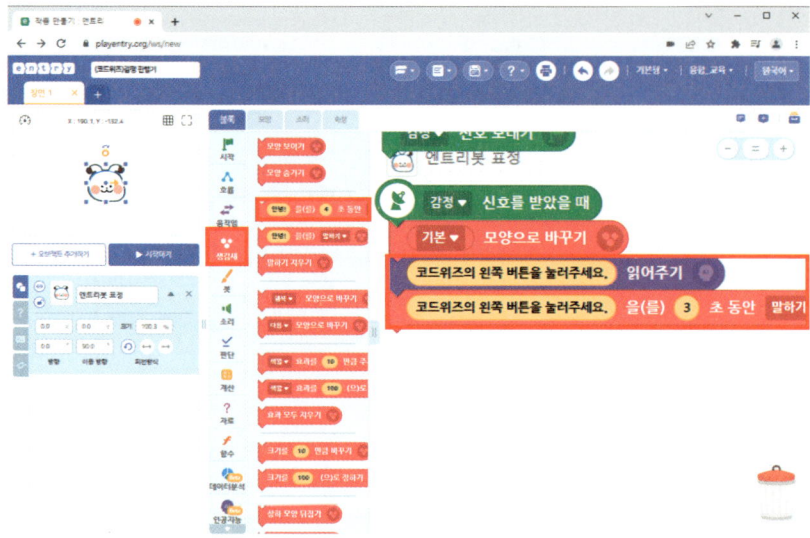

⑨ 코드위즈의 왼쪽 버튼을 누르면 감정 번호에 따라 신호를 보내도록 지정하기 위해 {흐름}의 [<참> 이(가) 될 때까지 기다리기]를 넣고 {하드웨어}의 [왼쪽▼ 스위치 버튼 값]을 넣습니다.

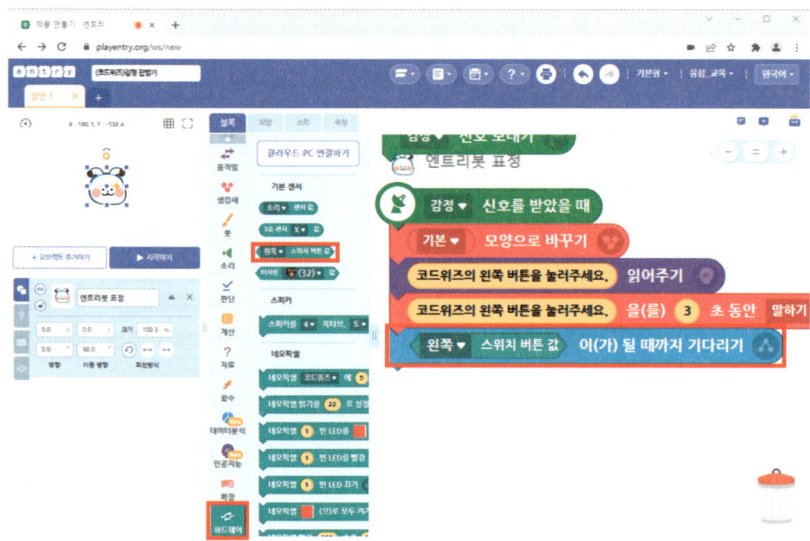

⑩ 감정 번호를 1, 2, 3중에 무작위로 선택하여 '감정번호' 변수에 저장하도록 지정하기 위해 {자료}의 [감정번호▼를 (10)(으)로 정하기]를 넣습니다. (10)에 {계산}의 [(0)부터 (10) 사이의 무작위 수] 넣고 '1'과 '3'을 입력합니다.

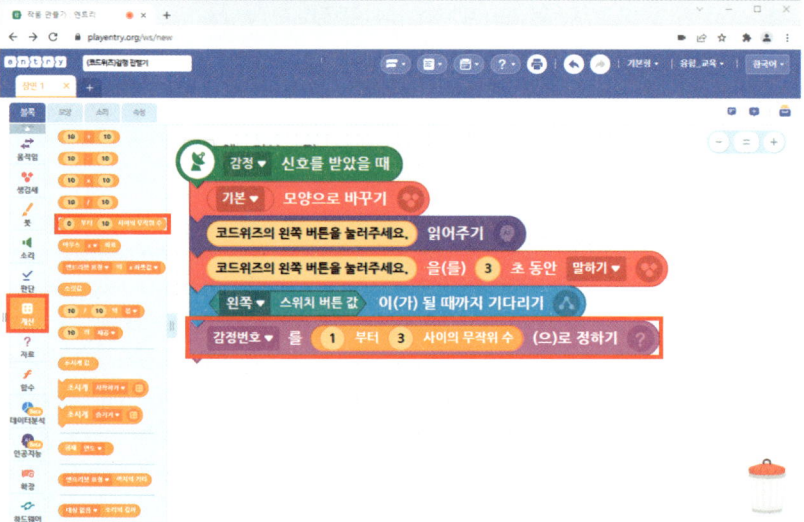

166

⑪ '감정번호' 변수값이 '1'이면 HAPPY 신호를 보내기 위해 {흐름}의 [만일 <참> (이)라면]을 넣습니다. {판단}의 [(10)=(10)]을 넣고 왼쪽 값에 {자료}의 [감정번호▼ 값]을, 오른쪽 값에 '1'을 입력합니다. {시작}의 [ANGRY▼ 신호 보내기]를 넣고 ▼을 눌러 'HAPPY'를 선택합니다.

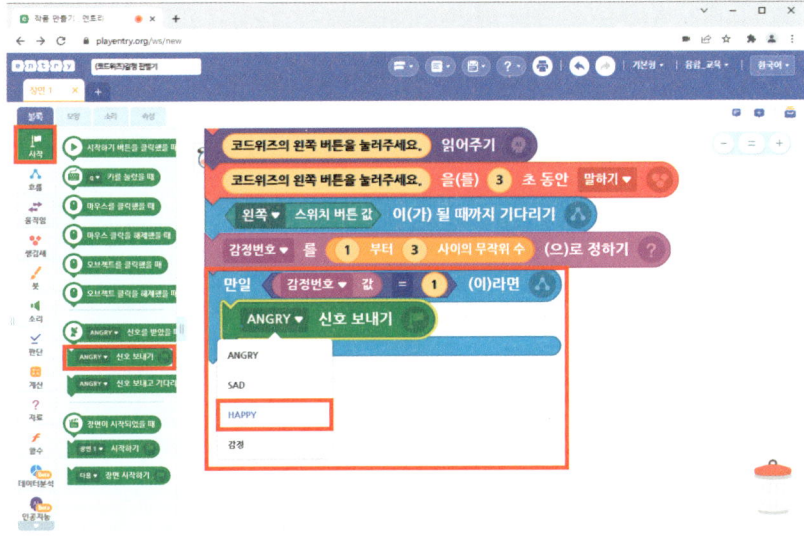

⑫ '감정번호' 변수값이 '2', '3'인 경우 ANGRY 신호와 SAD 신호를 보내기 위해 [(이)라면]을 마우스 오른쪽 버튼으로 클릭한 후 [코드 복사] 메뉴를 클릭합니다.

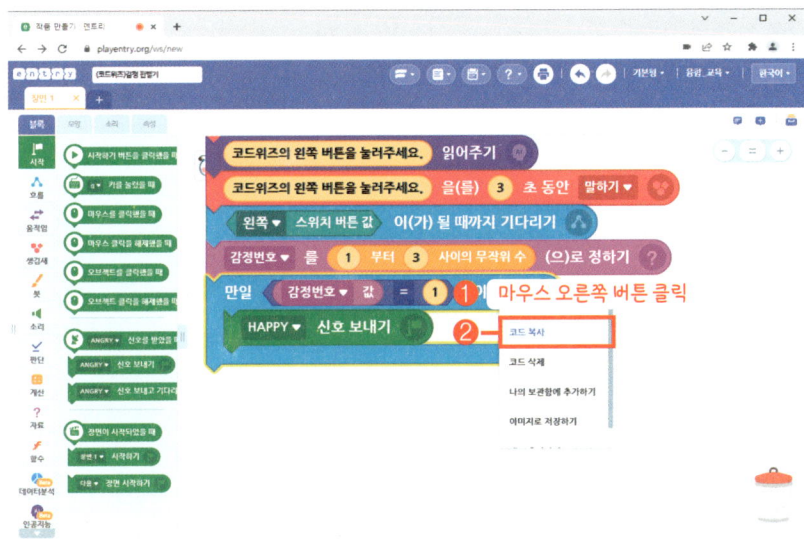

⑬ 마우스 오른쪽 버튼을 눌러 [붙여넣기]를 2번 한 후 붙여넣기 된 블록 아래로 드래그하여 연결합니다. 비교 값을 '2', '3'으로 입력하고 ▼을 눌러 'ANGRY'와 'SAD'를 선택합니다.

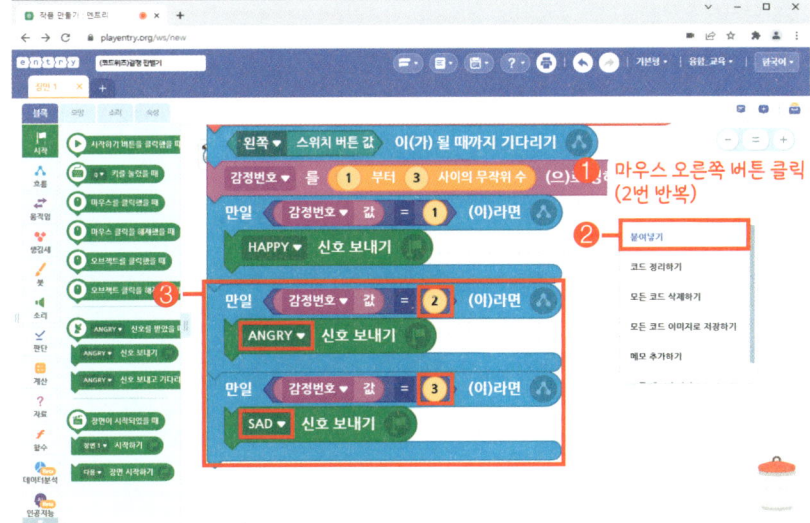

⑭ HAPPY 신호를 받았을 때 도트매트릭스에 'HAPPY'가 출력되도록 지정하기 위해 {시작}의 [ANGRY▼ 신호를 받았을 때]를 넣고 ▼을 눌러 'HAPPY'를 선택합니다. {하드웨어}의 [도트매트릭스 (1)번에 문자열 (HELLO) 출력]을 넣고 'HAPPY'를 입력합니다.

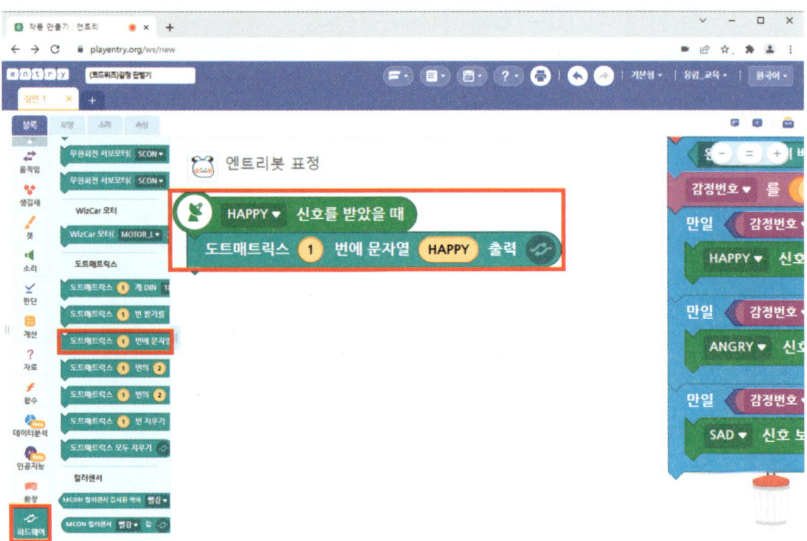

> **더 알아보기**
>
> [도트매트릭스 1 번에 문자열 HELLO 출력] 는 입력된 문자열을 한 글자씩 순서대로 도트매트릭스에 출력합니다.

⑮ 도트매트릭스로 'HAPPY' 문자열이 출력되면 카메라로 얼굴 인식이 시작되도록 {인공지능}의 [비디오 화면 보이기▼]와 [사람▼ 인식 시작하기▼]를 넣고 ▼을 눌러 '얼굴'을 선택합니다.

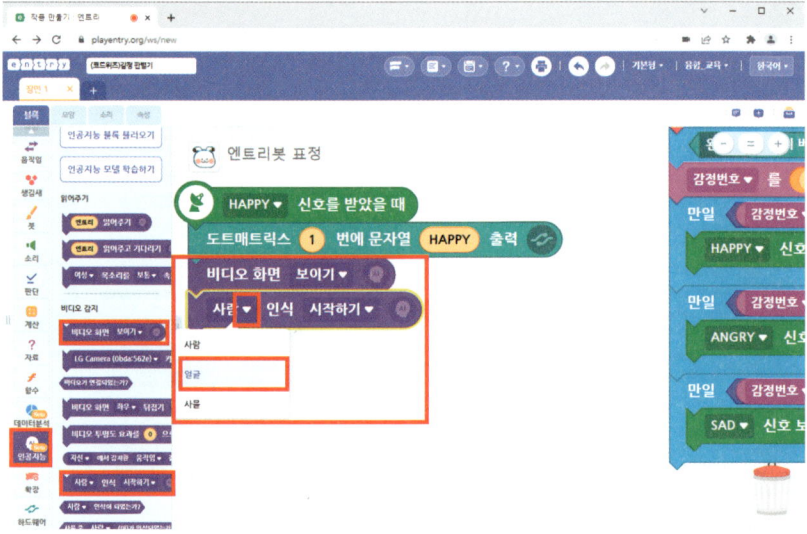

⑯ 얼굴 인식 시작 안내를 읽어주기 위해 {인공지능}의 [(엔트리)읽어주고 기다리기]를 넣고 '얼굴 표정 인식을 시작합니다.'를 입력합니다. 인식된 얼굴 감정이 '행복'이 될 때까지 기다리기 위해 {흐름}의 [<참> 이(가) 될 때까지 기다리기]를 넣습니다.

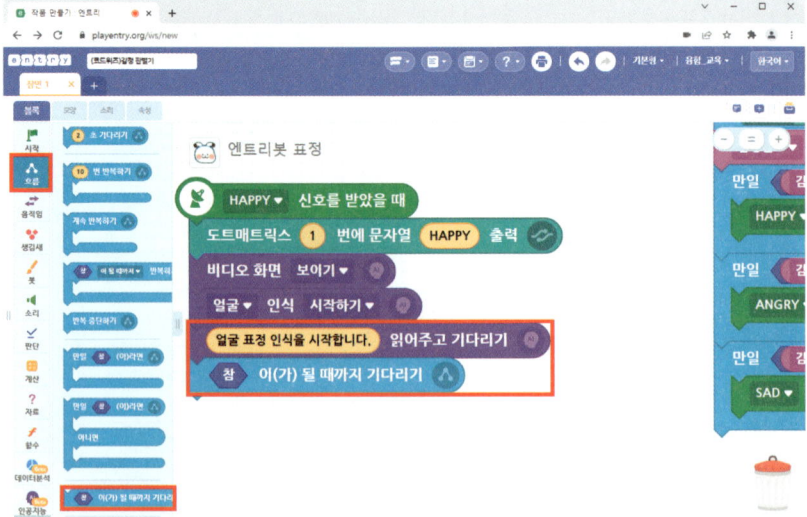

⑰ {판단}의 [(10)=(10)]을 넣고 왼쪽 값에는 {인공지능}의 [1▼ 번째 얼굴의 성별▼]을 넣습니다. 성별의 ▼을 눌러 '감정'을 선택하고 오른쪽 값에는 '행복'을 입력합니다. '엔트리봇 표정' 오브젝트의 모양을 바꾸기 위해 {생김새}의 [행복▼ 모양으로 바꾸기]를 넣습니다.

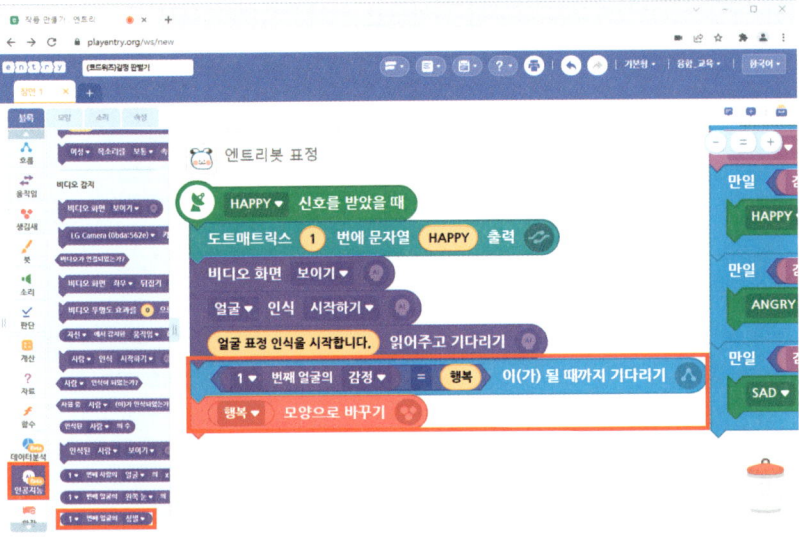

⑱ {인공지능}의 [(엔트리)읽어주기]와 [(안녕!)을(를) 말하기▼]를 넣고 '표정으로 맞춘 상대방의 감정은 행복입니다'를 입력합니다. 코드위즈 스피커로 '도', '미', '솔' 음이 재생되도록 {하드웨어}의 [스피커를 4▼옥타브, 도▼음, 4▼분음표로 연주하기]를 3번 넣습니다. ▼을 눌러 '미', '솔'을 선택합니다.

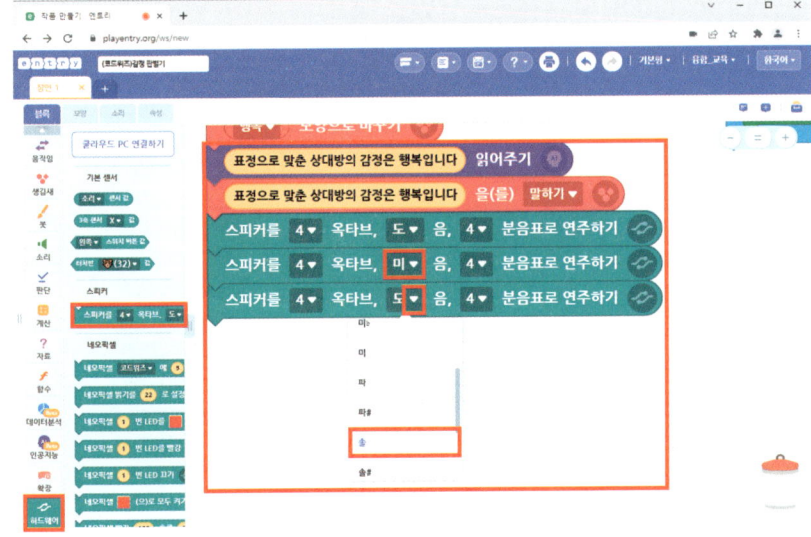

⑲ {흐름}의 [(2)초 기다리기]를 넣고 '5'를 입력합니다. {생김새}의 [말하기 지우기]를 넣어 말한 내용을 지웁니다. 얼굴 인식을 중지하고 비디오 화면을 숨기기 위해 {인공지능}의 [사람▼ 인식 시작하기▼]와 [비디오 화면 보이기▼]를 넣고 ▼을 눌러 '얼굴', '중지하기', '숨기기'를 선택합니다.

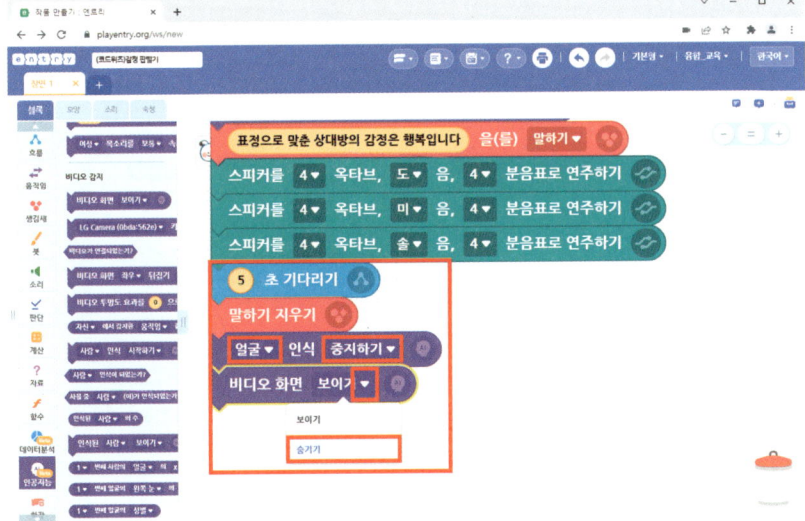

169

20 얼굴 인식이 중지되고 비디오 화면이 숨겨지면 다시 왼쪽 버튼을 눌러 도트매트릭스에 표시되는 감정을 인식하도록 {시작}의 [ANGRY▼ 신호 보내기]를 넣고 ▼을 눌러 '감정'을 선택합니다.

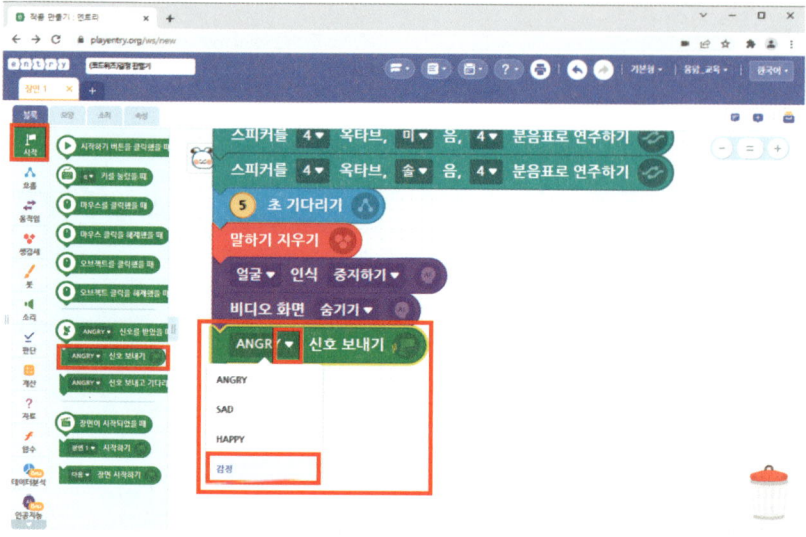

21 ANGRY 신호와 SAD 신호를 받았을 때 도트매트릭스에 감정 문구를 출력하고 사람의 감정을 인식하도록 [HAPPY▼ 신호를 받았을 때]를 마우스 오른쪽 버튼으로 클릭한 후 [코드 복사] 메뉴를 클릭합니다.

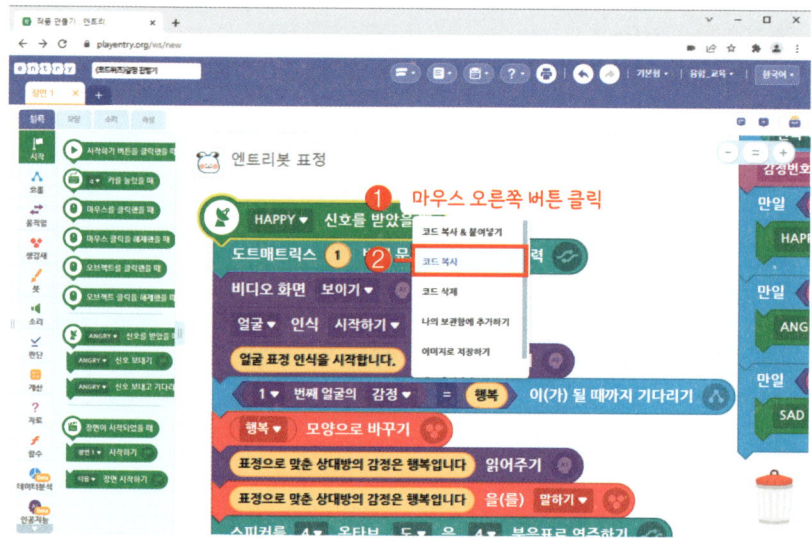

22 마우스 오른쪽 버튼을 눌러 [붙여넣기]를 클릭합니다. ▼을 눌러 'ANGRY'를 선택한 후 도트매트릭스에 'ANGRY'를 입력합니다. 감정 판단 비교 값을 '분노'로 변경한 후 [모양으로 바꾸기]의 ▼을 눌러 '분노'를 선택합니다. 읽어주는 문구로 '표정으로 맞춘 상대방의 감정은 분노입니다.'를 입력합니다.

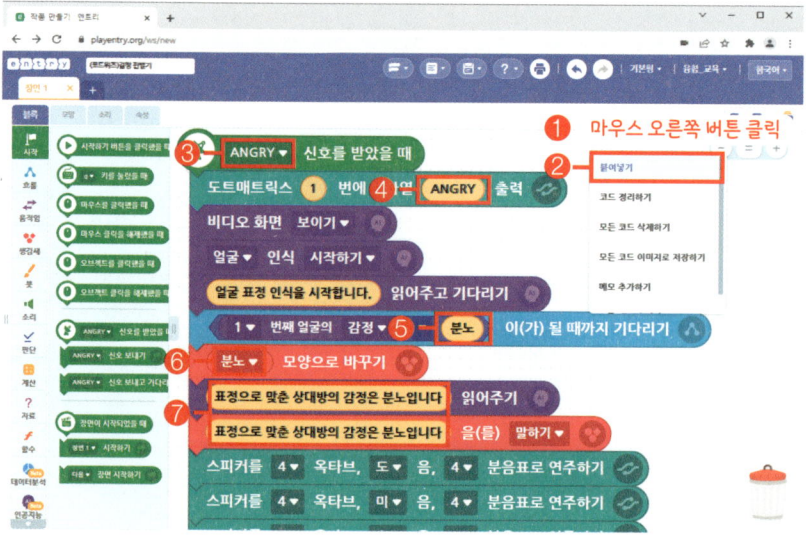

170

㉓ 마우스 오른쪽 버튼을 눌러 [붙여 넣기]를 클릭합니다. ▼을 눌러 'SAD'를 선택한 후 도트매트릭스에 'SAD'를 입력합니다. 감정 판단 비교 값을 '슬픔'으로 변경한 후 [모양으로 바꾸기]의 ▼을 눌러 '슬픔'을 선택합니다. 읽어주는 문구로 '표정으로 맞춘 상대방의 감정은 슬픔입니다.' 를 입력합니다.

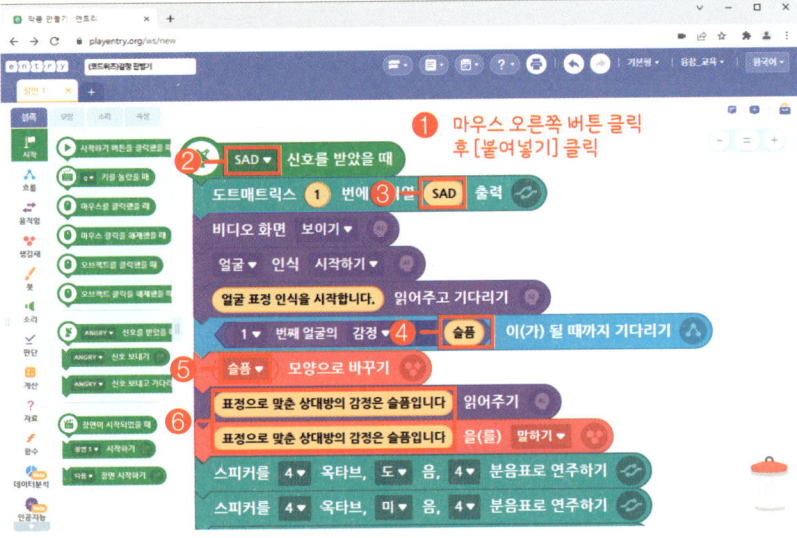

㉔ 코드 작성이 완료되었다면 [▶ 시작하기]를 클릭합니다. 안내 문구를 말하고 보여주면 왼쪽 버튼을 누릅니다. 도트매트릭스에 감정명이 표시되면 카메라에 해당 감정의 얼굴 표정을 인식시킵니다. 얼굴 표정이 인식되면 '엔트리봇 표정' 오브젝트의 표정이 변경되고 스피커가 울리는지 확인합니다.

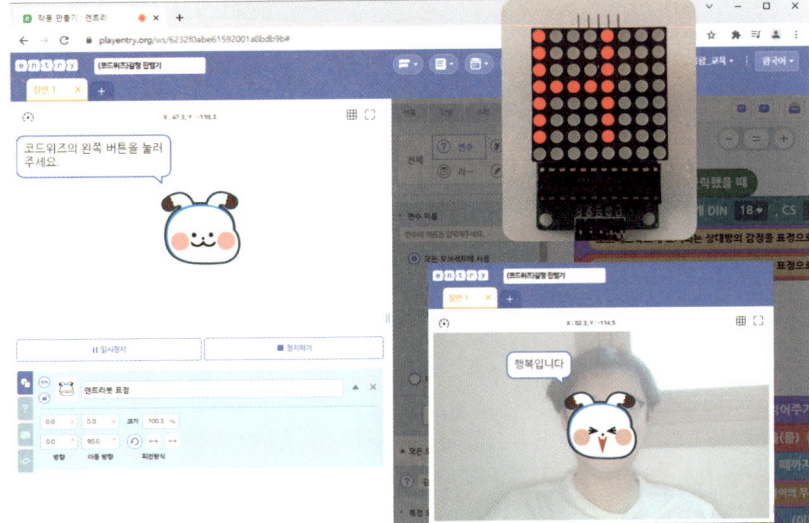

03 상대방의 감정을 읽어보기

T: 도트매트릭스에 나타나는 감정들(happy, sad, angry)을 표정으로 나타내 봅시다.
  사람들의 감정을 읽는 방법에 대해 생각해 보기
Q: 'happy'라는 감정을 표현하기 위해 어떤 표정을 지었나요?
A: 눈꼬리가 내려가고 양쪽 입꼬리가 위로 올라 갔습니다.
Q: 'angry'라는 감정을 표현하기 위해 어떤 표정을 지었나요?
A: 눈썹이 위로 올라가고 눈썹 사이의 미간에 주름이 생겼습니다. 양쪽 입꼬리가 아래로 내려갔습니다.
T: 얼굴의 눈썹, 눈, 입, 미간 등의 움직임을 통해 감정을 읽을 수 있습니다.

전체 코드 & 완성 작품 확인하기
활동2: (코드위즈)감정 판별기 만들기

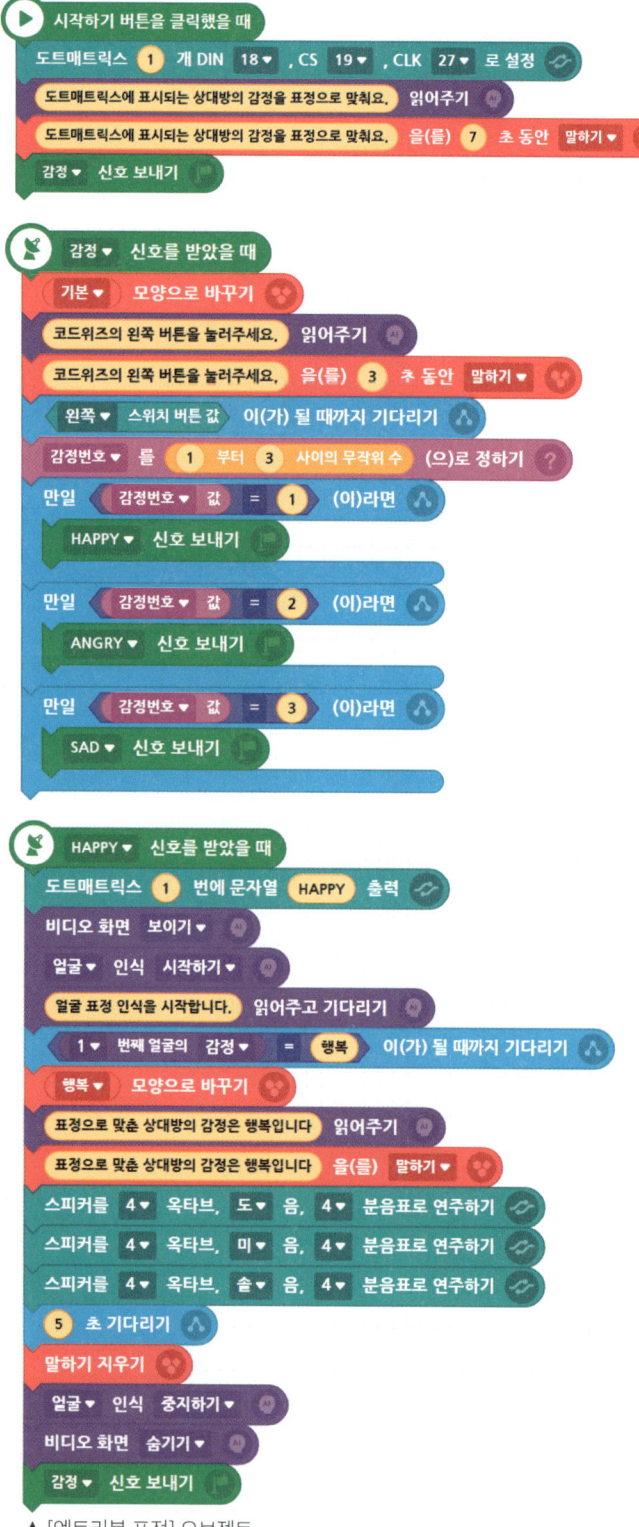

▲ [엔트리봇 표정] 오브젝트

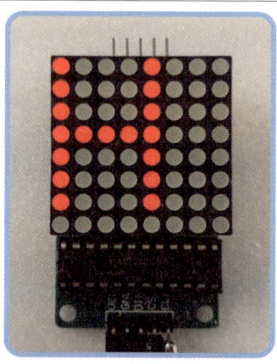

전체 코드 & 완성 작품 확인하기
활동2: (코드위즈)감정 판별기 만들기

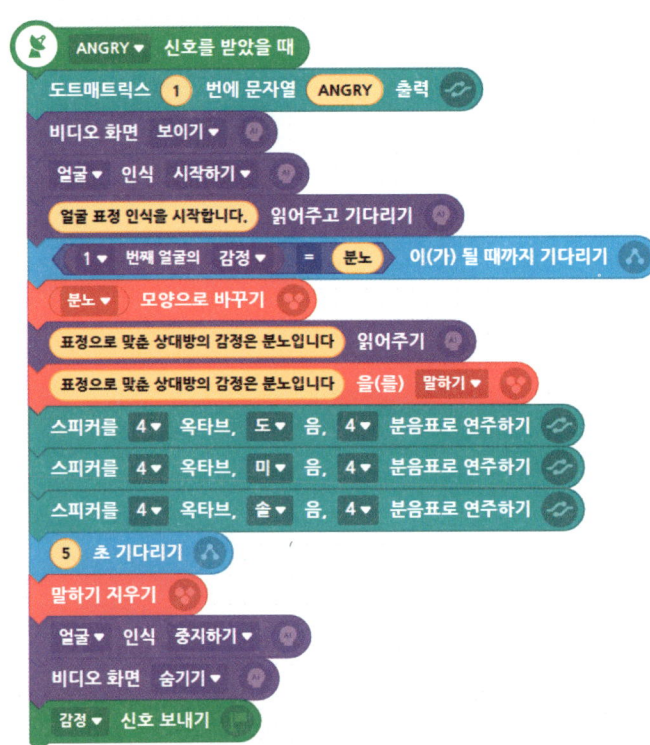

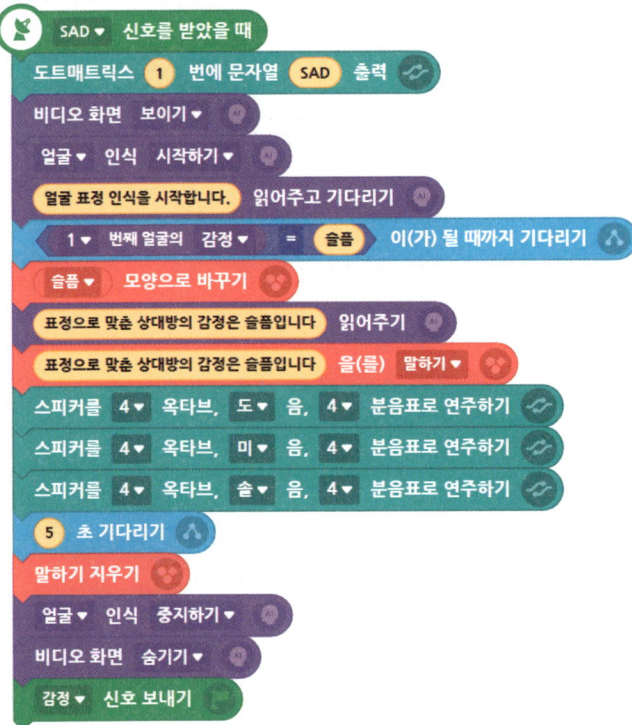

▲ [엔트리봇 표정] 오브젝트

15 달, 달 무슨 달? 달의 이름을 알아봐요.
모양에 따른 달 이름 알아보기

난이도 ★★★☆☆

01 인공지능 영역 : 머신러닝(기계학습), 음성인식

엔트리 AI 지도학습(분류:이미지), 음성인식(오디오 감지), 음성합성(읽어주기)
코드위즈 OLED, 도트매트릭스

➡ 엔트리와 코드위즈를 활용하여 과학교과 속에서 인공지능의 이미지 인식 기술을 이해하고 모양에 따른 달의 이름을 알 수 있습니다.

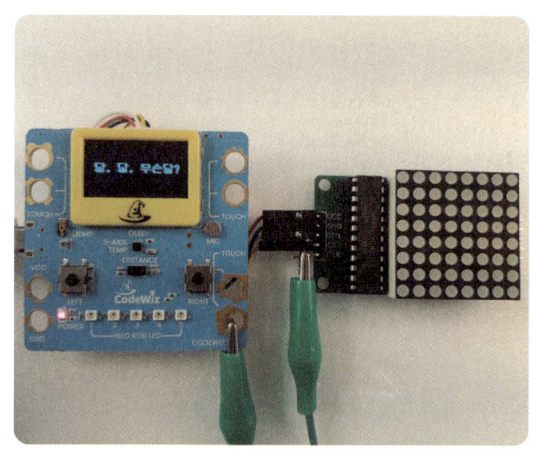

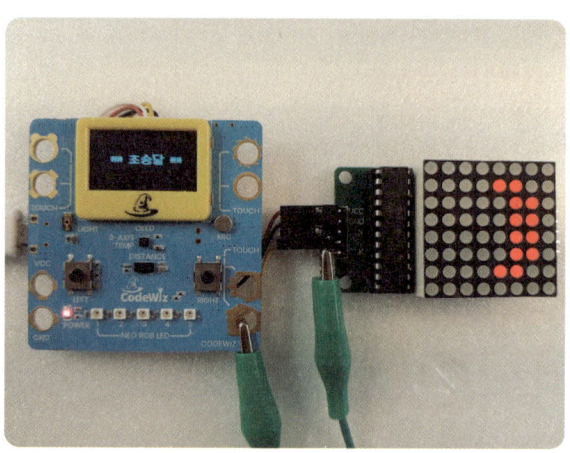

02 준비물

PC(데스크톱 또는 노트북), 코드위즈, 도트매트릭스, 4핀 케이블(암), 악어케이블

03 교과학습

- 6학년 1학기 과학
- 단원: 2. 지구와 달의 운동(36-37쪽)
- 학습활동
  활동 1 여러 날 동안 달의 모양 변화 알아보기
  활동 2 달 모양을 인식하는 AI 모델 만들기
  활동 3 (코드위즈)인식 결과에 따라 달 모양 표현하기

04 관련 교과

- 3학년 1학기 과학(아이스크림 미디어) / 4. 지구의 모습
- 달은 어떤 모습일까요? (6/11)

05 관련 작품

- 작품 파일
  (코드위즈)달의모양.ent
  (코드위즈)달의모양_완성.ent
- 작품 주소
  http://naver.me/GVM73Dg2
  http://naver.me/F5LRTKjJ

- 작품 영상

01 여러 날 동안 달의 모양 변화 알아보기

여러 날 동안 달의 모양이 어떻게 변하는지 살펴봅시다.
달의 모양은 약 30일을 주기로 초승달, 상현달, 보름달, 하현달, 그믐달의 순서로 변합니다.
음력 2~3일 무렵에는 초승달, 음력 7~8일 무렵에는 상현달, 음력 15일 무렵에는 보름달, 음력 22~23일 무렵에는 하현달, 음력 27~28일 무렵에는 그믐달을 볼 수 있습니다.

| 초승달 | 상현달 | 보름달 | 하현달 | 그믐달 |

02 달 모양을 인식하는 AI 모델 만들기

엔트리 AI 달 모양을 인식하는 이미지 분류 모델 학습하기

① 도트매트릭스를 코드위즈와 연결하고 '(코드위즈)달의모양.ent' 파일을 실행합니다. 달 이미지를 분류하는 이미지 분류 모델 학습을 위해 {인공지능}의 [인공지능 모델 학습하기]를 선택합니다. [새로 만들기]의 [분류:이미지]를 선택하고 [학습하기]를 클릭합니다.

> **더 알아보기**
> 코드위즈와 도트매트릭스 연결은 19페이지를 참조합니다.

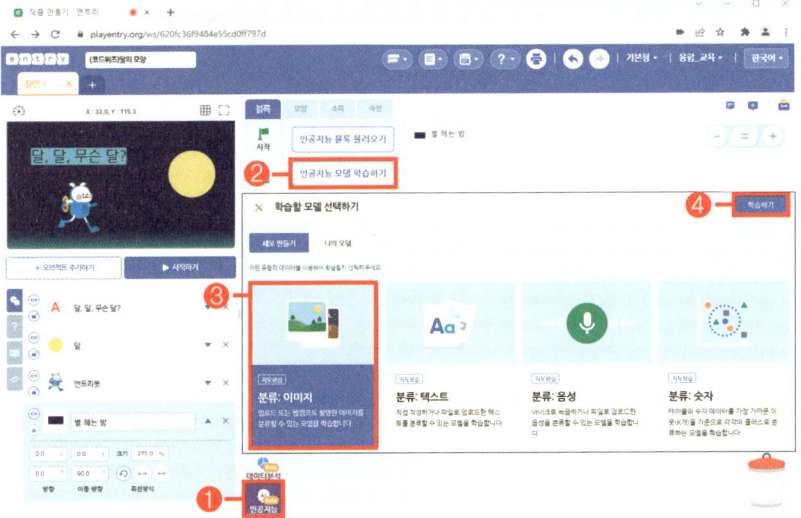

❷ '새로운 모델' 입력란을 클릭하여 모델 이름으로 '달 모양'을 입력합니다. '클래스 1' 입력란을 클릭한 후 '초승달'을 입력합니다. '클래스 2'를 클릭한 후 '상현달'을 입력합니다.

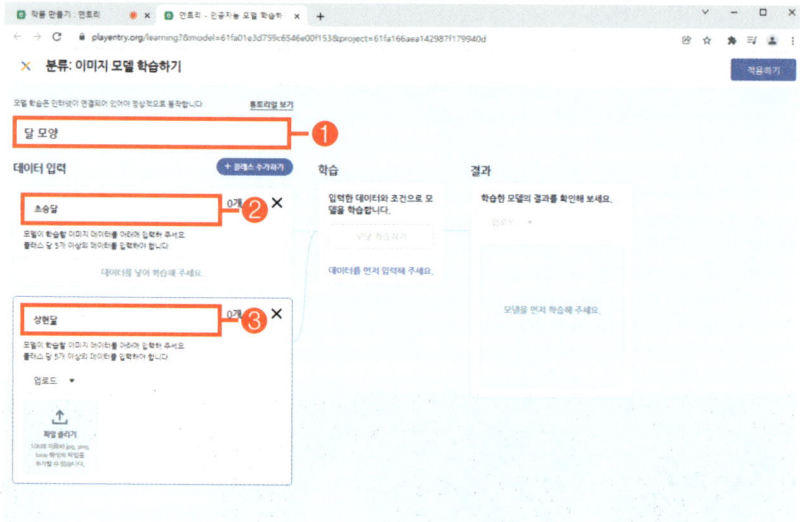

❸ [+클래스 추가하기] 버튼을 4번 클릭합니다.

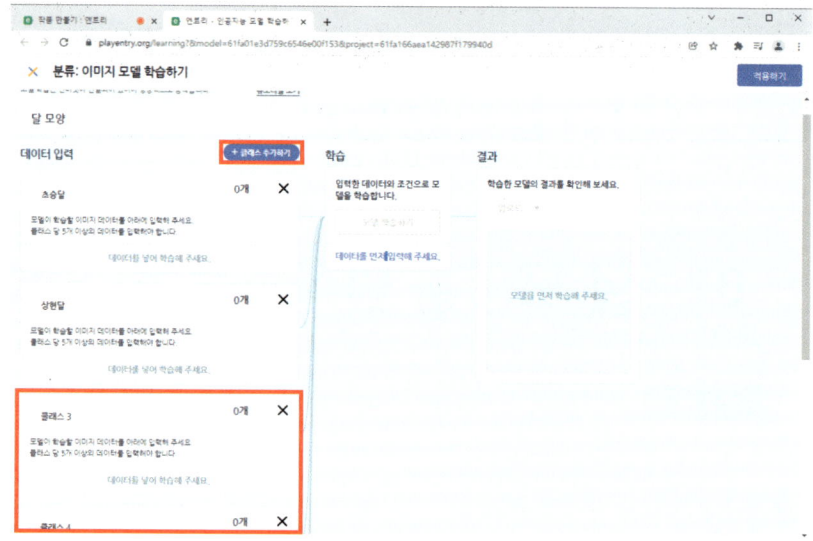

❹ 추가된 '클래스 3'에는 '보름달', '클래스 4'에는 '하현달', '클래스 5'에는 '그믐달', '클래스 6'에는 '배경'을 입력합니다.

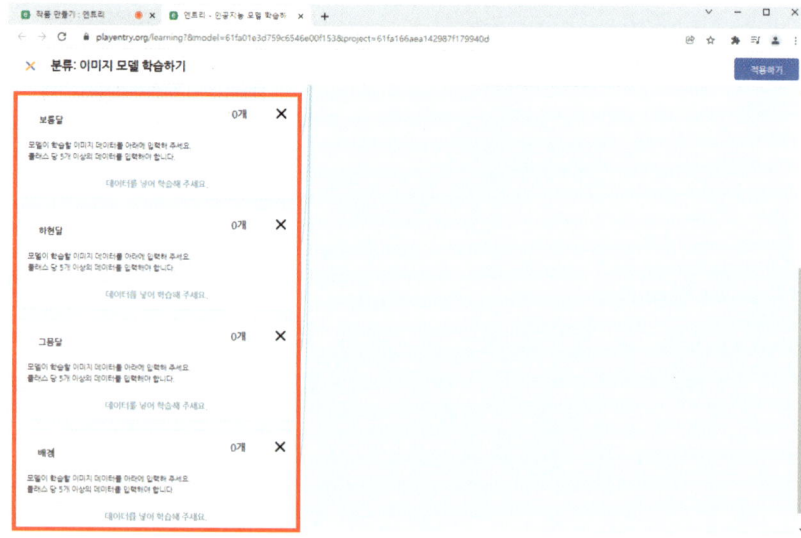

> **더 알아보기**
> 달 이미지는 [코더블 홈페이지]의 [제품소개]-[출간도서]에서 다운로드합니다.

❺ '초승달' 클래스의 [데이터를 넣어 학습해 주세요]를 클릭합니다. [파일 올리기]를 클릭한 후 [부록이미지] 폴더의 [달의 변화] 폴더에서 초승달 이미지를 5개 선택한 후 [열기] 버튼을 클릭합니다.

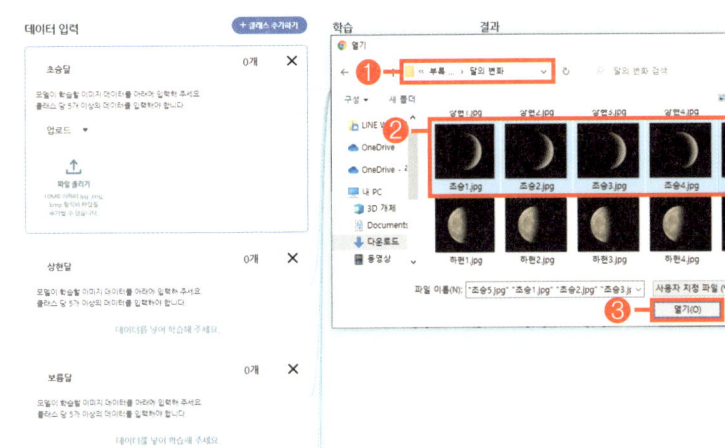

💡 더 알아보기
부록 이미지를 이용하여 직접 촬영해도 됩니다.

❻ 상현달, 보름달, 하현달, 그믐달도 동일한 방법으로 이미지를 업로드합니다. '배경' 클래스에 주변 배경을 학습시키기 위해 [업로드▼]의 ▼을 눌러 '촬영'을 선택합니다.

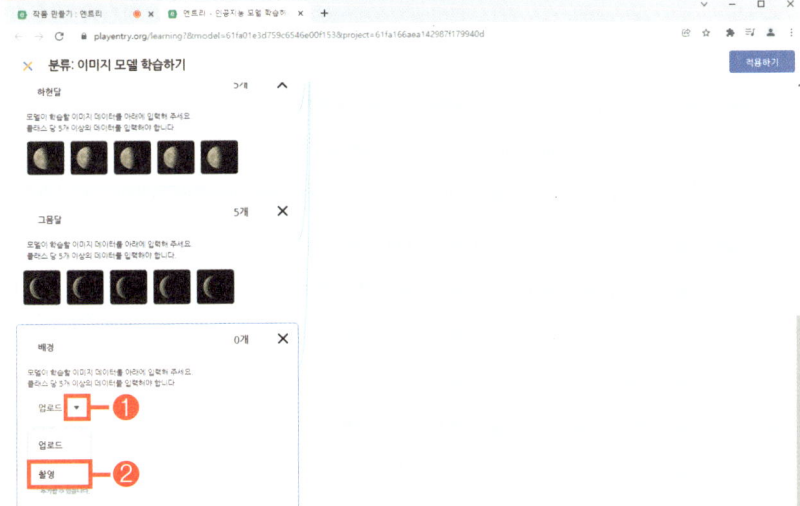

💡 더 알아보기
더 많은 달 이미지를 학습시키려면 구글 검색이나 네이버 검색을 통해 이미지를 검색한 후 저장하여 업로드합니다.

❼ 카메라가 표시되면 [📷] 을 클릭하여 주변 배경을 5회 이상 촬영합니다. 데이터 입력이 완료되었다면 입력한 데이터와 조건으로 모델을 학습시키기 위해 [학습]의 [모델 학습하기]를 클릭합니다.

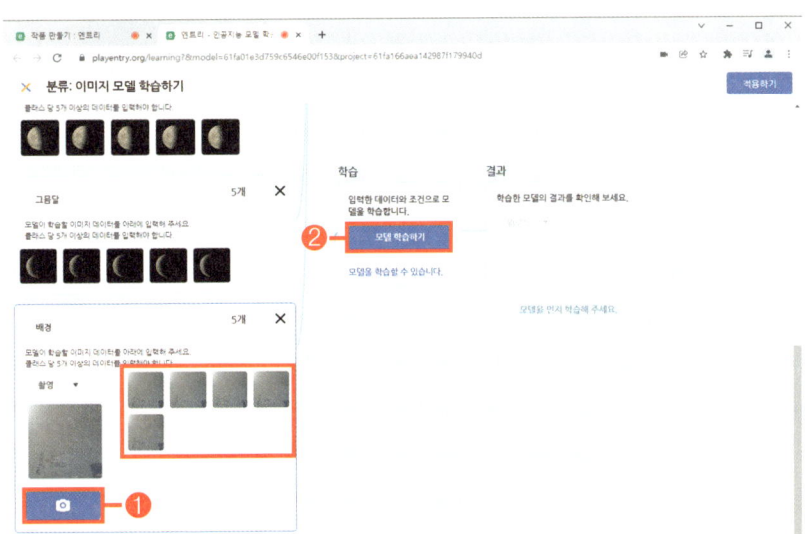

💡 더 알아보기
'배경'을 학습시키지 않으면 배경이나 주변 사물과 같이 학습하지 않은 이미지를 인식시켰을 때 가장 비슷하다고 판단되는 것으로 결과를 알려주기 때문에 학습된 달 모양이 아니더라도 달이라고 판단해서 결과를 알려주는 경우가 발생합니다.

❽ 모델 학습이 완료되면 학습한 모델의 결과를 확인하기 위해 [파일 올리기] 버튼을 클릭한 후 달 이미지를 업로드합니다. [결과] 항목에서 결과를 확인한 후 정확하게 분류된다면 [적용하기]를 클릭하여 달 이미지 분류 모델 학습을 완료합니다.

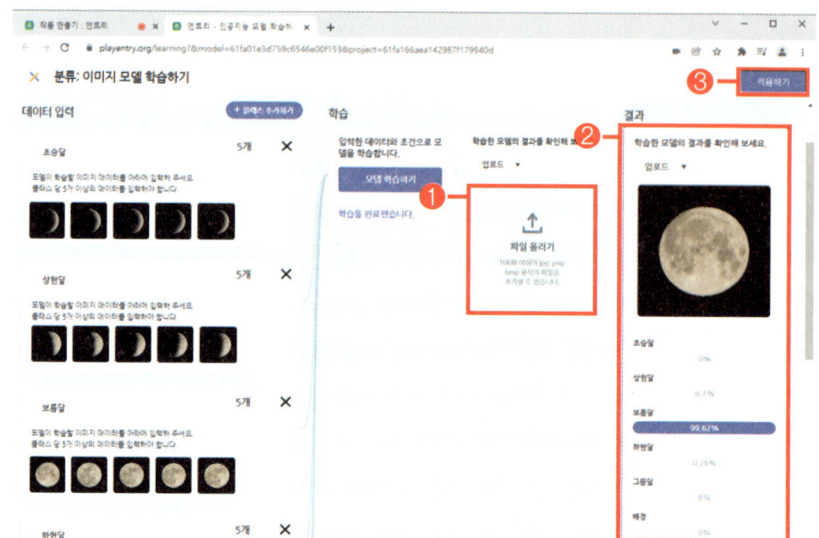

더 알아보기

인식시킨 달 이미지의 분류 결과가 명확하지 않다면 이미지를 더 추가한 후 다시 모델을 학습시킵니다.

03 (코드위즈) 인식 결과에 따라 달 모양 표현하기

코드위즈   OLED: '달, 달, 무슨 달?', '** ○○달 **' 출력하기
             도트매트릭스: 초승달, 상현달, 보름달, 하현달, 그믐달 모양 나타내기
엔트리 AI   업로드(촬영)된 '달 사진' 분류하고 읽어주기, 재시작 음성으로 안내하기
학생   알고 싶은 달 사진 업로드(촬영)하기

❶ 달을 판단하는 신호를 추가하기 위해 [속성] 탭을 클릭한 후 [신호]를 선택합니다. [신호 추가하기]를 클릭한 후 '초승달'을 입력하고 [확인]을 선택합니다.

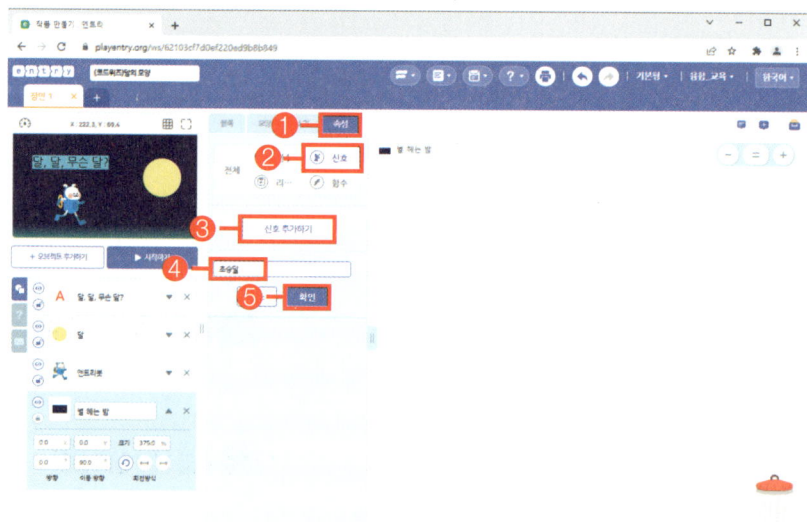

❷ [신호 추가하기]를 클릭하여 신호의 이름으로 '상현달'을 입력하고 [확인]을 클릭합니다. 같은 방법으로 '하현달', '보름달', '그믐달', '달판단하기', '재시작' 신호를 추가합니다. [블록] 탭을 클릭합니다.

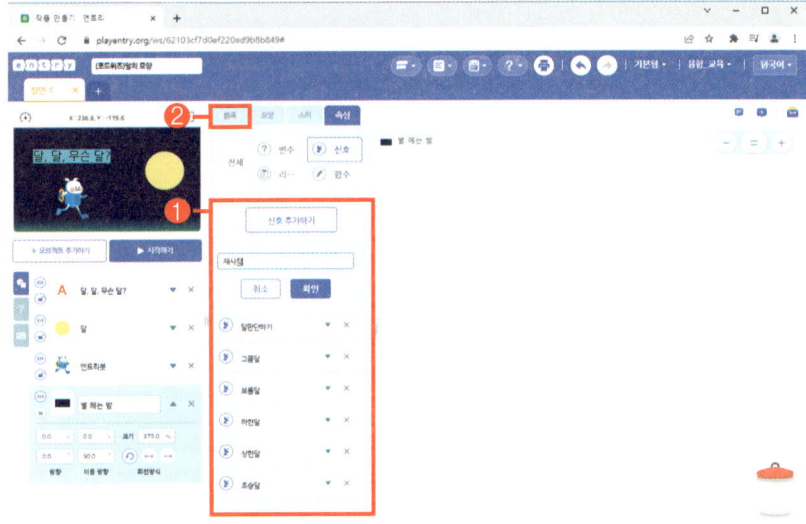

❸ 음성을 인식하고 문구를 말하는 블록을 불러오기 위해 {인공지능}의 [인공지능 블록 불러오기]를 선택합니다. [오디오 감지]와 [읽어주기]를 선택하고 [불러오기]를 클릭합니다. '엔트리봇' 오브젝트를 선택합니다.

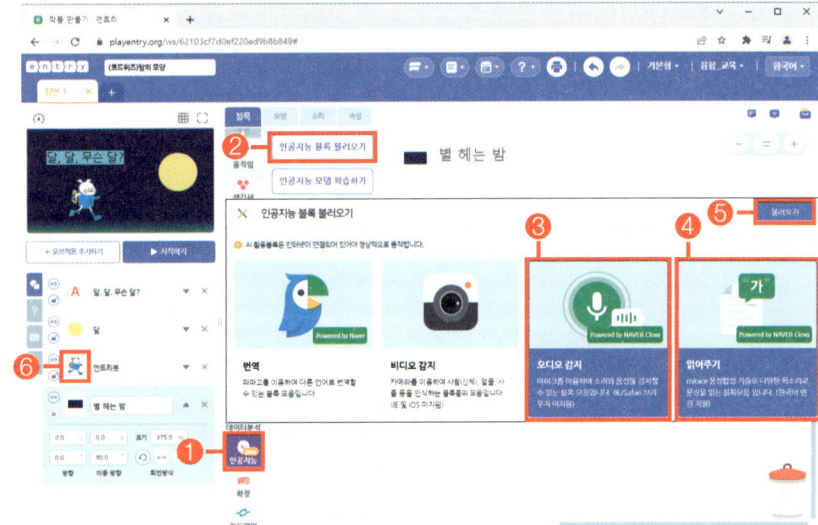

❹ 시작 문구를 OLED에 출력하기 위해 {시작}의 [시작하기 버튼을 클릭했을 때]를 넣고 {하드웨어}의 [OLED 지우기]와 [OLED 커서위치(0,0)(으)로 지정]을 넣고 '5', '25'를 입력합니다. [OLED에 한글포함 (코드위즈 Magic!!) 출력, 줄바꿈○▼]을 넣고 '달, 달, 무슨 달?'을 입력합니다.

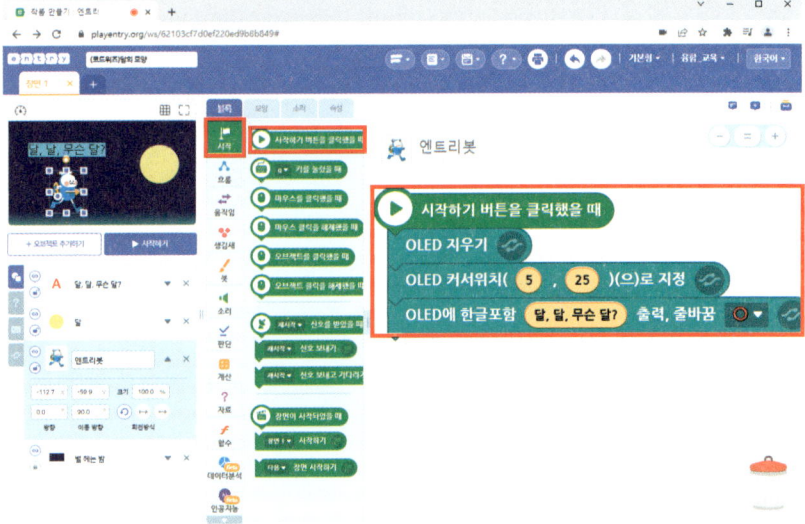

179

❺ 도트매트릭스 제어를 위한 핀 설정을 위해 {하드웨어}의 [도트매트릭스 (1)개 DIN 18▼, CS 19▼, CLK 15▼로 설정]을 넣고 CLK의 ▼을 클릭하여 '27'을 선택합니다.

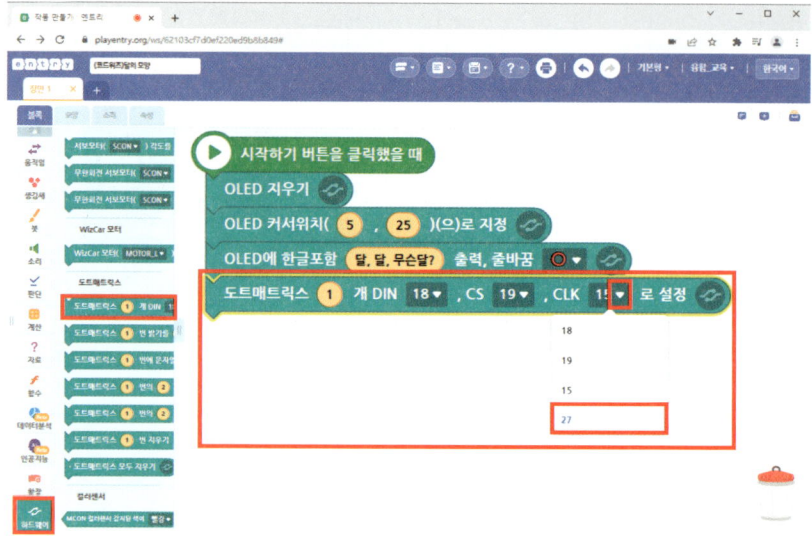

❻ 안내 문구를 읽어주도록 {인공지능}의 [(엔트리) 읽어주기]를 넣고 '이름을 알고 싶은 달 사진을 업로드 또는 촬영해주세요.'를 입력합니다. 학습한 모델로 이미지 분류를 시작하도록 [학습한 모델로 분류하기]를 넣습니다.

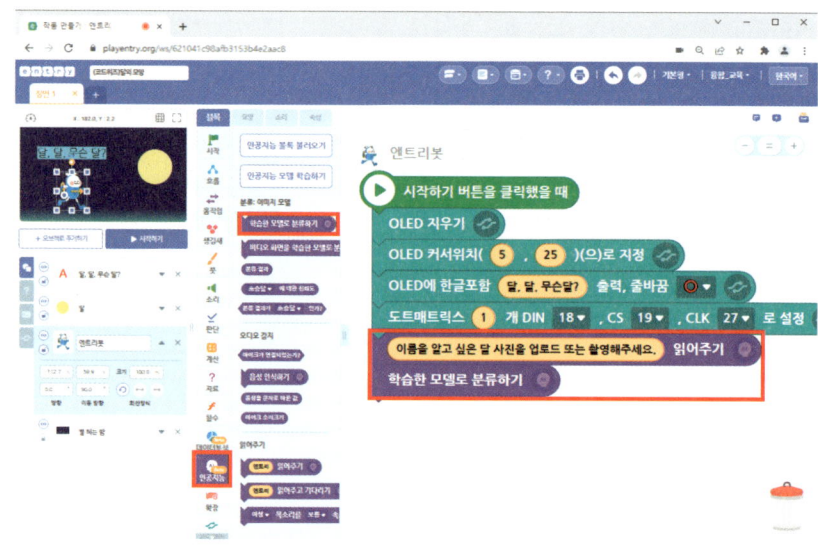

❼ 인식된 달을 판단하는 신호를 보내기 위해 {시작}의 [재시작▼ 신호 보내기]를 넣고 ▼을 눌러 '달판단하기'를 선택합니다.

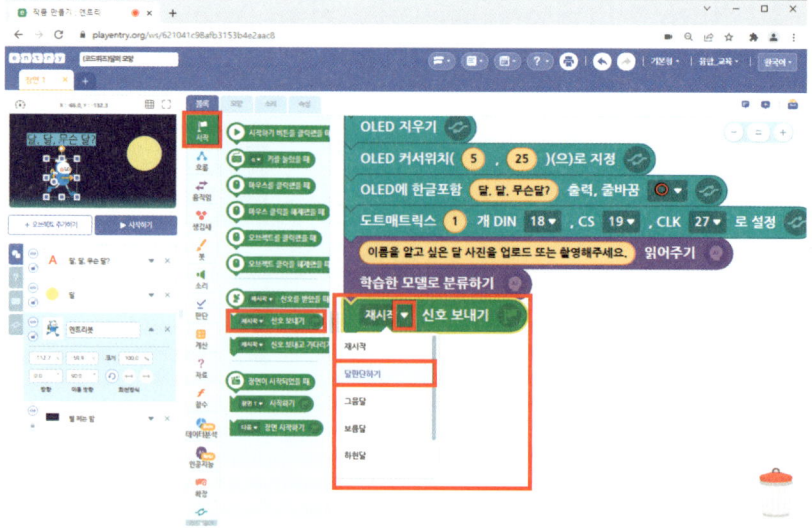

❽ 달판단하기 신호가 달 모양을 판단할 수 있도록 지정하기 위해 {시작}의 [재시작▼ 신호를 받았을 때]를 넣고, ▼을 눌러 '달판단하기'를 선택합니다. {흐름}의 [만일 <참> (이)라면 아니면]을 넣습니다. '초승달'이 맞는지 판단하기 위해 {인공지능}의 [분류 결과가 초승달▼인가?]를 넣습니다.

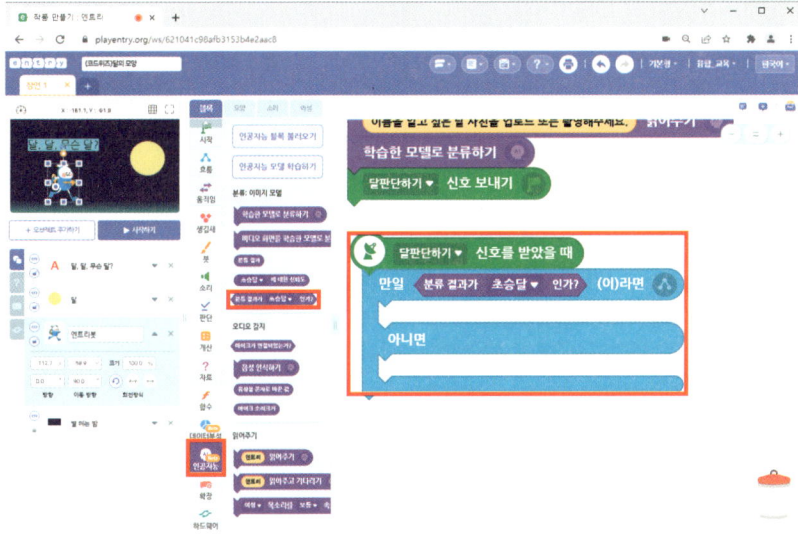

❾ '초승달'을 읽어준 후 도트매트릭스에 초승달 모양을 출력하는 신호를 보내기 위해 {인공지능}의 [(엔트리) 읽어주고 기다리기]와 {시작}의 [재시작▼ 신호 보내기]를 넣습니다. '업로드한 사진은 초승달입니다.'를 입력한 후 ▼을 눌러 '초승달'을 선택합니다.

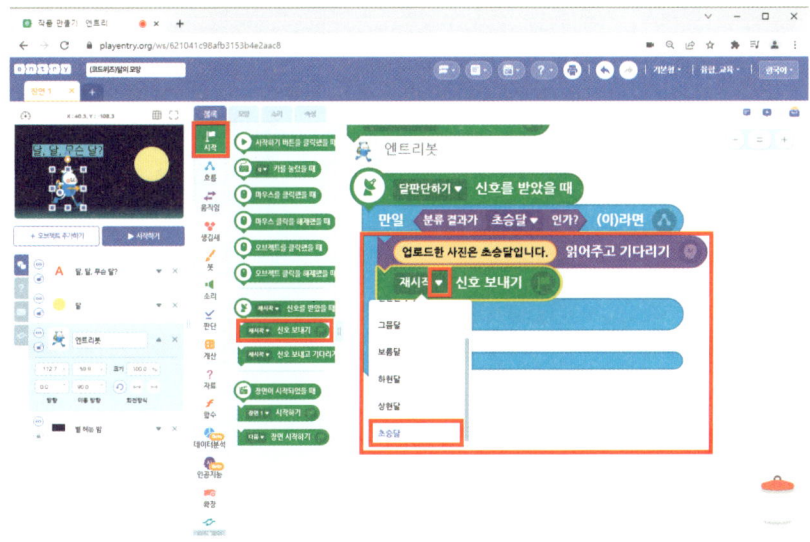

❿ 분류 결과가 초승달이 아니라면 다시 판단해야 하므로 [(이)라면] 블록에서 마우스 오른쪽 버튼을 누른 후 [코드 복사] 메뉴를 클릭합니다.

💧 더 알아보기

[코드 복사]는 코드를 복사하여 '클립보드'에 저장하기 때문에 다른 코드를 복사하기 전까지는 [붙여넣기] 메뉴를 눌러 얼마든지 동일한 코드를 붙여넣기 할 수 있습니다. [코드 복사 & 붙여넣기]는 코드를 복사한 후 복사한 영역에 바로 붙여넣기가 진행되며, 클립보드에 저장되지 않기 때문에 붙여넣기가 한번 만 진행됩니다.

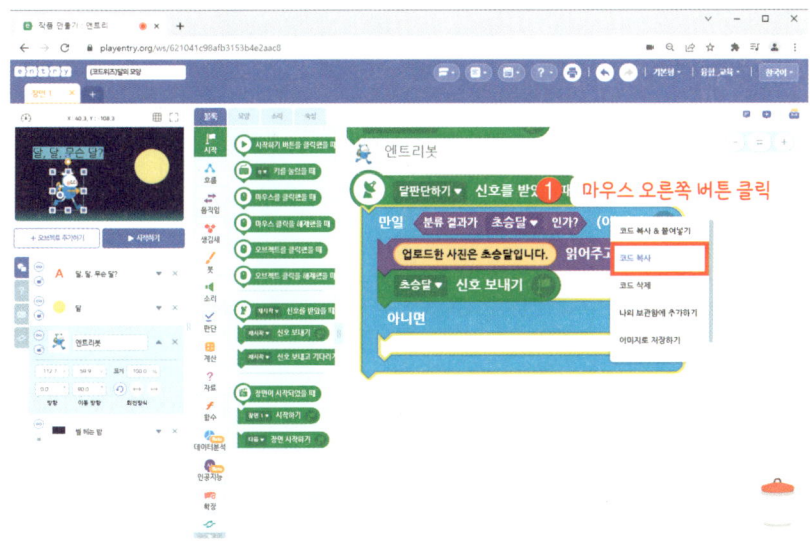

181

⑪ 마우스 오른쪽 버튼을 눌러 [붙여넣기] 메뉴를 클릭합니다. 복사된 블록을 [아니면] 블록 내부에 드래그하여 삽입합니다.

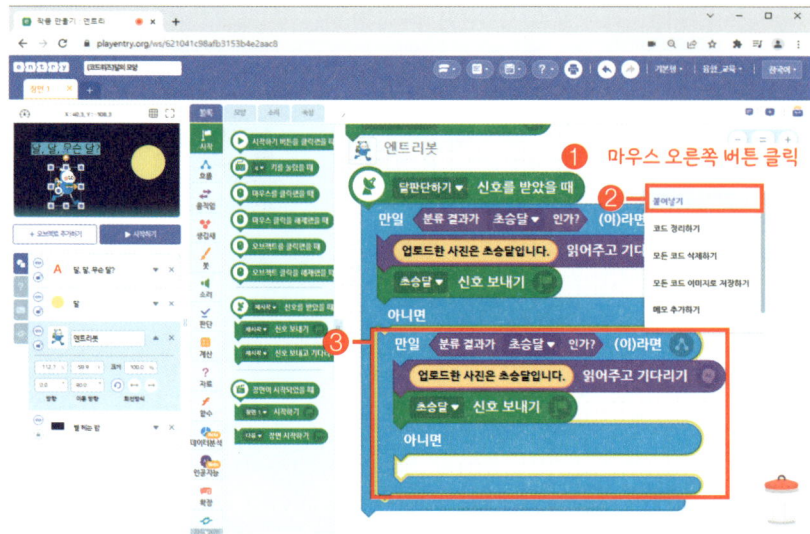

⑫ 판단 블록의 ▼을 눌러 '상현달'을 선택하고 [읽어주고 기다리기]에 '업로드한 사진은 상현달입니다.'를 입력합니다. [신호 보내기]의 ▼을 눌러 '상현달'을 선택합니다.

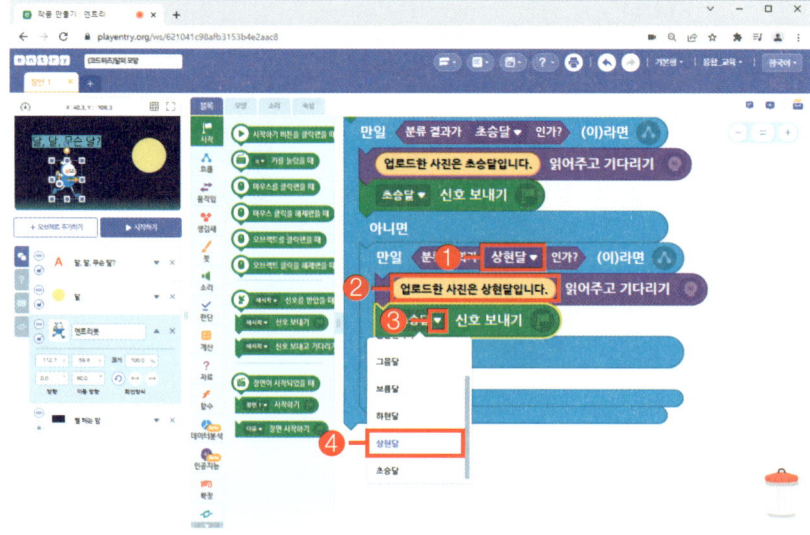

⑬ 마우스 오른쪽 버튼을 눌러 3번 붙여넣기 된 블록을 다음과 같이 [아니면] 내부에 드래그하여 삽입합니다. ▼을 클릭한 후 '보름달', '하현달', '그믐달' 순서대로 문구와 달의 이름을 변경합니다.

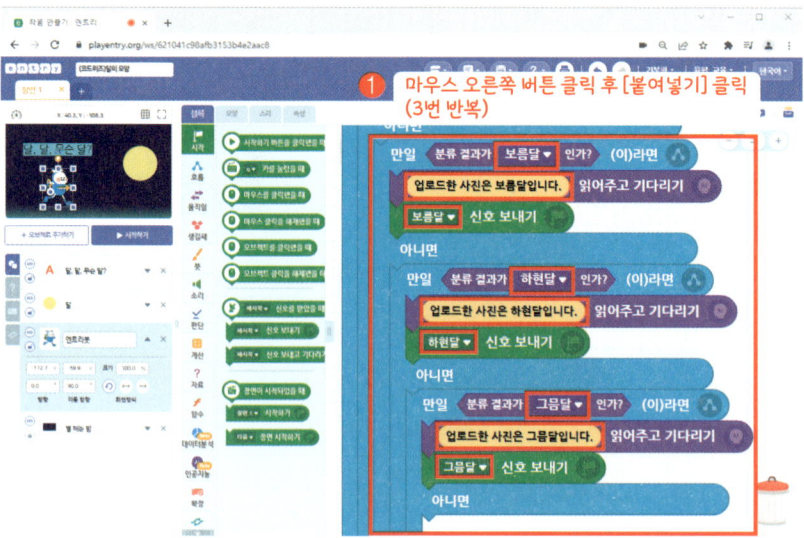

⑭ 인식된 결과가 배경인 경우 재시작하도록 지정하기 위해 [아니면] 내부에 {인공지능}의 [(엔트리) 읽어주고 기다리기]를 넣고 '무슨 달인지 알 수가 없어요.'를 입력합니다. {시작}의 [재시작▼ 신호 보내기]를 넣습니다.

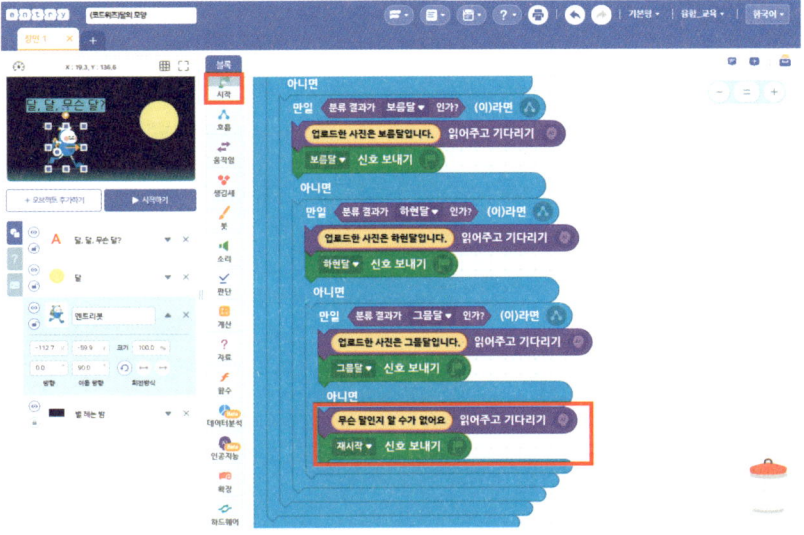

⑮ 달이 인식되었을 때 도트매트릭스에 인식된 달 모양을 표시하기 위해 '달' 오브젝트를 선택합니다. {시작}의 [재시작▼ 신호를 받았을 때]를 넣고 ▼을 눌러 '초승달'을 선택합니다. {생김새}의 [보름달▼ 모양으로 바꾸기]를 넣고 ▼을 눌러 '초승달'을 선택합니다.

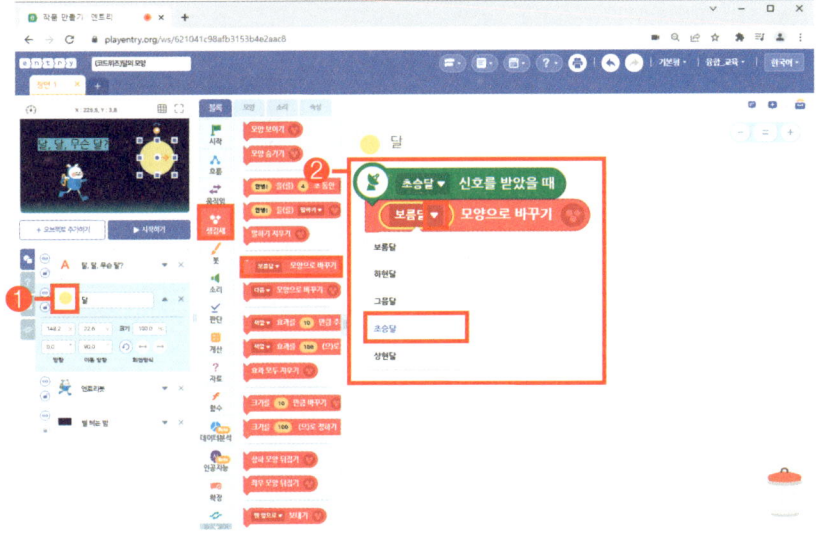

⑯ OLED에 달 이름을 표시하기 위해 {하드웨어}의 [OLED 지우기]와 [OLED 커서위치(0,0)(으)로 지정]을 넣고 '20, 25'을 입력합니다. [OLED에 한글포함 (코드위즈 Magic!!) 출력, 줄바꿈○▼]을 넣고 '**초승달**'을 입력합니다.

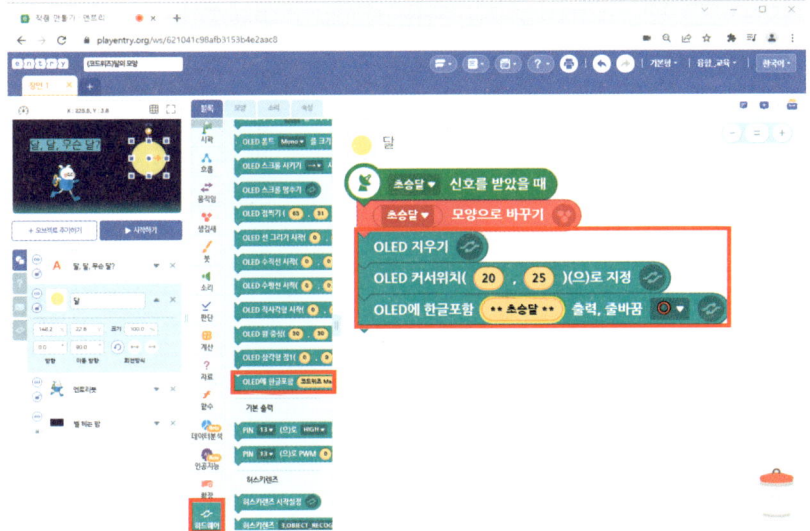

183

⑰ 도트매트릭스에도 초승달 모양을 나타내기 위해 {하드웨어}의 [도트매트릭스 (1)번의 (2)열▼(11111111)(으)로 만들기]를 6개 넣습니다. '열'의 ▼을 눌러 '행'을 선택한 후 행 번호에 순서대로 '2', '3', '4', '5', '6', '7'을 입력합니다.

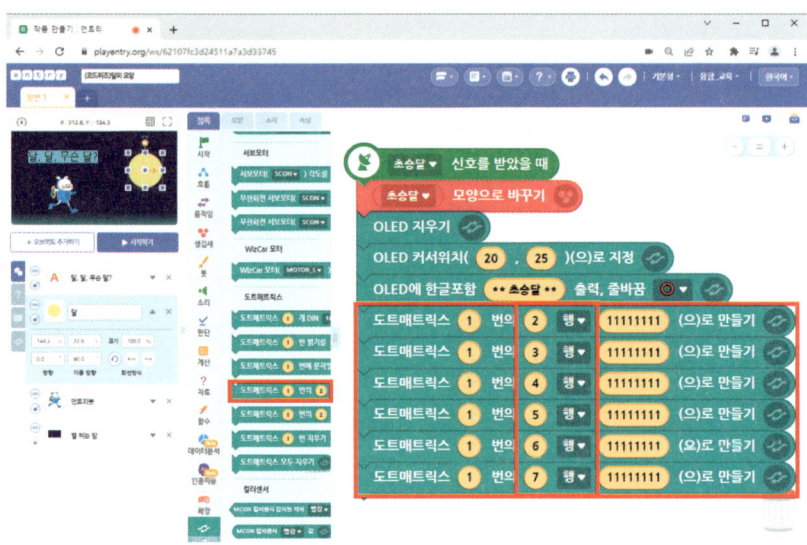

> **더 알아보기**
> 도트매트릭스의 1행과 8행의 경우 켜지 않으므로 1행과 8행을 제어하는 블록은 지정하지 않아도 됩니다.

⑱ 도트매트릭스의 2행과 7행은 '00001100', 도트매트릭스 3행부터 6행까지는 모두 '00000110'가 되도록 입력합니다. 달 모양 출력 후 다른 달을 인식시킬지 물어보기 위해 {시작}의 [재시작▼ 신호 보내기]를 넣습니다.

> **더 알아보기**
> 각 자리의 LED를 켜려면 '1', 끄려면 '0'을 지정합니다.

⑲ 완성한 [초승달▼ 신호를 받았을 때] 코드를 오른쪽 마우스 버튼으로 클릭한 후 [코드 복사] 메뉴를 클릭합니다.

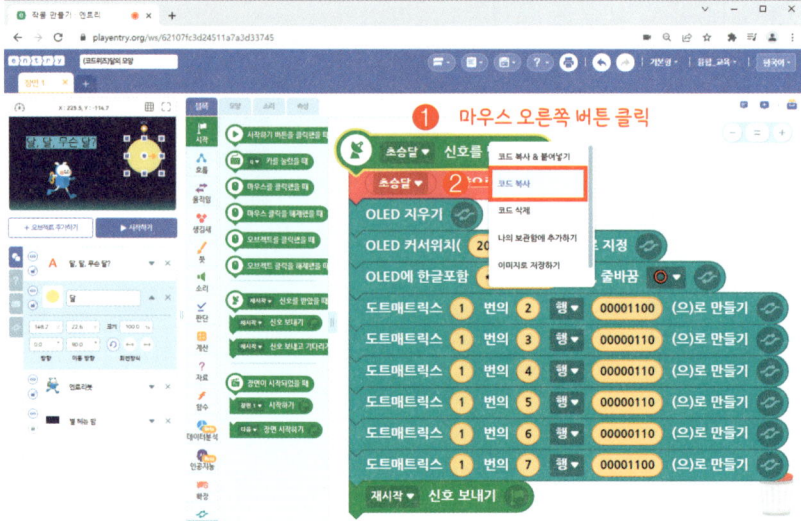

⑳ 마우스 오른쪽 버튼을 누른 후 [붙여넣기]를 클릭합니다. 4번 더 [붙여넣기] 한 후 복사된 블록을 정렬하기 위해 마우스 오른쪽 버튼을 누르고 [코드 정리하기]를 클릭합니다.

㉑ [신호] 블록과 [모양으로 바꾸기] 블록의 ▼을 눌러 '그믐달'을 선택합니다. OLED 출력 블록도 '** 그믐달 **'로 변경합니다. 그믐달 모양을 나타내기 위해 도트매트릭스 2행과 7행은 '00110000', 도트매트릭스 3행부터 6행까지는 모두 '01100000'을 입력합니다.

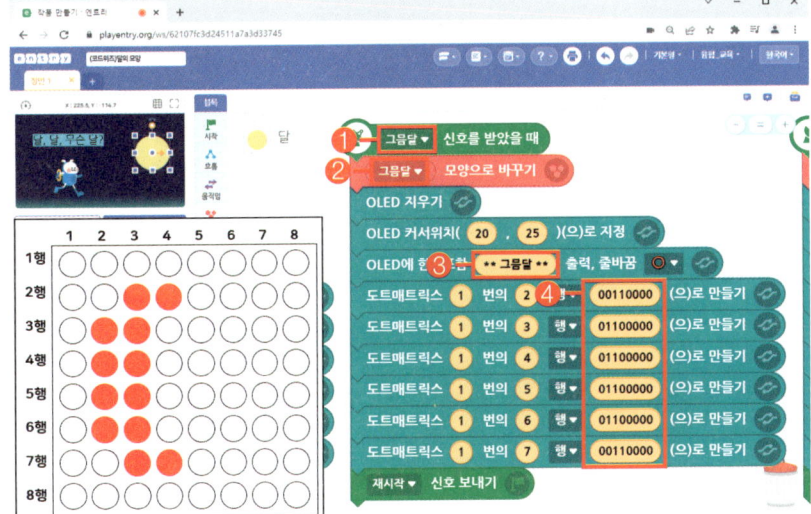

㉒ [신호] 블록과 [모양으로 바꾸기] 블록의 ▼을 눌러 '보름달'을 선택합니다. OLED 출력 블록도 '** 보름달 **'로 변경합니다. 보름달 모양을 나타내기 위해 도트매트릭스 2행과 7행은 '00111100', 도트매트릭스 3행부터 6행까지는 모두 '01111110'을 입력합니다.

185

㉓ [신호] 블록과 [모양으로 바꾸기] 블록의 ▼을 눌러 '상현달'을 선택합니다. OLED 출력 블록도 '** 상현달 **'로 변경합니다. 상현달 모양을 나타내기 위해 도트매트릭스 2행과 7행은 '00001100', 도트매트릭스 3행부터 6행까지는 모두 '00001110'을 입력합니다.

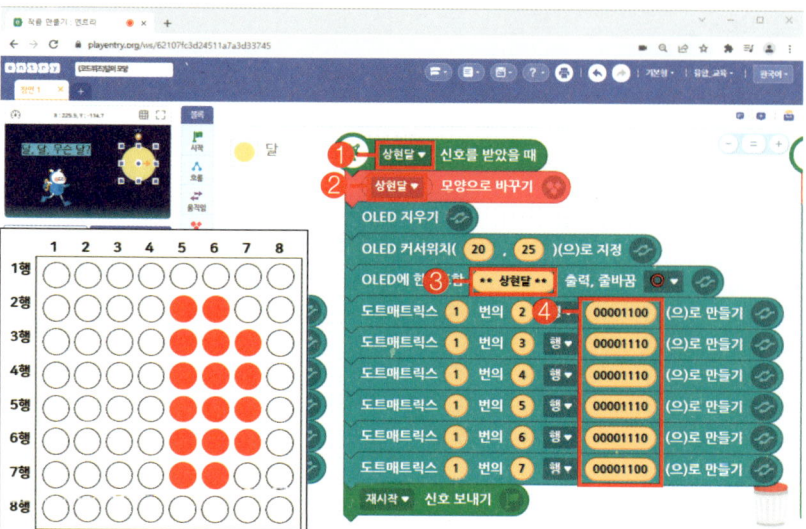

㉔ [신호] 블록과 [모양으로 바꾸기] 블록의 ▼을 눌러 '하현달'을 선택합니다. OLED 출력 블록도 '** 하현달 **'로 변경합니다. 하현달 모양을 나타내기 위해 도트매트릭스 2행과 7행은 '00110000', 도트매트릭스 3행부터 6행까지는 모두 '01110000'을 입력합니다.

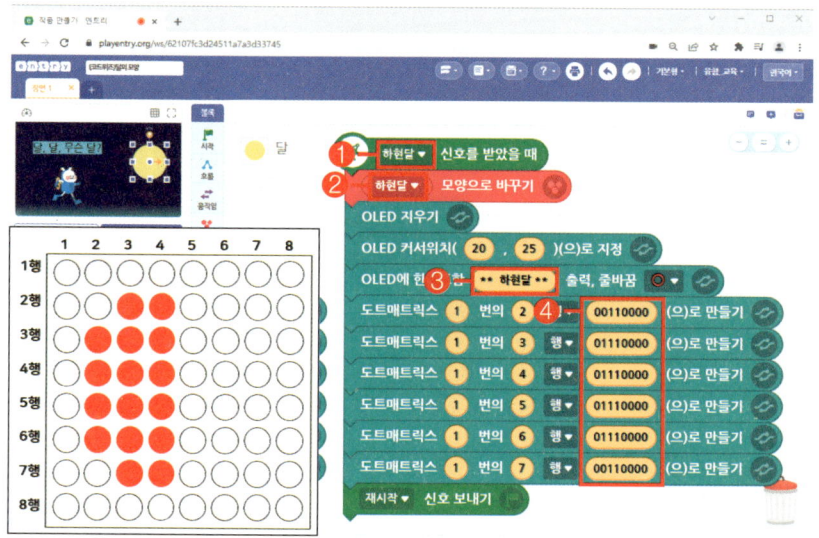

㉕ 다시 알고 싶은 달 사진이 있는지 물어보기 위해 '엔트리봇' 오브젝트를 선택합니다. {시작}의 [재시작▼ 신호를 받았을 때]와 {인공지능}의 [(엔트리) 읽어주고 기다리기], [음성 인식하기]를 넣습니다. (엔트리)에 '더 알고 싶은 달 사진이 있나요? 예,아니오로 답해 주세요.'를 입력합니다.

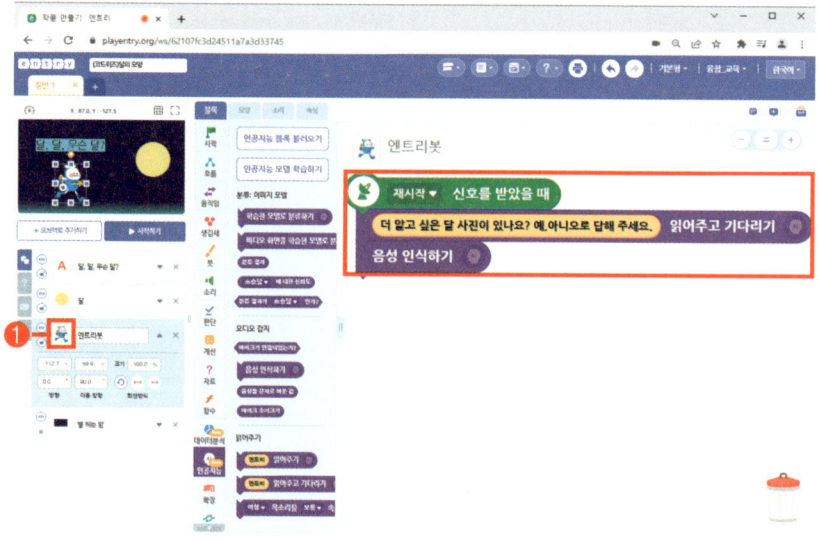

㉖ 음성으로 인식된 값이 '예'인지 판단하기 위해 {흐름}의 [만일 <참> (이)라면 아니면]을 넣고 {판단}의 [(10=10)]을 넣습니다. {인공지능}의 [음성을 문자로 바꾼 값]과 '예'를 입력합니다. 다시 달 사진을 분류하기 위해 [학습한 모델로 분류하기]와 [재시작▼ 신호 보내기]를 넣습니다. ▼을 눌러 '달판단하기'를 선택합니다.

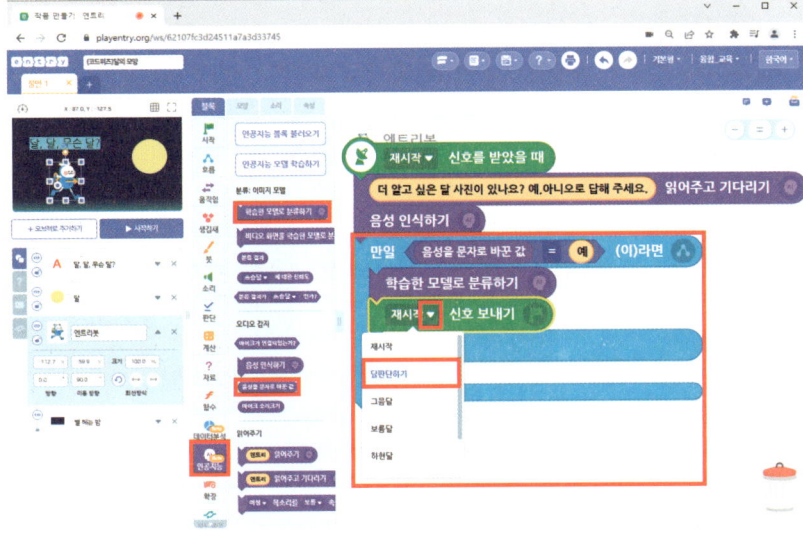

㉗ 더 알고 싶은 달 사진이 없는 경우 종료하기 위해 {인공지능}의 [(엔트리) 읽어주고 기다리기]를 [아니면] 내부에 넣고 '학습을 마치도록 하겠습니다. 수고하셨습니다.'를 입력합니다. {하드웨어}의 [OLED 지우기]와 [도트매트릭스 모두 지우기]를 넣습니다.

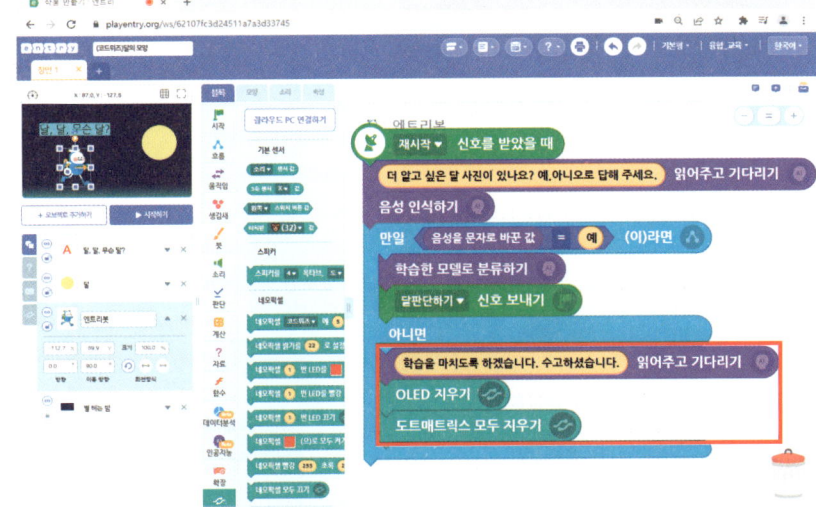

㉘ 코드 작성이 완료되었다면 [▶ 시작하기]를 클릭합니다. 안내 문구를 말하면서 [데이터 입력] 창이 표시되면 [파일 올리기]를 클릭한 후 달 사진을 업로드하고 [적용하기]를 클릭해봅니다. 인식된 달 모양을 말한 후 OLED와 도트매트릭스에 달 모양을 출력하는지 확인합니다.

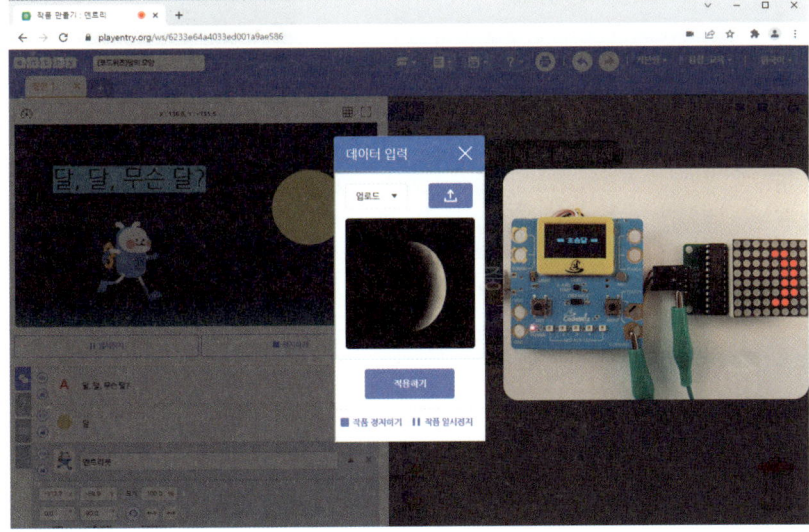

187

전체 코드 & 완성 작품 확인하기
활동3: (코드위즈)인식 결과에 따라 달 모양 표현하기

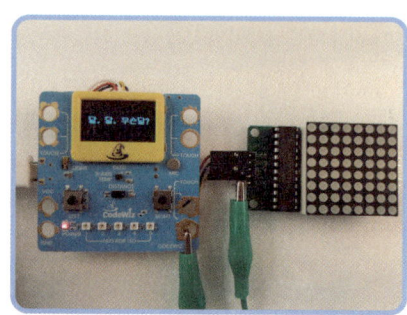
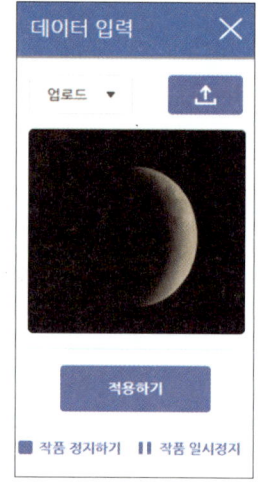

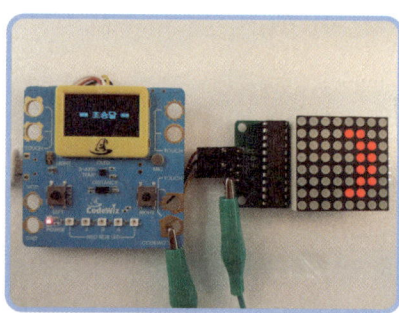
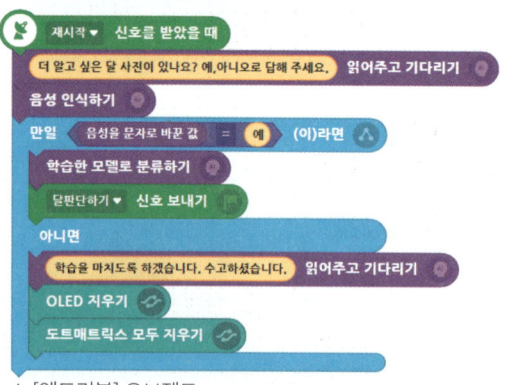

▲ [엔트리봇] 오브젝트

전체 코드 & 완성 작품 확인하기
활동3: (코드위즈)인식 결과에 따라 달 모양 표현하기

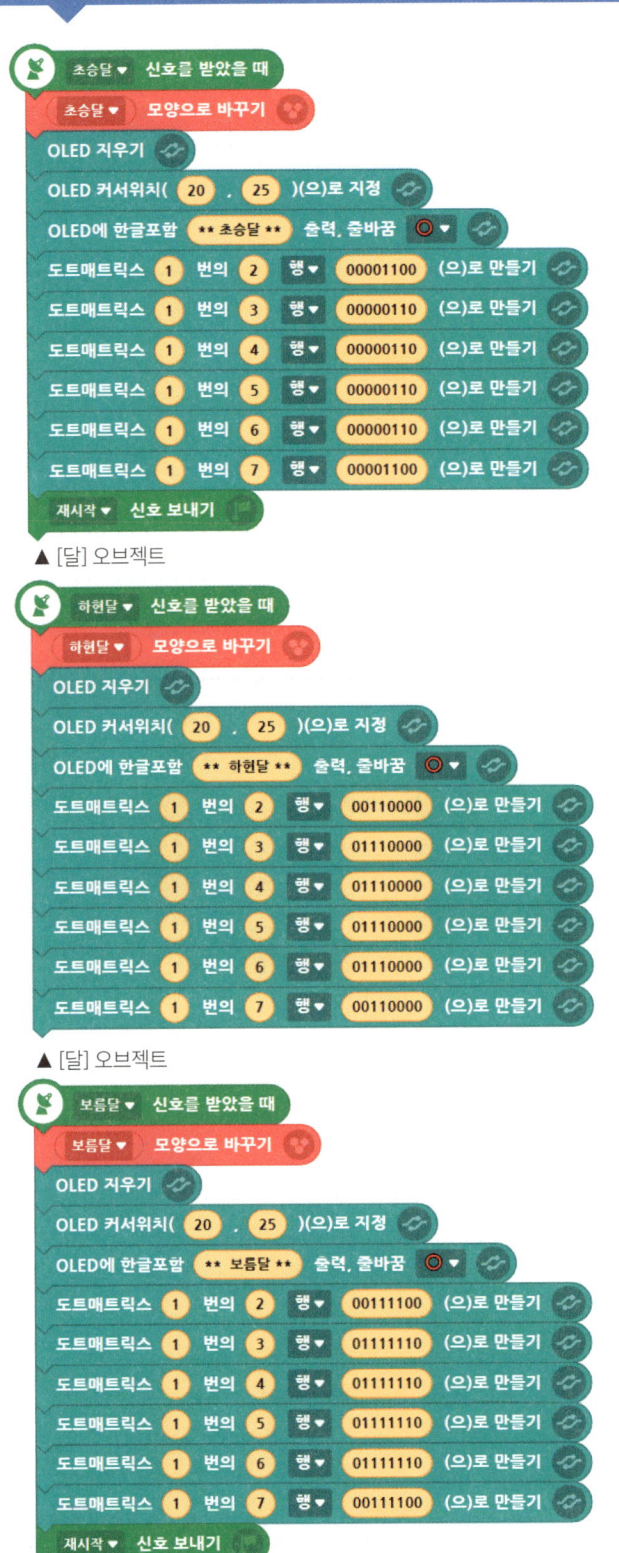

▲ [달] 오브젝트

16 반짝반짝 뮤직 램프
디지털 기기를 활용하여 음악 편지 만들기

01 인공지능 영역 : 머신러닝 (기계학습), 음성인식

난이도 ★★★★☆

엔트리 AI 지도학습(분류:음성), 음성합성(읽어주기)
코드위즈 OLED, 네오 RGB LED, 심플램프

➡ 엔트리와 코드위즈를 활용하여 음악교과 속에서 인공지능의 음성인식 기술을 이해하고 음악에 맞춰 반짝거리는 뮤직 램프를 만들어볼 수 있습니다.

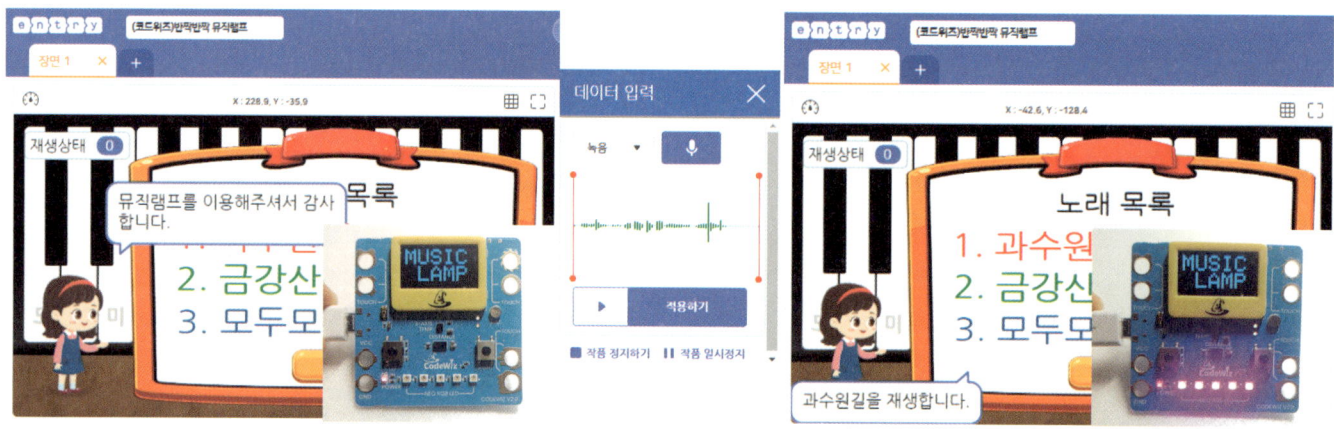

02 준비물

PC(데스크톱 또는 노트북), 코드위즈, 심플램프

03 교과학습

- 6학년 2학기 음악(금성출판사)
- 단원: 4. 추억을 담아 음악 편지를 만들어 보아요! (2/2, 86~87쪽)
- 학습활동
  활동 1 뮤직 램프 구상하기
  활동 2 (코드위즈)뮤직 램프 만들기

04 관련 교과

- 5학년 2학기 미술(천재교육) / 2-2. 빛의 세상
- 빛을 활용하여 주변을 아름답게 꾸미기(3/6)

05 관련 작품

- 작품 파일
  (코드위즈)반짝반짝 뮤직램프.ent
  (코드위즈)반짝반짝 뮤직램프_완성.ent
- 작품 주소
  http://naver.me/xPQN2Lqs
  http://naver.me/IgYXUO7Y
- 작품 영상

01 뮤직 램프 구상하기

음악 시간에 배운 음악들을 떠올리며 뮤직 램프를 구상해봅시다.

선물할 대상	짝꿍
선물하고 싶은 이유	평소 짝꿍이 나를 잘 도와주어서 고마운 마음을 표현하고 싶어서
뮤직램프에 담을 곡 ①	과수원길
뮤직램프에 담을 곡 ②	금강산
뮤직램프에 담을 곡 ③	모두 모두 자란다

02 (코드위즈)뮤직 램프 만들기

엔트리 AI 뮤직 램프에 담을 곡들의 도입부로 인공지능 음성 모델 학습하기
학생 뮤직 램프에 담을 곡들의 도입부를 불러 음성 입력하기
엔트리 AI 입력된 음성을 어떤 곡인지 분류하고 해당 곡 재생하기
코드위즈 해당 곡이 재생될 동안 네오 RGB LED를 무작위 색깔로 깜빡거리기

① '(코드위즈)반짝반짝 뮤직램프.ent' 파일을 실행합니다. 뮤직 램프의 재생 상태를 저장할 변수를 선언하기 위해 [속성] 탭을 클릭한 후 [변수]를 선택합니다. [변수 추가하기]를 클릭한 후 '재생상태'를 입력하고 [확인]을 선택합니다.

더 알아보기
생성된 변수는 실행화면에 표시됩니다. 변수가 실행화면에 표시되지 않도록 지정하려면 변수 목록에 표시되는 👁 를 클릭하여 👁‍🗨 로 변경합니다.

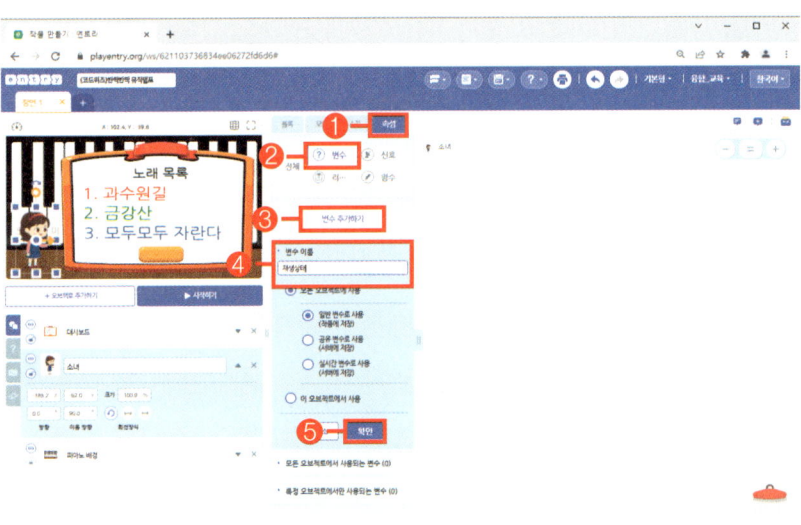

❷ 선택된 노래를 재생하고 램프를 켜는 신호를 추가하기 위해 [신호]를 선택합니다. [신호 추가하기]를 클릭하여 신호의 이름으로 '과수원길'을 입력하고 [확인]을 클릭합니다. 같은 방법으로 '금강산', '모두모두자란다', '램프켜기', '노래목록' 신호를 추가합니다.

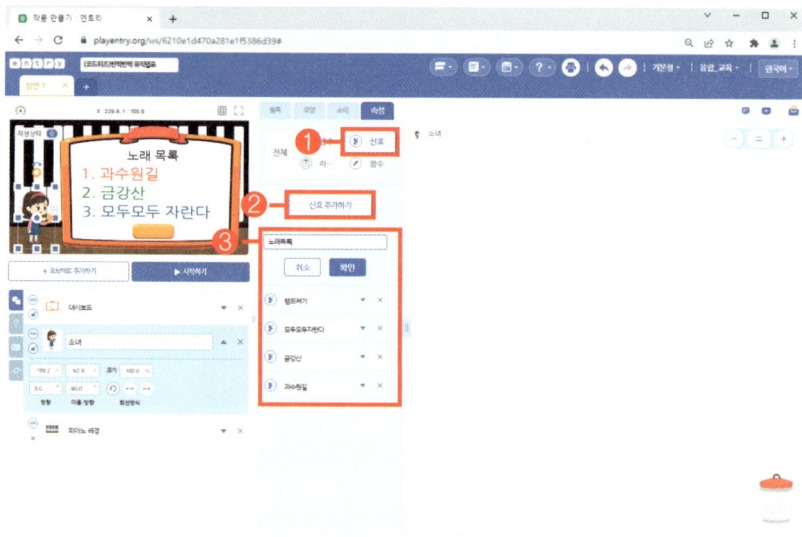

❸ [블록] 탭을 클릭합니다. 마이크로 음성을 인식하는 기능을 사용하기 위해 {인공지능}의 [인공지능 블록 불러오기]를 클릭합니다. [읽어주기]를 선택하고 [불러오기]를 클릭합니다.

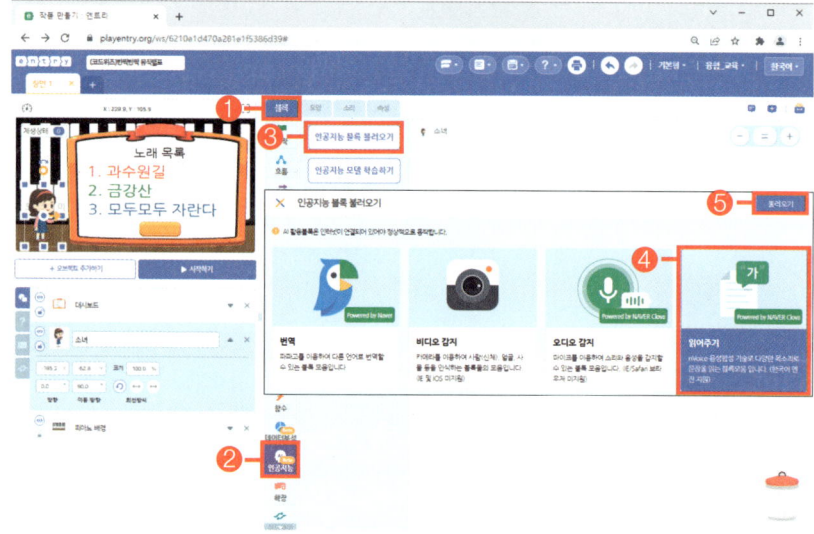

❹ 마이크로 노래 앞부분을 녹음한 후 학습시키기 위해 {인공지능}의 [인공지능 모델 학습하기]를 선택합니다. [새로 만들기]의 [분류:음성]을 선택하고 [학습하기]를 클릭합니다.

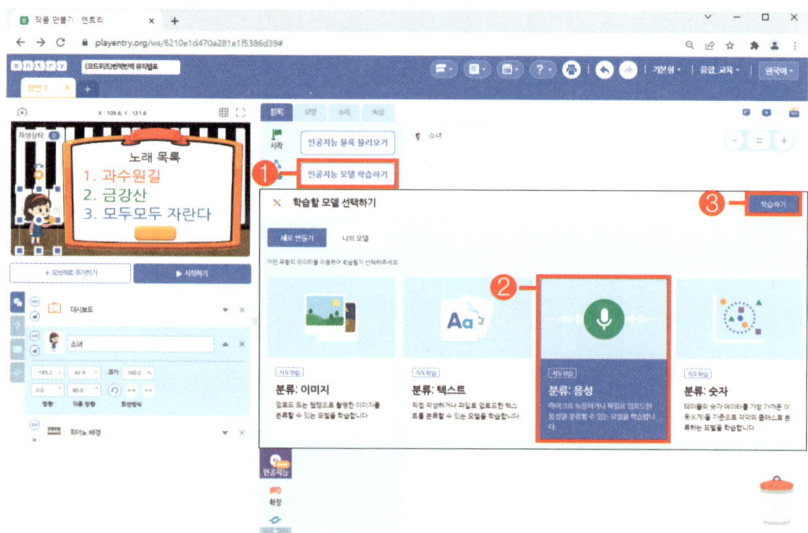

❺ '새로운 모델' 입력란에 학습모델의 제목으로 '노래목록'을 입력하고 [+클래스 추가하기]를 눌러 클래스를 2개 더 추가합니다. '클래스 1'과 '클래스 2', '클래스 3', '클래스 4'에 각각 '과수원길', '금강산', '모두모두자란다', '기타'를 입력합니다.

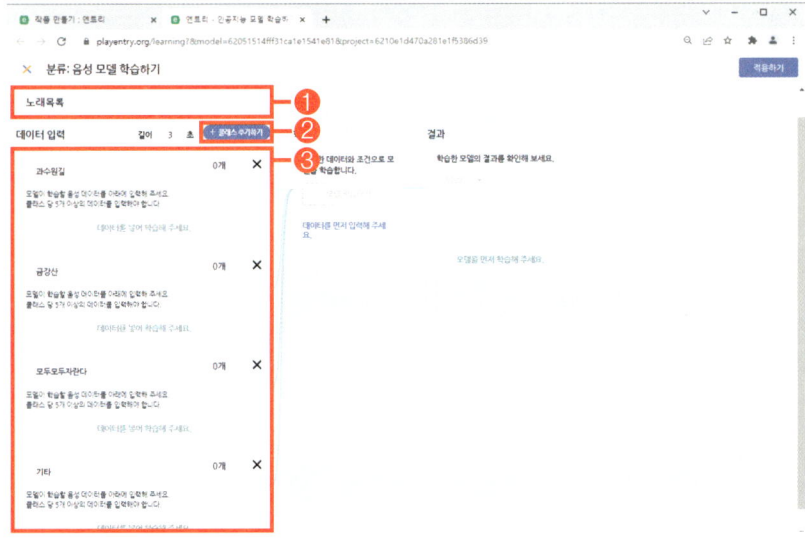

❻ '과수원길'의 [데이터를 넣어 학습해 주세요.]를 클릭합니다. [업로드▼]의 ▼을 눌러 '녹음'을 선택합니다. 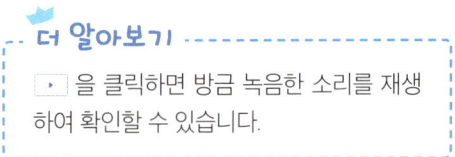 을 클릭한 후 '과수원길' 노래 앞 부분을 약 3초간 부릅니다. 녹음이 완료되었다면 [입력하기]를 클릭하여 음성 데이터를 추가합니다.

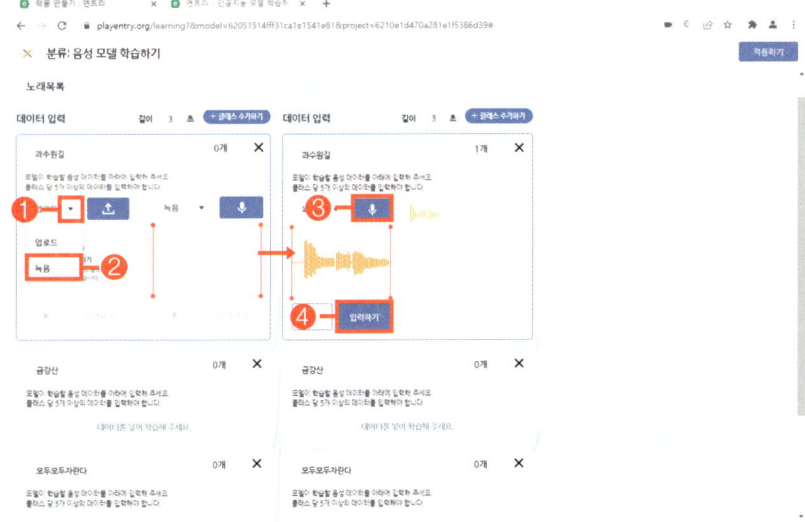

> 💡 **더 알아보기**
> ▶ 을 클릭하면 방금 녹음한 소리를 재생하여 확인할 수 있습니다.

❼ '과수원길' 노래 앞 부분을 4번 더 녹음한 후 [입력하기] 버튼을 클릭하여 음성 데이터가 5개가 되도록 지정합니다.

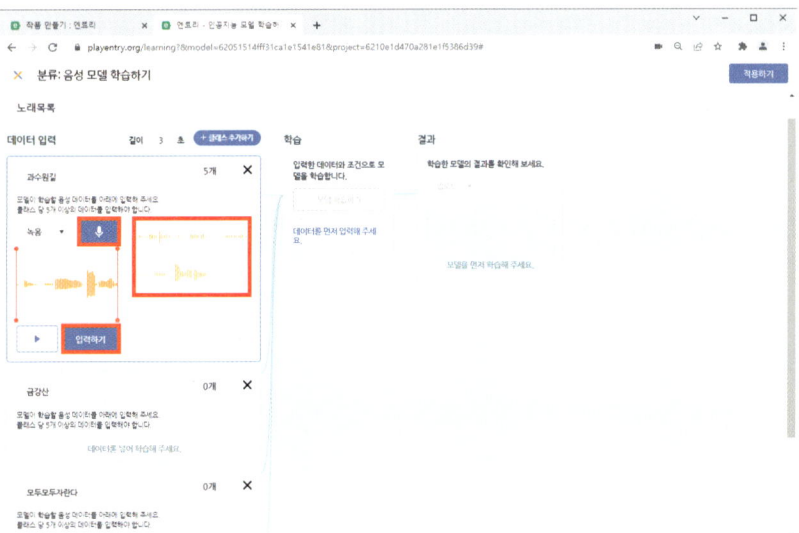

⑧ '금강산', '모두모두자란다'도 동일한 방법으로 노래 앞 부분을 3초간 불러 녹음한 후 [입력하기]를 클릭하여 음성 데이터를 추가합니다.

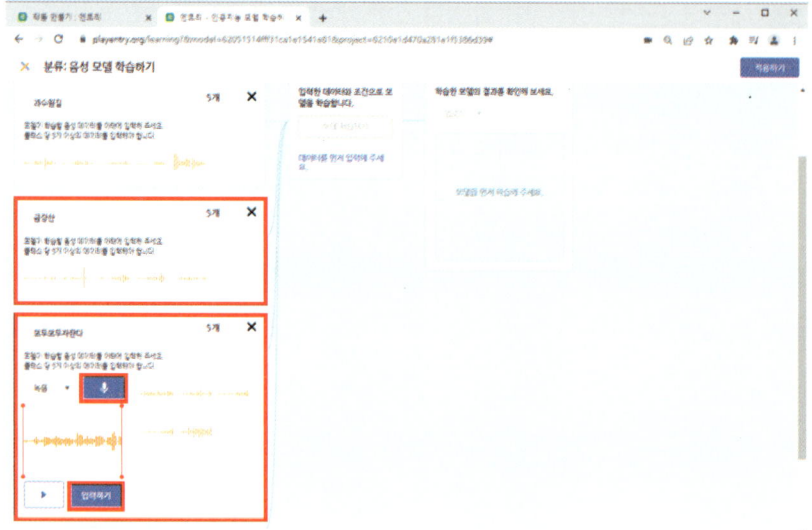

⑨ '기타'에는 주변 소리를 녹음한 후 [입력하기]를 클릭하여 데이터를 추가합니다. 데이터 추가가 완료되었다면 입력한 데이터와 조건으로 모델을 학습시키기 위해 [학습]의 [모델 학습하기]를 클릭합니다.

> **더 알아보기**
> 학습시킬 노래 외에도 주변 소음 등을 별도의 클래스로 학습시키지 않으면 학습된 노래 중 가장 비슷하다고 판단되는 것을 알려주기 때문에 정확한 결과가 도출되지 않습니다.

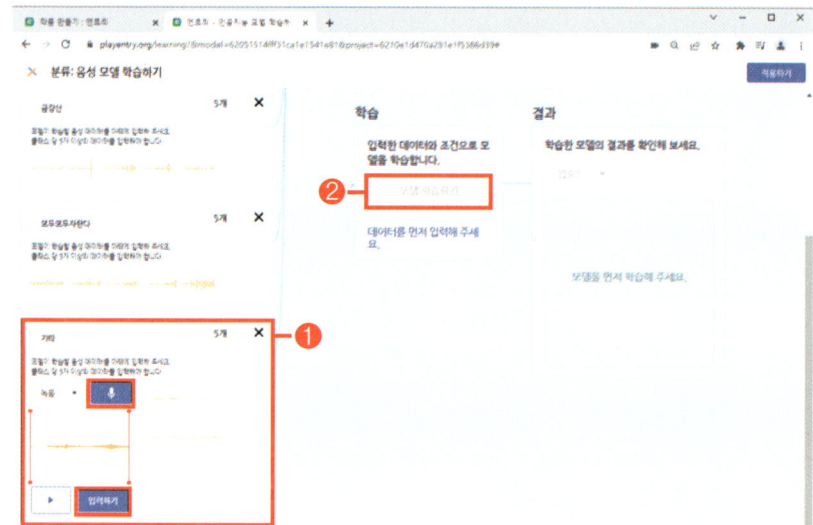

⑩ 음성 모델 학습이 완료되면, 결과를 확인하기 위해 [업로드▼]의 ▼을 눌러 '녹음'을 선택합니다. 🎤를 클릭하여 노래 앞 부분을 3초 간 부릅니다. [결과]에 정확히 분류되어 표시되면 [적용하기]를 클릭합니다.

> **더 알아보기**
> 정확히 분류되지 않는다면 추가로 데이터를 추가하여 학습시킵니다.

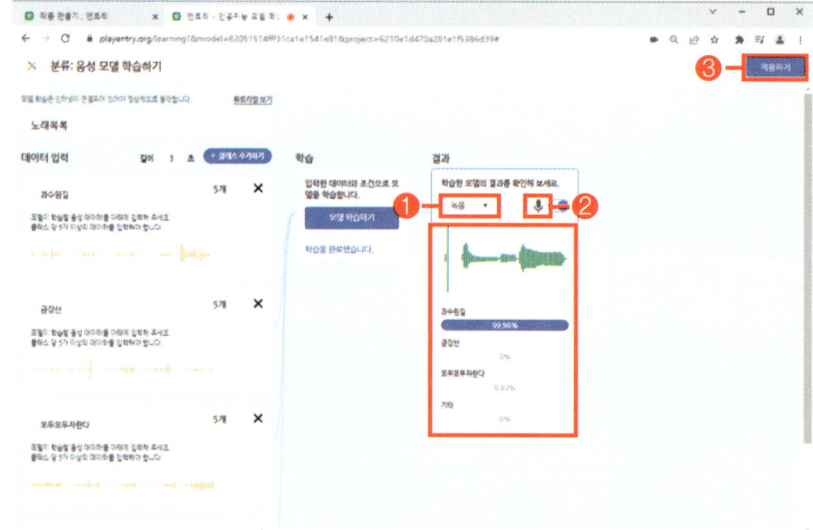

194

⑪ '소녀' 오브젝트를 선택하고 {시작}의 [시작하기 버튼을 클릭했을 때]를 넣습니다. 네오 RGB LED 5개 사용과 밝기 지정을 위해 {하드웨어}의 [네오픽셀 코드위즈▼에 (5)개로 시작설정]과 [네오픽셀 밝기를 (22)로 설정(0~255)]을 넣고 밝기로 '60'을 입력합니다.

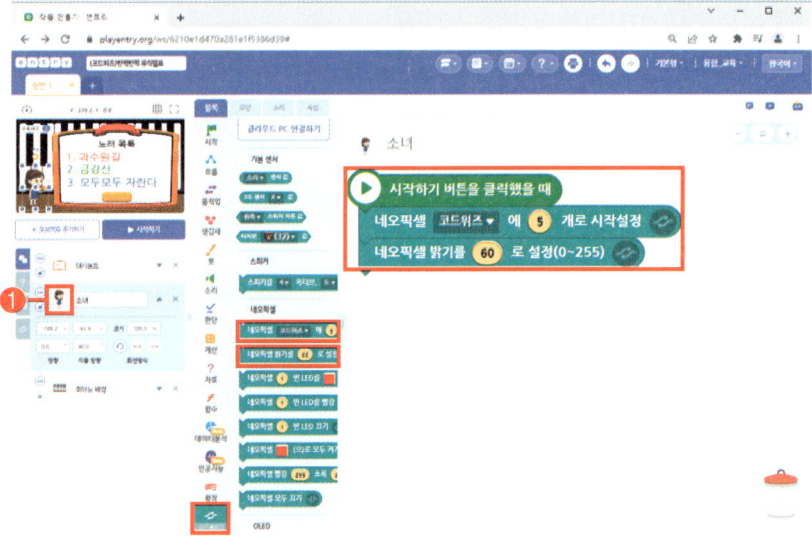

⑫ OLED에 문구를 출력하기 위해 {하드웨어}의 [OLED 지우기]와 [OLED 문자 크기를 (3)(으)로 설정]을 넣고 '4'를 입력합니다. [OLED에 (Hello,World!!) 출력]을 넣고 'MUSIC LAMP'를 입력합니다. {인공지능}의 [여성▼ 목소리를 보통▼ 속도 보통▼ 음높이로 설정하기]를 넣고 ▼을 눌러 '앙증맞은 목소리'를 선택합니다.

> **더 알아보기**
> 문구를 읽어주는 목소리는 다양하게 변경해봅니다.

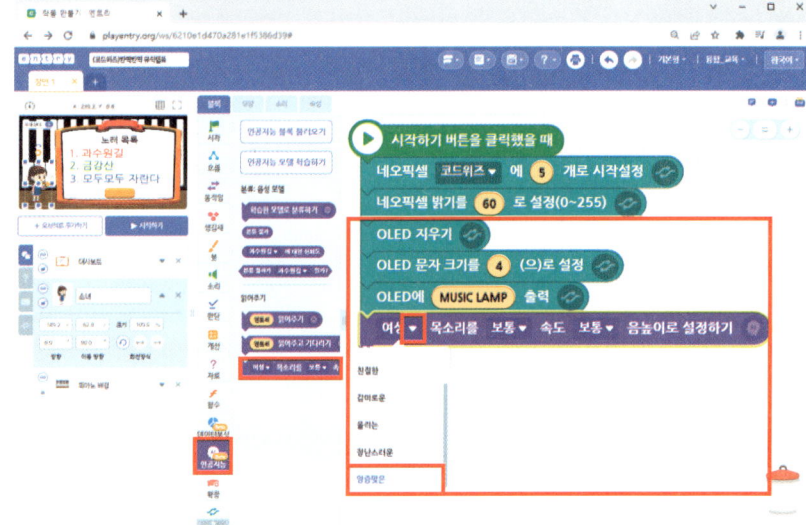

⑬ 안내 문구를 읽고 말하도록 {생김새}의 [(안녕!)을(를) 말하기▼]와 {인공지능}의 [(엔트리) 읽어주고 기다리기]를 2번씩 번갈아 넣습니다. 각각 '뮤직램프를 이용해주셔서 감사합니다.'와 '오른쪽 목록에서 원하는 노래를 골라 앞 부분을 불러주세요.'를 입력합니다.

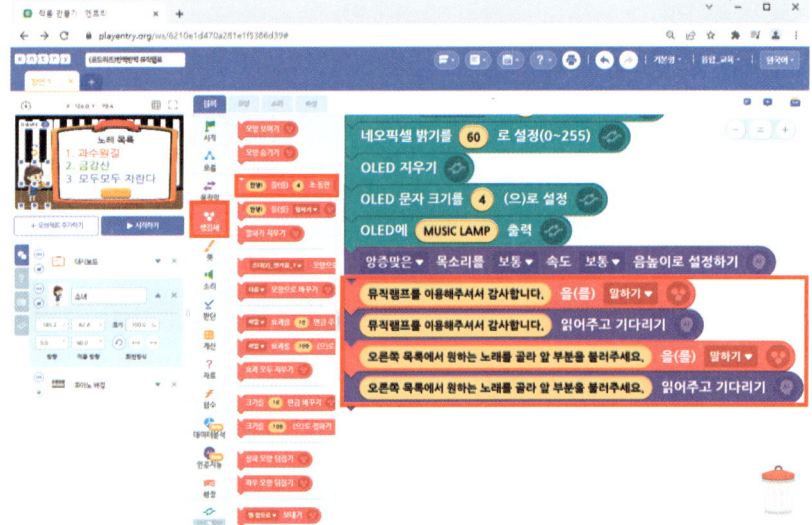

⑭ 마이크로 입력되는 노래를 인식하여 분류하는 노래목록 신호를 보내기 위해 {시작}의 [노래목록▼ 신호 보내기]를 넣습니다.

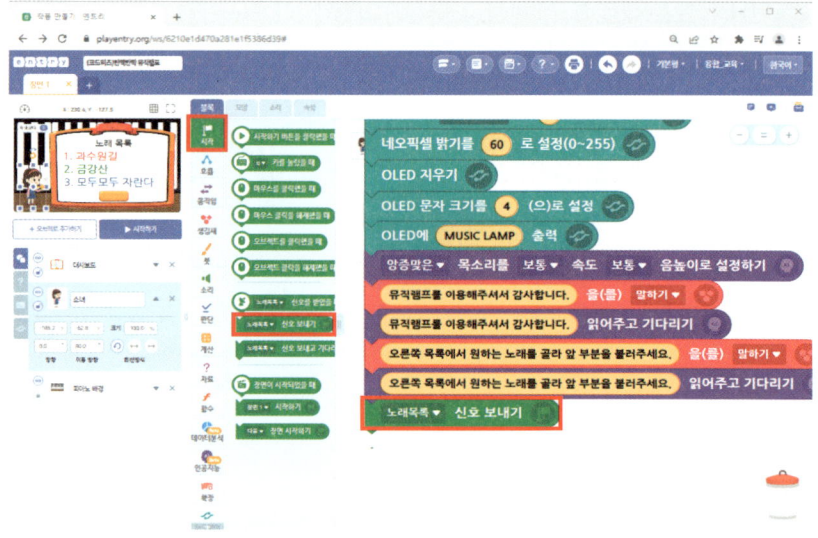

⑮ '대시보드' 오브젝트를 선택합니다. 마이크로 입력되는 노래를 학습한 모델로 분류하기 위해 {시작}의 [노래목록▼ 신호를 받았을 때]와 {인공지능}의 [학습한 모델로 분류하기]를 넣습니다. {흐름}의 [만일 <참> (이)라면 아니면]을 넣고 {인공지능}의 [분류 결과가 과수원길▼인가?]를 넣습니다.

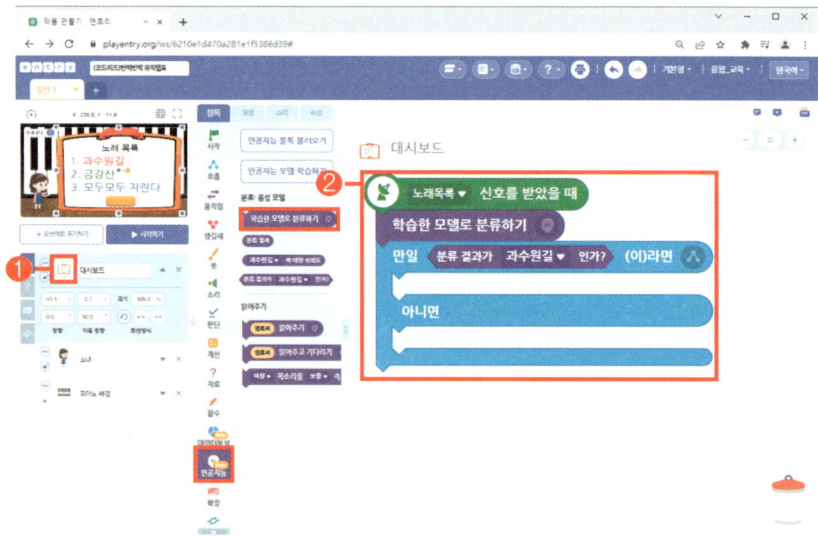

⑯ 음성인식 결과가 '과수원길'이라면 안내 문구를 말하고 읽도록 {생김새}의 [(안녕!)을(를) 말하기▼]와 {인공지능}의 [(엔트리) 읽어주고 기다리기]를 넣습니다. '과수원길을 재생합니다.'를 입력합니다. 음악 재생 신호를 보내기 위해 {시작}의 [노래목록▼ 신호 보내기]를 넣고 ▼을 눌러 '과수원길'을 선택합니다.

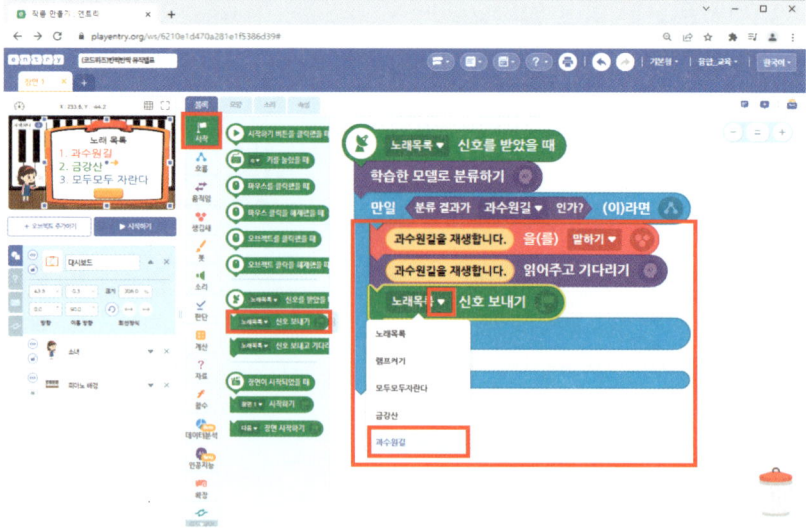

⑰ 음성인식 결과가 '과수원길'이 아니라면 다시 판단해야 하므로 [(이)라면] 블록에서 마우스 오른쪽 버튼을 누른 후 [코드 복사] 메뉴를 클릭합니다.

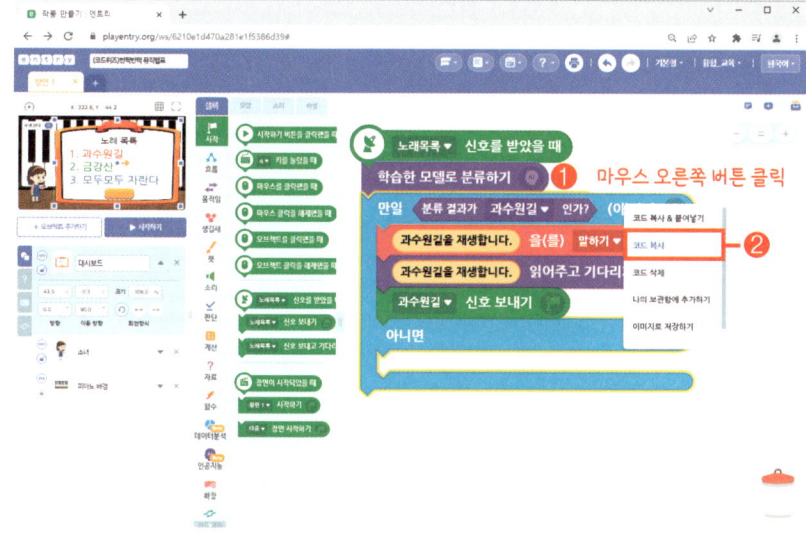

⑱ 마우스 오른쪽 버튼을 눌러 [붙여넣기] 메뉴를 클릭합니다. 복사된 블록을 [아니면] 블록 내부에 드래그하여 삽입합니다. 판단 블록의 ▼을 눌러 '금강산'을 선택하고 [말하기]와 [읽어주고 기다리기]에 '금강산을 재생합니다.'를 입력합니다. [신호 보내기]의 ▼을 눌러 '금강산'을 선택합니다.

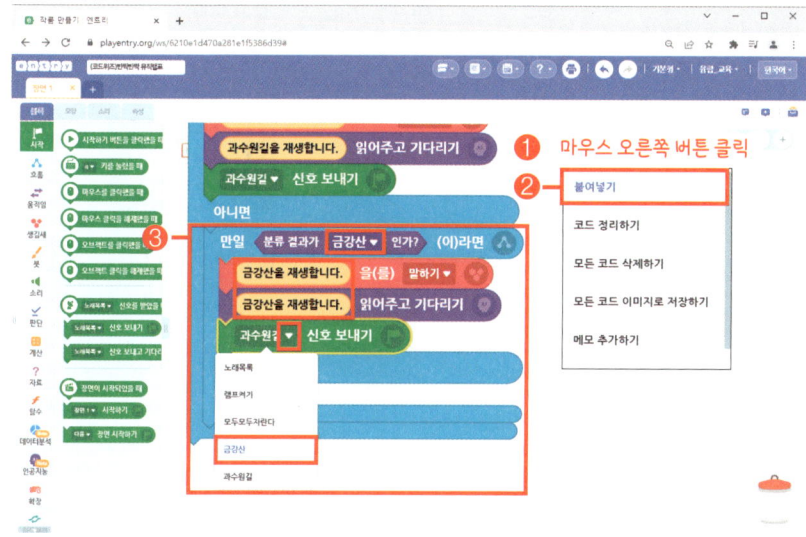

⑲ 마우스 오른쪽 버튼을 누른 후 [붙여넣기] 메뉴를 클릭합니다. 복사된 블록을 [아니면] 내부에 드래그하여 삽입합니다. 판단 블록의 ▼을 눌러 '모두모두자란다'를 선택하고 [말하기]와 [읽어주고 기다리기]에 '모두 모두 자란다를 재생합니다.'를 입력합니다. [신호 보내기]의 ▼을 눌러 '모두모두자란다'를 선택합니다.

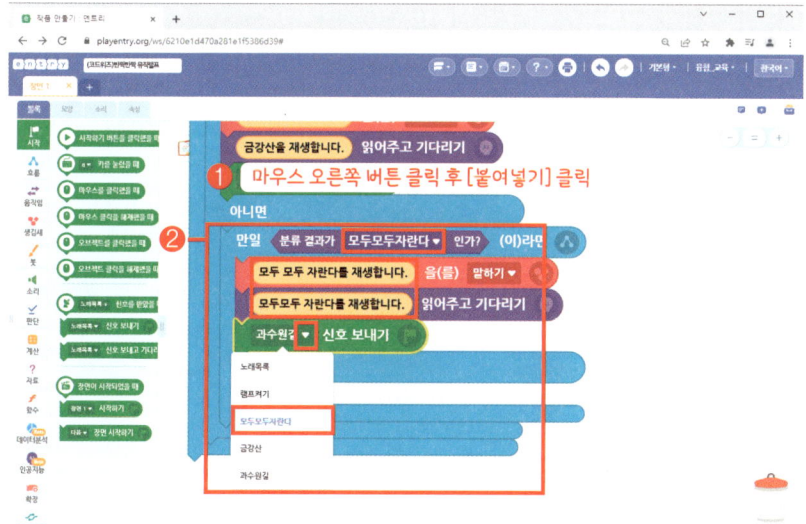

197

㉠ 음성인식 결과가 '기타'인 경우 안내 문구를 말하고 읽도록 {생김새}의 [(안녕!)을 (를) 말하기▼]와 {인공지능}의 [(엔트리) 읽어주고 기다리기]를 넣습니다. '정확히 다시 불러주세요.'를 입력하고 다시 음성 인식을 시작하도록 {시작}의 [노래목록▼ 신호 보내기]를 넣습니다.

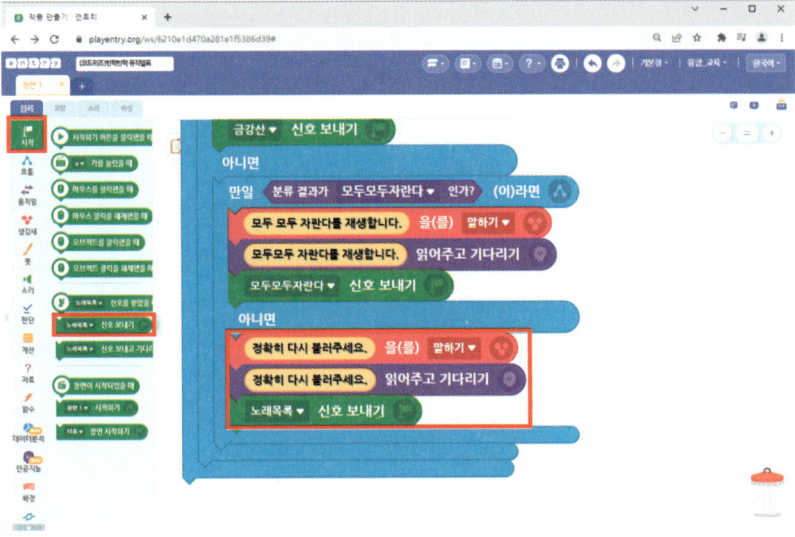

㉑ 과수원길 신호를 받으면 램프를 켜고 음악을 재생하기 위해 {시작}의 [노래목록▼ 신호를 받았을 때]를 넣고 ▼을 눌러 '과수원길'을 선택합니다. '재생상태' 변수값 1에 음악 재생 중임을 지정하기 위해 {자료}의 [재생상태▼를 (10)(으)로 정하기]를 넣고 '1'을 입력합니다.

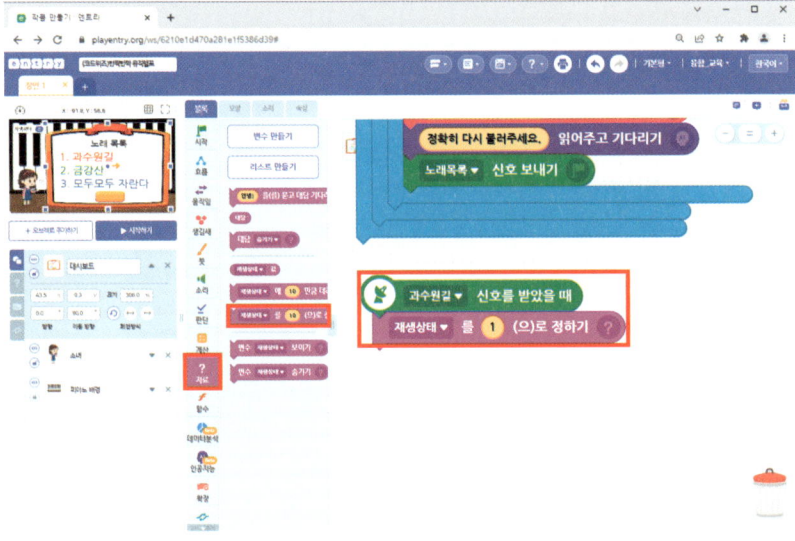

㉒ 램프를 켜기 위해 {시작}의 [노래목록▼ 신호 보내기]를 넣고 ▼을 눌러 '램프켜기'를 선택합니다. '과수원길' 음악이 재생되도록 {소리}의 [소리 과수원길.mp3▼재생하고 기다리기]를 넣습니다. 음악 재생이 완료되면 '재생상태' 변수값 0에 음악 재생이 완료되었음을 지정하기 위해 {자료}의 [재생상태▼를 (10)(으)로 정하기]를 넣고 '0'을 입력합니다.

> **더 알아보기**
> '재생상태' 변수는 음악이 재생될 때는 '1', 음악 재생이 완료되면 '0' 값이 저장됩니다.

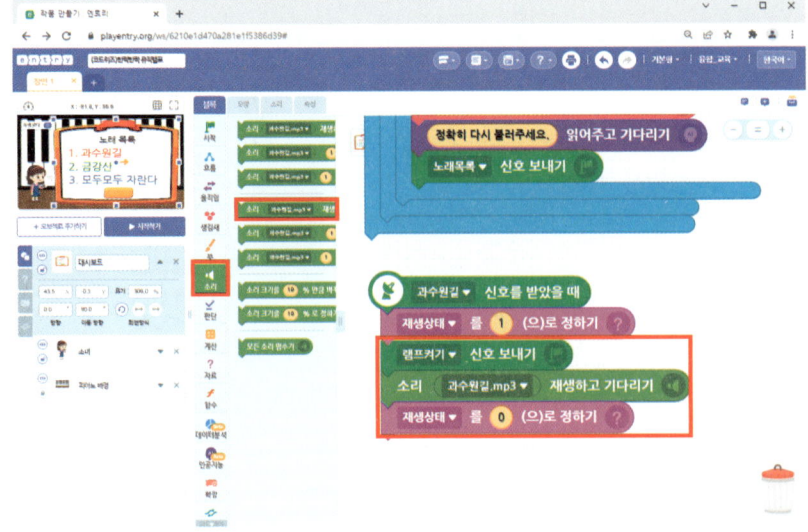

23 완성한 [과수원길▼ 신호를 받았을 때] 블록을 마우스 오른쪽 버튼으로 클릭하고 [코드 복사] 메뉴를 클릭합니다.

> **더 알아보기**
>
> MP3 소리 파일을 추가하고자 한다면 [소리] 탭을 클릭한 후 [소리 추가하기] - [파일 올리기]를 클릭한 후 추가하고자 하는 파일을 선택하면 됩니다.

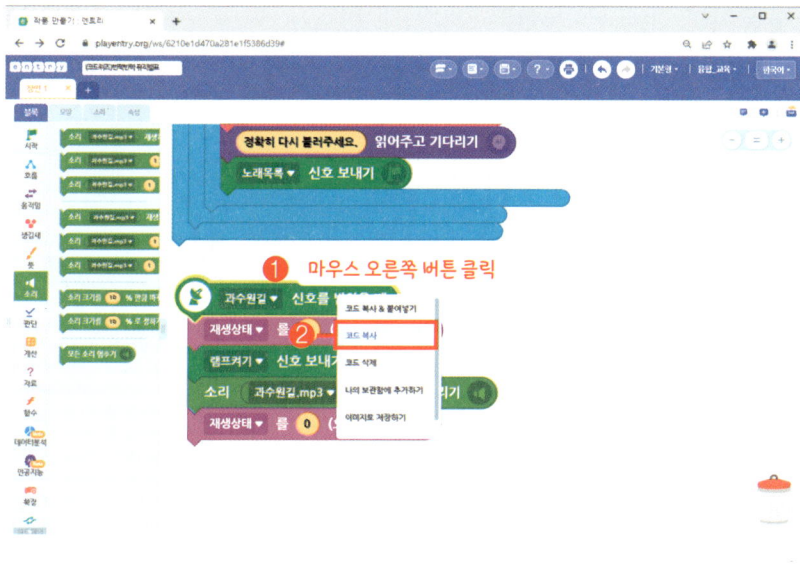

24 마우스 오른쪽 버튼을 눌러서 2번 붙여넣기 합니다. 복사된 블록을 드래그하여 겹치지 않게 배열합니다. 신호 블록과 소리재생 블록의 ▼을 눌러 '금강산', '금강산.mp3', '모두모두자란다', '모두모두자란다.mp3'를 선택합니다.

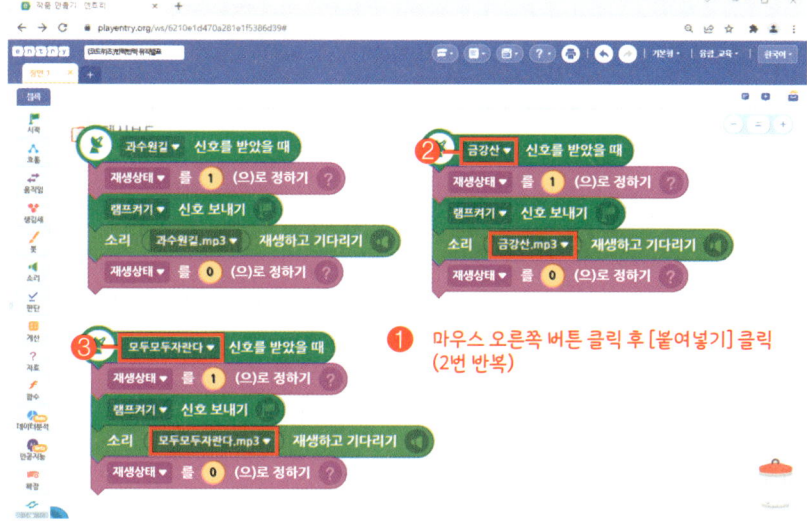

25 램프켜기 신호를 받았을 때 네오 RGB LED가 켜지도록 {시작}의 [노래목록▼ 신호를 받았을 때]를 넣고 ▼을 눌러 '램프켜기'를 선택합니다. 램프는 노래가 재생되는 동안만 켜져야 하므로 {흐름}의 [<참>이 될 때까지▼ 반복하기]를 넣고 ▼을 눌러 '인 동안'을 선택합니다.

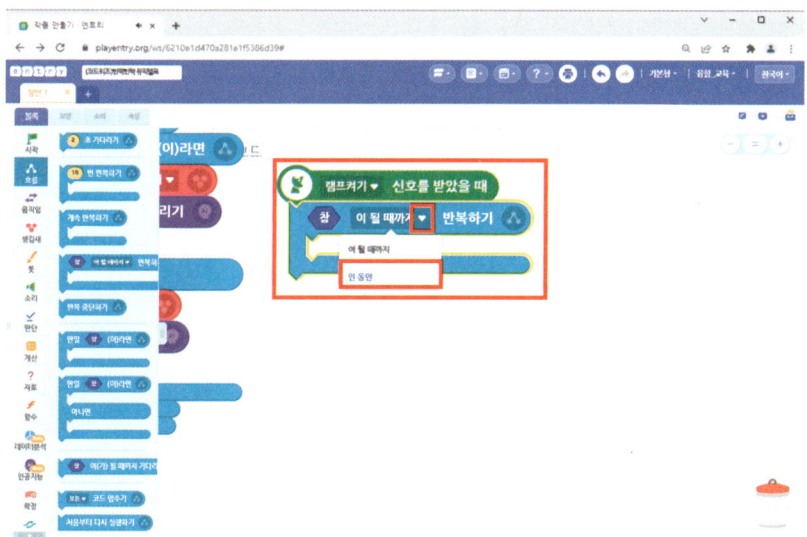

199

㉖ 음악이 재생되는 동안은 '재생상태' 변수 값이 '1'이 되므로 {판단}의 [(10)=(10)]을 넣고 왼쪽 값에 {자료}의 [재생상태▼값]을, 오른쪽 값에 '1'을 입력합니다. {하드웨어}의 [네오픽셀 빨강(255) 초록(255) 파랑(255) (으)로 모두 켜기]를 넣습니다.

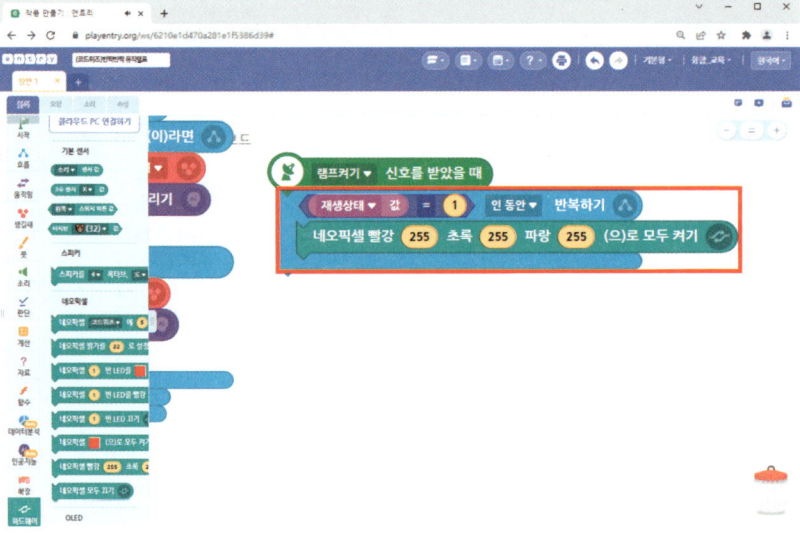

㉗ 네오 RGB LED를 무작위 색깔로 켜도록 빨강, 초록, 파랑 색값 입력란에 {계산}의 [(0)부터 (10)사이의 무작위 수]를 넣고 오른쪽 값에 '255'를 입력합니다. 무작위 색 변화 시간 간격이 0.5초~1초 사이의 무작위 값으로 지정되도록 {흐름}의 [(10)초 기다리기]를 넣고 {계산}의 [(0)부터 (10)사이의 무작위 수]를 넣습니다. '0.5'와 '1'을 입력합니다.

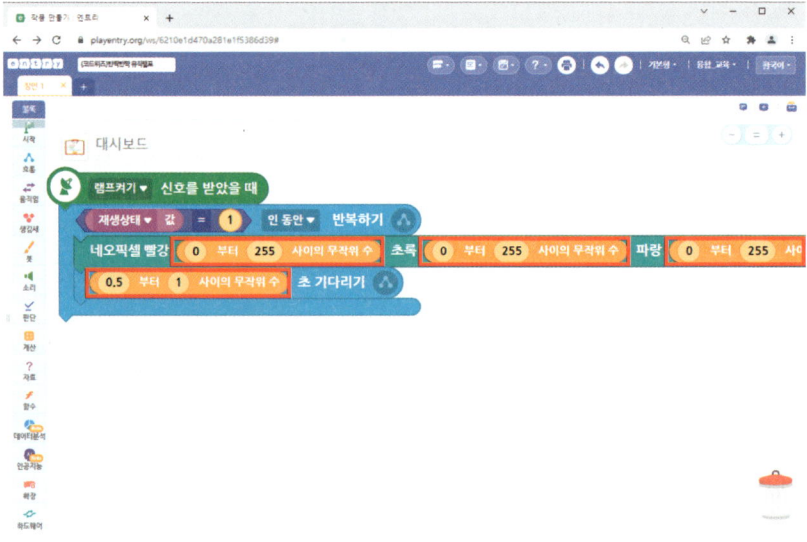

㉘ 음악 재생이 끝나면 램프를 끄고 시작 안내 문구를 말하고 읽어주도록 {하드웨어}의 [네오픽셀 모두 끄기]와 {생김새}의 [(안녕!)을(를) 말하기], {인공지능}의 [(엔트리) 읽어주고 기다리기]를 넣습니다. '듣고 싶은 노래의 앞 부분을 불러주세요.'를 입력합니다. {시작}의 [노래목록▼ 신호 보내기]를 넣습니다.

더 알아보기

음악 재생이 끝나면 '재생상태' 변수값은 '0'이 됩니다.

㉙ 코드 작성이 완료되었다면 [▶ 시작하기]를 클릭합니다. 안내 문구를 말한 후 [데이터 입력] 창이 표시되면 [업로드▼]의 ▼을 클릭하여 '녹음'을 선택합니다. 🎤를 클릭한 후 노래 앞 부분을 3초 간 부르고 [적용하기]를 클릭합니다. 노래가 인식되면 네오 RGB LED가 켜지면서 인식된 노래가 재생되는지 확인합니다.

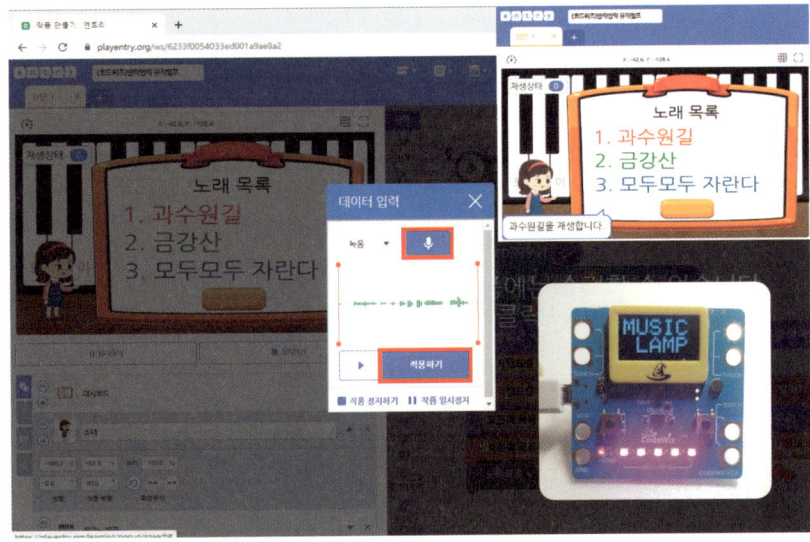

㉚ 심플 램프 조립을 위해 검은색 축과 노란색 부쉬를 사진과 같이 코드위즈에 조립합니다.

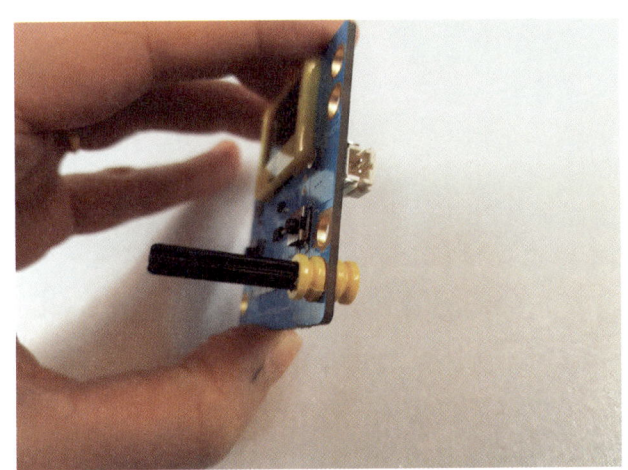 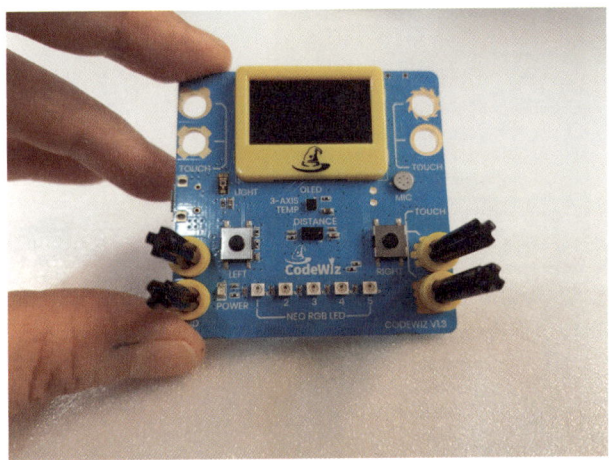

㉛ MDF 프레임을 사진과 같이 올린 후 노란색 부쉬로 고정합니다. MDF 프레임 틈새에 아크릴판을 끼웁니다. (아크릴 판의 비닐을 벗겨 사용하세요.)

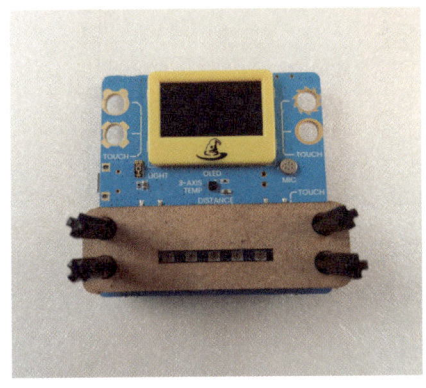 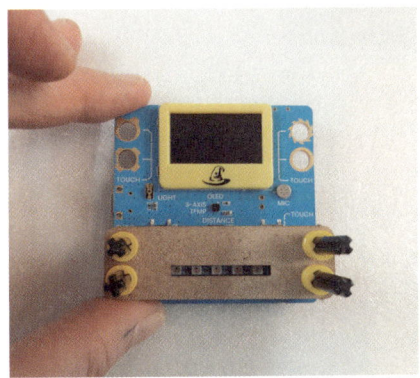 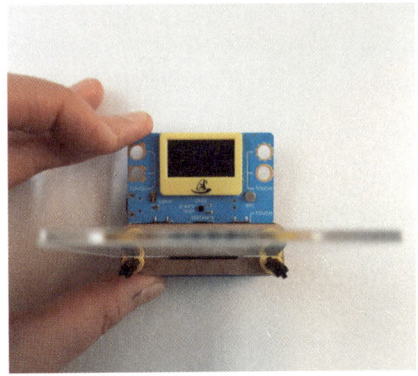

전체 코드 & 완성 작품 확인하기
활동2: (코드위즈)뮤직 램프 만들기

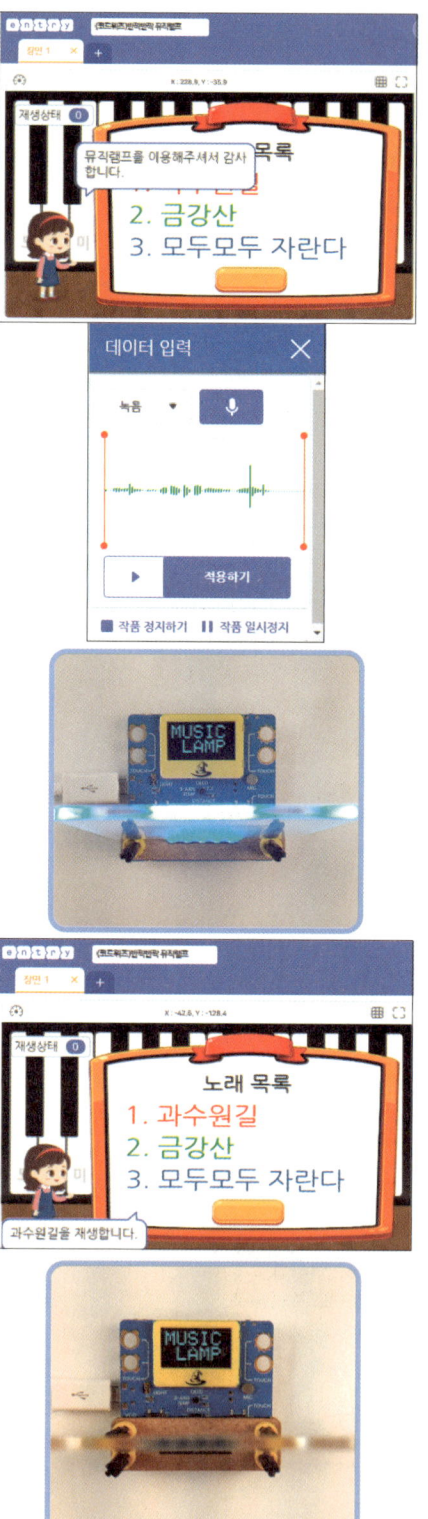

▲ [소녀] 오브젝트

▲ [대시보드] 오브젝트

전체 코드 & 완성 작품 확인하기
활동2: (코드위즈)뮤직 램프 만들기

▲ [대시보드] 오브젝트

▲ [대시보드] 오브젝트

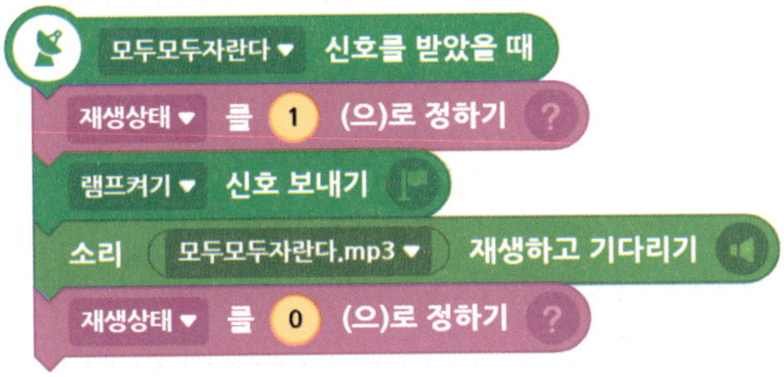

▲ [대시보드] 오브젝트

▲ [대시보드] 오브젝트

17 나만의 스마트 홈비서 만들기
프로그래밍을 활용하여 스마트 홈비서 만들기

난이도 ★★★★☆

01 인공지능 영역 : 머신러닝(기계학습), 음성인식

엔트리 AI 지도학습(분류:텍스트), 음성인식(오디오 감지), 음성합성(읽어주기)
코드위즈 OLED, 네오 RGB LED, 스피커

➡ 엔트리와 코드위즈를 활용하여 음성 명령어로 다양한 기능을 제어하는 스마트 홈비서를 만들 수 있습니다.

02 준비물
PC(데스크톱 또는 노트북), 코드위즈

03 교과학습
- 6학년 2학기 실과(동아출판)
- 단원:4. 프로그래밍과 소통(80~83쪽)
- 학습활동
  활동 1 생활을 편리하게 해주는 다양한 기술
  활동 2 (코드위즈)나만의 스마트 홈비서 만들기

04 관련 교과
- 6학년 2학기 실과(동아출판) / 5. 발명과 로봇
- 센서와 로봇의 작동 원리를 알아보아요(9/13차시)

05 관련 작품
- 작품 파일
  (코드위즈)스마트 홈비서.ent
  (코드위즈)스마트 홈비서_완성.ent
- 작품 주소
  http://naver.me/Gjdm5KiY
  http://naver.me/F8BztwjP
- 작품 영상

01 생활을 편리하게 해주는 다양한 기술

우리 생활을 편리하게 해주는 다양한 기술 알아보기
Q: 우리의 생활을 편리하게 해주는 기술에는 어떤 것들이 있을까요?
A: IoT 기술로 집 안의 가전제품을 제어할 수 있습니다. 인공지능 스피커로 정보를 검색합니다.
Q: 이야기한 기술 외에 새롭게 나올 수 있는 기술에는 어떤 것들이 있을까요?
A: 보관 중인 식품을 자동으로 관리해 주는 스마트 냉장고가 나올 것 같습니다.

02 (코드위즈)나만의 스마트 홈비서 만들기

코드위즈 음성 명령어에 따라 OLED, 네오픽셀, 스피커 동작하기
엔트리 AI 인공지능 읽어주기, 음성인식, 지도학습
학생 코드위즈와 엔트리를 이용하여 스마트 홈비서 만들기

1. '(코드위즈)스마트 홈비서.ent' 파일을 실행합니다. 전등을 켜는 신호를 추가하기 위해 [속성] 탭을 클릭한 후 [신호]를 선택합니다. [신호 추가하기]를 클릭한 후 '전등'을 입력하고 [확인]을 선택합니다.

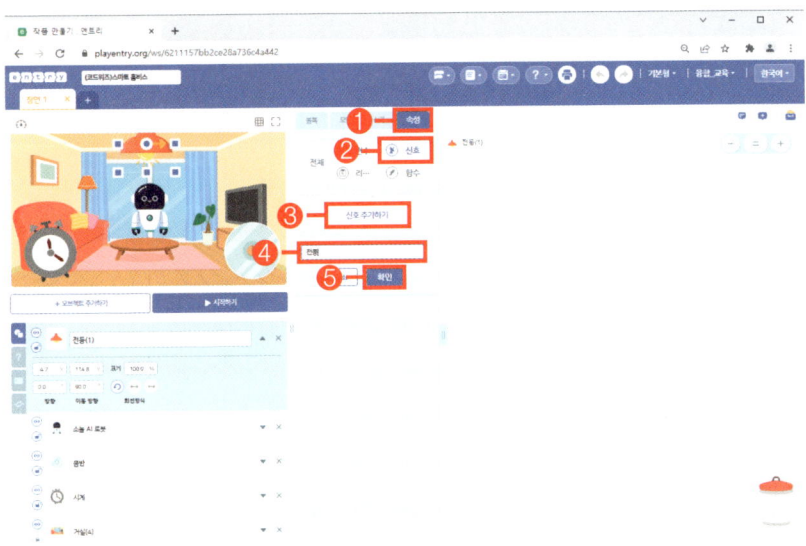

❷ 시간을 알려주고 음악 재생 및 마이크로 인식된 음성을 분석하는 신호를 추가하기 위해 [신호 추가하기]를 클릭합니다. 신호의 이름으로 '시간'을 입력하고 [확인]을 클릭합니다. 같은 방법으로 '음악', '분석' 신호를 추가합니다.

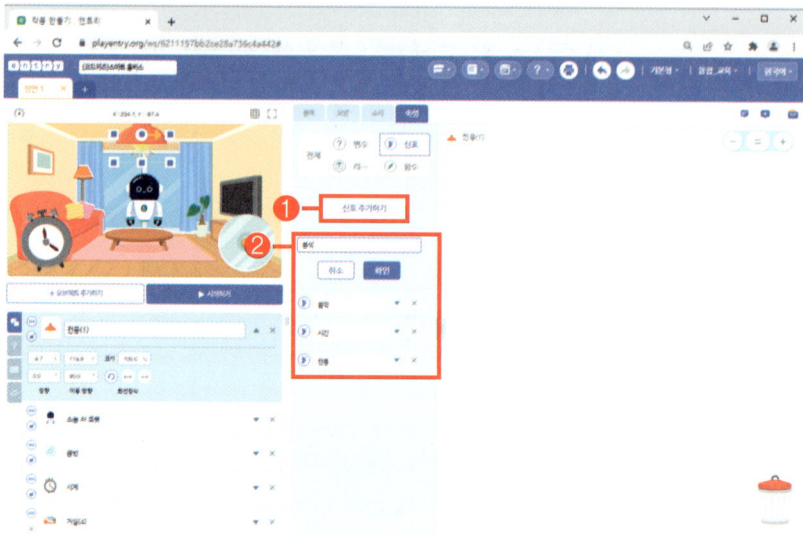

❸ [블록] 탭을 클릭합니다. 마이크로 음성을 인식하고, 안내 문구를 읽어주도록 {인공지능}의 [인공지능 블록 불러오기]를 클릭합니다. [오디오 감지]와 [읽어주기]를 클릭한 후 [불러오기]를 선택합니다.

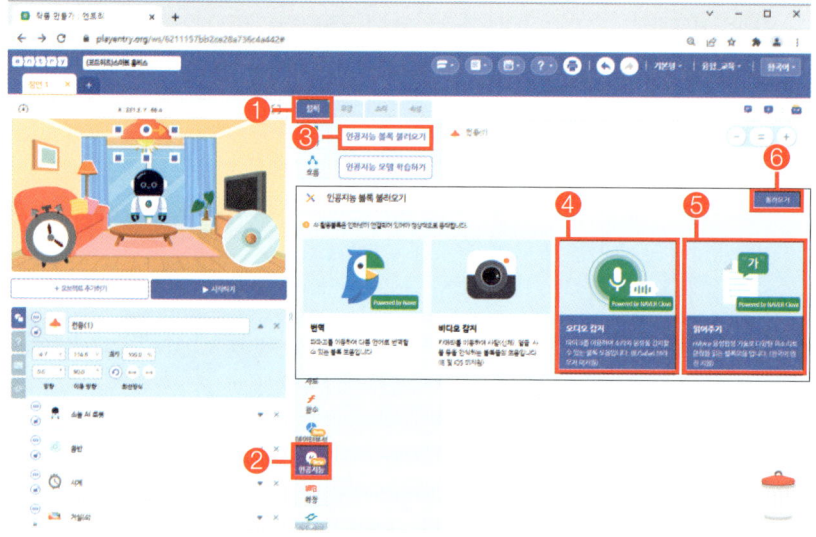

❹ 텍스트를 학습시키기 위해 {인공지능}의 [인공지능 모델 학습하기]를 선택합니다. [새로 만들기]의 [분류:텍스트]를 선택하고 [학습하기]를 클릭합니다.

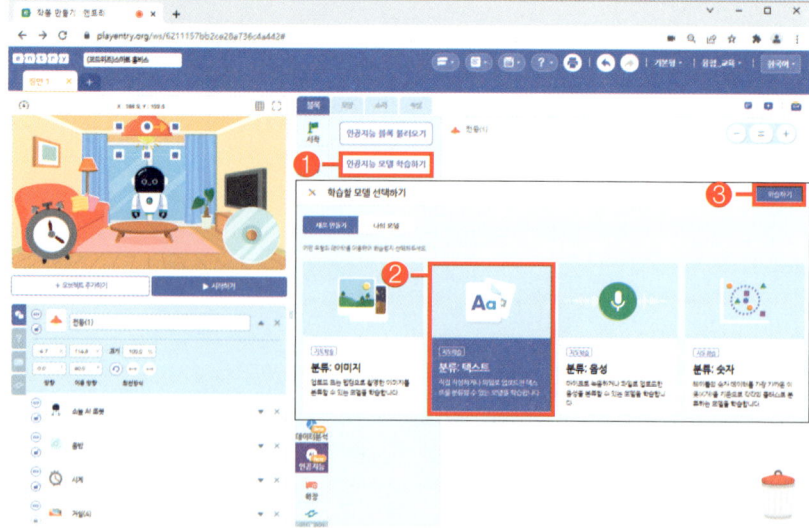

❺ 모델 이름 입력란을 클릭한 후 학습모델의 제목으로 '코드위즈 홈비서'를 입력합니다. [+클래스 추가하기]를 눌러 클래스를 2개 더 추가합니다. '클래스 1'과 '클래스 2', '클래스 3', '클래스 4'에 각각 '전등', '시간', '음악', '기타'를 입력합니다.

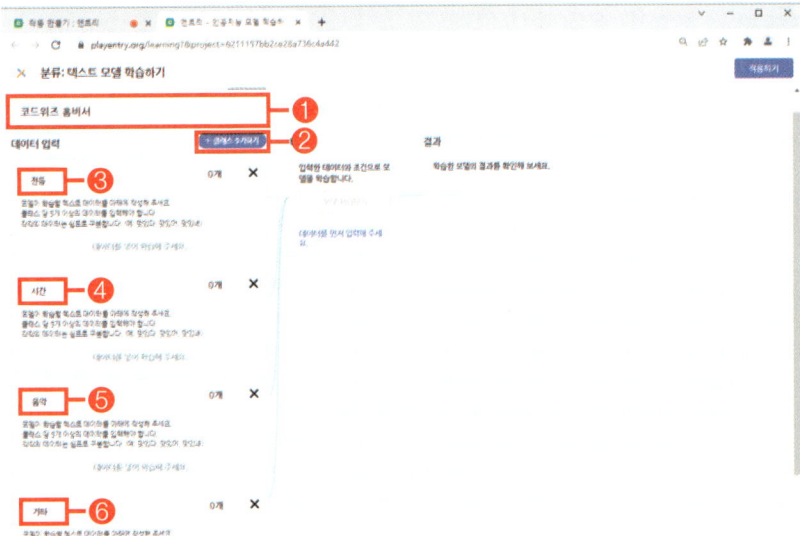

❻ '전등' 클래스의 [데이터를 넣어 학습해 주세요]를 클릭합니다. 입력창에 '불, 불 켜줘, 불을켜줘, 어두워, 불 좀 켜줘, 전등 켜줘, 전등을 켜줘, 불 켜주세요, 불켜'와 같이 전등을 켜는 것과 관련 있는 텍스트 데이터를 5개 이상 입력합니다.

❼ 같은 방법으로 '시간' 클래스와 '음악' 클래스, '기타' 클래스에 관련 텍스트 데이터를 5개 이상 입력합니다. 데이터 입력이 완료되었다면 [모델 학습하기]를 클릭합니다.

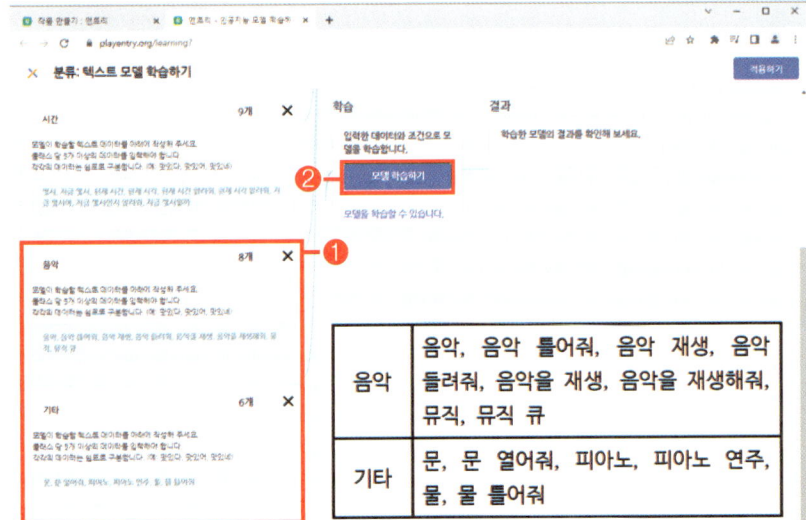

음악	음악, 음악 틀어줘, 음악 재생, 음악 들려줘, 음악을 재생, 음악을 재생해줘, 뮤직, 뮤직 큐
기타	문, 문 열어줘, 피아노, 피아노 연주, 물, 물 틀어줘

❽ 모델 학습이 완료되면, 학습한 모델의 결과를 확인하기 위해 학습한 텍스트를 입력하고 [입력하기] 버튼을 클릭합니다. [결과]에 정확하게 분류되어 표시되면 [적용하기]를 클릭하여 모델 학습을 완료합니다.

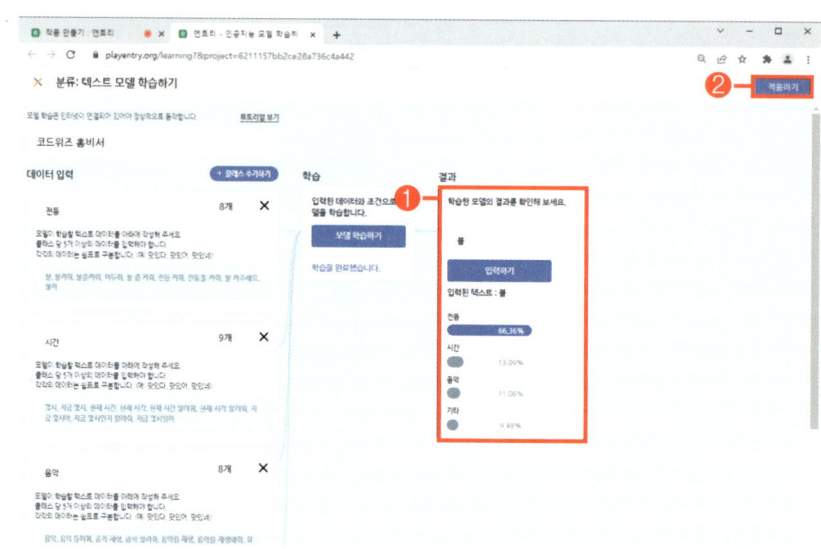

> **더 알아보기**
> 클래스별로 학습하는 텍스트의 양이 많아질수록 분류의 정확도가 높아집니다.

❾ '소놀 AI 로봇' 오브젝트를 선택합니다. {시작}의 [시작하기 버튼을 클릭했을 때]를 넣고 네오 RGB LED와 OLED 사용을 위해 {하드웨어}의 [네오픽셀 코드위즈▼에 (5)개로 시작설정]과 [OLED 지우기], [OLED 폰트 Mono▼를 크기 9▼(으)로 설정]을 넣고 ▼을 눌러 'Sans'와 '18'을 선택합니다.

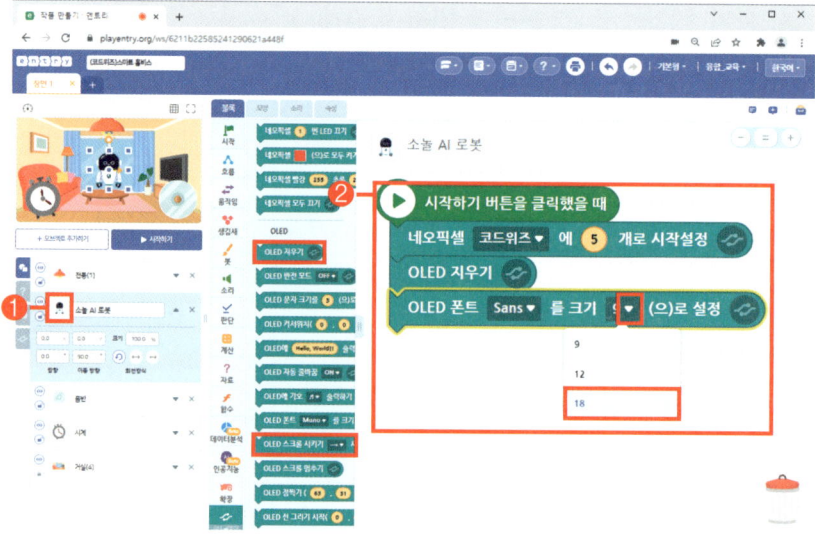

❿ {인공지능}의 [(엔트리) 읽어주기]와 {생김새}의 [(안녕!)을(를) (4)초 동안 말하기▼]를 넣고 '안녕하세요 저는 당신의 스마트한 홈비서 코드위즈입니다.'와 '6'을 입력합니다. 음성을 인식하여 분류하는 '분석' 신호를 보내기 위해 {시작}의 [분석▼ 신호 보내기]를 넣습니다.

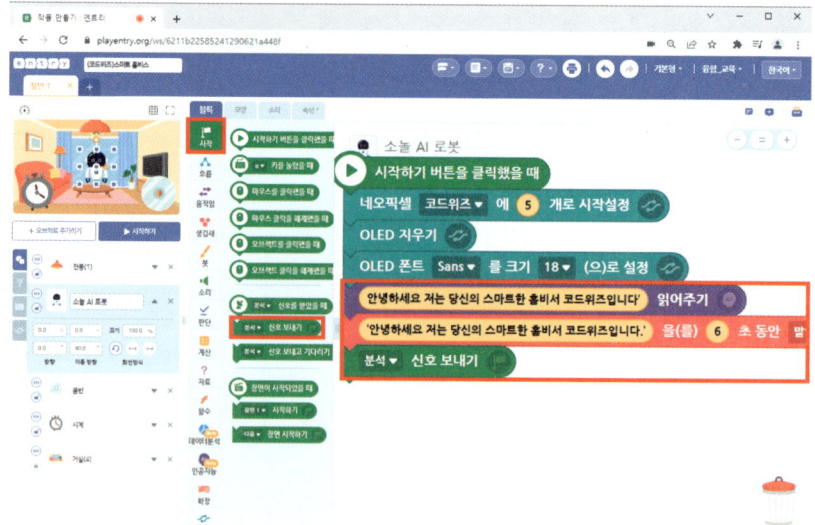

⓫ 분석 신호를 받으면 안내 문구를 읽고 말하도록 {시작}의 [분석▼ 신호를 받았을 때]를 넣고 {인공지능}의 [(엔트리) 읽어주기]와 {생김새}의 [(안녕!)을(를) (4)초 동안 말하기▼]를 넣습니다. '원하는 명령어를 말씀해 주세요.'와 '3'을 입력합니다.

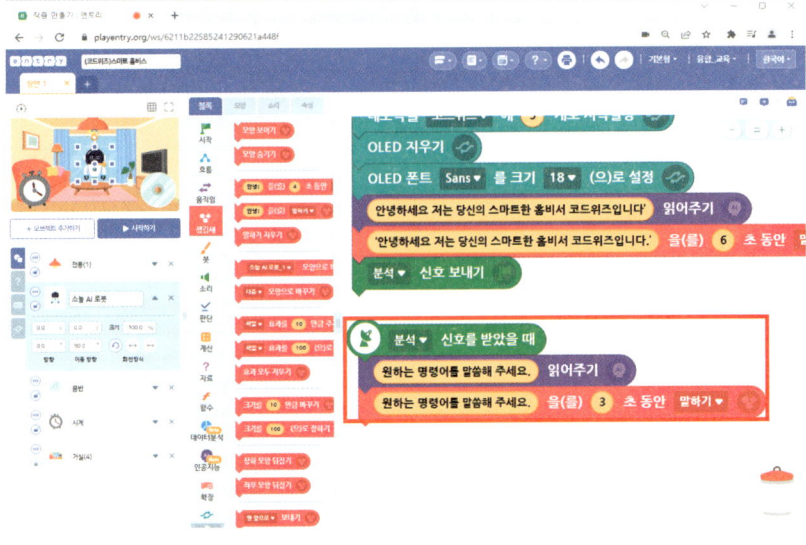

⓬ 음성을 인식하고 텍스트 모델을 분류하기 위해 {인공지능}의 [음성 인식하기]와 [(엔트리)을(를) 학습한 모델로 분류하기]를 넣습니다. (엔트리)에 [음성을 문자로 바꾼 값]을 넣습니다. 분류 결과가 '전등'인지 판단하기 위해 {흐름}의 [만일 <참> (이)라면 아니면]을 넣고 {인공지능}의 [분류 결과가 전등▼인가?]를 넣습니다.

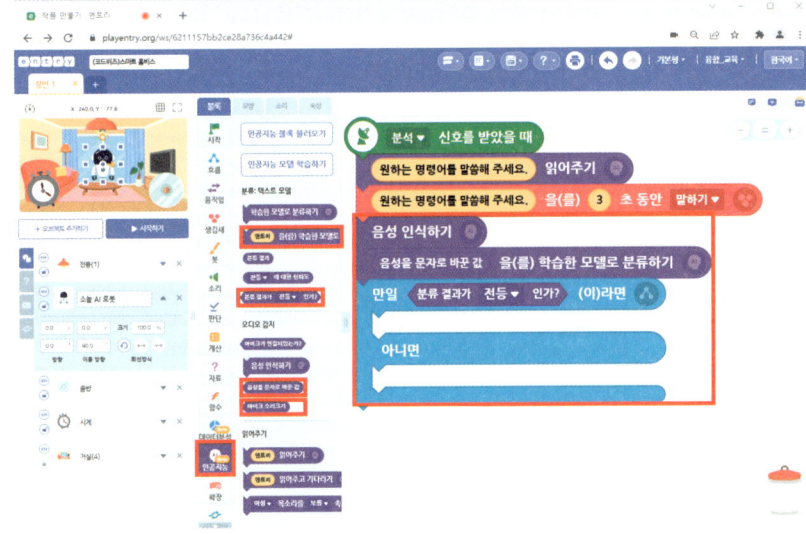

⓭ 분류 결과가 '전등'이라면 문구를 읽고 말한 후 전등 켜는 신호를 보내기 위해 {인공지능}의 [(엔트리) 읽어주기]와 {생김새}의 [(안녕!)을(를) (4)초 동안 말하기▼]를 넣습니다. '불을 켜드릴게요.'와 '3'을 입력합니다. {시작}의 [분석▼ 신호 보내기]를 넣고 ▼을 눌러 '전등'을 선택합니다.

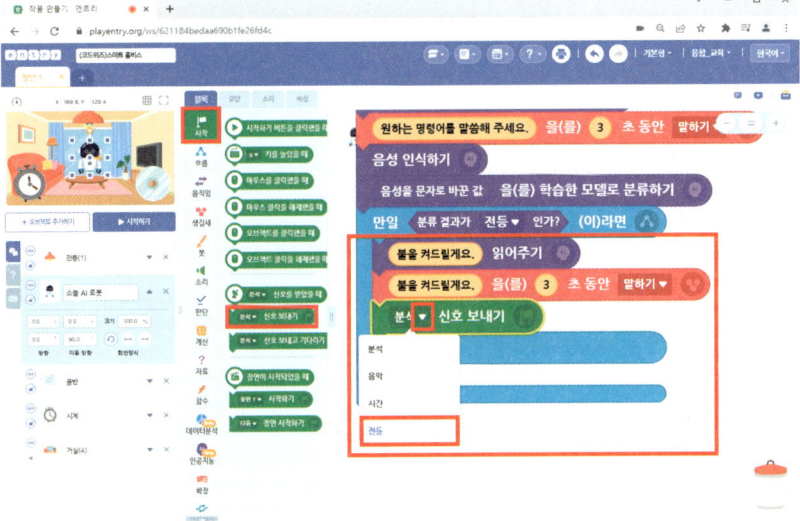

⑭ 분류 결과가 '음악'인지 판단하기 위해 [(이)라면] 블록에서 마우스 오른쪽 버튼을 누른 후 [코드 복사 & 붙여넣기] 메뉴를 클릭합니다. 붙여넣기 된 블록을 [아니면] 내부에 넣고 ▼을 눌러 '음악'을 선택합니다. '음악을 재생해 드릴게요.'를 입력한 후 [신호 보내기]의 ▼을 눌러 '음악'을 선택합니다.

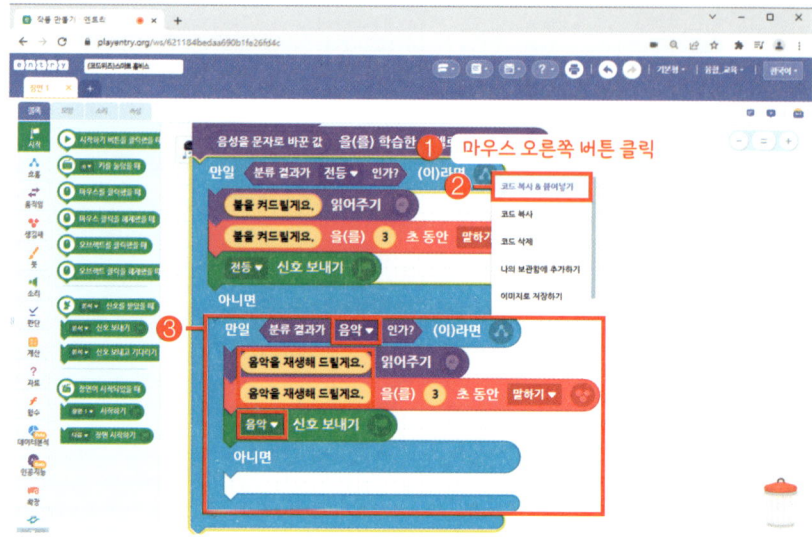

⑮ 분류 결과가 '시간'인지 판단하기 위해 [(이)라면] 블록에서 마우스 오른쪽 버튼을 누른 후 [코드 복사 & 붙여넣기] 메뉴를 클릭합니다. 붙여넣기 된 블록을 [아니면] 내부에 넣고 ▼을 눌러 '시간'을 선택합니다. '현재 시간을 알려드릴게요.'와 '4'를 입력한 후 [신호 보내기]의 ▼을 눌러 '시간'을 선택합니다.

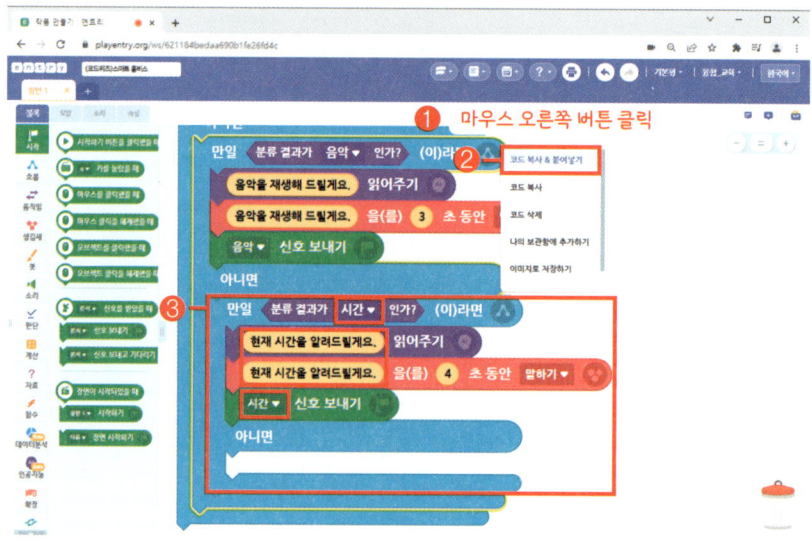

⑯ 분류 결과가 '기타'라면 다시 분석하는 신호를 보내기 위해 {시작}의 [분석▼ 신호 보내기]를 넣습니다.

⑰ '전등(1)' 오브젝트를 선택합니다. 처음 실행되었을 때는 전등이 꺼져있어야 하므로 {시작}의 [시작하기 버튼을 클릭했을 때]와 {생김새}의 [전등(1)_켜짐▼ 모양으로 바꾸기]를 넣습니다. ▼을 눌러 '전등(1)_꺼짐'을 선택합니다.

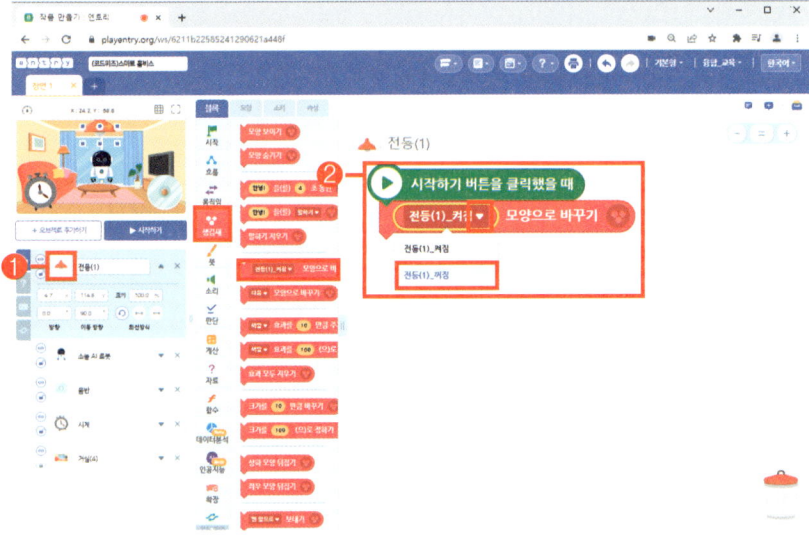

⑱ 전등 신호를 받았을 때 '전등(1)' 오브젝트가 켜지고 네오 RGB LED가 켜지도록 {시작}의 [분석▼ 신호를 받았을 때]를 넣고 ▼을 눌러 '전등'을 선택합니다. {생김새}의 [전등(1)_켜짐▼ 모양으로 바꾸기]와 {하드웨어}의 [네오픽셀 ■ (으)로 모두 켜기]를 넣습니다.

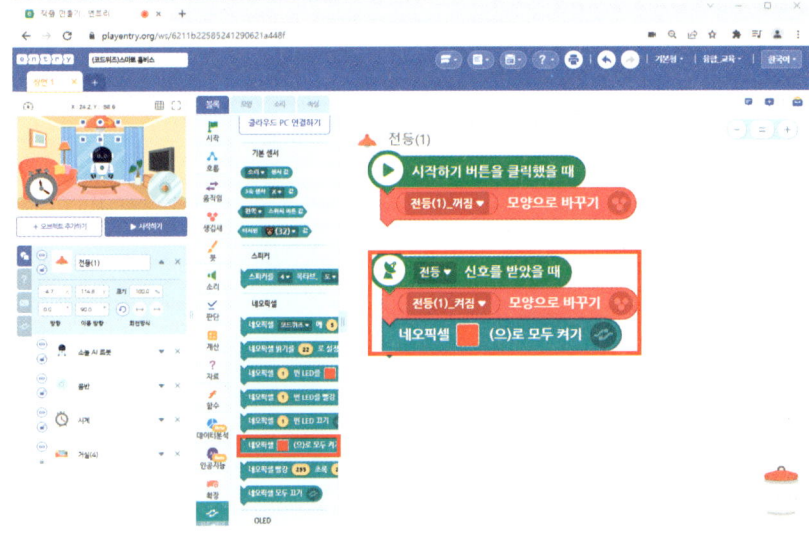

⑲ 전등이 5초 뒤 꺼지고 다시 음성을 판단하도록 {흐름}의 [(2)초 기다리기]를 넣고 '5'를 입력합니다. {하드웨어}의 [네오픽셀 모두 끄기]와 {생김새}의 [전등(1)_켜짐▼ 모양으로 바꾸기]를 넣습니다. ▼을 눌러 '전등(1)_꺼짐'을 선택하고 {시작}의 [분석▼ 신호 보내기]를 넣습니다.

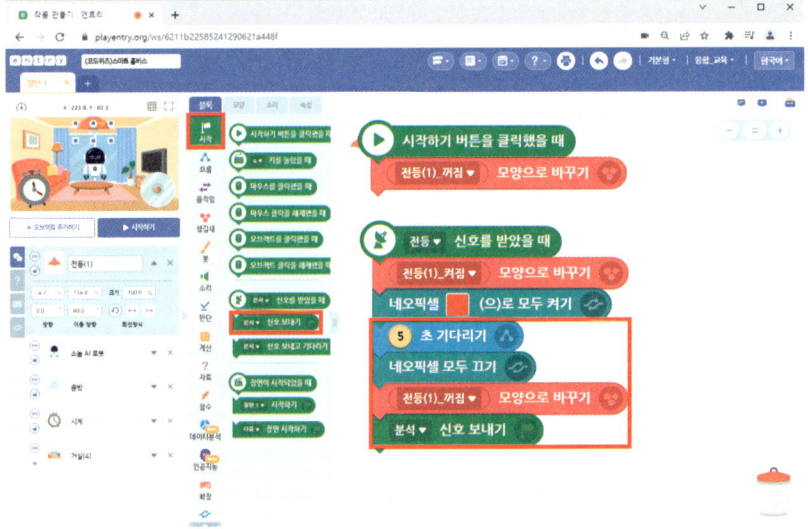

211

⑳ 전등이 켜지면 거실이 밝아지도록 '거실(4)' 오브젝트를 선택한 후 {시작}의 [분석▼ 신호를 받았을 때]를 넣습니다. ▼을 눌러 '전등'을 선택하고 {생김새}의 [(색깔) 효과를 (10)만큼 주기]를 넣습니다. ▼을 눌러 '밝기'를 선택하고 '30'을 입력합니다.

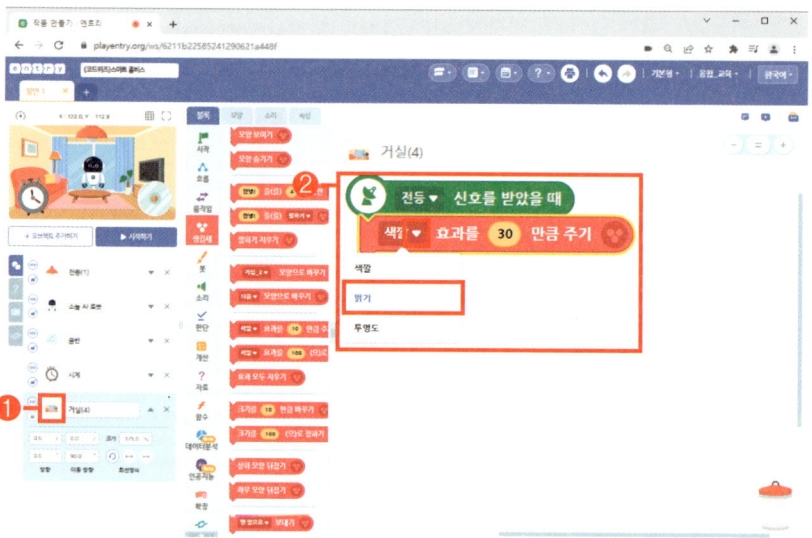

㉑ 전등이 5초 후 꺼지므로 {흐름}의 [(2)초 기다리기]를 넣고 '5'를 입력합니다. 전등이 꺼지면 '거실(4)' 오브젝트에 적용된 밝기 효과를 제거해야하므로 {생김새}의 [효과 모두 지우기]를 넣습니다.

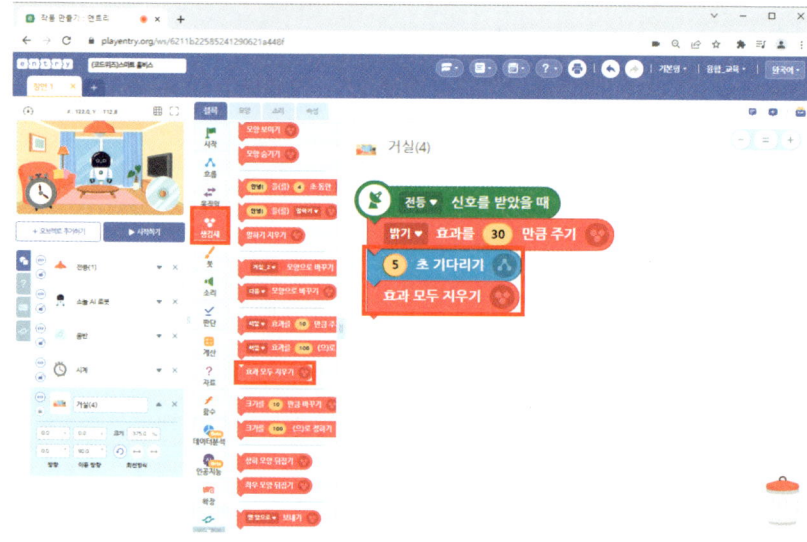

㉒ '음반' 오브젝트를 선택합니다. 처음 실행되었을 때 실행화면에 보이지 않도록 지정하기 위해 {시작}의 [시작하기 버튼을 클릭했을 때]와 {생김새}의 [모양 숨기기]를 넣습니다.

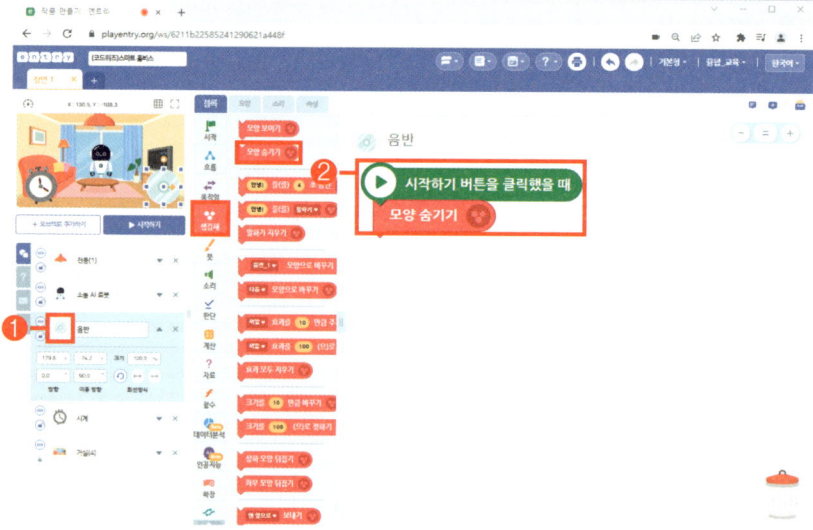

㉓ 음악 신호를 받았을 때 '음반' 오브젝트가 보이고 음악이 연주될 때까지 잠시 기다리도록 {시작}의 [분석▼ 신호를 받았을 때]를 넣고 ▼을 눌러 '음악'을 선택합니다. {생김새}의 [모양 보이기]와 {흐름}의 [(2)초 기다리기]를 넣고 '1'을 입력합니다.

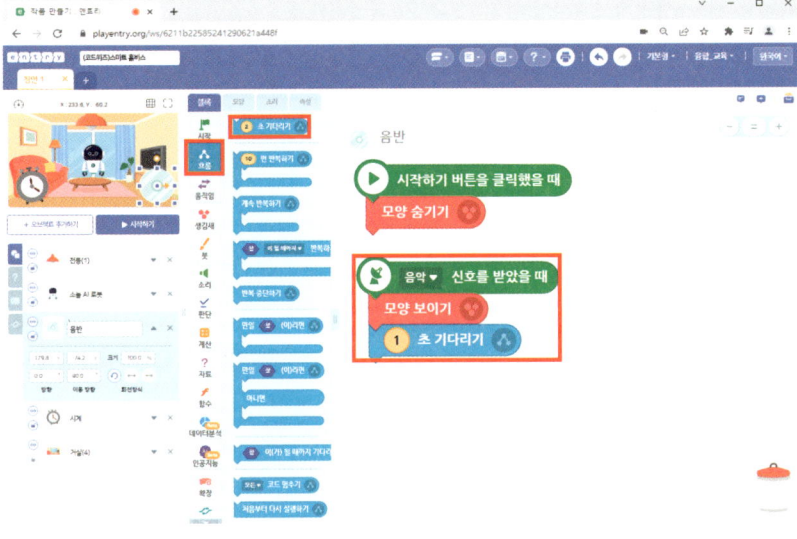

㉔ 스피커를 통해 '솔솔라라솔솔미'가 연주되도록 {하드웨어}의 [스피커를 4▼옥타브, 도▼음, 4▼분음표로 연주하기]를 7번 연속하여 넣습니다. 음의 ▼을 눌러 '솔', '솔', '라', '라', '솔', '솔', '미'를 선택합니다.

> **더 알아보기**
> [스피커를 4▼ 옥타브, 도▼ 음, 4▼ 분음표로 연주하기] 블록을 [코드 복사 & 붙여넣기]로 간단히 추가할 수 있습니다. 예시로 제시한 멜로디 외에도 자유롭게 음을 추가할 수 있습니다.

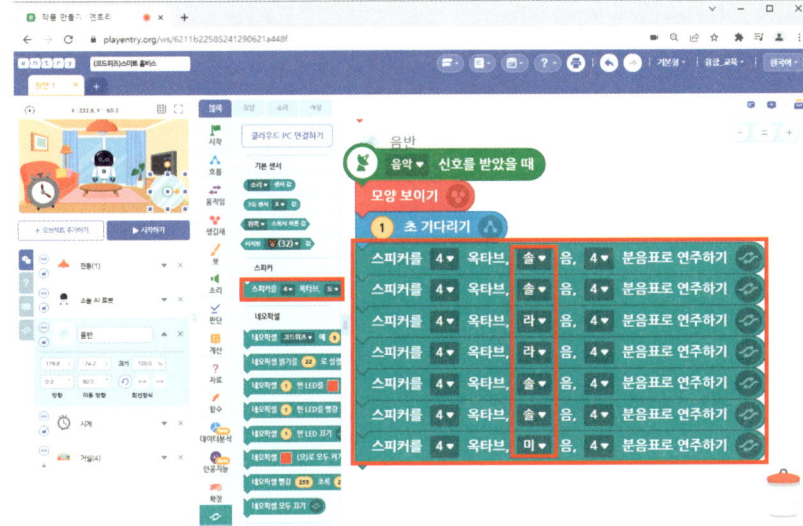

㉕ 음 연주가 완료되면 잠시 기다렸다가 '음반' 오브젝트를 실행화면에서 숨기고 다시 음성을 판단하도록 {흐름}의 [(2)초 기다리기]를 넣고 '1'을 입력합니다. {생김새}의 [모양 숨기기]와 {시작}의 [분석▼ 신호 보내기]를 넣습니다.

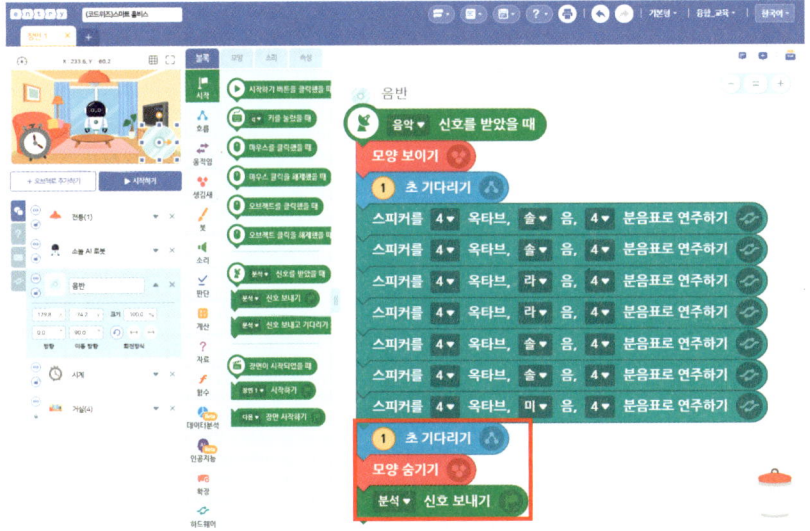

213

㉖ '시계' 오브젝트를 선택합니다. 처음 실행 되었을 때 실행화면에 보이지 않도록 지 정하기 위해 {시작}의 [시작하기 버튼을 클릭했을 때]와 {생김새}의 [모양 숨기 기]를 넣습니다.

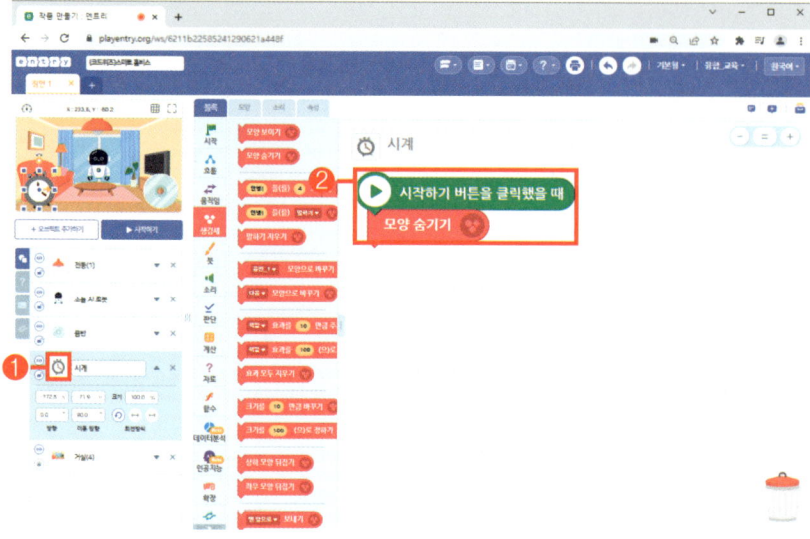

㉗ 시간 신호를 받았을 때 '시계' 오브젝트가 보이고 시간이 출력될 위치를 지정하기 위해 {시작}의 [분석▼ 신호를 받았을 때] 를 넣고 ▼을 눌러 '시간'을 선택합니다. {생김새}의 [모양 보이기]와 {하드웨어} 의 [OLED 커서위치(0,0)(으)로 지정]을 넣고 '20','40'을 입력합니다.

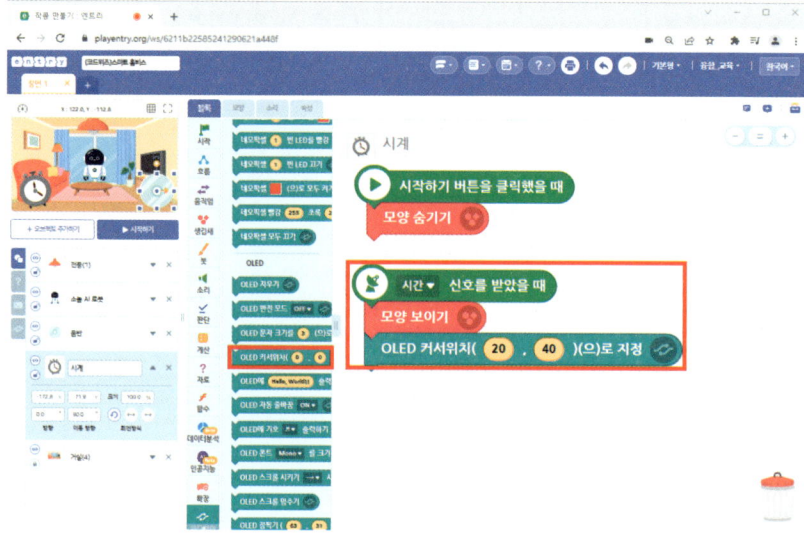

㉘ 시간을 OLED에 출력하기 위해 {하드웨 어}의 [OLED에 (Hello,World!) 출력]과 {계산}의 [(안녕!) 과(와) (엔트리)를 합치 기]를 넣습니다. (안녕!)에 [(안녕!) 과(와) (엔트리)를 합치기]를 한 번 더 넣고 가운 데 값에 ':', 왼쪽 값과 오른쪽 값에 {계산} 의 [현재(년도▼)]을 넣습니다. ▼을 눌러 '시각(시)'과 '시각(분)'을 선택합니다.

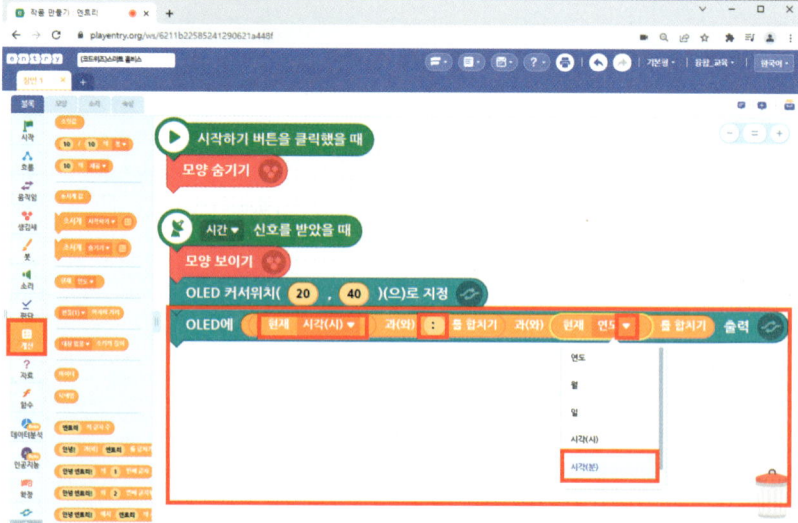

㉙ 시간을 읽어주기 위해 {인공지능}의 [(엔트리) 읽어주기]를 넣고 (엔트리)에 {계산}의 [(안녕!) 과(와) (엔트리)를 합치기]를 넣습니다. (안녕!)과 (엔트리)에 [(안녕!) 과(와) (엔트리)를 합치기]를 각각 한 번 더 넣습니다. (안녕!)에 [현재(년도▼)]을 넣고 ▼을 눌러 '시각(시)'과 '시각(분)'을 선택합니다. (엔트리)에 '시'와 '분입니다'를 입력합니다.

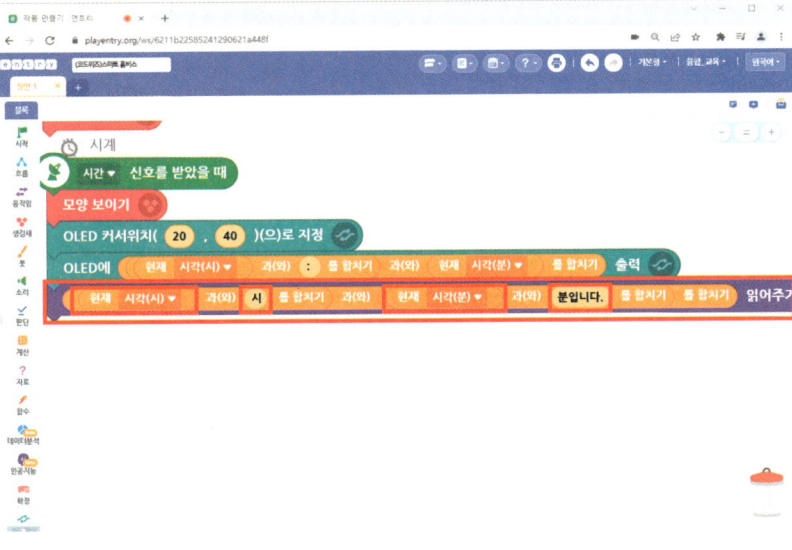

㉚ 시간 표시가 완료되면 잠시 후 표시 된 시간을 지우기 위해 {흐름}의 [(2)초 기다리기]를 넣고 '4'를 입력합니다. {하드웨어}의 [OLED 지우기]를 넣습니다. '시계' 오브젝트를 실행화면에서 숨기고 다시 음성을 판단하도록 지정하기 위해 {생김새}의 [모양 숨기기]와 {시작}의 [분석▼ 신호 보내기]를 넣습니다.

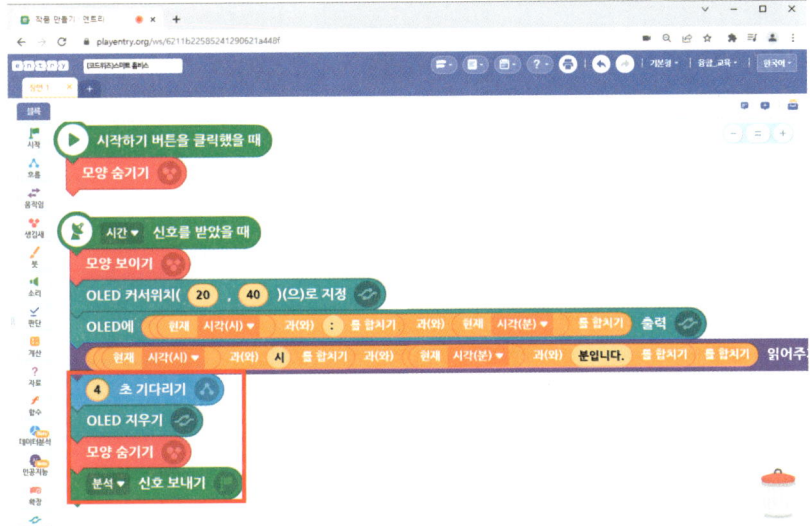

㉛ 코드 작성이 완료되었다면 [▶ 시작하기]를 클릭합니다. 안내 문구를 말한 후 🎤가 표시되면 마이크에 단어 또는 문장을 말합니다. 인식이 완료되면 인식된 결과에 따라 전등이 켜지거나 시간이 표시되고 또는 음악이 재생되는지 확인합니다.

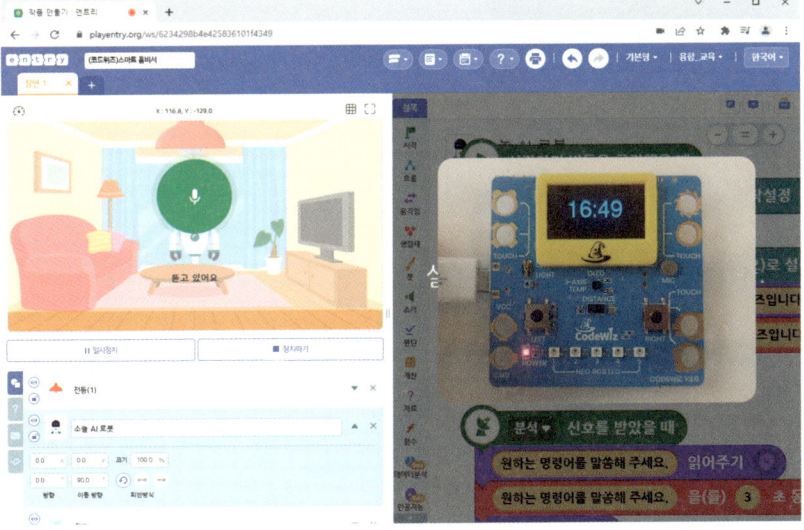

215

전체 코드 & 완성 작품 확인하기
활동2: (코즈위즈) 나만의 스마트 홈비서 만들기

▲ [소놀 AI 로봇] 오브젝트

▲ [소놀 AI 로봇] 오브젝트

▲ [거실(4)] 오브젝트

전체 코드 & 완성 작품 확인하기
활동2: (코즈위즈)나만의 스마트 홈비서 만들기

▲ [전등(1)] 오브젝트

▲ [음반] 오브젝트

▲ [시계] 오브젝트

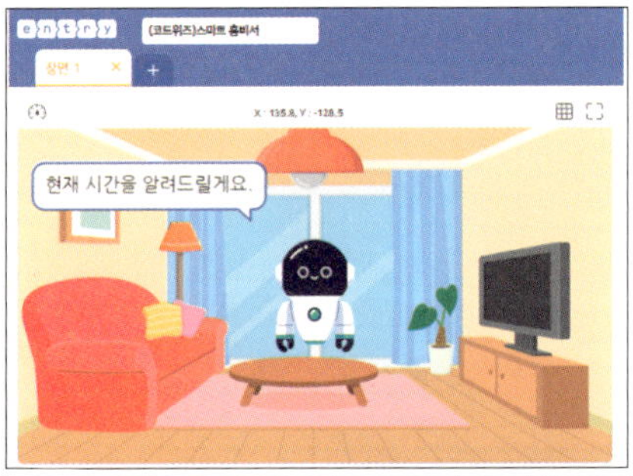

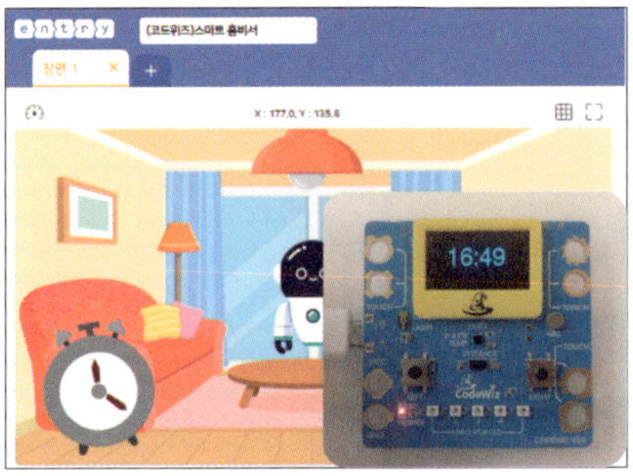

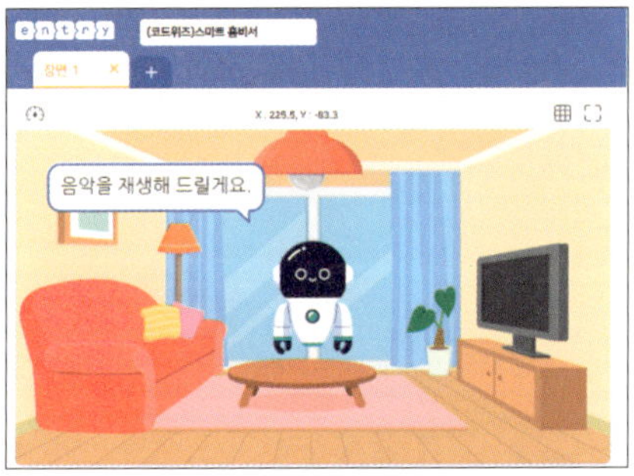

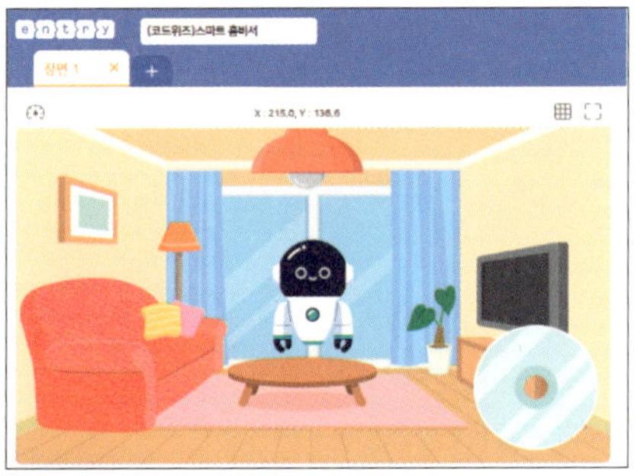

18 영어로 길 찾기 게임 한 판
길을 묻고 답하는 말하기

난이도 ★★★★☆

01 인공지능 영역 : 음성인식

엔트리 AI 음성인식(오디오 감지), 음성합성(읽어주기)
코드위즈 OLED, 도트매트릭스

⇨ 엔트리와 코드위즈를 활용하여 영어교과 속에서 인공지능의 음성인식 기술을 이해하고 영어로 길을 묻고 답하는 말을 사용하여 길 찾기 게임을 할 수 있습니다.

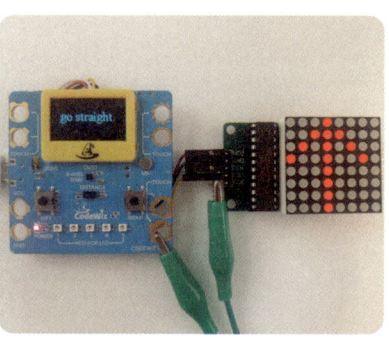

02 준비물

PC(데스크톱 또는 노트북), 코드위즈, 도트매트릭스, 4핀 케이블(암), 악어케이블

03 교과학습

- 6학년 1학기 영어(천재교육)
- 단원: 4. Where is the Post Office? (2/6, 58~59쪽)
- 학습활동
  활동 1 길을 묻고 답하는 말 익히기
  활동 2 (코드위즈)길 찾기 게임 한 판

04 관련 교과

- 4학년 2학기 수학(아이스크림 미디어) / 6. 다각형
- 음성인식으로 다각형 알아보기(2/10)

05 관련 작품

- 작품 파일
  (코드위즈)영어로 길찾기 게임 한 판.ent
  (코드위즈)영어로 길찾기 게임 한 판_완성.ent
- 작품 주소
  http://naver.me/FQ5gzV2G
  http://naver.me/GYuamGW0
- 작품 영상

01 길을 묻고 답하는 말 익히기

길을 묻고 답하는 말을 익혀봅시다.

길을 묻는 말	where is the ___(장소)___ ?	
길을 알려주는 말	Go straight.	↑
	Turn right.	↱
	Turn left.	↰

02 (코드위즈)길 찾기 게임 한 판

학생 정해진 장소로 가기 위해 길을 알려주는 말로 음성 입력하기
엔트리 AI 입력된 음성을 오디오 감지하고 음성을 문자로 바꾸기
코드위즈 인식한 영어 표현을 OLED에 영어로 출력하고 도트매트릭스에 화살표로 나타내기

❶ 코드위즈와 도트매트릭스를 연결하고 '(코드위즈)영어로 길찾기 게임 한판.ent' 예제 파일을 실행합니다. 안내 문구를 읽고 음성인식을 위해 {인공지능}의 [인공지능 블록 불러오기]를 클릭합니다. [오디오 감지]와 [읽어주기]를 클릭한 후 [불러오기]를 선택합니다.

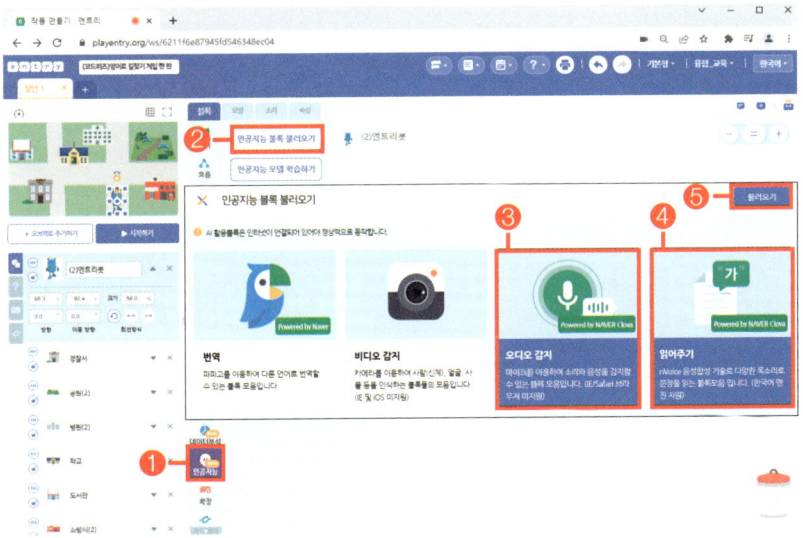

 **더 알아보기**
코드위즈와 도트매트릭스의 연결은 19페이지를 참조합니다.

219

❷ 엔트리봇이 왼쪽, 오른쪽, 앞으로 이동하는 신호를 추가하기 위해 [속성] 탭을 클릭한 후 [신호]를 선택합니다. [신호 추가하기]를 클릭한 후 '왼쪽'을 입력하고 [확인] 버튼을 클릭합니다. 같은 방법으로 신호 '오른쪽'과 '앞으로'를 추가합니다.

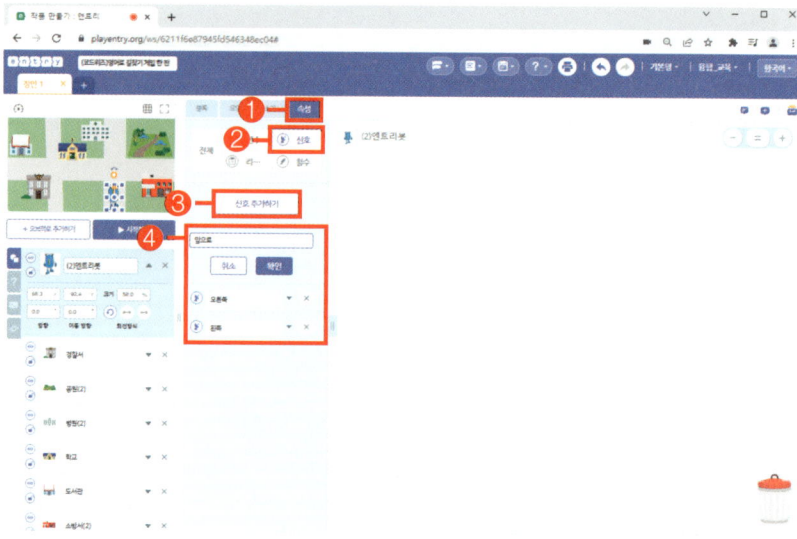

❸ [블록] 탭을 클릭한 후 '(2)엔트리봇' 오브젝트를 선택합니다. {시작}의 [시작하기 버튼을 클릭했을 때]를 넣습니다. 도트매트릭스 제어를 위한 핀 설정을 위해 {하드웨어}의 [도트매트릭스 (1)개 DIN 18▼, CS 19▼, CLK 15▼로 설정]을 넣고 CLK의 ▼을 클릭하여 '27'을 선택합니다.

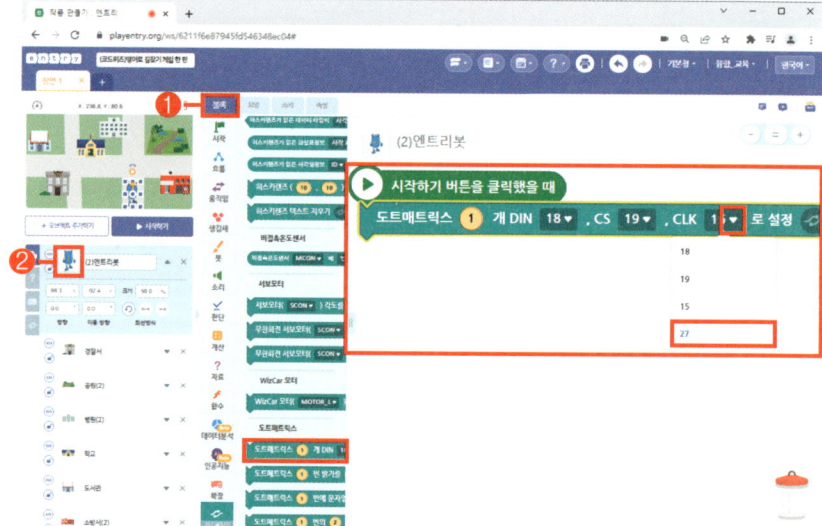

❹ OLED에 출력되는 문구를 지우고 새로 출력할 문구의 폰트와 글자 크기를 지정하기 위해 {하드웨어}의 [OLED 지우기]와 [OLED 폰트 Mono▼를 크기 9▼(으)로 설정]을 넣습니다. ▼을 눌러 'Serif'와 '12'를 선택합니다.

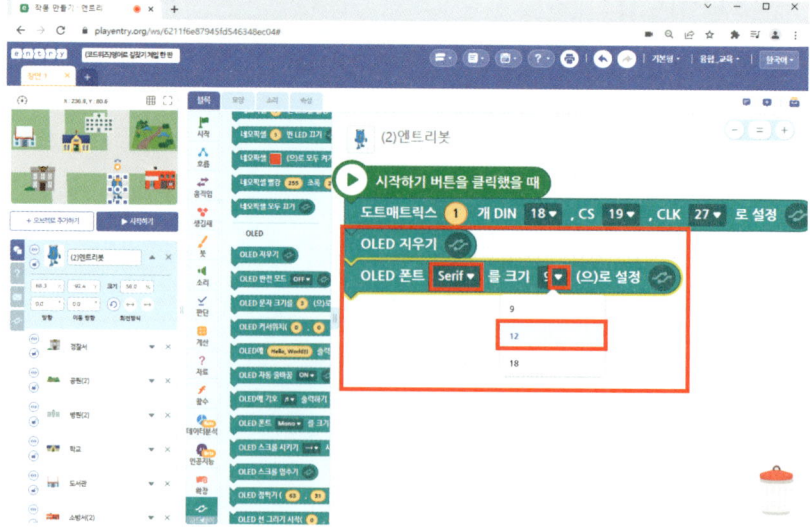

❺ 읽어주는 목소리를 로봇 목소리로 변경하기 위해 {인공지능}의 [여성▼ 목소리를 보통▼ 속도 보통▼ 음높이로 설정하기]를 넣고 ▼을 눌러 '장난스러운'을 선택합니다.

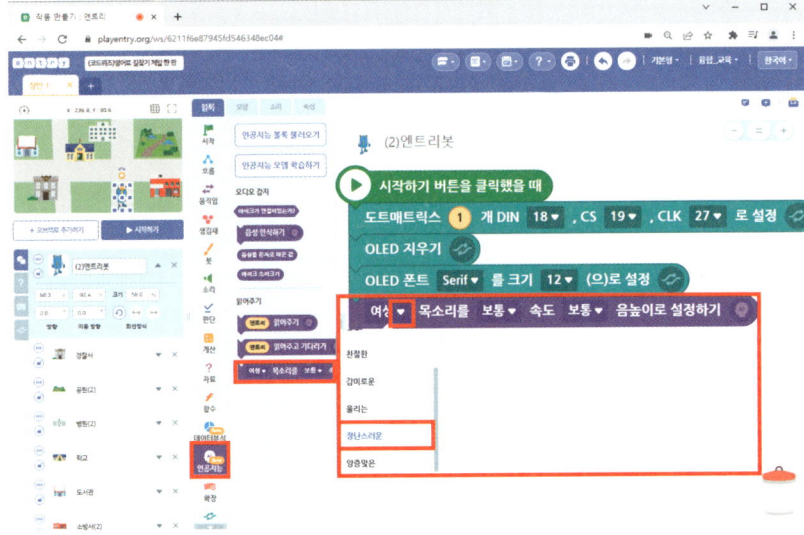

❻ 게임 시작을 알리는 문구를 읽고 말하기 위해 {인공지능}의 [(엔트리) 읽어주기]와 {생김새}의 [(안녕!)을(를) (4)초 동안 말하기▼]를 넣습니다. '신나는 길찾기 게임 한 판 어때? 영어로 길을 알려줘.'를 입력합니다.

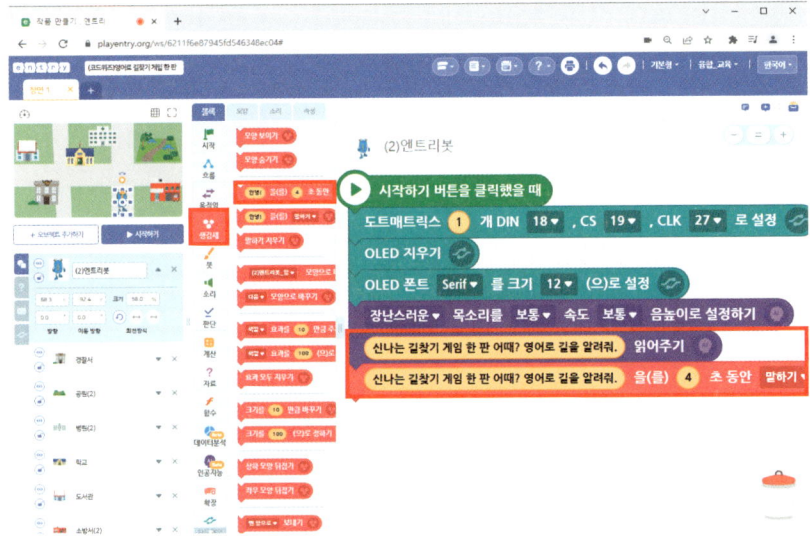

❼ {흐름}의 [계속 반복하기]를 넣고 마이크로 입력되는 음성을 인식하기 위해 {인공지능}의 [음성 인식하기]를 넣습니다. 인식한 음성의 문자값이 'go straight' 또는 '고 스트레이트'인지 판단하기 위해 {흐름}의 [만일 <참>(이)라면 아니면]과 {판단}의 [<참> 또는 <거짓>]을 넣습니다.

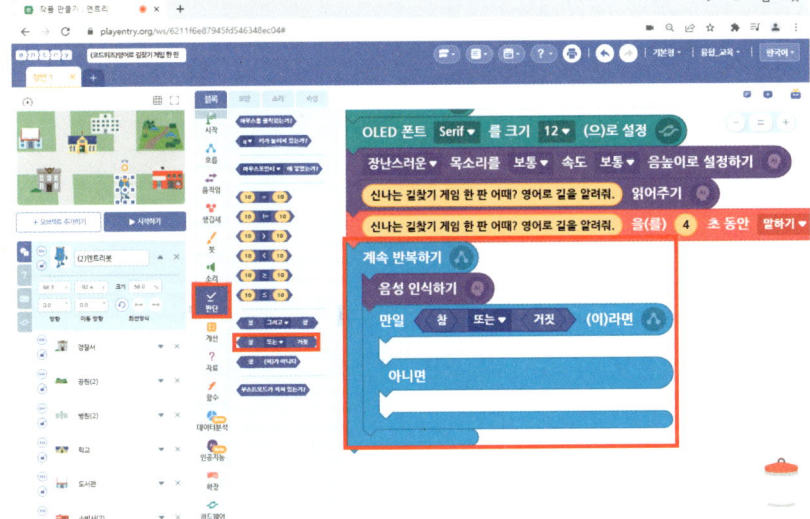

⑧ <참>과 <거짓>에 {판단}의 [(10)=(10)]을 넣고 왼쪽 값에는 {인공지능}의 [음성을 문자로 바꾼 값]을 넣습니다. 오른쪽 값에는 각각 'go straight'와 '고 스트레이트'를 입력합니다.

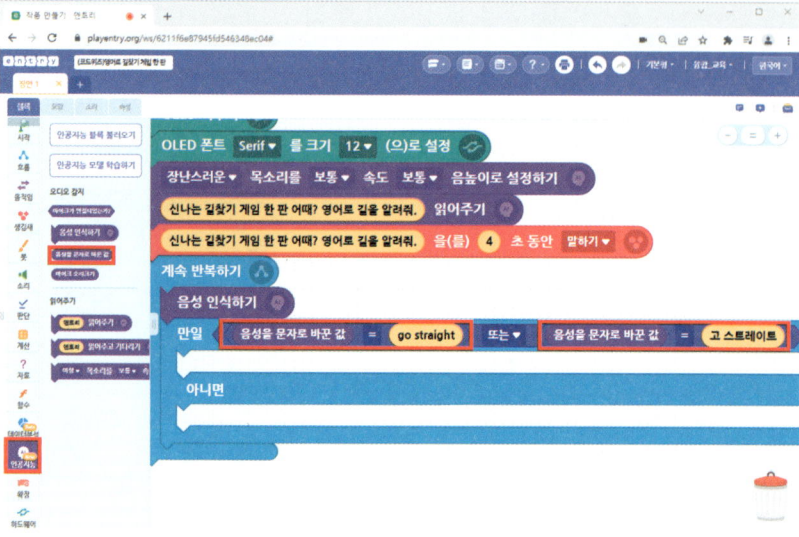

⑨ 인식된 음성 값이 'go straight' 또는 '고 스트레이트'라면 앞으로 가는 신호를 보내기 위해 {시작}의 [앞으로▼ 신호 보내고 기다리기]를 넣습니다.

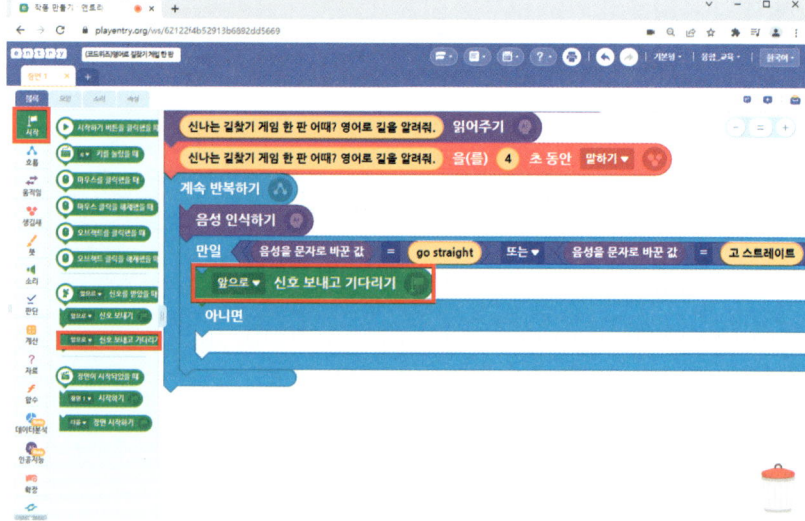

더 알아보기

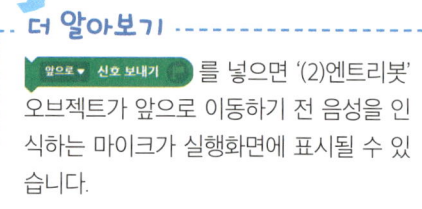 를 넣으면 '(2)엔트리봇' 오브젝트가 앞으로 이동하기 전 음성을 인식하는 마이크가 실행화면에 표시될 수 있습니다.

⑩ 인식한 음성 값이 'go straight' 또는 '고 스트레이트'가 아니라면 'turn right' 또는 '턴 라이트'인지 판단하기 위해 [(이)라면] 블록에서 마우스 오른쪽 버튼을 누른 후 [코드 복사 & 붙여넣기] 메뉴를 클릭합니다.

⑪ 붙여넣기 된 블록을 [아니면] 내부에 드래그하여 삽입한 후 'turn right'와 '턴 라이트'를 입력합니다. [신호 보내고 기다리기]의 ▼을 눌러 '오른쪽'을 선택합니다.

⑫ 인식한 음성 값이 'turn left' 또는 '턴 레프트'인지 판단하기 위해 [(이)라면] 블록에서 마우스 오른쪽 버튼을 누른 후 [코드 복사 & 붙여넣기] 메뉴를 클릭합니다. 붙여넣기 된 블록을 [아니면] 내부에 넣고 'turn left' 또는 '턴 레프트'를 입력합니다. [신호 보내고 기다리기]의 ▼을 눌러 '왼쪽'을 선택합니다.

⑬ 인식한 음성의 문자값이 'go straight'도 'turn right'도 'turn left'도 아니라면 다시 음성인식을 시도하라는 문구를 OLED에 출력하기 위한 커서위치를 지정하기 위해 [아니면] 내부에 {하드웨어}의 [OLED 커서위치(0,0)(으)로 지정]을 넣고 '10', '35'를 입력합니다.

⑭ {하드웨어}의 [OLED에 (Hello,World!!) 출력]을 넣고 'say it again'을 입력합니다. 다시 시도 문구를 읽고 말하도록 {인공지능}의 [(엔트리) 읽어주기]와 {생김새}의 [(안녕!)을(를) (4)초 동안 말하기▼]를 넣고 '잘 못 알아듣겠어. 다시 말해줄래?'와 '3'을 입력합니다.

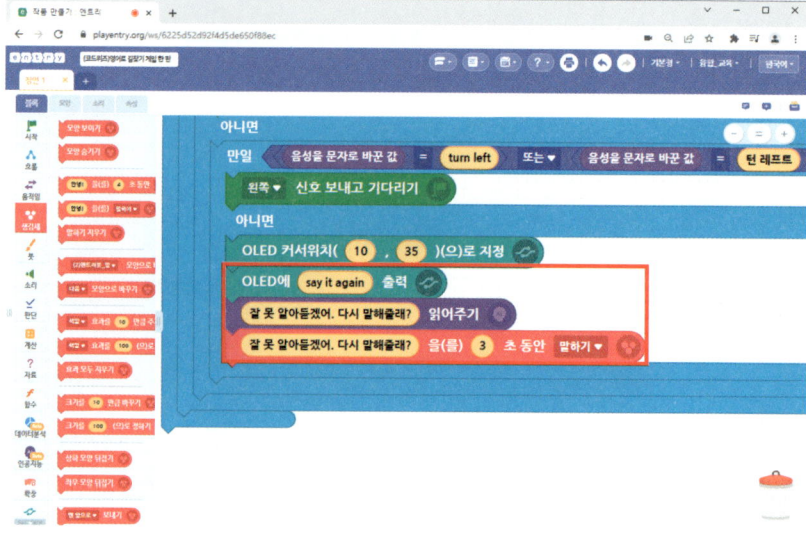

⑮ 잠시 기다린 후 OLED에 출력된 문구를 지우기 위해 {제어}의 [2초 기다리기]를 넣고 '1'을 입력합니다. {하드웨어}의 [OLED 지우기]를 넣습니다.

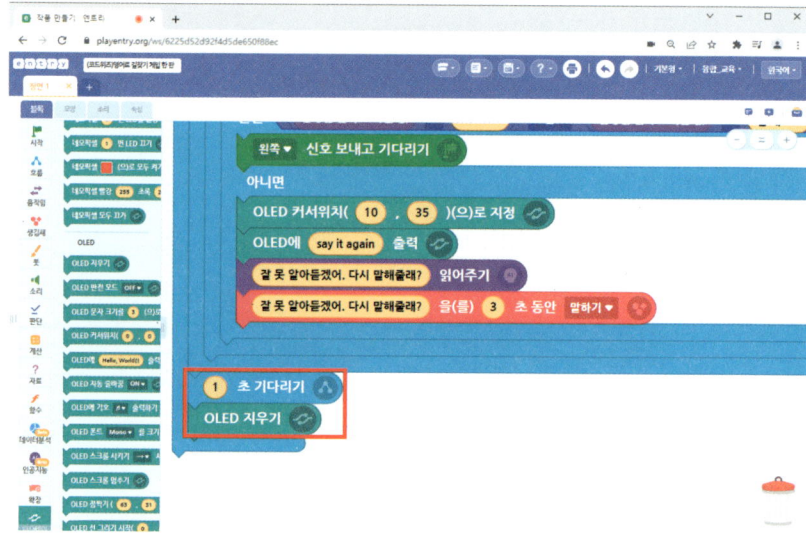

⑯ '앞으로' 신호를 받았을 때 도트매트릭스에 화살표가 표시되어 있다면 지우기 위해 {시작}의 [앞으로▼ 신호를 받았을 때]와 {하드웨어}의 [도트매트릭스 모두 지우기]를 넣습니다. '(2)엔트리봇' 오브젝트가 앞으로 80만큼 이동하도록 {움직임}의 [이동 방향으로 (10)만큼 움직이기]를 넣고 '80'을 입력합니다.

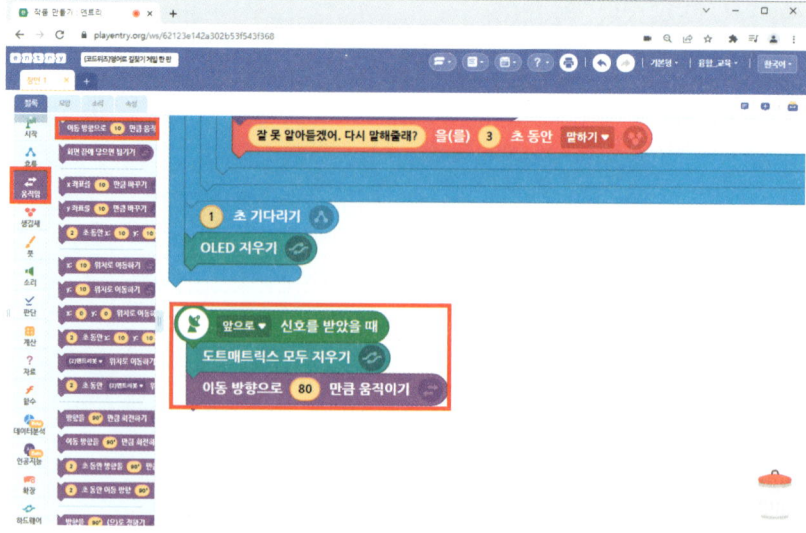

⑰ OLED에 문구를 출력하기 위해 {하드웨어}의 [OLED 커서위치(0,0)(으)로 지정]을 넣고 '10', '35'를 입력합니다. {하드웨어}의 [OLED에 (Hello,World!!) 출력]을 넣고 'go straight'를 입력합니다.

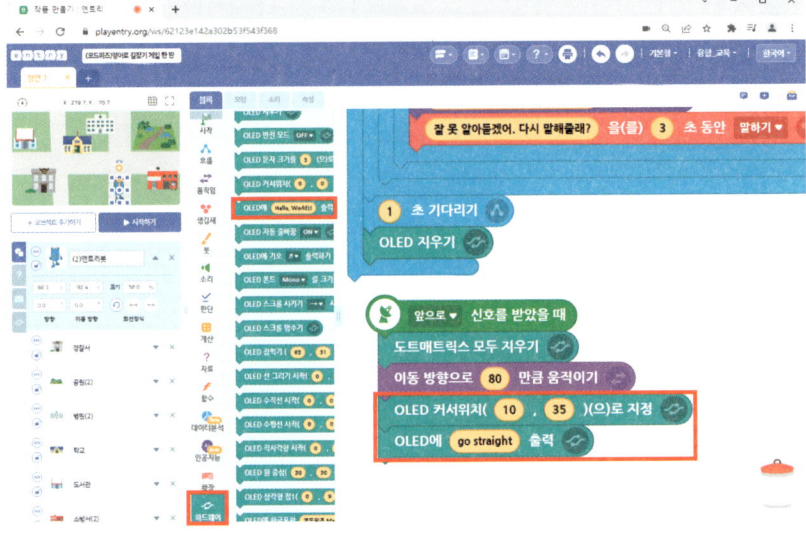

⑱ 도트매트릭스에 ↑ 모양을 출력하기 위해 {하드웨어}의 [도트매트릭스 (1)번의 (2)열▼(11111111)(으)로 만들기]를 8개 넣습니다. '열'의 ▼을 눌러 '행'을 선택한 후 행 번호에 순서대로 '1', '2', '3', '4', '5', '6', '7', '8'을 입력합니다.

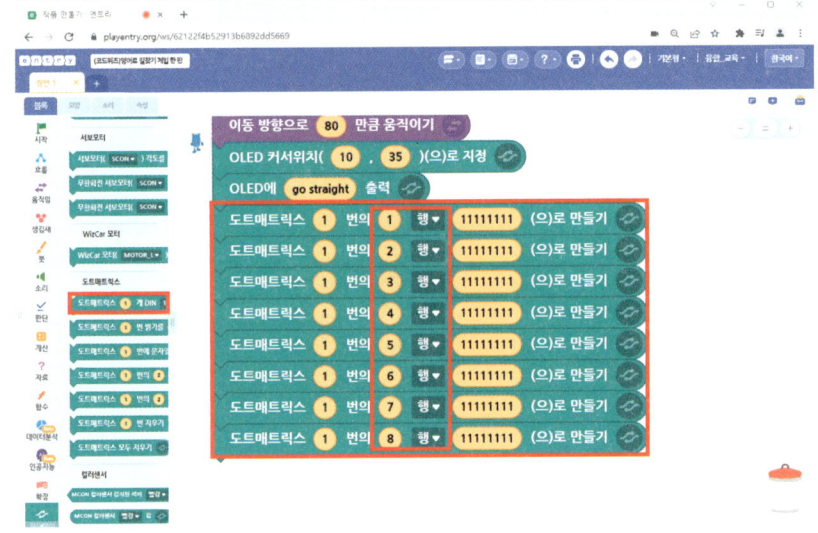

⑲ 직진 화살표를 만들기 위해 1행과 5~8행은 '00010000', 2행은 '00111000', 3행은 '01010100', 4행은 '10010010'가 되도록 입력합니다.

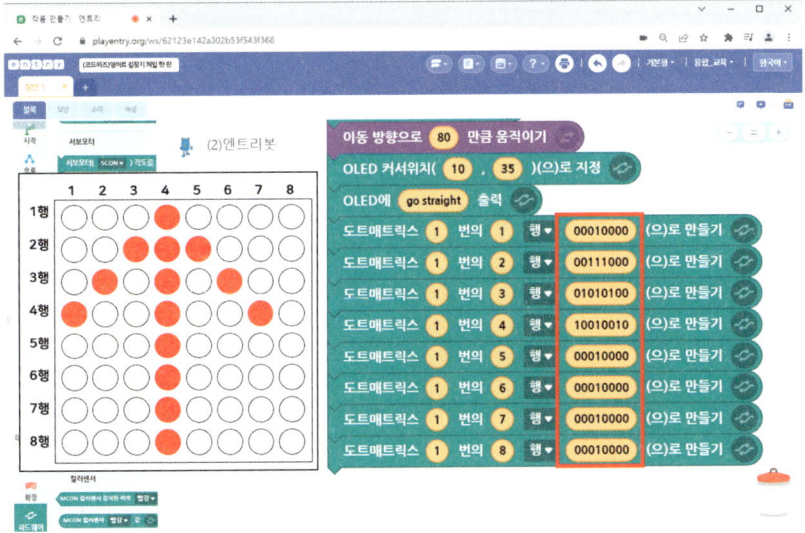

225

⑳ '오른쪽' 신호를 받았을 때 도트매트릭스에 화살표가 표시되어 있다면 지우기 위해 {시작}의 [앞으로▼ 신호를 받았을 때]를 넣고 ▼을 눌러 '오른쪽'을 선택합니다. {하드웨어}의 [도트매트릭스 모두 지우기]를 넣습니다.

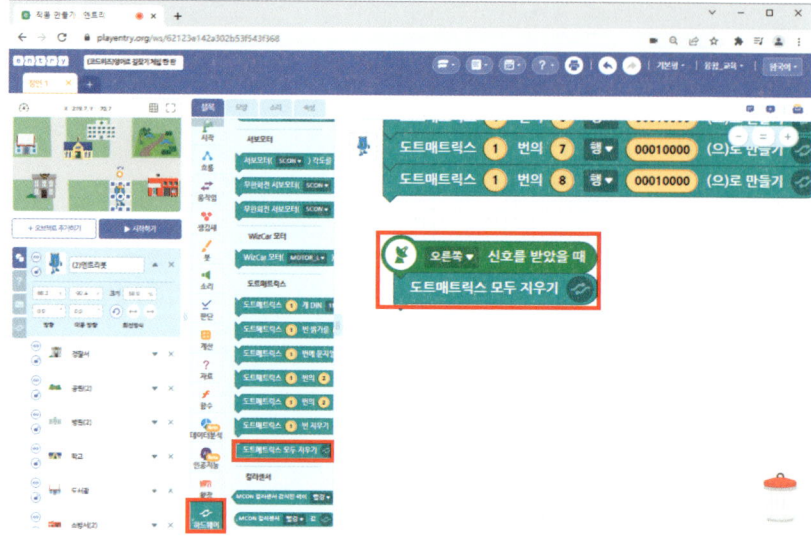

㉑ '(2)엔트리봇' 오브젝트가 오른쪽으로 향하도록 {생김새}의 [(2)엔트리봇_뒤▼ 모양으로 바꾸기]를 넣고 ▼을 눌러 '(3)엔트리봇_오른쪽'을 선택합니다. 이동 방향도 오른쪽으로 지정되도록 {움직임}의 [이동 방향을 (90°)(으)로 정하기]를 넣습니다.

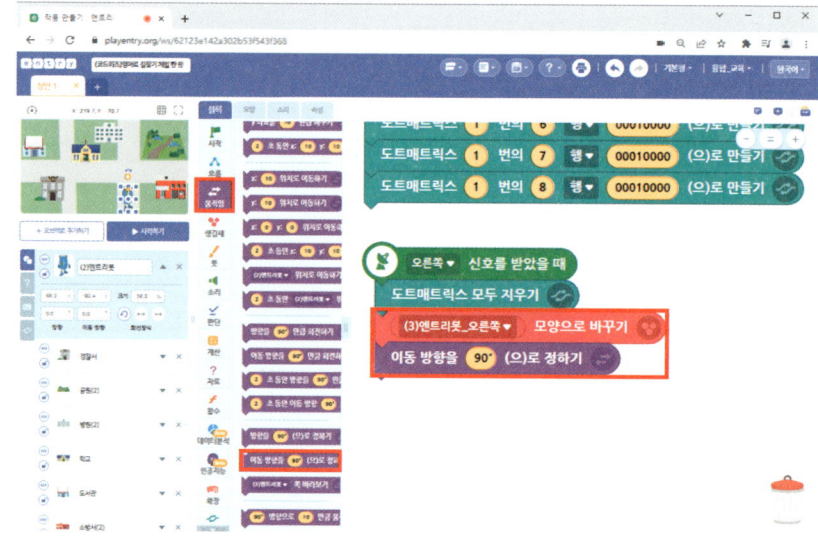

㉒ OLED에 문구를 출력하기 위해 {하드웨어}의 [OLED 커서위치(0,0)(으)로 지정]을 넣고 '10', '35'를 입력합니다. {하드웨어}의 [OLED에 (Hello,World!!) 출력]을 넣고 'turn right'을 입력합니다.

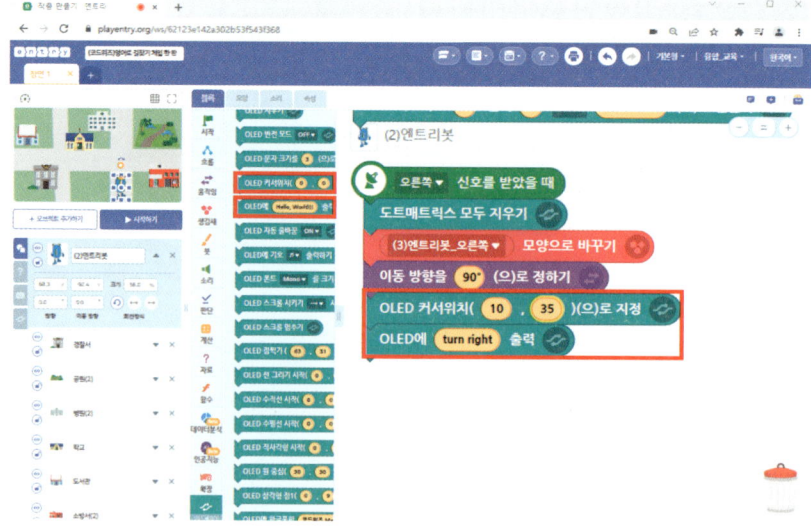

㉓ 도트매트릭스에 우회전 화살표 모양을 출력하기 위해 {하드웨어}의 [도트매트릭스 (1)번의 (2)열▼(11111111)(으)로 만들기]를 8개 넣습니다. '열'의 ▼을 눌러 '행'을 선택한 후 행 번호에 순서대로 '1', '2', '3', '4', '5', '6', '7', '8'을 입력합니다.

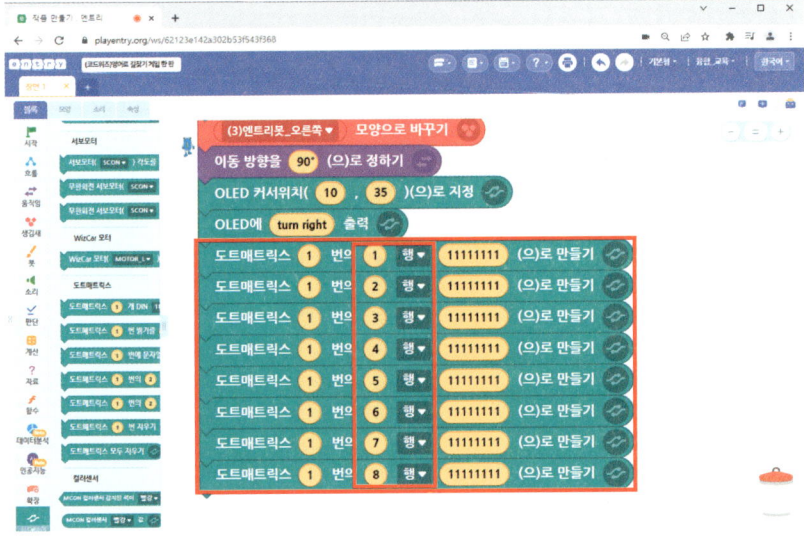

㉔ 우회전 화살표를 만들기 위해 1행은 '00001000', 2행은 '00000100', 3행은 '00000010', 4행은 '11111111', 5행은 '10000010', 6행은 '10000100', 7행은 '10001000', 8행은 '10000000'을 입력합니다.

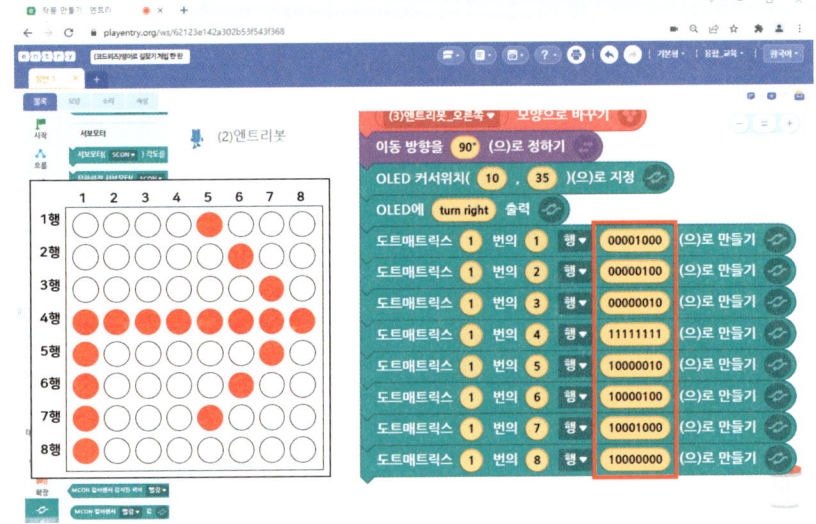

㉕ [오른쪽▼ 신호를 받았을 때] 블록을 마우스 오른쪽 버튼으로 클릭하고 [코드 복사 & 붙여넣기] 메뉴를 클릭합니다.

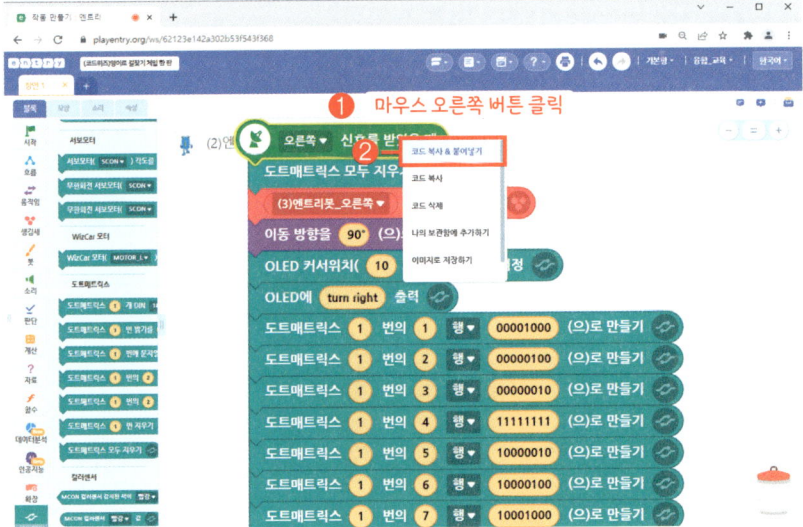

㉖ 붙여넣기 된 블록을 드래그하여 이동시킨 후 [신호를 받았을 때]의 ▼을 눌러 '왼쪽'을 선택합니다. '(2)엔트리봇' 오브젝트가 왼쪽으로 향하도록 [모양으로 바꾸기]의 ▼을 눌러 '(3)엔트리봇_왼쪽'을 선택합니다. 이동 방향도 왼쪽으로 지정되도록 '-90'을 입력하고 OLED에 출력 문구를 'trun left'로 입력합니다.

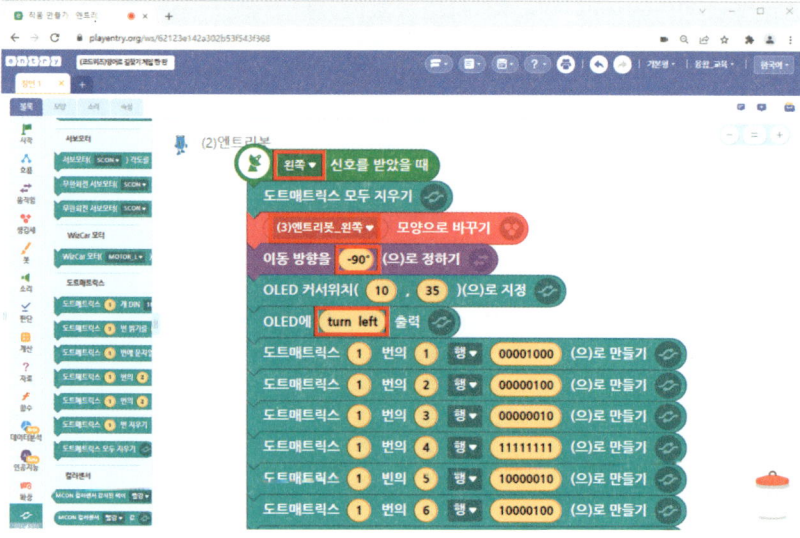

㉗ 좌회전 화살표를 만들기 위해 1행은 '00010000', 2행은 '00100000', 3행은 '01000000', 4행은 '11111111', 5행은 '01000001', 6행은 '00100001', 7행은 '00010001', 8행은 '00000001'을 입력합니다.

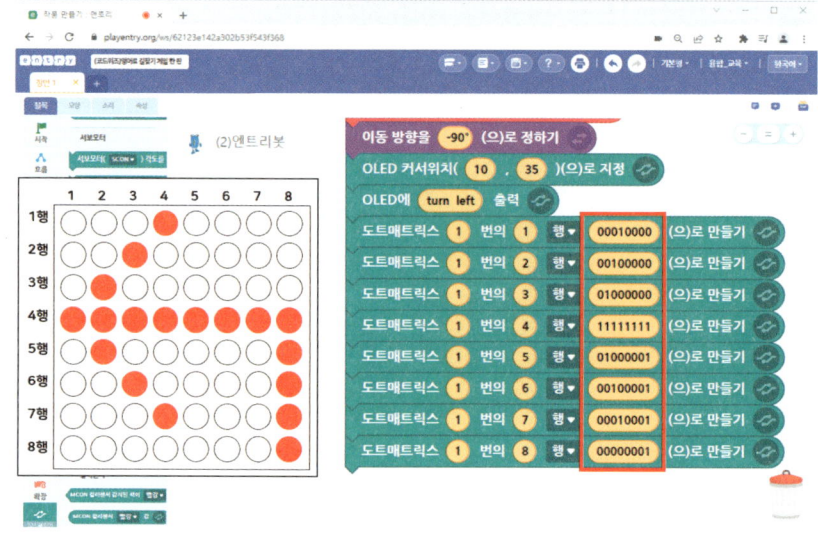

㉘ 코드 작성이 완료되었다면 [▶ 시작하기]를 클릭합니다. 안내 문구를 말한 후 🎤가 표시되면 마이크에 답을 말합니다. 인식된 결과에 따라 OLED에 문구가 표시되고 '(2)엔트리봇' 오브젝트가 회전하거나 앞으로 이동하면서 OLED와 도트매트릭스에 방향이 표시되는지 확인합니다.]

전체 코드 & 완성 작품 확인하기
활동2: (코드위즈)길 찾기 게임 한 판

▲ [(2)엔트리봇] 오브젝트

19 나만의 어깨춤 만보기 만들기
코드위즈로 어깨춤 만보기 만들어 대결하기

난이도 ★★★★☆

01 인공지능 영역 : 비디오 인식, 음성인식

엔트리 AI 비디오 감지(동작 인식), 음성합성(읽어주기)
코드위즈 버튼, 스피커, 원형 네오픽셀

⇨ 엔트리와 코드위즈를 활용하여 동작을 인식하는 어깨춤 만보기를 만들어 즐겁게 대결할 수 있습니다.

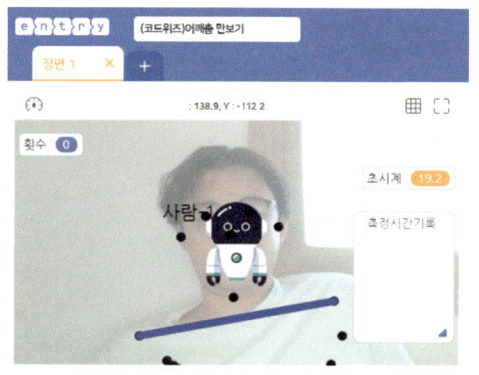
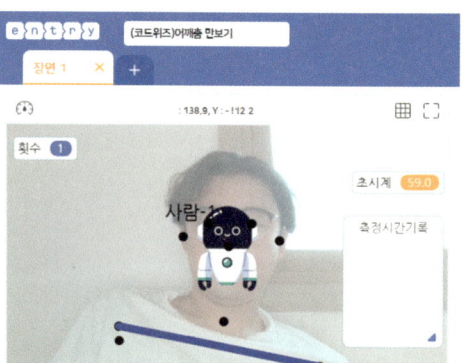

02 준비물

PC(데스크탑 또는 노트북), 코드위즈, 원형 네오픽셀, 4핀 케이블(암)

03 교과학습

- 6학년 1학기 체육(금성출판사)
- 단원: 1. 건강 - 01 여가와 운동 체력(14~15쪽)
- 학습활동
  활동 1 여가 활동의 종류 알아보기
  활동 2 (코드위즈)나만의 어깨춤 만보기 만들기

04 관련 교과

- 6학년 2학기 실과(동아출판) / 4. 프로그래밍과 소통
- 프로그램 구조를 알아보고, 만들어 보아요(11/18차시)

05 관련 작품

- 작품 파일
  (코드위즈)어깨춤 만보기.ent
  (코드위즈)어깨춤 만보기_완성.ent

- 작품 주소
  http://naver.me/5BxhumfA
  http://naver.me/IGm1jqUd

- 작품 영상

01 여가 활동의 종류 알아보기

여가 활동의 의미와 종류 알아보기
Q: 여가 활동이란 무엇일까요?
A: 일하는 시간 외에 휴식을 취하거나 취미나 흥미 있는 활동을 하는 것을 말합니다.
Q: 여가 활동의 종류에는 무엇이 있을까요?
A: 춤이나 음악 감상, 독서, 운동 등이 있습니다.

02 (코드위즈)나만의 어깨춤 만보기 만들기

학생 동작을 완료할 때마다 OLED, 스피커, 원형 네오픽셀 동작하기
엔트리 AI 인공지능 읽어주기, 동작 인식
코드위즈 코드위즈와 엔트리를 이용하여 나만의 어깨춤 만보기 만들기

① 코드위즈와 원형 네오픽셀을 연결한 후 '(코드위즈)어깨춤 만보기.ent' 예제 파일을 실행합니다. 어깨 올림을 측정하고 어깨 올림 한 횟수를 저장하기 위해 [속성] 탭을 클릭한 후 [변수]를 선택합니다. [변수 추가하기]을 클릭한 후 '횟수'을 입력하고 [확인]을 클릭합니다.

> **더 알아보기**
> 코드위즈와 원형 네오픽셀 연결은 19페이지를 참조합니다.

② [변수 추가하기]를 클릭한 후 '측정'을 입력하고 [확인]을 클릭합니다. 실행화면에 표시되는 변수가 숨겨지도록 지정하기 위해 '횟수'와 '측정'의 👁 을 클릭합니다.

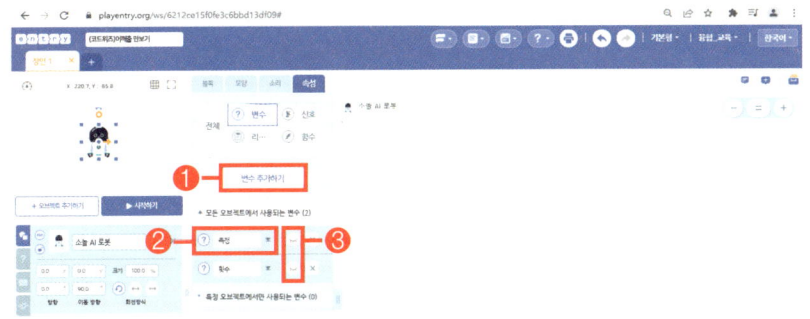

231

③ 양쪽 어깨의 올림 측정 및 경과시간 기록, 게임 시작 안내를 위한 신호를 추가하기 위해 [신호]를 선택합니다. [신호 추가하기]를 클릭한 후 '측정시작'을 입력하고 [확인] 버튼을 클릭합니다. [신호 추가하기]을 2번 더 클릭한 후 '기록'과 '게임 시작'을 입력하고 [확인] 버튼을 클릭합니다.

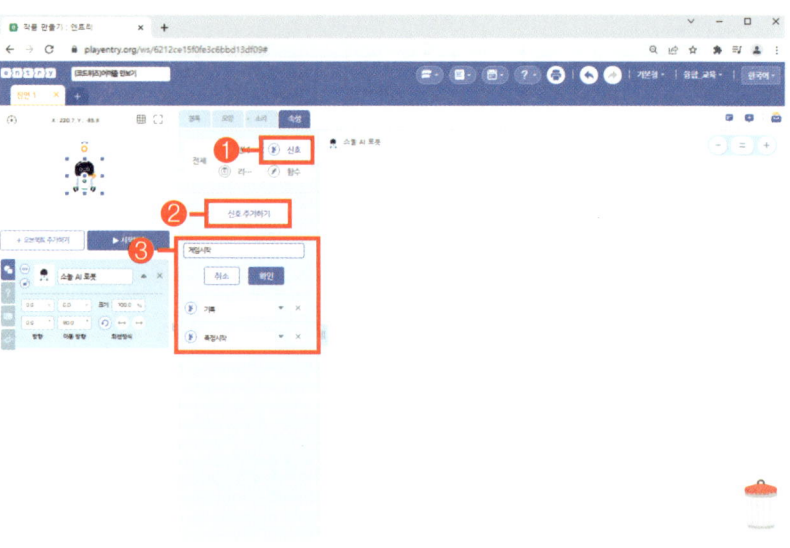

④ 측정된 시간을 저장할 리스트를 선언하기 위해 [리스트]를 선택합니다. [리스트 추가하기]를 클릭한 후 '측정시간기록'을 입력하고 [확인]을 클릭합니다.

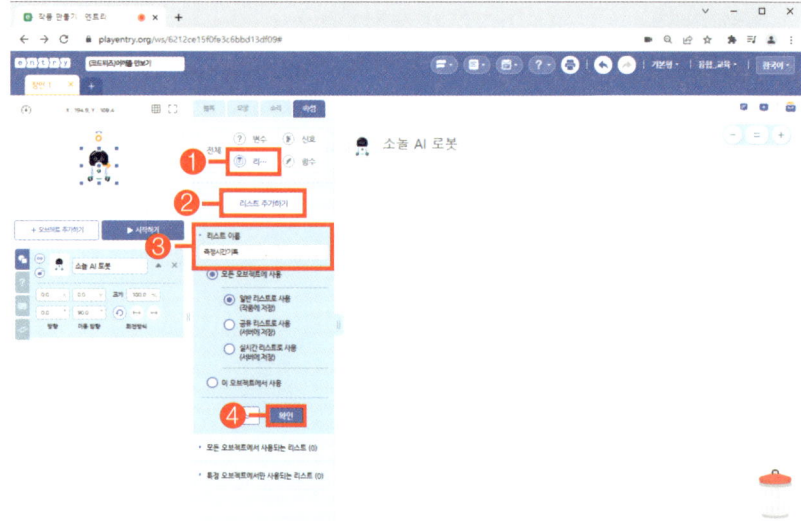

⑤ 실행화면에 표시되는 '측정시간기록' 리스트를 드래그하여 위치를 아래로 이동시킵니다. 👁 을 클릭하여 실행화면에 표시되지 않도록 숨깁니다.

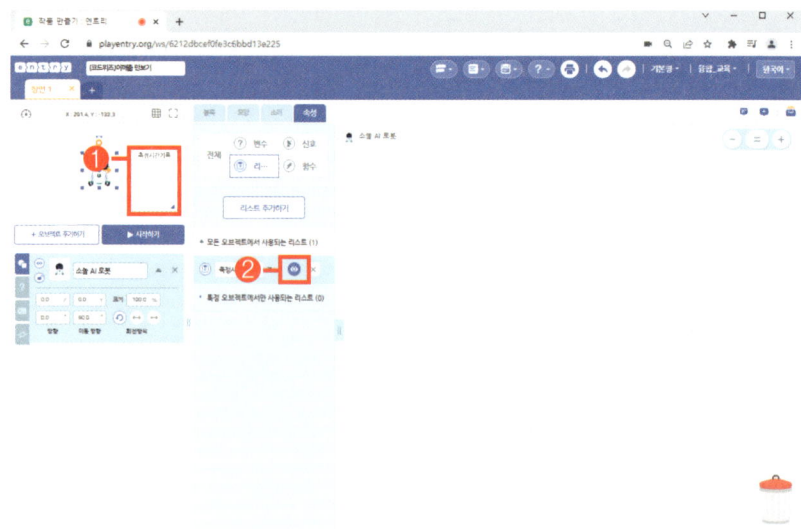

❻ [블록] 탭을 클릭합니다. 카메라로 사람을 인식하고 안내 문구를 읽어주기 위해 {인공지능}의 [인공지능 블록 불러오기]를 클릭합니다. [비디오 감지]와 [읽어주기]를 선택하고 [불러오기]를 누릅니다.

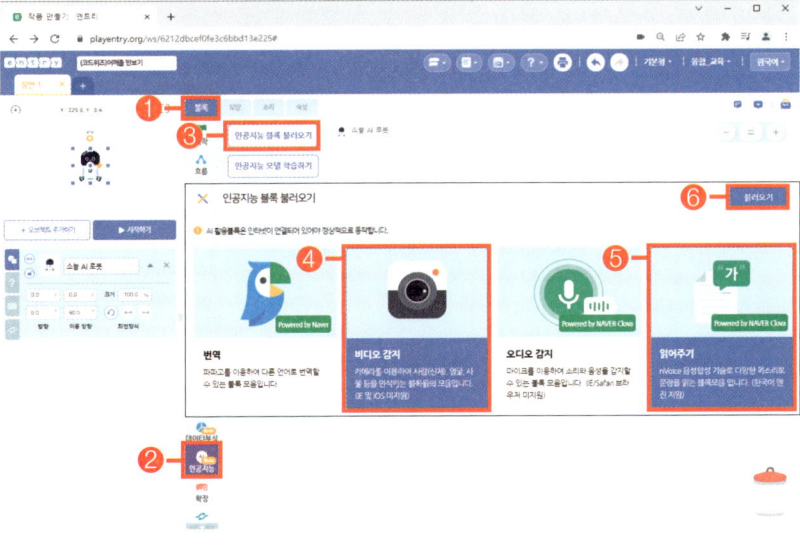

❼ {시작}의 [시작하기 버튼을 클릭했을 때]를 넣고 원형 네오픽셀 제어를 위해 {하드웨어}의 [네오픽셀 코드위즈▼에 (5)개로 시작설정]을 넣습니다. ▼을 눌러 '18'을 선택하고 '12'를 입력합니다. 밝기 제어를 위해 [네오픽셀 밝기를 (22)로 설정(0~255)]을 넣고 '60'을 입력합니다.

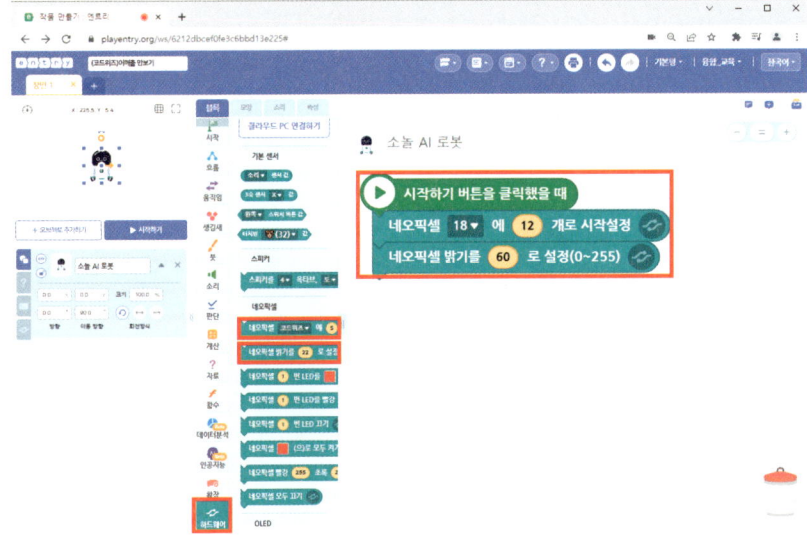

❽ 처음 실행했을 때 실행화면에 초시계가 표시되지 않도록 지정하기 위해 {계산}의 [초시계 (숨기기)]를 넣습니다.

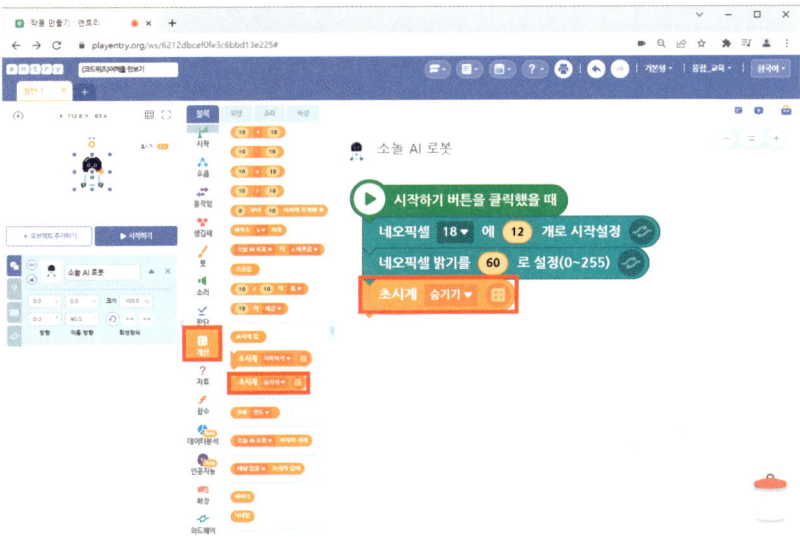

233

⑨ 안내 문구를 읽고 말하도록 {인공지능}의 [(엔트리) 읽어주기]와 {생김새}의 [(안녕!)을(를) (4)초 동안 말하기▼]를 넣습니다. '오른쪽, 왼쪽 어깨를 번갈아 올리며 12회의 어깨춤을 빠르게 춰볼까요?'와 '8'을 입력합니다. {시작}의 [게임시작▼ 신호 보내기]를 넣습니다.

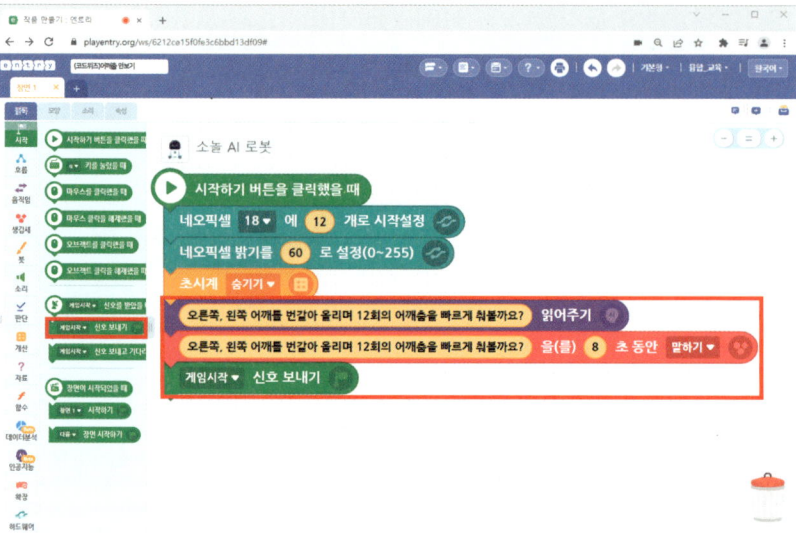

⑩ 게임을 시작하기 위해 {시작}의 [게임시작▼ 신호를 받았을 때]를 넣습니다. 시작 안내 문구를 읽고 말하도록 {인공지능}의 [(엔트리) 읽어주기]와 {생김새}의 [(안녕!)을(를) 말하기▼]를 넣습니다. '코드위즈의 왼쪽 버튼을 누르면 시작합니다.'를 입력합니다.

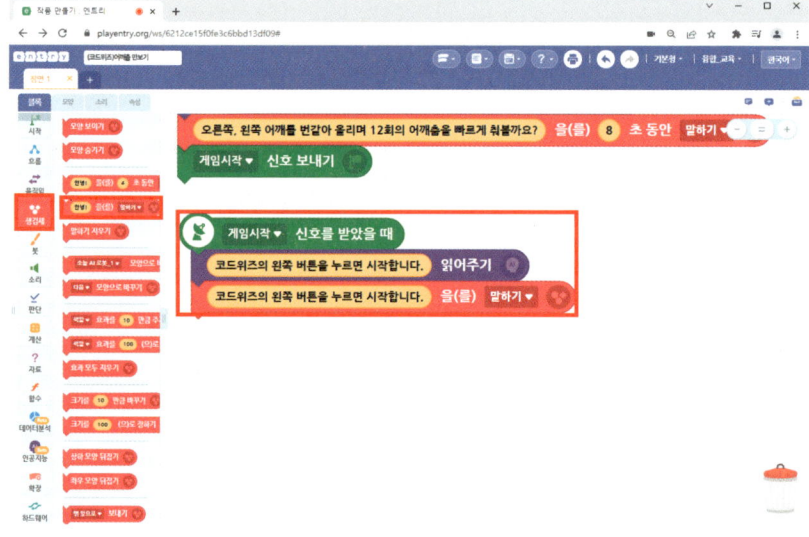

⑪ 코드위즈 왼쪽 버튼을 누르면 시작하도록 지정하기 위해 {흐름}의 [<참> 이(가) 될 때까지 기다리기]와 {하드웨어}의 [왼쪽▼스위치 버튼 값]을 넣습니다. 실행화면에 표시되는 시작 문구를 지우기 위해 {생김새}의 [말하기 지우기]를 넣습니다.

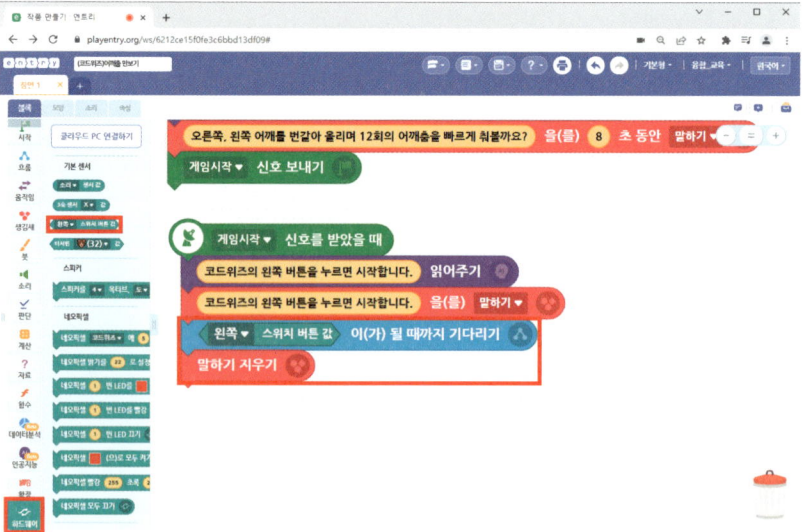

⑫ 카메라를 켜서 사람을 인식하고 인식된 사람의 뼈대를 보이도록 지정하기 위해 {인공지능}의 [비디오 화면 보이기▼]와 [사람▼ 인식 시작하기▼], [인식된 사람 보이기▼]를 넣습니다. {시작}의 [게임시작▼ 신호 보내기]를 넣고 ▼을 눌러 '측정시작'을 선택합니다.

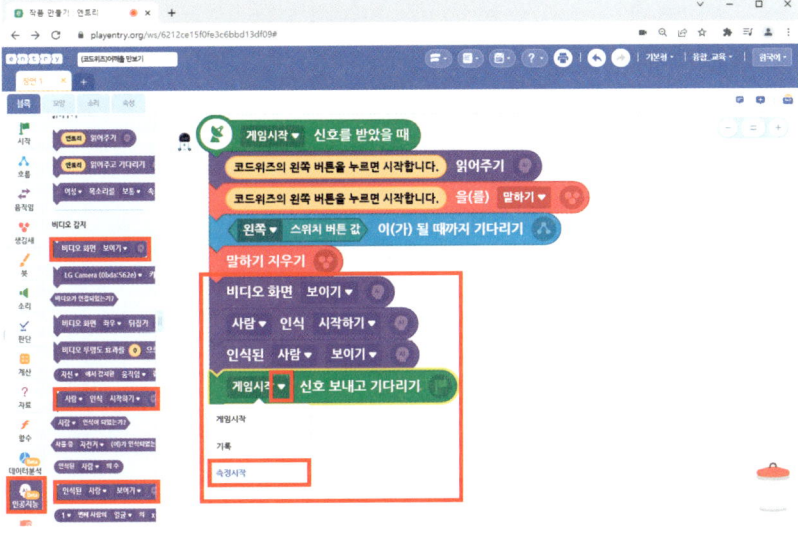

⑬ 측정을 시작하기 위해 {시작}의 [게임시작▼ 신호를 받았을 때]를 넣고 ▼을 눌러 '측정시작'을 선택합니다. 실행화면에 표시되지 않는 변수와 리스트를 표시하기 위해 {자료}의 [변수 횟수▼ 보이기]를 넣고 ▼을 눌러 '횟수'를 선택합니다. [리스트 측정시간기록▼ 보이기]를 넣습니다.

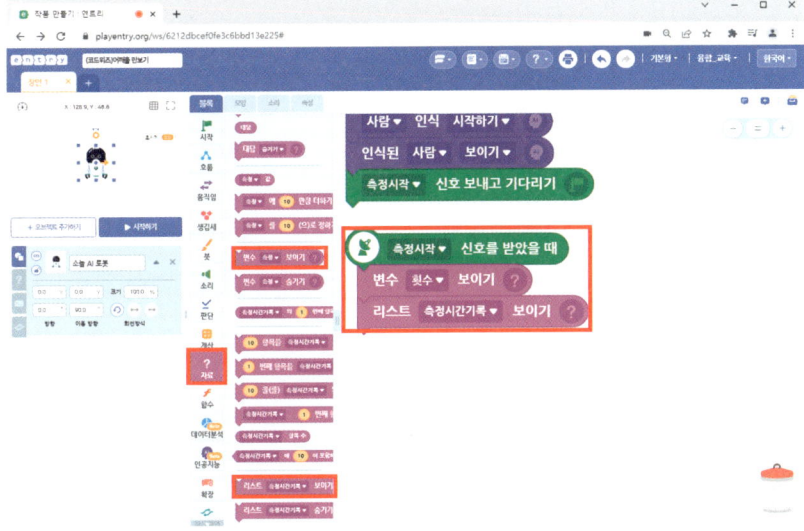

⑭ 숨겨둔 초시계를 실행화면에 표시하고 시간 측정을 시작하기 위해 {계산}의 [초시계 숨기기▼]와 [초시계 시작하기▼]를 넣고 숨기기의 ▼을 눌러 '보이기'를 선택합니다.

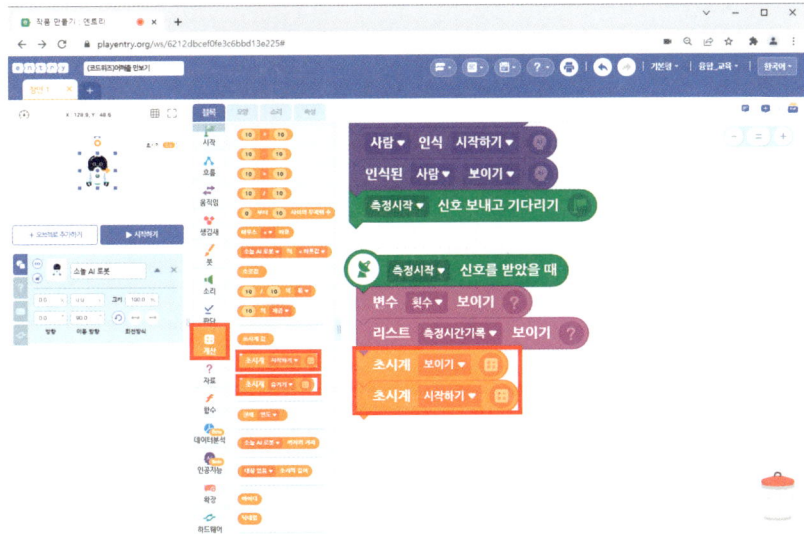

235

⑮ 성공하는 횟수가 12가 될 때까지 반복해서 측정하기 위해 {흐름}의 [<참>이 될 때까지▼ 반복하기]를 넣습니다. {판단}의 [(10)=(10)]을 넣고 왼쪽 값에 {자료}의 [측정▼값]을 넣습니다. ▼을 눌러 '횟수'를 선택하고 오른쪽 값에 '12'를 입력합니다.

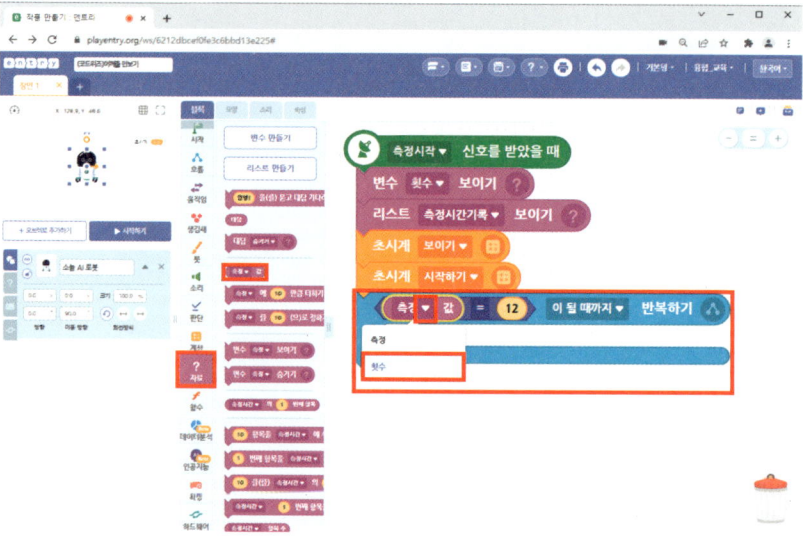

⑯ 오른쪽 어깨가 왼쪽 어깨보다 높아질 때까지 기다리기 위해 {흐름}의 [<참> 이(가) 될 때까지 기다리기]와 {판단}의 [(10)<(10)]를 넣습니다. 왼쪽 값에 {계산}의 [(10)-(10)]을 넣고 왼쪽 (10)에 {인공지능}의 [1▼번째 사람의 얼굴▼의 x▼좌표]를 넣습니다. ▼을 눌러 '왼쪽 어깨'와 'y'를 선택합니다.

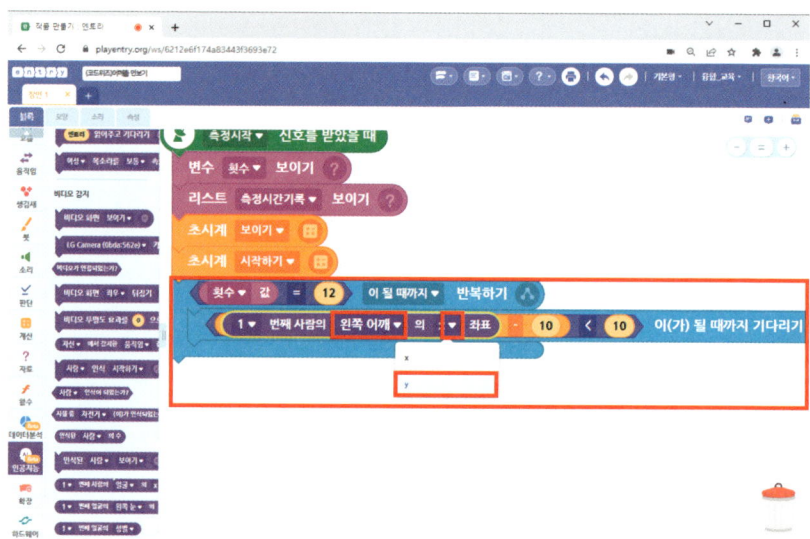

더 알아보기

어깨의 높이는 y 좌표 값을 이용하여 측정할 수 있습니다. 왼쪽 어깨 y좌표 값에서 오른쪽 어깨 y좌표 값을 뺐기했을 때 오른쪽 어깨가 높으면 0보다 작은 값, 왼쪽 어깨보다 높으면 0보다 큰 값이 됩니다. (카메라의 각도와 위치에 따라 표시되는 값에 차이가 있을 수 있습니다.)

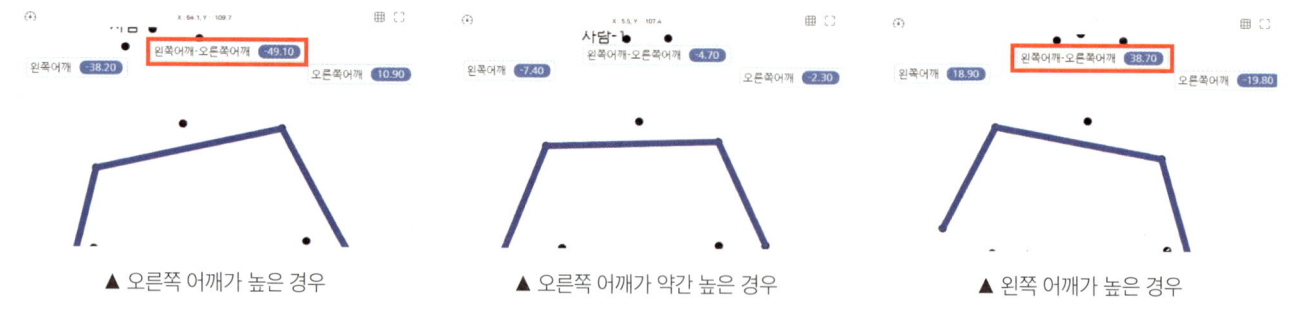

▲ 오른쪽 어깨가 높은 경우   ▲ 오른쪽 어깨가 약간 높은 경우   ▲ 왼쪽 어깨가 높은 경우

⑰ 가운데 값에 {인공지능}의 [1▼ 번째 사람의 얼굴▼의 x▼좌표]를 넣고 ▼을 눌러 '오른쪽 어깨'와 'y'를 선택합니다. 오른쪽 값에는 '-40'을 입력합니다.

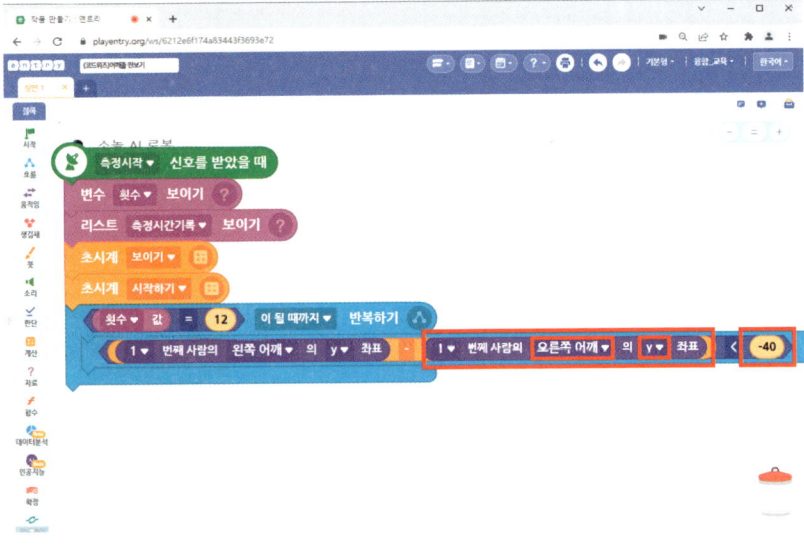

더 알아보기

환경에 따라 인식하는 어깨의 좌푯값이 달라질 수 있습니다. 인식되는 정도에 따라서 조건에 들어가는 숫자의 값을 적당히 조절합니다.

⑱ 오른쪽 어깨가 높이 올라갔다면 성공음을 재생하고 '측정' 변수값에 1을 더하기 위해 {하드웨어}의 [스피커를 4▼옥타브, 도▼음, 4▼분음표로 연주하기]와 {자료}의 [측정▼에 (10)만큼 더하기]를 넣습니다. '1'을 입력합니다.

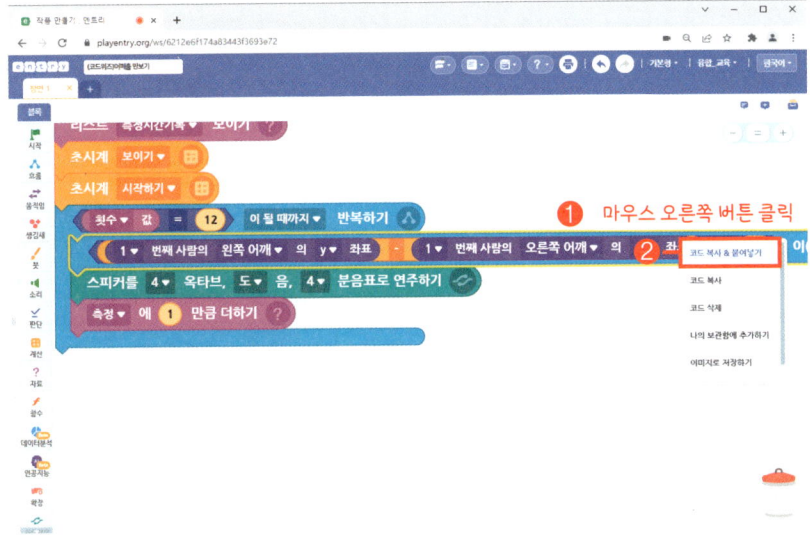

⑲ 왼쪽 어깨가 높아졌는지를 판단하기 위해 [기다리기]를 마우스 오른쪽 버튼으로 클릭한 후 [코드 복사 & 붙여넣기]를 클릭합니다.

237

⑳ 붙여넣기 된 블록을 아래에 삽입한 후 부등호를 클릭하여 '>'를 선택하고 '40'을 입력합니다.

㉑ 측정값이 2가 되었다는 것은 오른쪽 어깨, 왼쪽 어깨 순서대로 번갈아 올렸다는 의미이므로 측정값이 2인지 판단하기 위해 {흐름}의 [만일 <참> (이)라면]과 {판단}의 [(10)=(10)]을 넣습니다. {자료}의 [측정▼값]을 넣고 '2'를 입력합니다.

㉒ 횟수에 1 값을 더하기 위해 {자료}의 [측정▼에 (10)만큼 더하기]를 넣고 ▼을 눌러 '횟수'를 선택하고 '1'을 입력합니다.

㉓ 다시 측정을 시작하기 위해 [측정▼를 (10)(으)로 정하기]를 넣고 '0'을 입력합니다. 원형 네오픽셀을 켜기 위해 {하드웨어}의 [네오픽셀 (1)번 LED를 ■ (으)로 켜기]를 넣고 (1)에 {자료}의 [측정▼값]을 넣습니다. ▼을 눌러 '횟수'를 선택합니다.

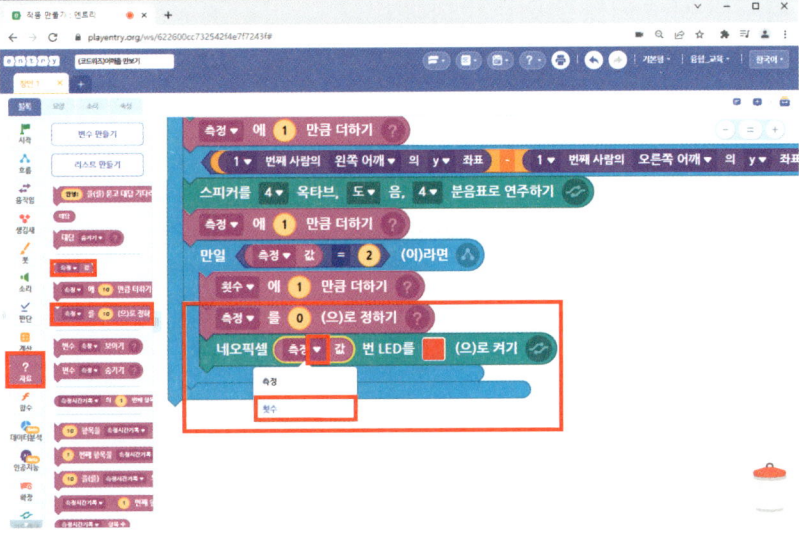

㉔ '횟수'가 12가 되었다면 12번 모두 성공했다는 의미이므로 '측정'과 '횟수' 변수를 0으로 초기화한 후 기록 신호를 보내기 위해 {자료}의 [측정▼를 (10)(으)로 정하기]를 2번 넣고 '0'을 입력합니다. ▼을 눌러 '횟수'를 선택합니다. {시작}의 [게임시작▼ 신호 보내고 기다리기]를 넣고 ▼을 눌러 '기록'을 선택합니다.

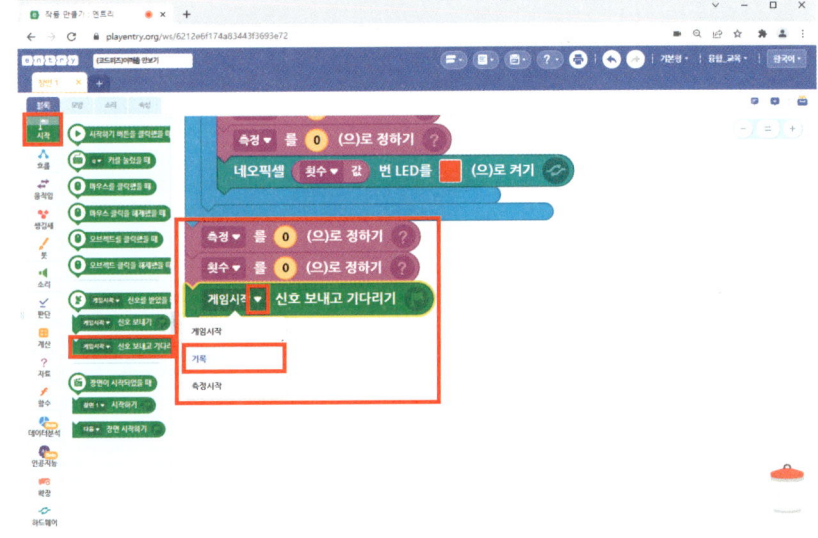

㉕ [측정시간기록] 리스트에 기록하기 위해 {시작}의 [게임시작▼ 신호를 받았을 때]를 넣고 ▼을 눌러 '기록'을 선택합니다. {자료}의 [(10) 항목을 측정시간기록▼에 추가하기]를 (10)에 넣고 {계산}의 [초시계 값]을 넣습니다.

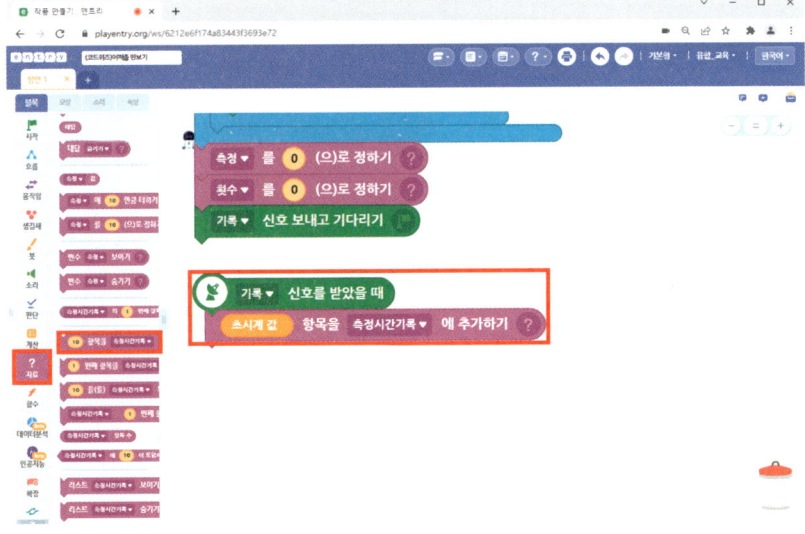

㉖ 기록된 시각을 읽어주기 위해 {인공지능}의 [(엔트리) 읽어주기]와 {계산}의 [(안녕!)과(와) (엔트리)를 합치기]를 넣고 왼쪽 값에는 {계산}의 [초시계 값]을 넣습니다. (안녕!)에는 {계산}의 [초시계 값], (엔트리)에는 '이 기록됩니다.'를 입력합니다.

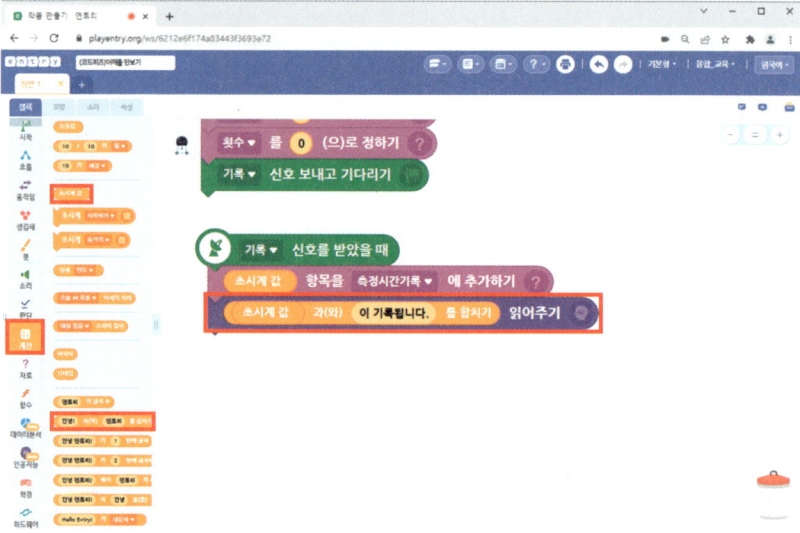

㉗ 기록이 완료되면 초시계를 정지하고 초기화되도록 {계산}의 [초시계 시작하기▼]를 2번 연속 넣고 ▼을 눌러 '정지하기'와 '초기화하기'를 선택합니다. [초시계 숨기기▼]와 {흐름}의 [(2)초 기다리기]를 넣고 '5'를 입력한 후 다시 게임을 시작하도록 {하드웨어}의 [네오픽셀 모두 끄기]와 {시작}의 [게임시작▼ 신호 보내기]를 넣습니다.

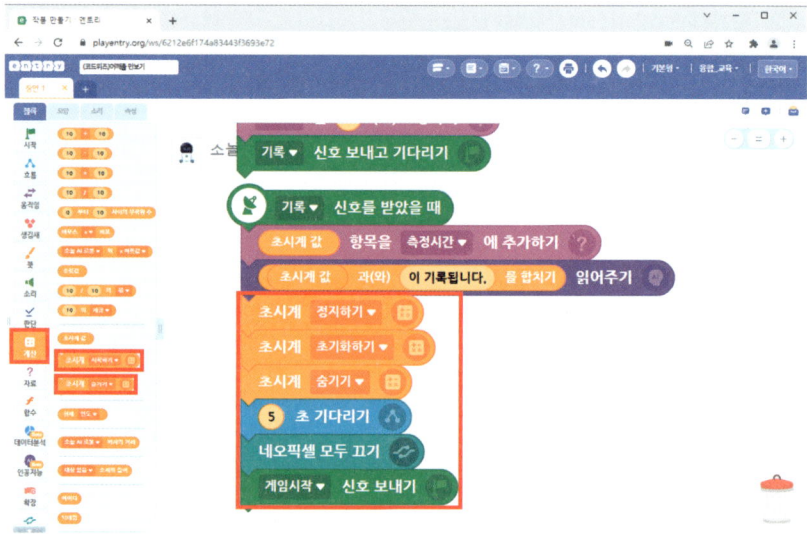

㉘ 코드 작성이 완료되었다면 [▶ 시작하기]를 클릭합니다. 안내 문구를 말하면 코드위즈의 왼쪽 버튼을 누릅니다. 실행화면에 뼈대가 표시되면 오른쪽 어깨를 올리고 왼쪽 어깨를 순서대로 올려 횟수가 1 증가될 때 마다 원형 네오픽셀이 하나씩 켜지는지 확인합니다.

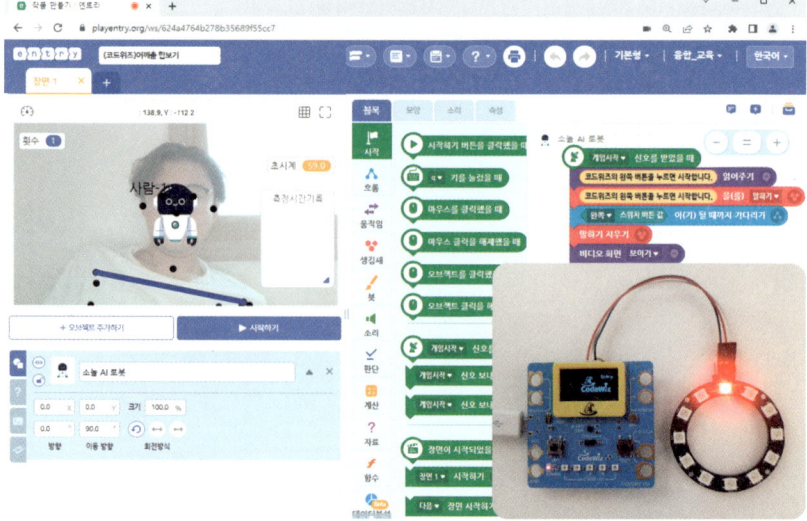

전체 코드 & 완성 작품 확인하기
활동2: (코드위즈)나만의 어깨춤 만보기 만들기

▲ [소놀 AI 로봇] 오브젝트

20 시각장애인을 위한 신호등 만들기
인권 보장을 위한 우리 사회의 노력 알아보기

01 인공지능 영역 : 비디오 인식, 음성인식

엔트리 AI 비디오 감지(사람 인식), 음성합성(읽어주기)
코드위즈 네오 RGB LED, OLED, 도트매트릭스

⇨ 엔트리와 코드위즈를 활용하여 사회교과 속에서 인권 보장을 위한 우리 사회의 노력으로, 시각장애인을 위한 안전한 횡단보도 신호등을 만들 수 있습니다.

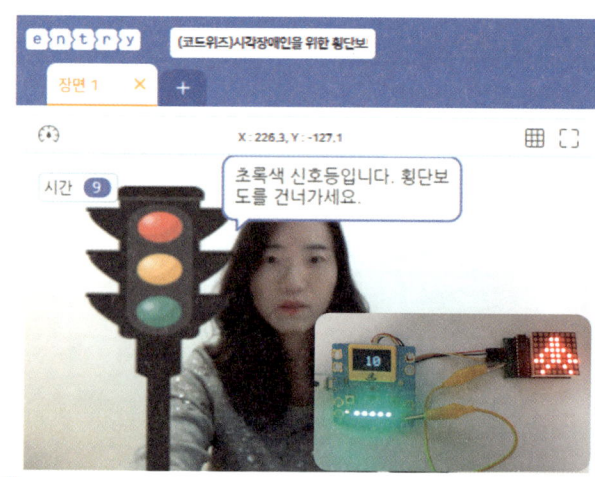

02 준비물

PC(데스크톱 또는 노트북), 코드위즈, 도트매트릭스, 4핀 케이블(암), 악어 케이블

03 교과학습

- 5학년 1학기 사회
- 단원: 2. 인권 존중과 정의로운 사회(105-107쪽)
- 학습활동
  활동 1 시각장애인의 생활 중 힘든 점 알아보기
  활동 2 (코드위즈)시각장애인을 위한 신호등 만들기

04 관련 교과

- 4학년 2학기 사회 / 3. 사회 변화와 문화의 다양성
- 편견과 차별 없는 사회를 만들기 위한 노력 알아보기(13/15)

05 관련 작품

- 작품 파일
  (코드위즈)시작장애인을 위한 횡단보도 신호등.ent
  (코드위즈)시각장애인을 위한 횡단보도 신호등_완성.ent
- 작품 주소
  http://naver.me/x4aMhYIK
  http://naver.me/5HUfXO9m
- 작품 영상

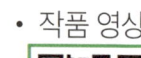

01 시각장애인의 생활 중 힘든 점 알아보기

눈을 감고 4가지 행동을 해봅시다.
① 필통에서 지우개 꺼내기
② 쉬는 시간에 사물함에서 교과서 꺼내기
③ 쓰레기통에 쓰레기 버리고 제자리로 돌아오기
④ 점심 식사를 위해 급식실 이동하기

- 눈을 감고 체험했을 때 여러분은 어떤 생각이 들었나요?

- 생활 속에서 시각장애인의 힘든 점은 무엇일까요?

02 (코드위즈)시각장애인을 위한 신호등 만들기

1. 코드위즈와 도트매트릭스 연결하기

  코드위즈 사람 인식 여부에 따라 도트매트릭스에 모양 표시(사람이 서 있는 모양, 걷는 모양)
  엔트리 AI 사람 인식
  학생 코드위즈와 도트매트릭스 연결, 카메라에 사람 또는 사물을 비추기

엔트리 AI	도트매트릭스(신호등)	도트매트릭스(신호등)
사람을 인식하지 않으면	사람이 서 있는 모양	빨간색 켜기
사람을 인식하면	사람이 걷는 모양	초록색 켜기

① 코드위즈와 도트매트릭스를 연결한 후 '(코드위즈)횡단보도 신호등.ent' 예제 파일을 실행합니다. 초록색 신호등이 켜지는 시간을 저장할 변수를 선언하기 위해 [속성] 탭을 클릭한 후 [변수]를 선택합니다. [변수 추가하기]을 클릭한 후 '시간'을 입력하고 [확인]을 클릭합니다.

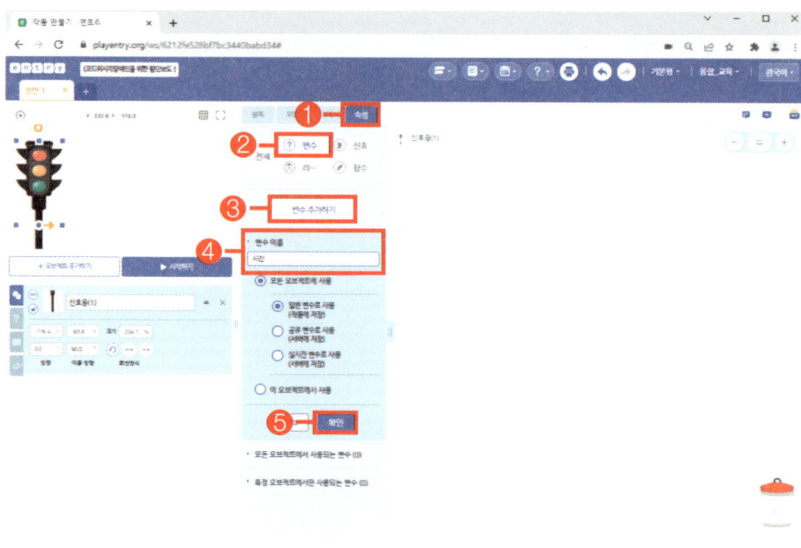

> **더 알아보기**
> 코드위즈와 도트매트릭스 연결은 19페이지를 참조합니다.

② 신호 시스템을 시작하고 타이머 표시를 위한 신호를 추가하기 위해 [신호]를 선택합니다. [신호 추가하기]를 클릭한 후 '타이머'을 입력하고 [확인] 버튼을 클릭합니다. [신호 추가하기]를 클릭한 후 '신호시스템시작'를 입력하고 [확인] 버튼을 클릭합니다.

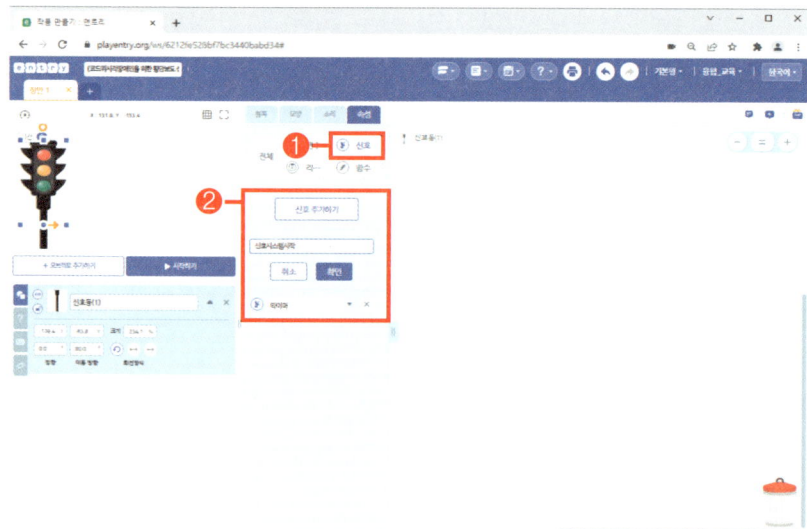

③ [블록] 탭을 클릭합니다. 카메라로 사람을 인식하고 안내 문구를 읽어주기 위해 {인공지능}의 [인공지능 블록 불러오기]를 클릭합니다. [비디오 감지]와 [읽어주기]를 선택하고 [불러오기]를 누릅니다.

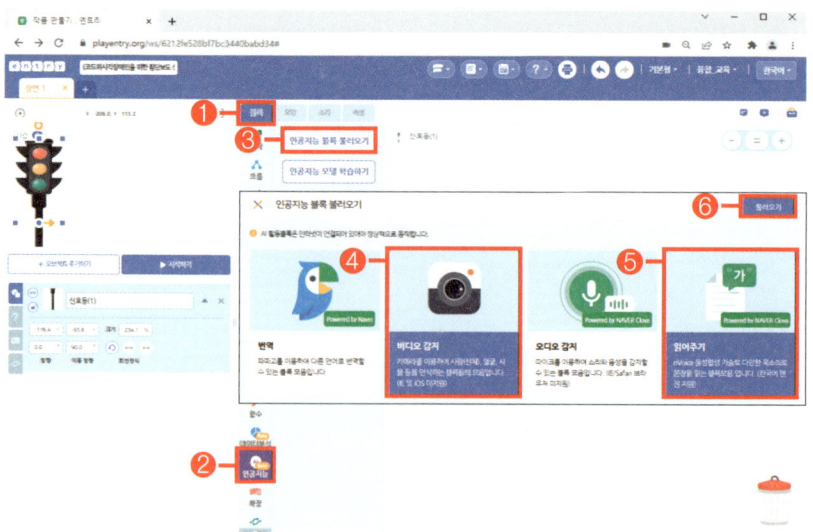

244

❹ {시작}의 [시작하기 버튼을 클릭했을 때]를 넣습니다. 도트매트릭스 제어를 위한 핀 설정을 위해 {하드웨어}의 [도트매트릭스 (1)개 DIN 18▼, CS 19▼, CLK 15▼로 설정]을 넣고 CLK의 ▼을 클릭하여 '27'을 선택합니다. 밝기 조정을 위해 [도트매트릭스 (1)번 밝기를 (8)(으)로 설정]을 넣고 '5'를 입력합니다.

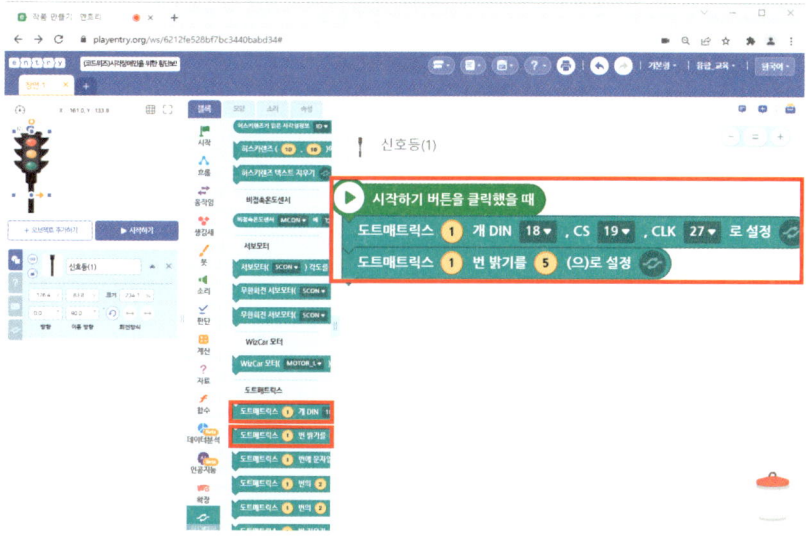

❺ OLED에 출력되는 문구를 지우고 글자 크기를 지정하기 위해 {하드웨어}의 [OLED 지우기]와 [OLED 문자 크기를 (3)(으)로 설정]을 넣고 '5'를 입력합니다. 네오 RGB LED 5개 사용을 위해 [네오픽셀 코드위즈▼에 (5)개로 시작설정]을 넣습니다.

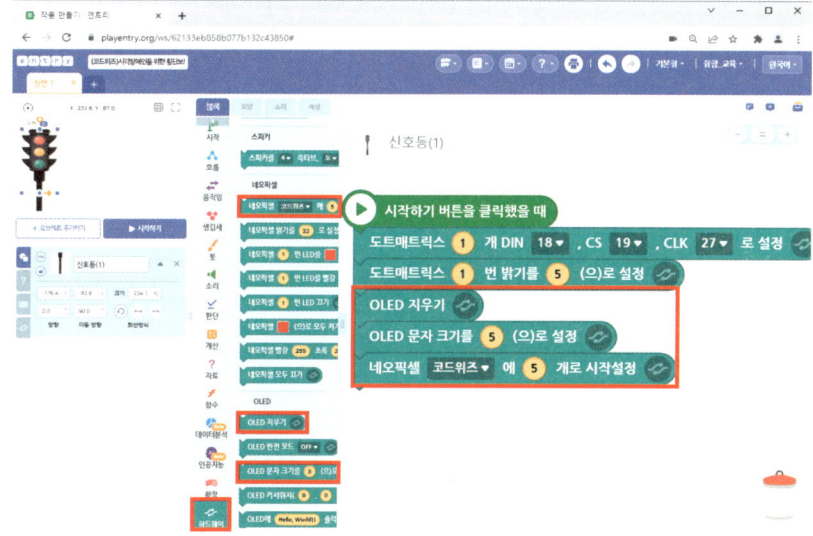

❻ 실행화면에 카메라를 켜고 카메라로 사람이 뚜렷하게 보이도록 {인공지능}의 [비디오 화면 보이기▼]와 [비디오 투명도 효과를 (0)으로 정하기]를 넣습니다. 사람 인식을 시작하도록 [사람▼ 인식 시작하기▼]를 넣고 {시작}의 [신호시스템시작▼ 신호 보내기]를 넣습니다.

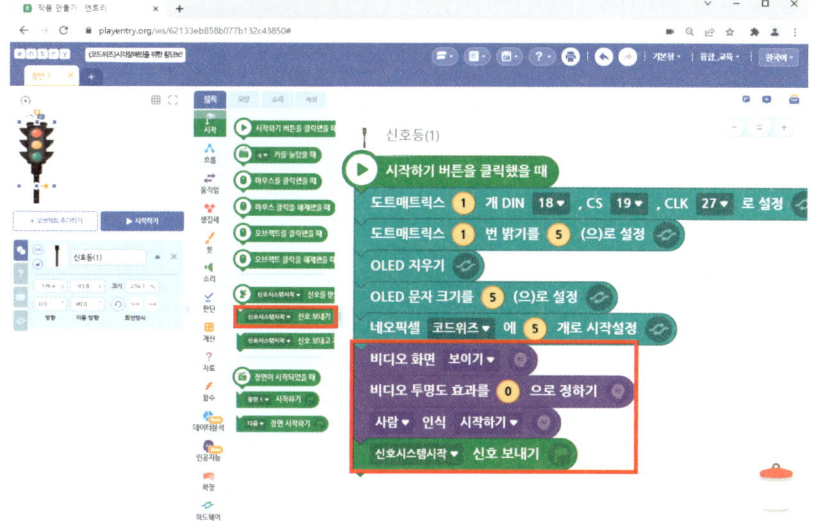

245

7 신호 시스템을 시작하기 위해 {시작}의 [신호시스템시작▼ 신호를 받았을 때] 와 {흐름}의 [계속 반복하기]를 넣습니다. 신호등이 빨간색으로 켜지는 것처럼 네오 RGB LED가 빨간색으로 켜지도록 {하드웨어}의 [네오픽셀 ■ 으로 모두 켜기]를 넣습니다.

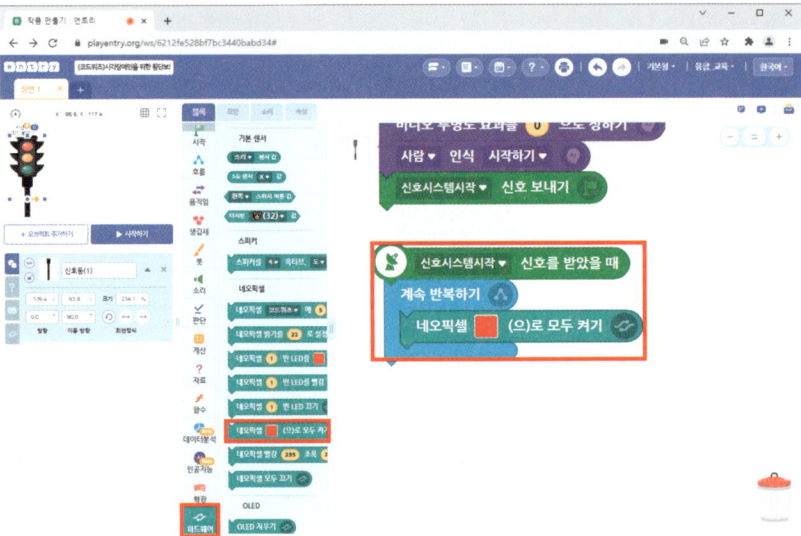

8 도트매트릭스에 서 있는 모양을 출력하기 위해 {하드웨어}의 [도트매트릭스 (1)번의 (2)열▼(11111111)(으)로 만들기]를 7개 넣습니다. '열'의 ▼을 눌러 '행'을 선택한 후 행 번호에 순서대로 '2', '3', '4', '5', '6', '7', '8'을 입력합니다.

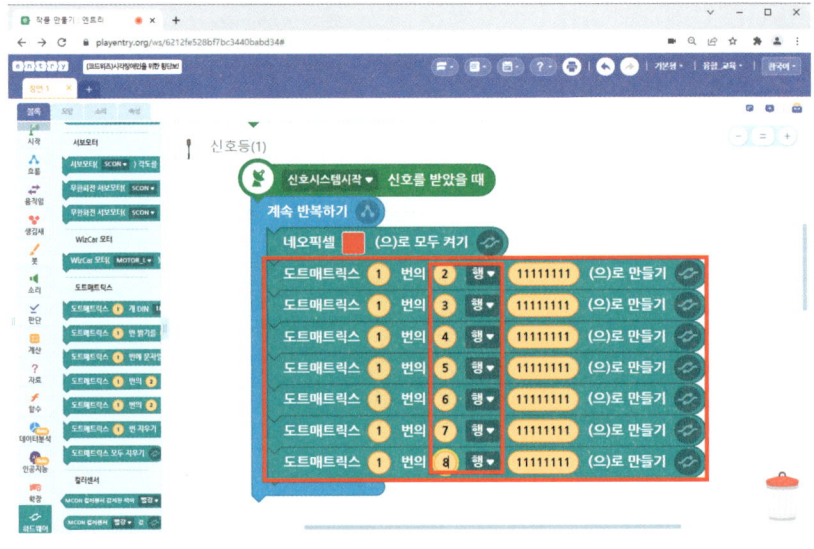

9 2행과 3행은 '00011000', 4행은 '01111110', 5행과 6행은 '01011010', 7행과 8행은 '00011000'이 되도록 입력합니다.

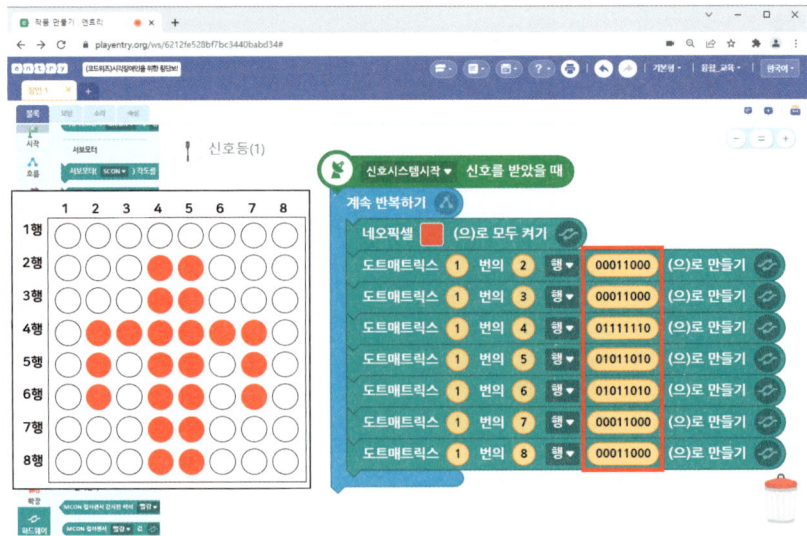

⑩ 사람이 카메라에 인식될 때까지 기다리기 위해 {흐름}의 [<참> 이(가) 될 때까지 기다리기]를 넣고 {인공지능}의 [사람 ▼ 인식이 되었는가?]를 넣습니다. 사람이 인식되었다면 잠시 기다리도록 {흐름}의 [(2)초 기다리기]를 넣고 '1'을 입력합니다.

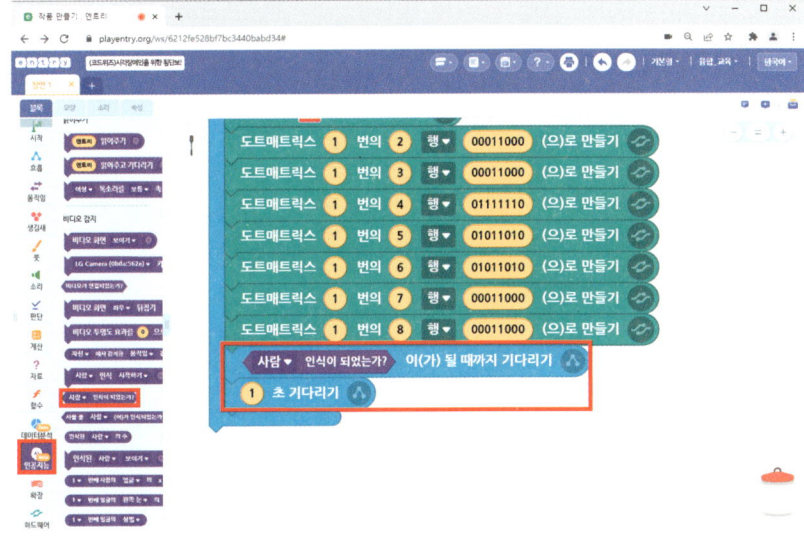

⑪ 사람이 인식되었다는 것을 말하고 읽어주기 위해 {생김새}의 [(안녕!)을(를) 말하기▼]와 {인공지능}의 [(엔트리) 읽어주고 기다리기]를 넣고 '잠시 기다려주세요.'를 입력합니다. 잠시 기다리기 위해 {흐름}의 [(2)초 기다리기]를 넣습니다.

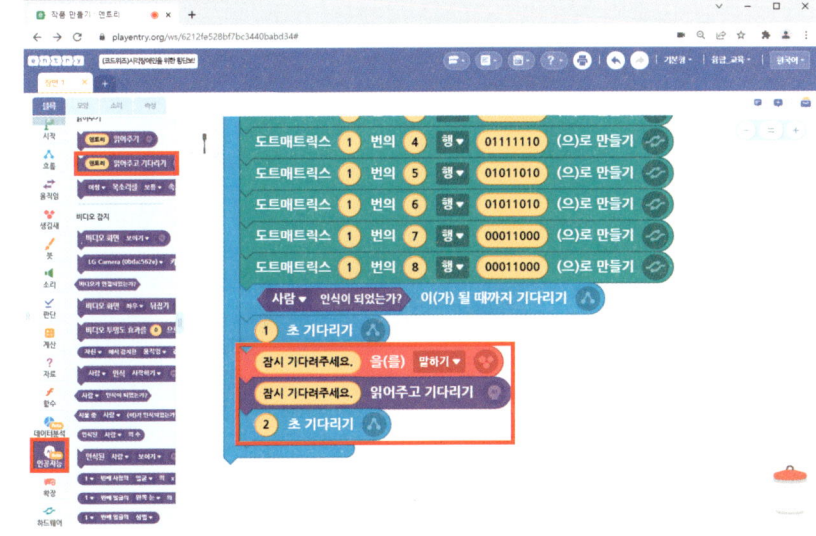

⑫ 빨간색 신호등이 초록색 신호등으로 변경되어야 하므로 네오 RGB LED가 초록색으로 켜지도록 {하드웨어}의 [네오픽셀 ■ (으)로 모두 켜기]를 넣고 ■을 클릭하여 ■을 선택합니다.

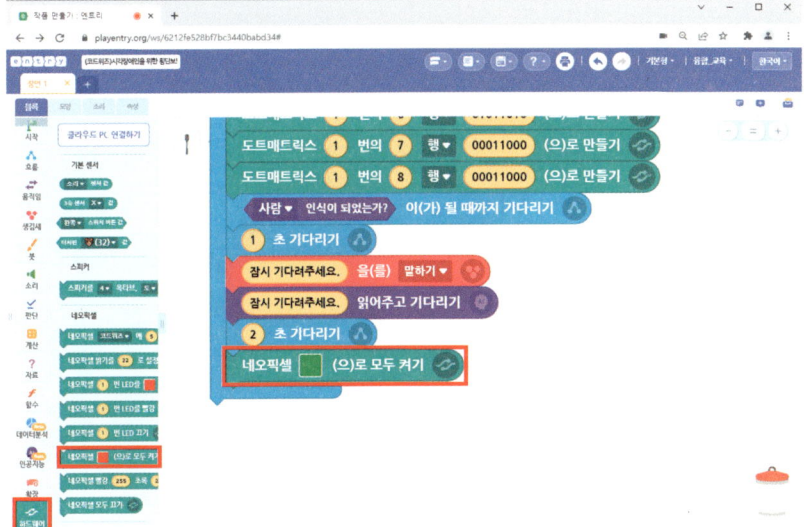

⑬ 도트매트릭스에 걷는 모양을 출력하기 위해 {하드웨어}의 [도트매트릭스 (1)번의 (2)열▼(11111111)(으)로 만들기]를 7개 넣습니다. '열'의 ▼을 눌러 '행'을 선택한 후 행 번호에 순서대로 '2', '3', '4', '5', '6', '7', '8'을 입력합니다.

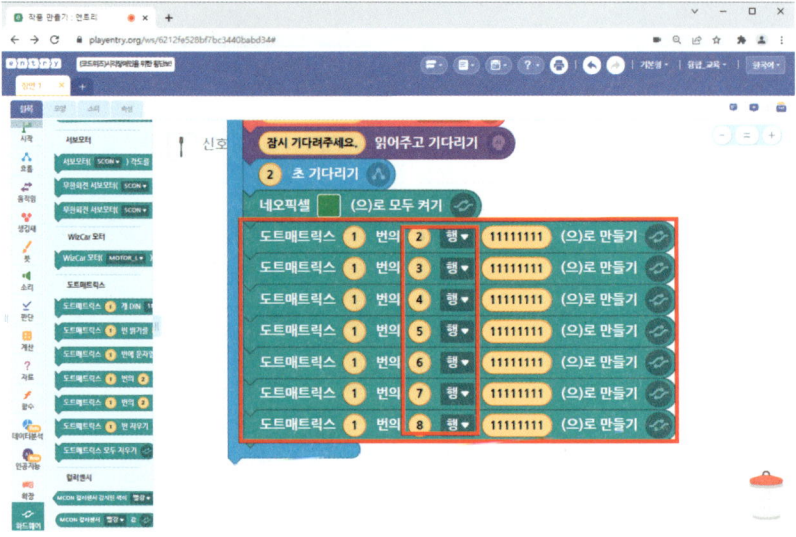

⑭ 2행과 3행은 '00011000', 4행은 '00111100', 5행은 '01011010', 6행은 '11011011', 7행은 '00100100', 8행은 '01000010'이 되도록 입력합니다.

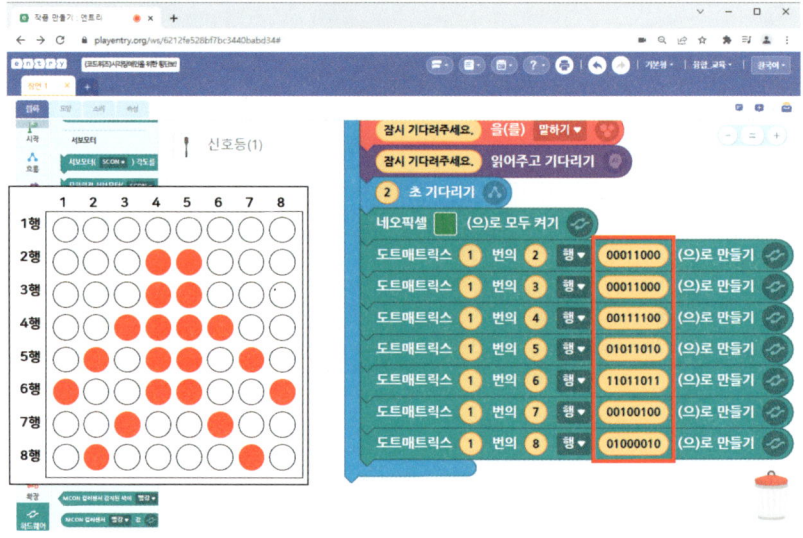

⑮ 횡단보도를 건너도록 안내하고 시간을 제어하기 위해 {생김새}의 [(안녕!)을(를) 말하기▼]와 {인공지능}의 [(엔트리) 읽어주고 기다리기]를 넣고 '초록색 신호등입니다. 횡단보도를 건너가세요.'를 입력합니다.

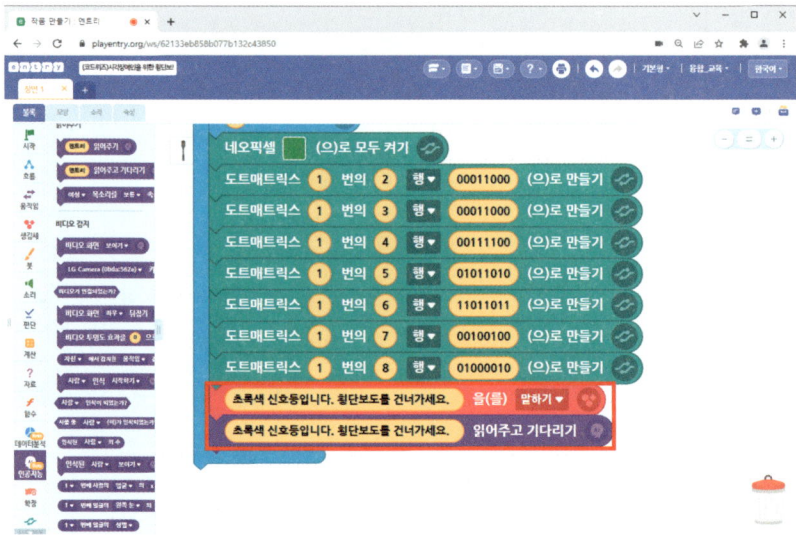

⑯ 10초 동안 OLED에 시간을 표시하는 신호를 보내기 위해 {시작}의 [신호시스템시작▼ 신호 보내고 기다리기]를 넣고 ▼를 클릭하여 '타이머'를 선택합니다.

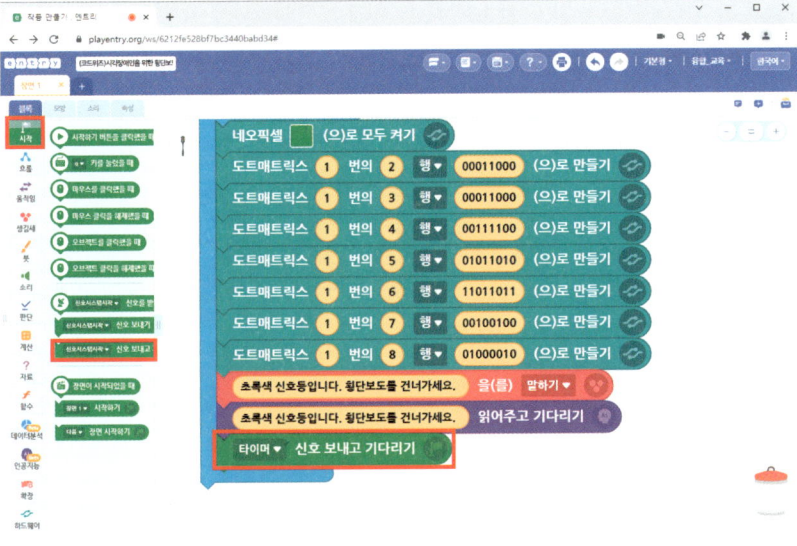

⑰ 타이머를 시작하기 위해 {시작}의 [신호시스템시작▼ 신호를 받았을 때]를 넣고 ▼을 눌러 '타이머'를 선택합니다. 초록색 신호등이 켜지는 시간을 저장하기 위해 {자료}의 [시간▼를 (10)(으)로 정하기]를 넣습니다. {흐름}의 [(10)번 반복하기]를 넣습니다.

> **더 알아보기**
> 초록색 신호등이 켜지는 시간은 주변 테스트 환경에 맞춰 변경해도 됩니다.

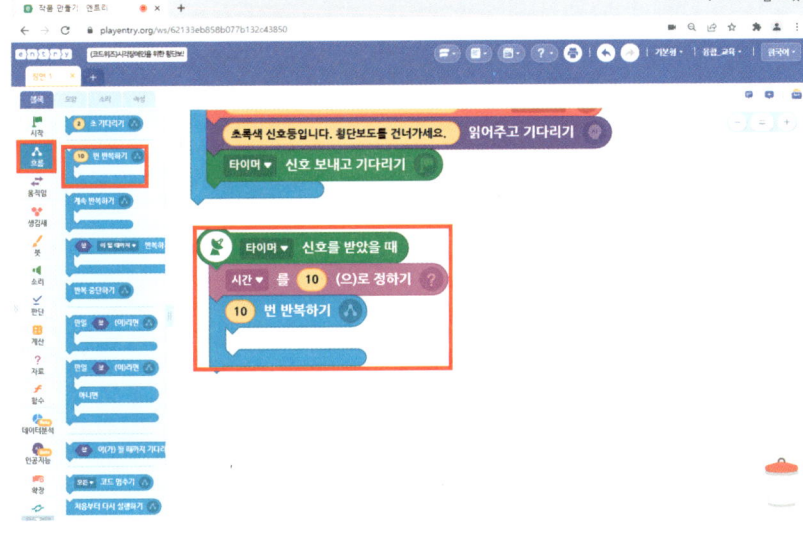

⑱ OLED에 시간을 표시하기 위해 {하드웨어}의 [OLED 커서위치(0,0)으로 지정]을 넣고 '40'과 '20'을 입력합니다. [OLED에 (Hello,World!) 출력]을 넣고 {자료}의 [시간▼값]을 넣습니다. "삐익" 소리를 재생하기 위해 [스피커를 4▼옥타브, 도▼음, 4▼분음표로 연주하기]를 넣습니다.

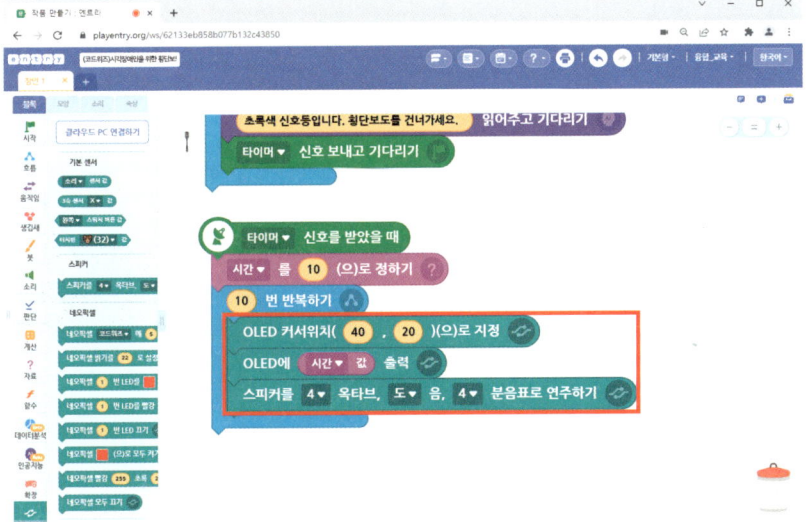

249

⑲ 1초 기다린 후 OLED에 1초 감소 된 시간 값을 출력하기 위해 {흐름}의 [(2)초 기다리기]를 넣고 '1'을 입력합니다. {하드웨어}의 [OLED 지우기]와 {자료}의 [시간에 (10)만큼 더하기]를 넣고 '-1'을 입력합니다.

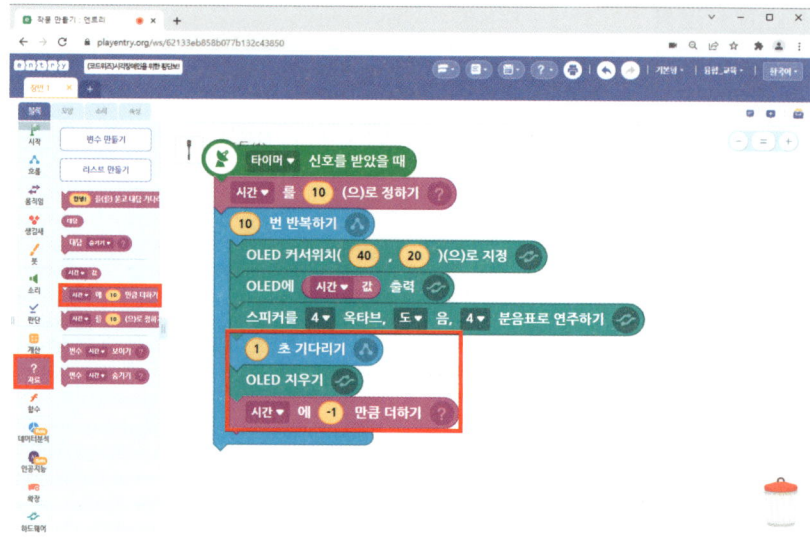

⑳ 10초 경과 후 실행화면에 표시되는 '초록색 신호등입니다. 횡단보도를 건너가세요.'라는 문구를 지우기 위해 {생김새}의 [말하기 지우기]를 넣습니다.

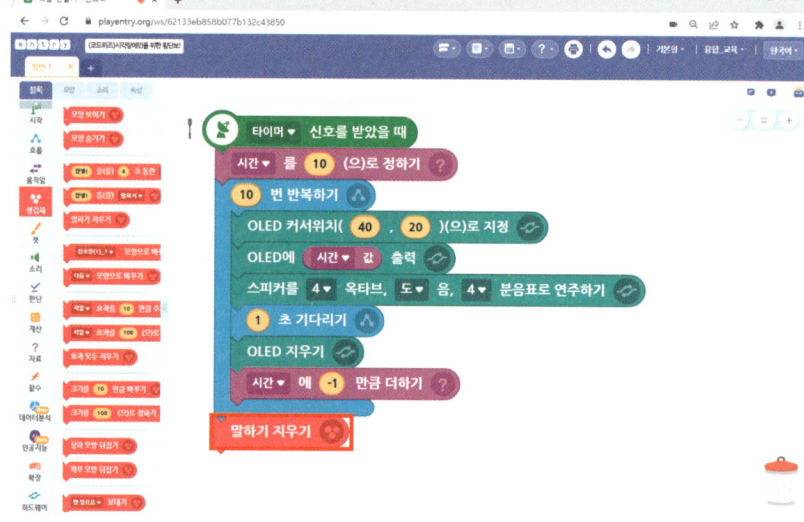

더 알아보기

10초 동안 OLED에 10, 9, 8, 7,..1 와 같이 줄어든 시간 값이 표시됩니다.

㉑ 코드 작성이 완료되었다면 [▶ 시작하기]를 클릭합니다. 실행화면에 카메라가 켜지면서 네오 RGB LED가 빨간색으로 켜지는지 확인합니다. 카메라에 사람이 인식되면 네오 RGB LED가 초록색으로 켜지면서 안내 문구 출력되고, OLED에 시간이 표시되면서 "삑" 소리가 출력되는지 확인합니다.

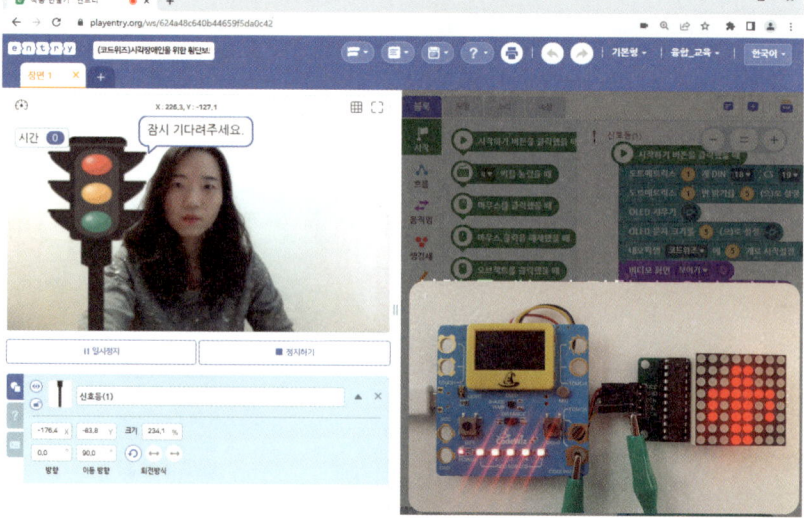

전체 코드 & 완성 작품 확인하기
활동2: 시각장애인을 위한 신호등 만들기

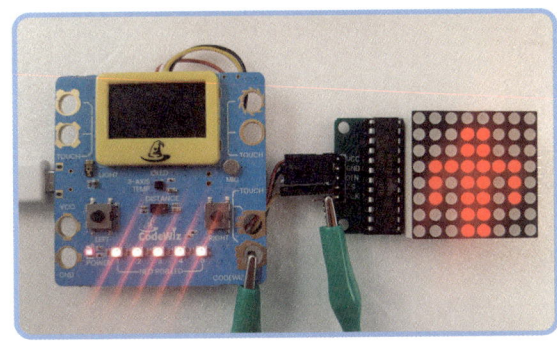

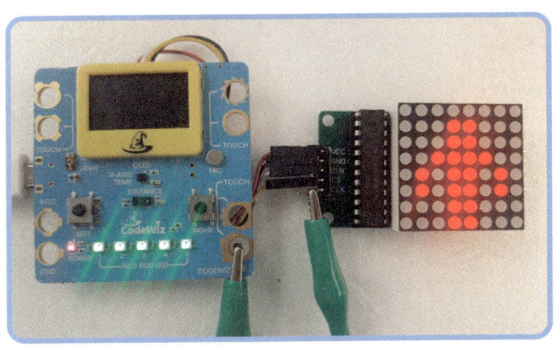

▲ [신호등(1)] 오브젝트

21 스마트 팜을 만들어요!
스마트 팜과 지속 가능한 미래 사회의 관계 알아보기

난이도 ★★★★★

01 인공지능 영역 : 머신러닝(기계학습), 음성인식

엔트리 AI 지도학습(분류:이미지), 음성합성(읽어주기)
코드위즈 OLED, 온도센서, 원형 네오픽셀

⇨ 엔트리와 코드위즈를 활용하여 실과교과 속에서 인공지능의 이미지 인식 기술을 이해하고 스마트 팜을 만들어 봄으로써 지속 가능한 미래 사회를 위한 친환경 농업의 역할과 중요성을 알아볼 수 있습니다.

02 준비물

PC(데스크톱 또는 노트북), 코드위즈, 원형 네오픽셀, 4핀케이블(암)

03 교과학습

- 6학년 2학기 실과(미래엔)
- 단원:6. 친환경 농업과 미래(114~115쪽)
- 학습활동
  활동 1 스마트 팜이란?
  활동 2 (코드위즈)온도를 조절하는 스마트 팜 만들기
  활동 3 (코드위즈)빛 색깔을 조절하는 스마트 팜 만들기

04 관련 교과

- 창의적체험활동 / 환경교육
- 지속가능한 발전을 위한 친환경 스마트 팜 알아보기

05 관련 작품

- 작품 파일
  (코드위즈)스마트 팜을 만들어요.ent
  (코드위즈)스마트 팜을 만들어요_완성.ent

- 작품 주소
  http://naver.me/GoBlxC3R
  http://naver.me/IMRoWdhz

- 작품 영상

01 스마트 팜이란?

스마트팜에 대해 알아봅시다.

스마트 팜(smart farm)

- 인공지능, 빅데이터, 사물인터넷 등의 기술을 이용하여 농작물이 자라는 환경을 적절하게 유지·관리할 수 있는 농업 시스템
- PC와 스마트폰 등을 이용해 원격으로 자동 관리할 수 있어, 생산의 효율성과 편리성을 높일 수 있음
- 외부와 차단되어 실내에서 자라기 때문에 병충해 피해가 없어 농약을 치지 않아도 되고, 센서에 의해 일정 시간마다 물과 양분을 뿌려주어 사용하는 물의 양이 적음

02 (코드위즈)온도를 조절하는 스마트 팜 만들기

코드위즈 온도센서로 현재 온도를 인식하여 40도 이상이면 원형 네오픽셀의 1~6번을 파란색, 40도 미만이면 빨간색으로 켜기

엔트리 AI 인공지능 읽어주기, 음성인식, 지도학습

① 코드위즈와 원형 네오픽셀을 연결한 후 '(코드위즈)스마트 팜을 만들어요.ent' 예제 파일을 실행합니다. {자료}의 [변수 만들기]를 클릭합니다. 변수 이름으로 '전등번호'를 입력합니다. [확인] 버튼을 클릭합니다. '전등번호'의 👁 을 클릭하여 변수를 숨깁니다.

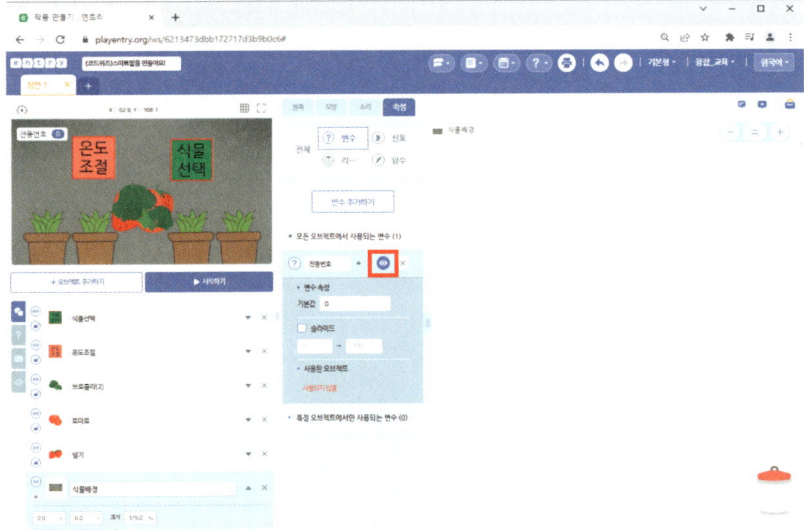

 **더 알아보기**

코드위즈와 원형 네오픽셀 연결은 19페이지를 참조합니다.

❷ [블록]탭을 클릭합니다. 안내 문구를 읽어 주기 위해 {인공지능}의 [인공지능 블록 불러오기]를 클릭합니다. [읽어주기]를 선택하고 [불러오기]를 클릭합니다.

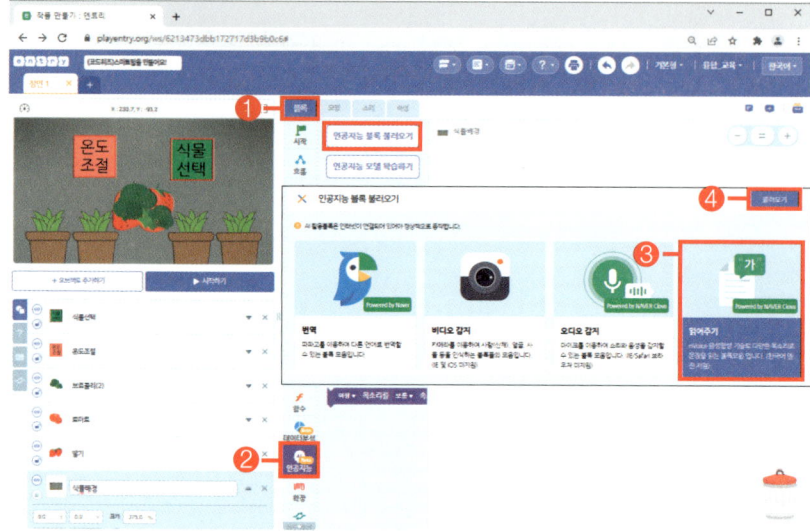

❸ '식물배경' 오브젝트를 선택합니다. 원형 네오픽셀을 제어하기 위해 {시작}의 [시작하기 버튼을 클릭했을 때]를 넣습니다. {하드웨어}의 [네오픽셀 코드위즈▼에 (5)개로 시작설정]을 넣고 ▼을 눌러 '18'을 선택하고 '12'를 입력합니다. [네오픽셀 밝기를 (22)으로 설정(0~255)]을 넣고 '60'을 입력합니다.

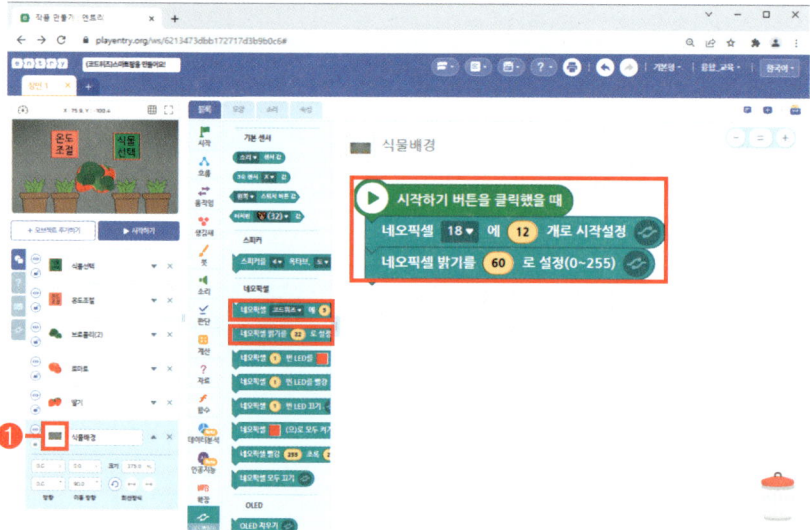

❹ OLED의 기본 출력 이미지를 지우고 안내 문구를 출력하기 위해 {하드웨어}의 [OLED 지우기]와 [OLED에 한글포함 (코드위즈 Magic!!) 출력, 줄바꿈○▼]을 2번 넣고 '스마트 팜에'와 '오신걸환영합니다'를 입력합니다.

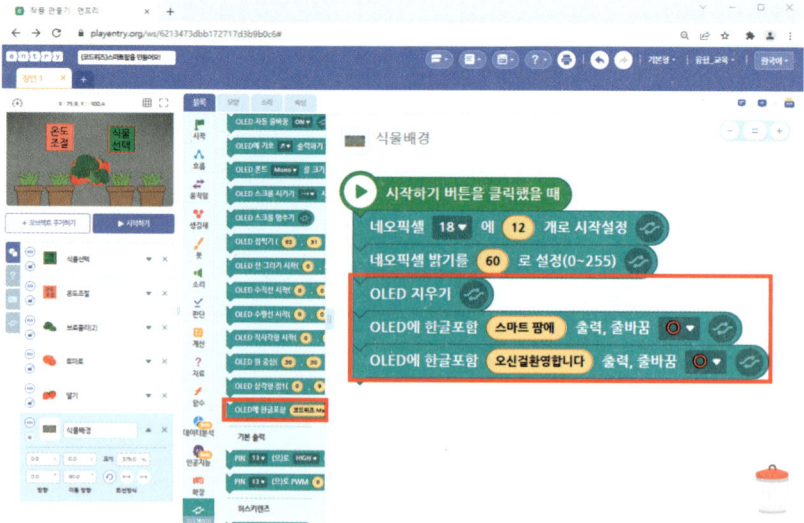

❺ 안내 문구를 말하고 읽어주도록 지정하기 위해 {생김새}의 [(안녕!)을(를) 말하기▼]와 {인공지능}의 [(엔트리) 읽어주고 기다리기]를 넣고 '스마트 팜에 오신 걸 환영합니다. 원하는 기능을 눌러주세요.'를 입력합니다. 실행화면에 표시되는 문구가 지워지도록 {생김새}의 [말하기 지우기]를 넣습니다.

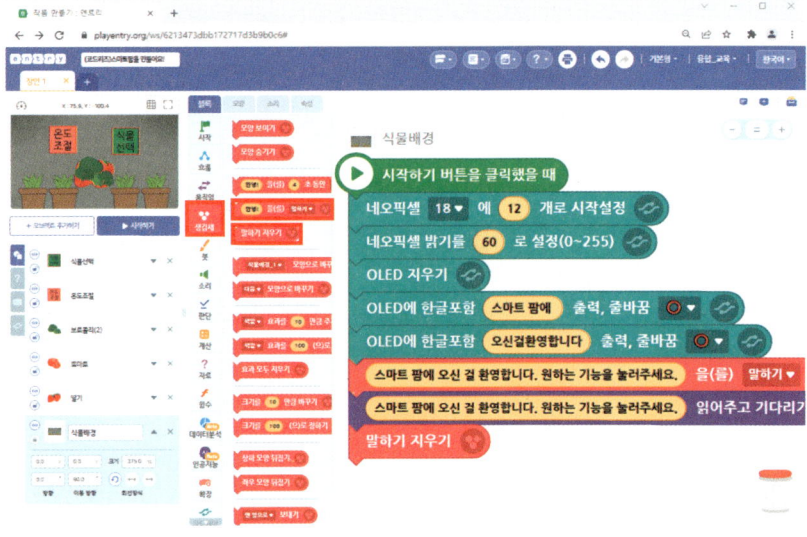

❻ '온도조절' 오브젝트를 선택하고 {시작}의 [오브젝트를 클릭했을 때]를 넣습니다. '온도조절' 오브젝트를 클릭할 때마다 온도에 따라 켜질 원형 네오픽셀의 번호를 0으로 초기화하기 위해 {자료}의 [전등번호▼를 (10)(으)로 정하기]를 넣고 '0'을 입력합니다.

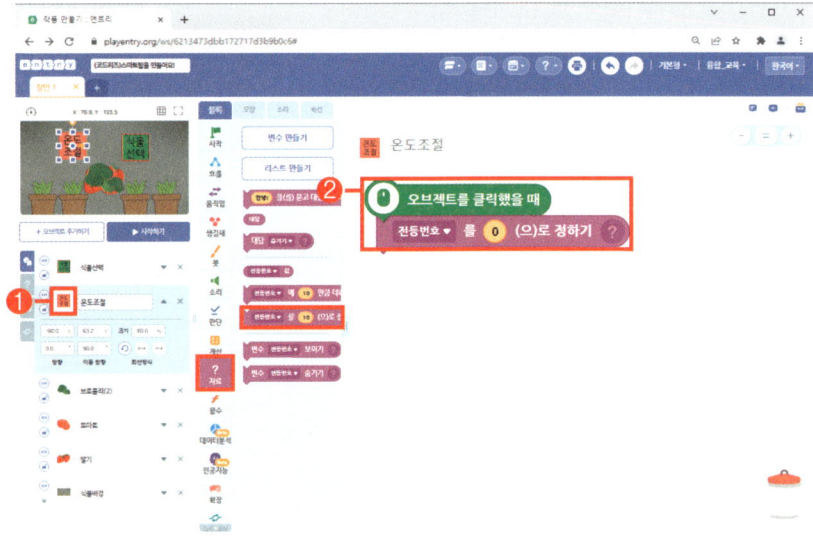

❼ 온도조절에 관련된 안내 문구를 말하고 읽기 위해 {생김새}의 [(안녕!)을(를) 말하기▼]와 {인공지능}의 [(엔트리) 읽어주고 기다리기]를 넣습니다. '식물이 잘 자라도록 온도를 조절합니다. 기준 온도는 40도입니다.'를 입력합니다.

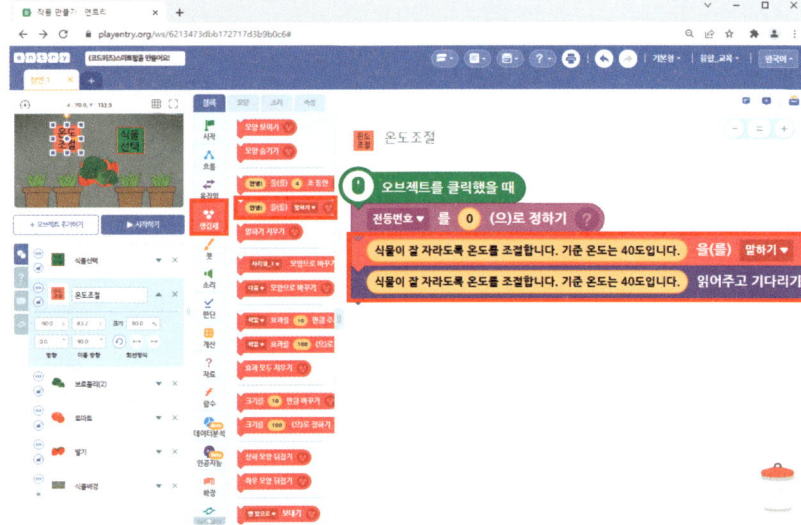

255

⑧ 현재 온도를 말하고 읽어주기 위해 {생김새}의 [(안녕!)을 말하기]와 {인공지능}의 [(엔트리) 읽어주고 기다리기]를 넣습니다. {계산}의 [(10)+(10)]을 넣고 왼쪽 값에 한 번 더 [(10)+(10)]을 넣습니다.

> **더 알아보기**
> (10) (10) 블록 대신 문자열 연결 연산자인 (안녕!) (과(와)) (엔트리) 를 합치기 블록을 활용하여 (안녕!) (과(와)) (안녕!) (과(와)) (엔트리) 를 합치기 를 합치기 와 같이 블록을 구성해도 됩니다.

⑨ [(10)+(10)+(10)]의 왼쪽 값에 '현재 온도는', 오른쪽 값에 '도입니다.'를 입력합니다. 가운데 값에 {하드웨어}의 [소리▼ 센서값]을 넣고 ▼ 눌러 '온도'를 선택합니다.

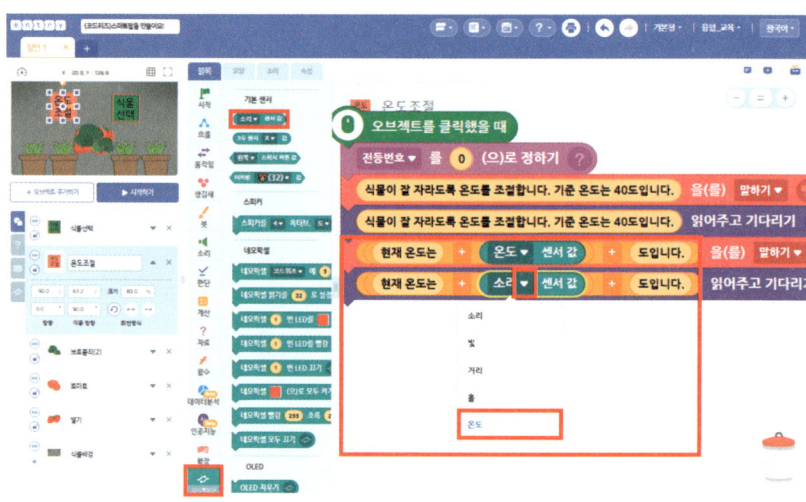

> **더 알아보기**
> 온도▼ 센서 값 블록은 코드위즈 보드의 온도를 측정해주는 블록이기 때문에 실제 기온보다 높게 값이 측정됩니다. 만약 현재 기온을 온도로 지정하고자 한다면 {확장}의 [확장 블록 불러오기]를 클릭한 후 [날씨]를 선택하여 공공 날씨 데이터를 가져옵니다. [날씨]의 현재 서울▼ 전체▼ 의 기온(℃)▼ 블록을 온도▼ 센서 값 블록 대신 삽입합니다. 공공 날씨 데이터를 가져오는 자세한 방법은 122페이지를 참조합니다.

⑩ 측정된 온도가 40도 미만인지 판단하기 위해 {흐름}의 [만일 <참> (이)라면 아니면] 과 {판단}의 [(10)<(10)]을 넣습니다. 왼쪽에는 {하드웨어}의 [소리▼ 센서값]을 넣고 ▼ 눌러 '온도'를 선택합니다. 오른쪽에는 '40'을 입력합니다.

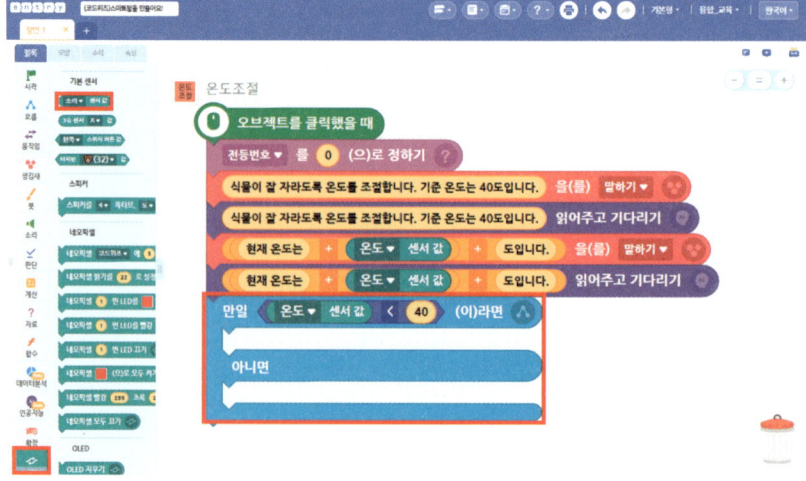

⑪ 난방시작 안내 문구를 말하고 읽어주도록 {생김새}의 [(안녕!)을(를) 말하기▼]와 {인공지능}의 [(엔트리) 읽어주고 기다리기]를 넣고 '40도 보다 낮아 난방을 시작합니다.'를 입력합니다. {생김새}의 [말하기 지우기]를 넣고 {흐름}의 [(10)번 반복하기]를 넣고 '6'을 입력합니다. {자료}의 [전등번호▼에 (10)만큼 더하기]를 넣고 '1'을 입력합니다.

> **더 알아보기**
> 측정된 온도가 40도 미만인 경우 원형 네오픽셀 1~6번을 켜기 위해 6번 반복합니다.

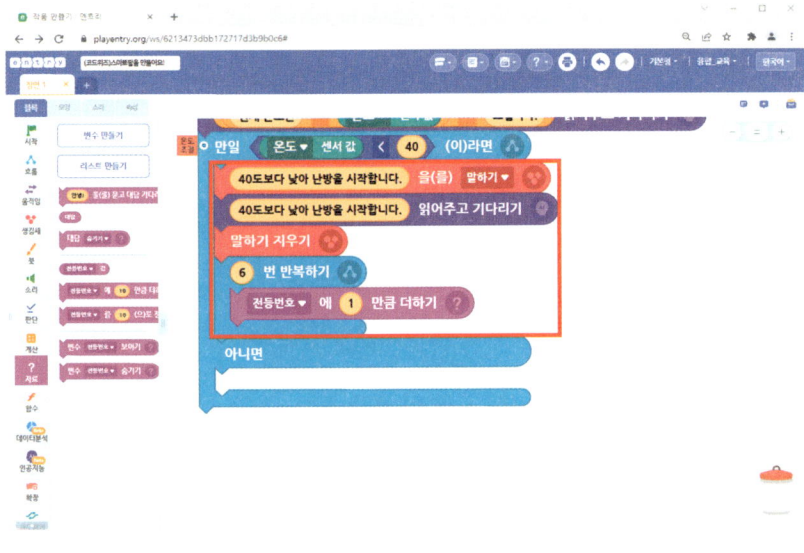

⑫ 원형 네오픽셀 1~6번에 0.1초 간격으로 빨간색이 켜지도록 {하드웨어}의 [네오픽셀의 (1)번 LED를 ■ (으)로 모두 켜기]를 넣고 {자료}의 [전등번호▼값]을 넣습니다. {흐름}의 [(2)초 기다리기]를 넣고 '0.1'을 넣습니다.

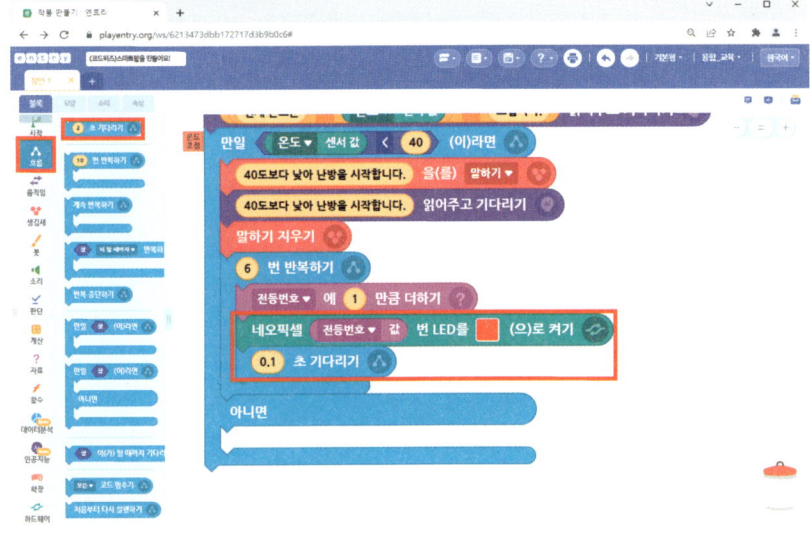

⑬ 현재 온도가 40도 이상일 때 냉방중이라는 것을 읽어주고 원형 네오픽셀 1~6번에 파란색이 켜지도록 [말하기] 블록을 마우스 오른쪽 버튼으로 클릭 후 [코드 복사 & 붙여넣기] 메뉴를 클릭합니다. 복사된 코드를 [아니면] 아래에 끼워 넣고 [말하기]와 [읽어주기]에 '40도보다 높아 냉방을 시작합니다.'를 입력합니다. ■을 클릭하여 ■으로 변경합니다.

03 (코드위즈) 빛 색깔을 조절하는 스마트 팜 만들기

학생 원하는 식물 이미지 인식하기
엔트리 AI 인식한 이미지를 학습한 모델로 분류하기, 인식한 이미지가 어떤 식물인지 읽어주기
코드위즈 인식한 이미지가 딸기라면 원형 네오픽셀 7~12번을 빨간색, 토마토라면 파란색, 브로콜리라면 보라색으로 켜기

① 식물의 표시 여부를 제어하는 신호를 만들기 위해 [속성]을 누르고 [신호]를 누른 뒤 [신호 추가하기]를 누릅니다. 신호의 이름으로 '딸기'를 입력하고 [확인]을 누릅니다. 같은 방법으로 신호 '토마토', '브로콜리', '모두숨기기'를 만듭니다.

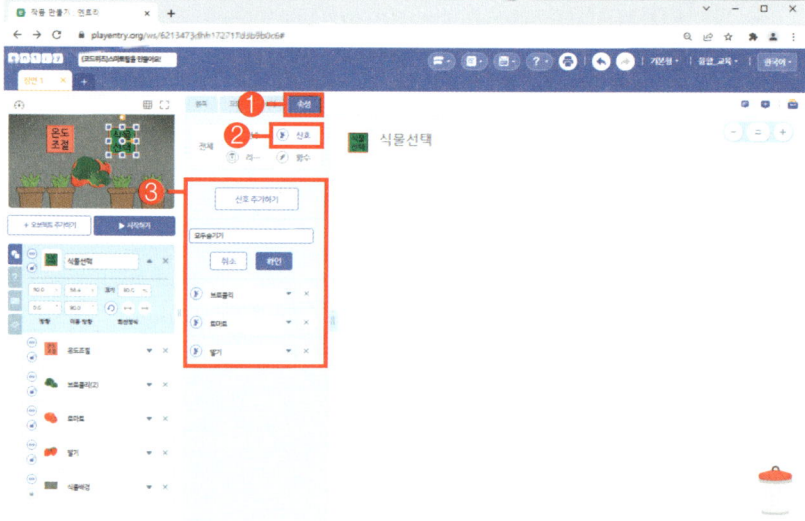

② [블록] 탭을 클릭합니다. 식물 이미지를 학습시키기 위해 {인공지능}의 [인공지능 모델 학습]을 클릭하고 [분류:이미지]를 선택한 뒤 [학습하기]를 클릭합니다.

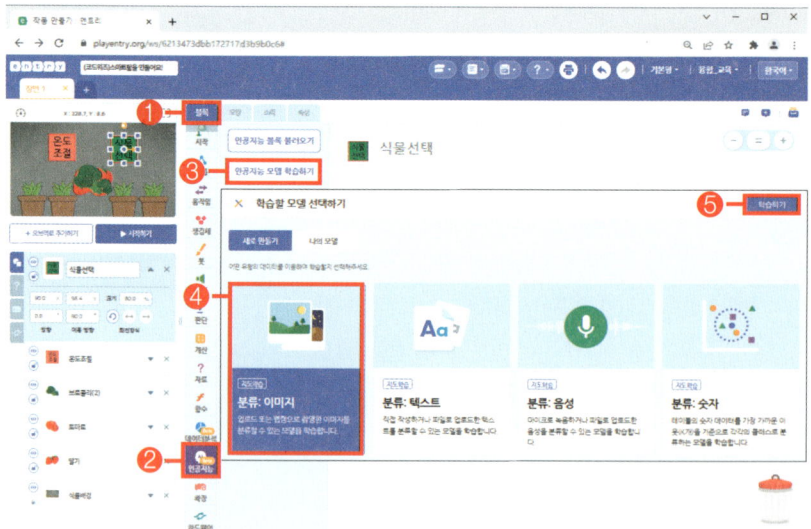

❸ '새로운 모델'에 학습모델의 제목으로 '식물선택'을 입력하고 [+클래스 추가하기]를 눌러 클래스를 2개 더 추가합니다. '클래스 1'과 '클래스 2', '클래스 3', '클래스 4'에 각각 '딸기', '토마토', '브로콜리', '기타'를 입력합니다.

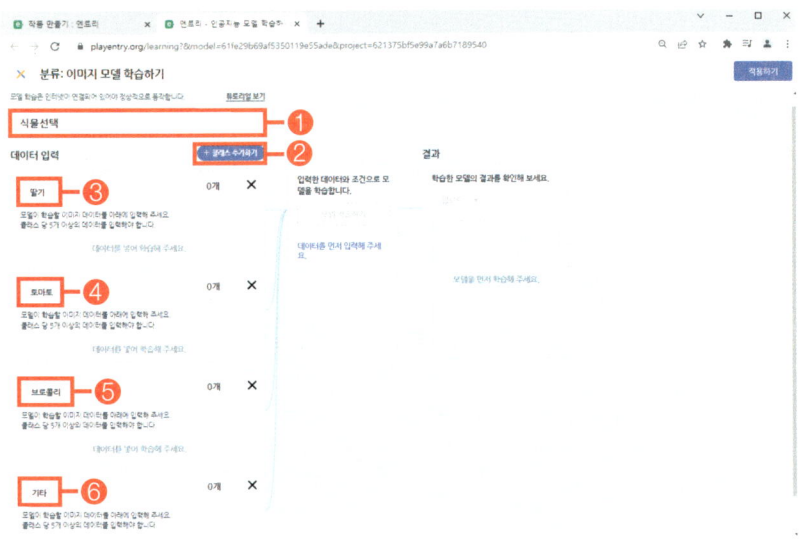

> 더 알아보기
>
> 식물 이미지는 [코더블 홈페이지]의 [제품소개]-[출간도서]에서 다운로드합니다.

❹ '딸기'클래스의 [데이터를 넣어 학습해 주세요]를 클릭합니다. [파일 올리기]를 클릭한 후 [부록이미지] 폴더의 [식물] 폴더에서 딸기 이미지를 5개 선택한 후 [열기] 버튼을 클릭합니다.

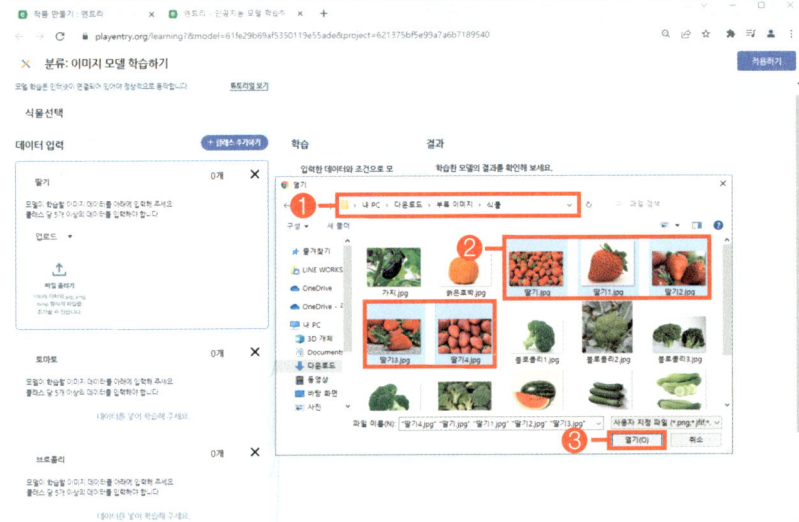

> 더 알아보기
>
> 입력한 데이터의 수가 많을수록 분류 정확도가 높아집니다.

❺ 토마토, 브로콜리도 동일한 방법으로 이미지를 업로드합니다. '기타' 클래스에는 딸기, 토마토, 브로콜리가 아닌 다른 식물 이미지를 업로드합니다. 데이터 입력이 완료되었다면 입력한 데이터와 조건으로 모델을 학습시키기 위해 [학습]의 [모델 학습하기]를 클릭합니다.

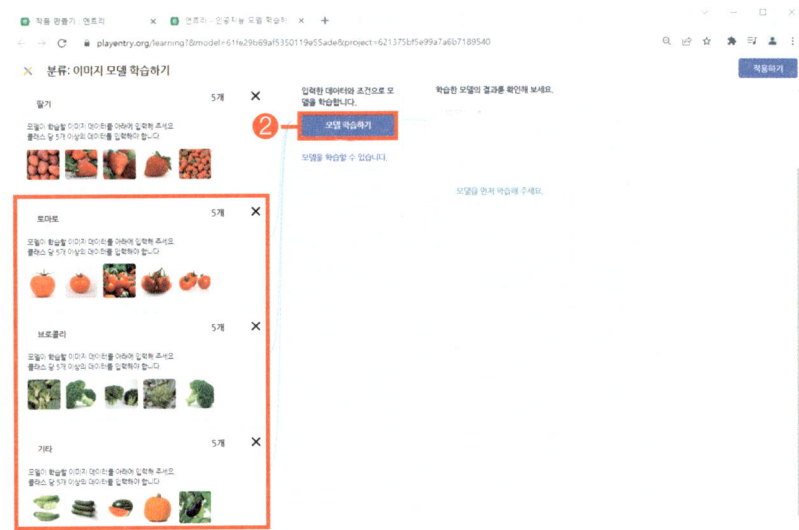

> 더 알아보기
>
> 부록 이미지를 이용하여 직접 촬영해도 됩니다.

❻ 모델 학습이 완료되면 학습한 모델의 결과를 확인하기 위해 [파일 올리기] 버튼을 클릭한 후 식물의 이미지를 업로드합니다. [결과] 항목에서 결과를 확인한 후 정확하게 분류되어 표현된다면 [적용하기]를 클릭하여 식물 이미지 분류 모델 학습을 완료합니다.

> **더 알아보기**
> [업로드▼]의 ▼을 클릭하여 [촬영]을 선택한 후 부록의 식물 이미지를 촬영하여 결과를 확인해도 됩니다.

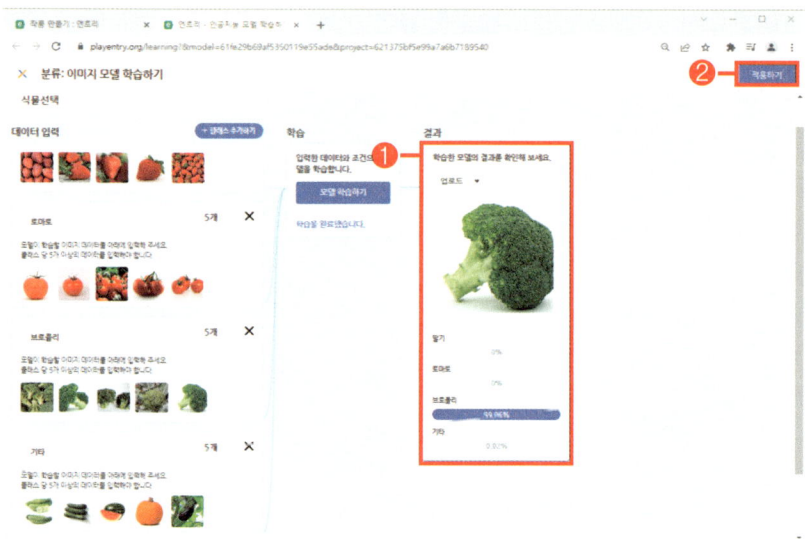

❼ '식물선택' 오브젝트를 클릭합니다. '식물선택' 오브젝트를 클릭했을 때 실행화면에 표시되는 모든 식물을 숨기기 위해 {시작}의 [오브젝트를 클릭했을 때]와 [모두숨기기▼ 신호 보내기]를 넣습니다. 원형 네오픽셀 7번부터 켜질 수 있도록 {자료}의 [전등번호▼를 (10)(으)로 정하기]를 넣고 '6'을 입력합니다.

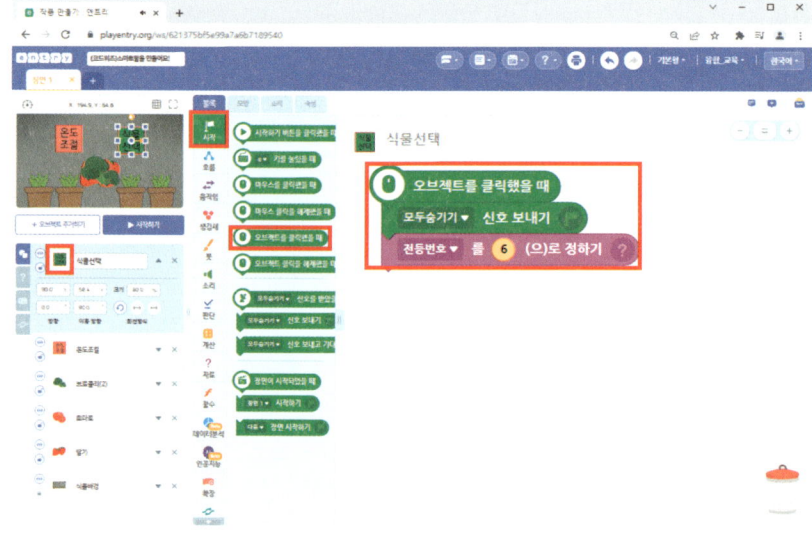

❽ 안내 문구를 말하고 읽도록 지정하기 위해 {생김새}의 [(안녕!)을(를) 말하기]와 {인공지능}의 [(엔트리) 읽어주고 기다리기]를 2번씩 번갈아 넣습니다. '카메라에 인식된 식물에 따라 다른 색깔의 빛을 비춰줍니다.'와 '딸기, 토마토, 브로콜리 중 원하는 식물을 카메라에 비춰주세요.'를 입력합니다.

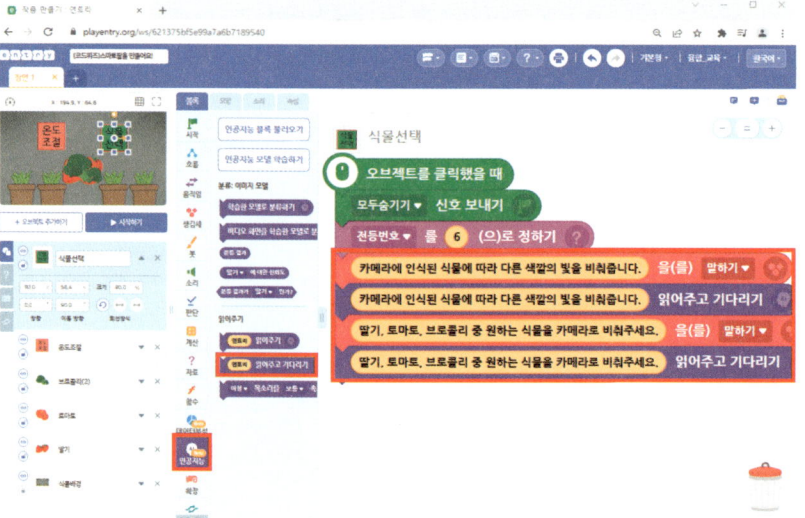

❾ 식물 이미지를 인식시켰을 때 학습한 모델로 분류할 수 있도록 {인공지능}의 [학습한 모델로 분류하기]를 넣습니다. 분류된 결과가 '딸기'인지 판단하기 위해 {흐름}의 [만일 <참> (이)라면 아니면] 과 {인공지능}의 [분류 결과가 딸기▼인가?] 를 넣습니다.

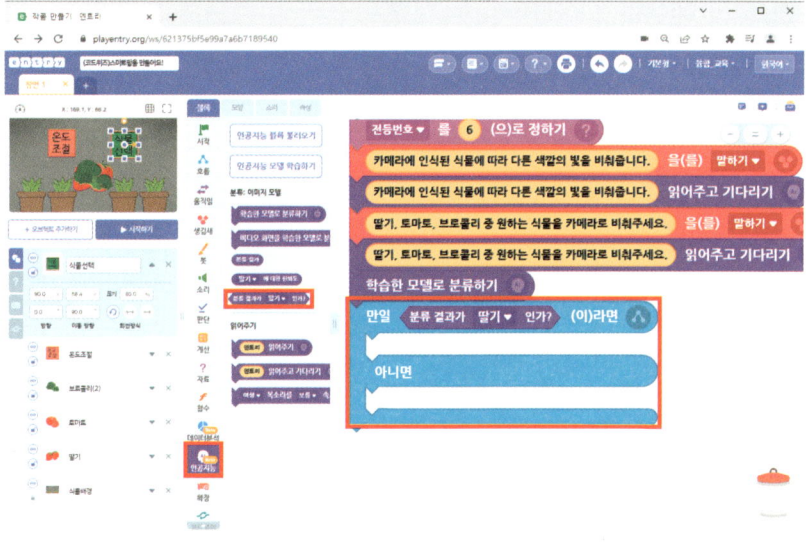

❿ 분류된 결과가 '딸기'라면 실행화면에 '딸기' 오브젝트가 보이도록 신호를 보내기 위해 {시작}의 [모두숨기기▼ 신호 보내기]를 넣고 ▼를 눌러 '딸기'를 선택합니다.

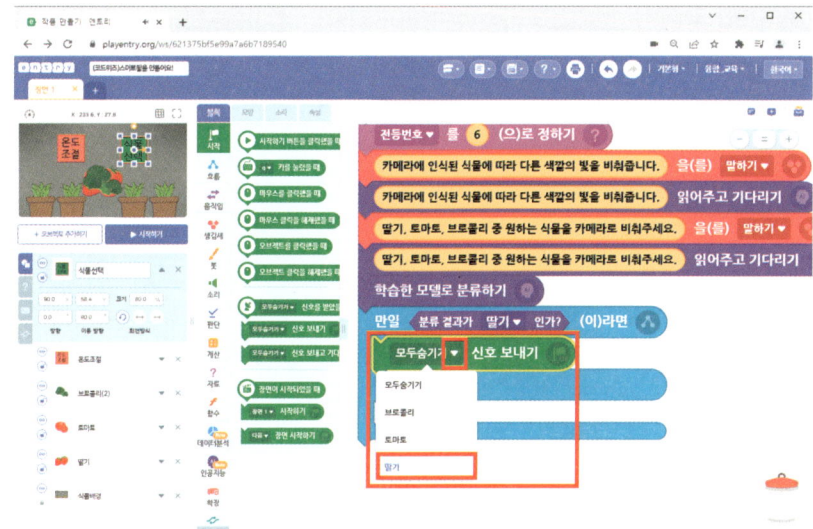

⓫ 안내 문구를 말하고 읽어주기 위해 {인공지능}의 [(엔트리) 읽어주기]와 {생김새}의 [(안녕!)을(를) (4)초 동안 말하기▼]를 넣습니다. '딸기에 적색광을 비춥니다.'를 입력합니다.

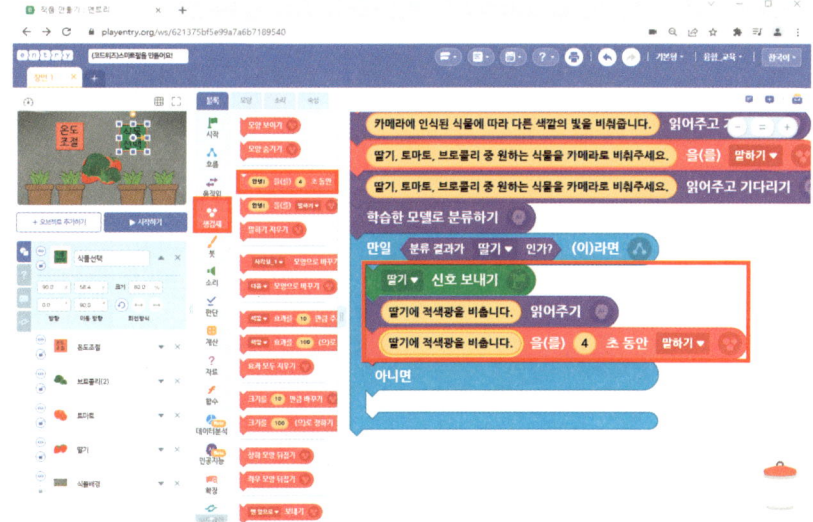

⑫ 원형 네오픽셀 7~12번을 켜기 위해 {흐름}의 [(10)번 반복하기]를 넣고 '6'을 입력합니다. {자료}의 [전등번호▼에 (10)만큼 더하기]를 넣고 '1'을 입력합니다. {하드웨어}의 [네오픽셀의 (1)번 LED를 ■(으)로 모두 켜기]를 넣고 (1)에 {자료}의 [전등번호▼값]을 넣습니다. {흐름}의 [(2)초 기다리기]를 넣고 '0.1'을 넣습니다.

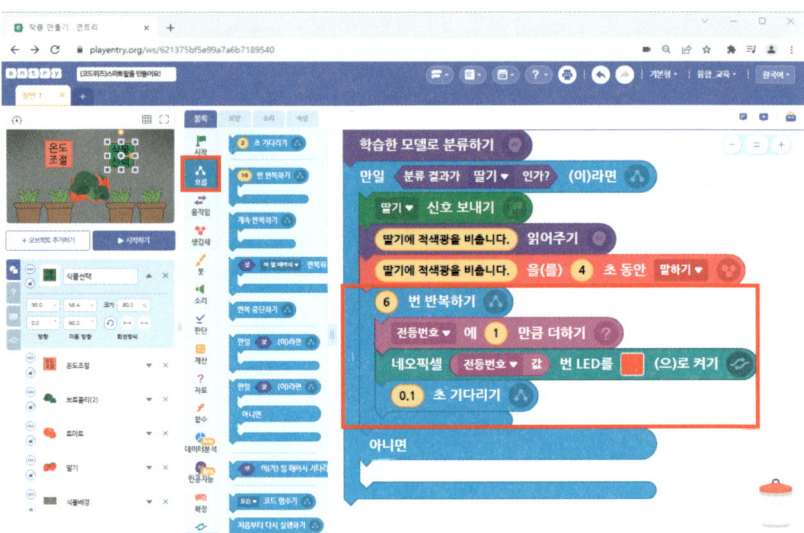

⑬ 인식 결과가 '토마토'라면 파란색이 켜지도록 [(이)라면]을 마우스 오른쪽 버튼으로 클릭한 후 [코드 복사 & 붙여넣기]를 클릭합니다. 복사된 코드를 [아니면]의 내부에 삽입합니다.

⑭ 판단 블록과 [신호 보내기]의 ▼을 눌러 '토마토'를 선택합니다. [읽어주기]와 [말하기]에 '토마토에 청색광을 비춥니다.'로 변경 입력하고 ■를 클릭하여 ■을 선택합니다.

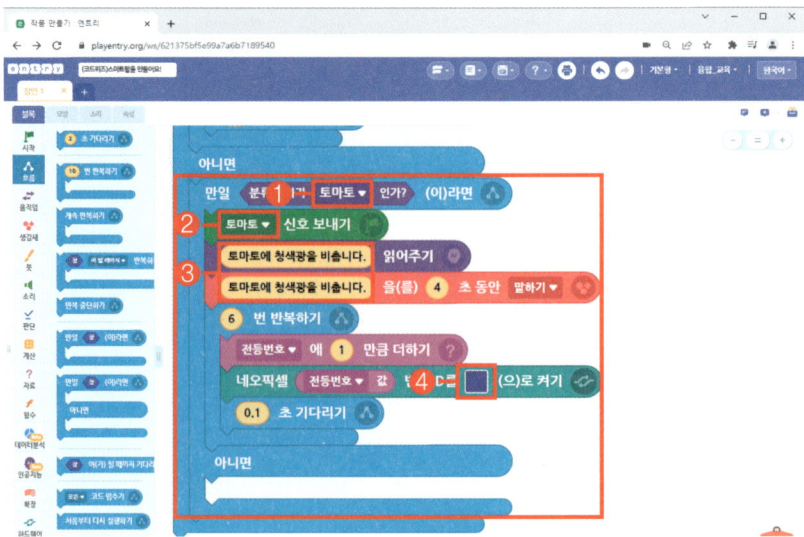

⑮ [(이)라면]을 마우스 오른쪽 버튼으로 클릭한 후 [코드 복사 & 붙여넣기] 메뉴를 클릭합니다. 복사된 코드를 [아니면]의 내부에 삽입한 후 ▼을 눌러 '브로콜리'를 선택합니다. 말하기와 읽어주기 내용을 '브로콜리에 자색광을 비춥니다.'로 변경하고 ■를 클릭하여 ■을 선택합니다.

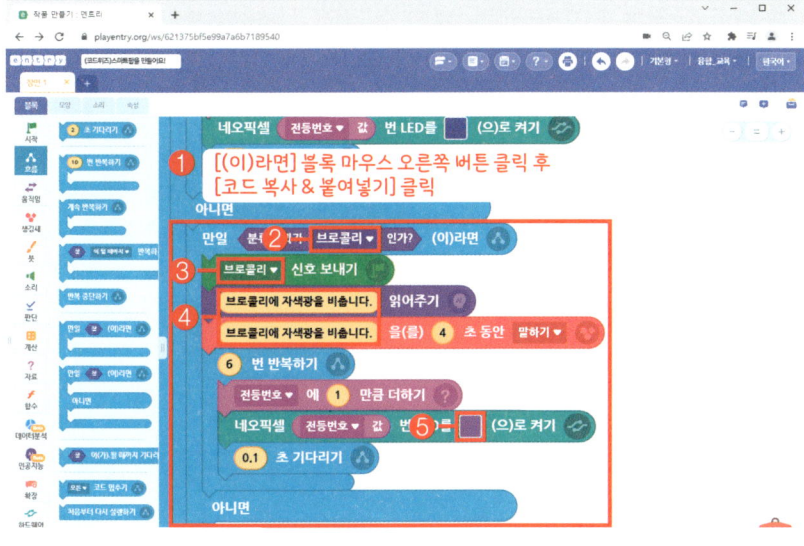

⑯ 인식된 결과가 '기타'라면 안내 문구를 읽고 말하기 위해 {인공지능}의 [(엔트리)읽어주기]와 {생김새}의 [(안녕!)을(를) (4)초 동안 말하기▼]를 넣습니다. '인식된 식물은 딸기,토마토,브로콜리가 아닙니다.'와 '5'를 입력합니다.

⑰ '딸기' 오브젝트를 선택합니다. 처음 실행한 경우와 모두숨기기 신호를 받은 경우 '딸기' 오브젝트가 실행화면에 표시되지 않도록 {시작}의 [시작하기 버튼을 클릭했을 때]와 [모두숨기기▼ 신호를 받았을 때]를 넣습니다. {생김새}의 [모양 숨기기]를 넣습니다.

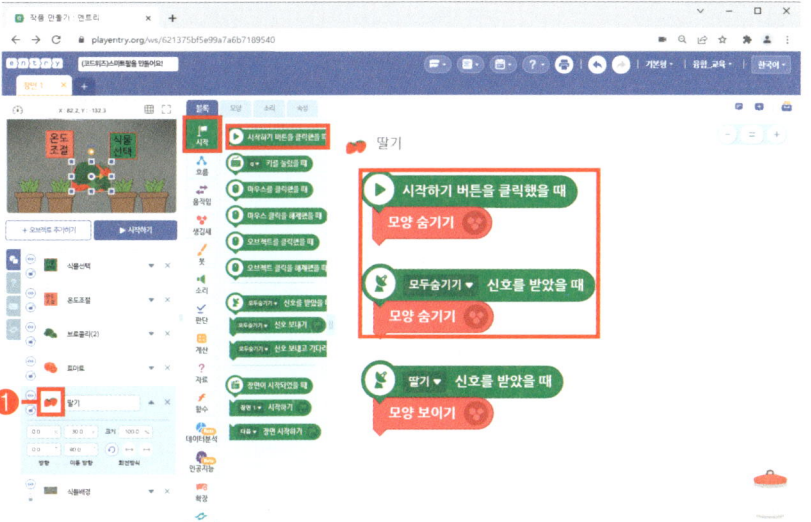

263

⑱ 딸기 신호를 받았을 때는 '딸기' 오브젝트가 실행화면에 표시되어야 하므로 {시작}의 [모두숨기기▼ 신호를 받았을 때]를 넣고 ▼을 눌러 '딸기'를 선택합니다. {생김새}의 [모양 보이기]를 넣습니다.

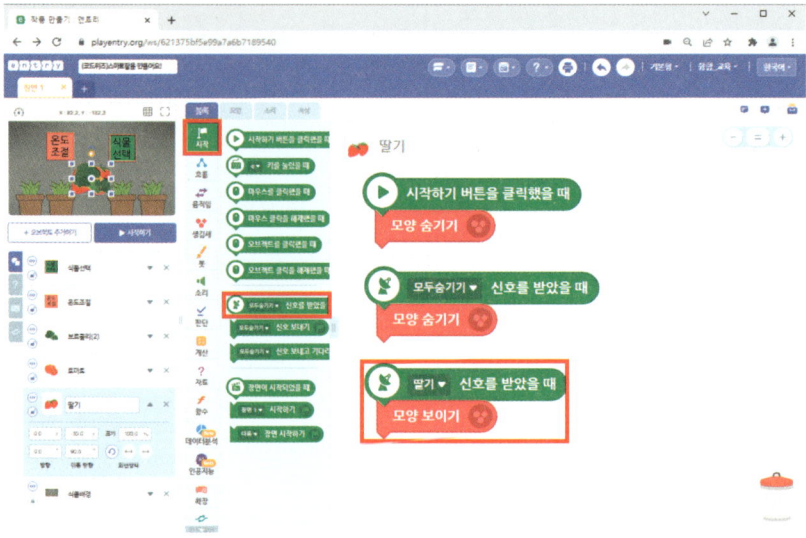

⑲ '브로콜리(2)' 오브젝트와 '토마토' 오브젝트도 동일하게 코드를 작성합니다.

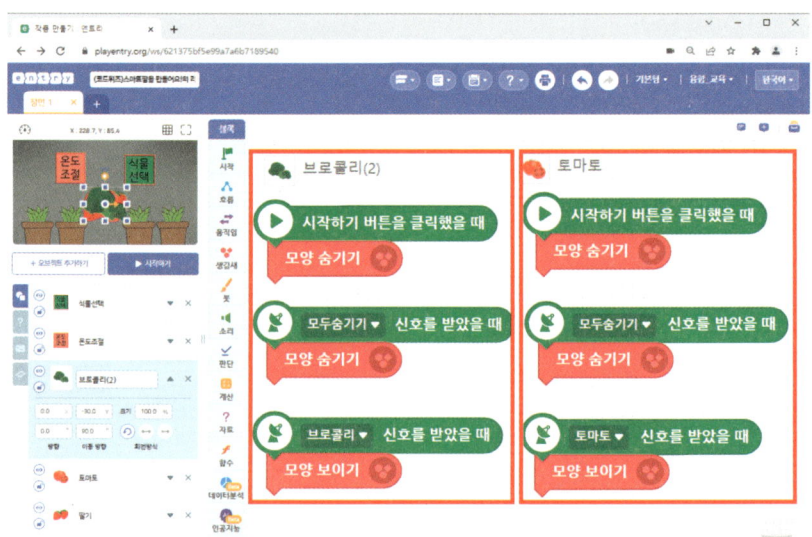

⑳ 코드 작성이 완료되었다면 [▶ 시작하기]를 클릭합니다. 안내 문구 확인 후 '온도조절' 오브젝트를 클릭합니다. 온도에 따라 원형 네오픽셀이 켜지는지 확인합니다. '식물선택' 오브젝트를 클릭합니다. 카메라에 식물 이미지를 인식시킨 후 인식된 식물에 따라 원형 네오픽셀이 켜지는지 확인합니다.

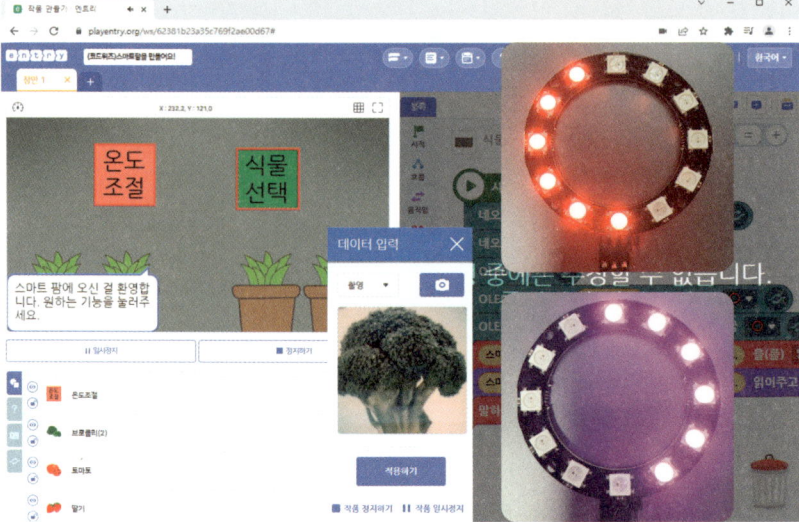

전체 코드 & 완성 작품 확인하기
활동2: (코드위즈)온도를 조절하는 스마트 팜 만들기

▲ [식물배경] 오브젝트

▲ [온도조절] 오브젝트

전체 코드 & 완성 작품 확인하기
활동3: (코드위즈)빛 색깔을 조절하는 스마트 팜 만들기

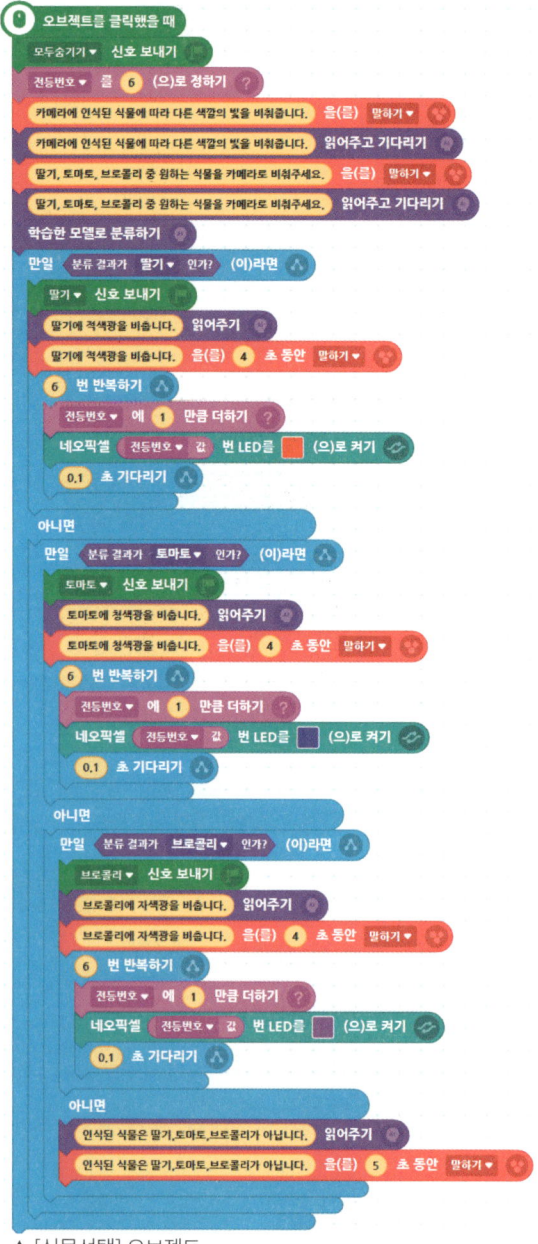

▲ [식물선택] 오브젝트

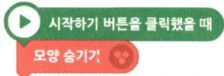

▲ [딸기] 오브젝트   ▲ [토마토] 오브젝트   ▲ [브로콜리(2)] 오브젝트

 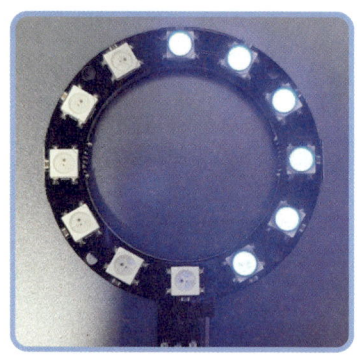

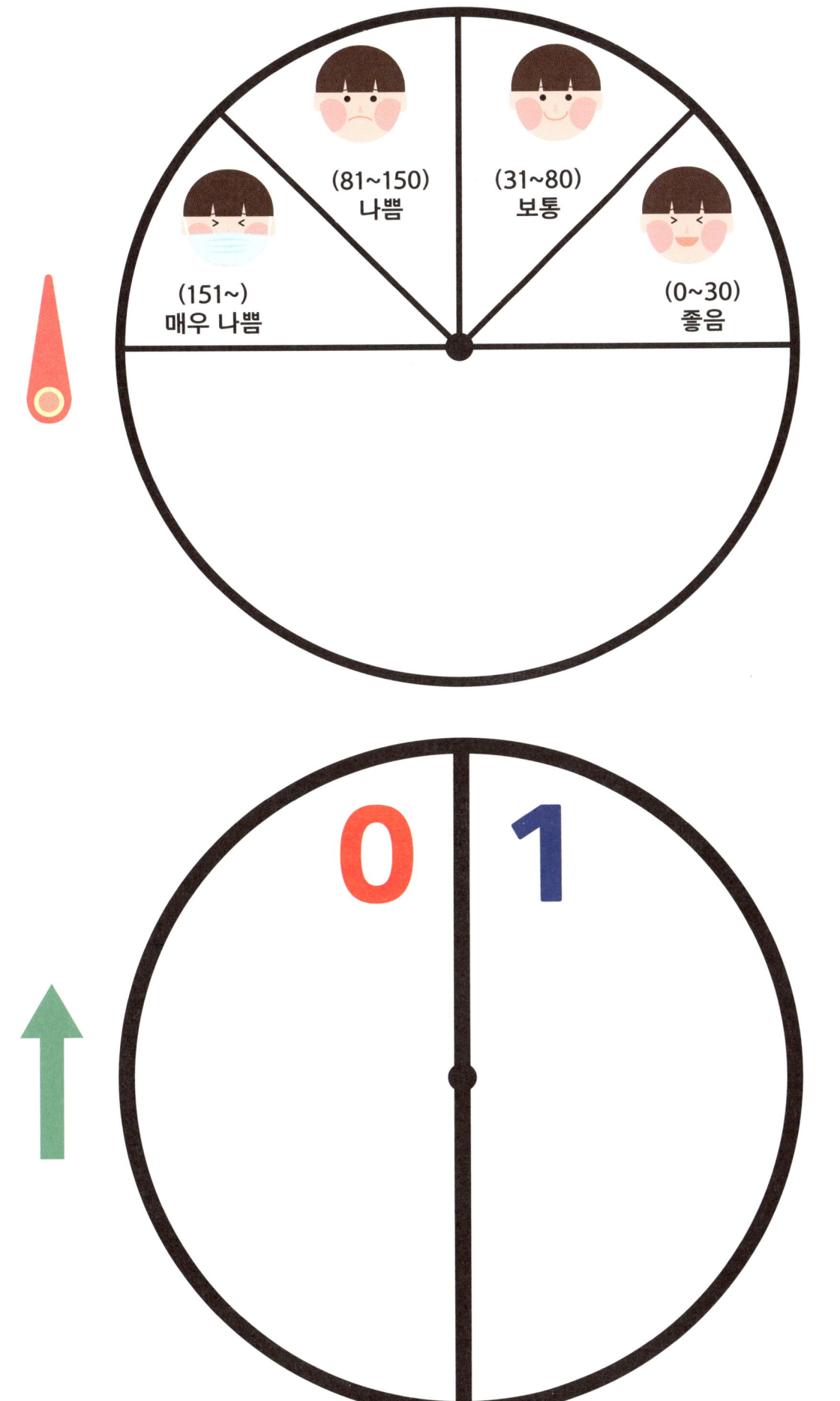

11. 얼굴인식 도어락 만들기

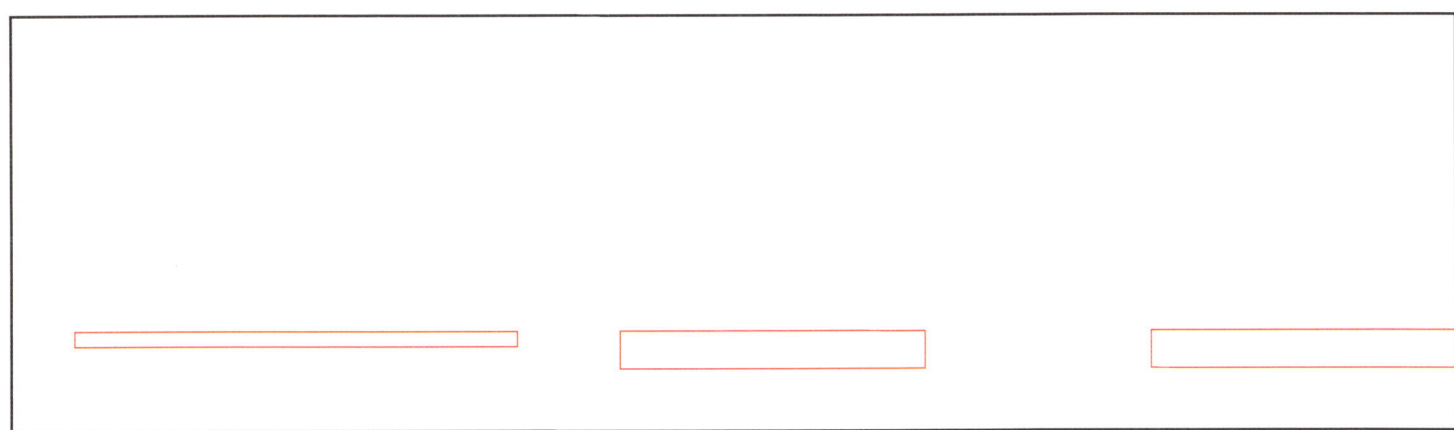

269

| 초승달 | 상현달 | 보름달 | 하현달 | 그믐달 |